한국 문화 어떻게 가르칠 것인가

이론과 실제

■ 이성희 Sung-Hee Lee

경희대학교 국어국문학과 졸업 및 동 대학원 석사·박사

현, 총신대학교 호크마교양교육원 조교수
경희사이버대학교 한국어문화학과 객원교수

전, 경희대학교 국제교육원 객원교수
경희대학교 후마니타스칼리지 강사
미국 인디애나대학교 동아시아 언어문화학과 초빙 교수
(한국학중앙연구원 해외 한국학 강의 파견 교수)
미국 인디애나대학교 민속 민족음악학과 방문 교수
미국 켄터키주 루이빌 한글학교 교장

강의, 미국 한국학교 협의회(NAKS, The National Association for Korean Schools)
재외동포재단 한글학교 교사 초청 연수
국립국제교육원 해외 파견 교사 연수

한국 문화 어떻게 가르칠 것인가
이론과 실제 개정3판 1쇄

초   판 발행 2015년 2월 12일
개정3판 1쇄 2025년 3월 14일

지은이 이성희 | 그림 김윤영 | 펴낸이 박찬익 | 편집기획 권이준 | 디자인 황인옥
펴낸곳 (주)**박이정** | 주소 경기도 하남시 조정대로45 미사센텀비즈 8층 F827호
전화 031)792-1195 | 팩스 02) 928-4683 | 홈페이지 www. pijbook. com
이메일 pijbook@naver.com | 등록 2014년 8월 22일 제 305-2014-000028호

ISBN 979-11-5848-987-8 (93370)

한국어
교사들의
필수 교재
개정3판
1쇄

한국 문화
어떻게 가르칠 것인가

이론과 실제

이 성 희 지음

(주)박이정

차례 c·o·n·t·e·n·t

제 3 장
한국 문화 교육의 연구와 교수·학습 항목

1 한국 문화 교육 연구의 영역

제 4 장
자문화와 타문화 이해하기

차례 c·o·n·t·e·n·t

제 5 장
다문화 사회와 문화

차례 c·o·n·t·e·n·t

제 9 장
한국 문화 교수 · 학습의 실제

서문 p·r·e·f·a·c·e

이 책이 출간된 지 10년이 지났다. 10년 전과 비교할 수 없을 만큼 많은 외국인 학습자들이 한국어와 한국 문화를 배우고 있다. K-컬처에 대한 세계인의 관심은 한국어 교육 현장뿐 아니라 전 세계적인 트렌드로 자리잡았다. K-컬처에 대한 관심은 한국 문화 교수자들에게 감사의 제목인 동시에 부담이기도 하다. K-컬처, 무엇을 어떻게 가르쳐야 하는지에 대한 책임감이 그 사랑의 무게만큼 크기 때문이다.

무엇을 가르쳐야 하는가의 문제는 쉽지 않다. 한국 문화는 고정적이지 않고 유동적이다. 지금, 여기를 살아가는 한국인의 마음과 일상은 지속적으로 변한다. 그 변화와 새로움은 매력이면서 숙제이기도 하다. 쉬지 않고 새로운 옷을 갈아입는 한국 문화를 가르치겠다는 것이 어쩌면 너무 큰 희망일지도 모르겠다는 생각을 하기도 한다.

어떻게 가르칠까의 문제는 더 큰 숙제이다. 학습자들의 동기를 진작시키고 흥미를 잃지 않게 하면서 교수 · 학습의 초점을 유지하는 것이 참 지난한 과제이기 때문이다.

이 책에서는 한국 문화 교육의 이론과 실제를 다루었다. 돌아보니 초판 이후 필자의 연구 영역은 이 책의 이론과 실제 부분을 검증하고자 하는 노력이었다고 할 수 있다. 초판과 연결되는 사색의 지점을 최근 연구와 연결하는 정도로 연구의 작은 진보를 표했다.

돌아보면 늘 미진한 연구이지만 한국 문화를 연구하는 많은 동료들과 학습자들이 있어 외롭지 않고 따뜻하다. 이 책이 한국 문화 교육자들과 한국 문화를 사랑하는 많은 분들께 작은 도움이 되기를 바란다.

어려운 출판 시장의 여건에도 개정3판 1쇄를 출판해 주신 박이정 출판사 박찬익 사장님께 감사의 인사를 드린다.

2025년 3월

이 성 희

문화 교육 방법론을 내용으로

이 책은 외국어로서의 한국어 교육에서 한국 문화 교육을 위해 집필되었다. 한국 문화 교육의 목표는 한국어 의사소통능력 신장을 위해 한국 문화 능력을 신장시키는 것이다. 따라서 한국 문화 교육은 한국 문화에 대한 지식뿐 아니라 문화 교육 방법론을 내용으로 한다.

한국 문화 교육은 다양한 학문에 빚지고 있다. 한국 역사 · 한국 민속 · 한국 문학 · 한국 현대 문화 등 다양한 한국 문화의 내용, 또한 문화 이론 · 언어와 문화의 관계에 대한 논의들 · 다문화주의 · 문화콘텐츠 · 상호 문화 능력 · 문화 간 의사소통 능력 · 문화 교수법에 관한 논의들 등 많은 내용들이 얽혀 있다. 이 책은 한국 문화 교육의 영역과 경계를 다루고자 하는 마음에서 위의 내용을 이론과 실제로 나누어 서술했다. 예비 한국어 교사들을 위해 주요 개념이 포함된 원문을 소개하고 각주로 밝혔다. 더 심도 있는 공부를 하기 원하는 분들에게 각주와 '더 읽을거리'가 도움이 되길 바란다.

우리의 목표는 한 가지다. 한국어 교실에서 한국어와 한국 문화가 효율적으로 교수·학습되고, 편견이나 차별 없이 다양한 문화가 존중되는 것이다. 그래서 한국어 교실이 문화의 다양성을 누리고 즐기는 축제의 장이 되었으면 하는 것이다. 이 일을 위한 한국어 교사들의 연구와 노력에 이 책이 작은 도움이 되었으면 좋겠다.

이 책은 지난 6년 간 저자가 강의한 경희 사이버대학교 한국어문화학과 '한국 문화 교육론' 강의록을 바탕으로 했다. 다양한 질문과 아이디어로 저자의 부족함을 채워주고 격려해 준 경희 사이버대학교 한국어문화학과 학생들에게 감사를 전한다. 특히 머나 먼 이국 땅에서 한국어와 한국 문화를 가르치고자 고군분투하는 한국어 교사들에게 감사 드린다. 현장에서 들려오는 그 분들의 목소리가 이 책의 밑거름이 되었다.

오랜 시간 원고를 기다려 주시고 흔쾌히 출판해 주신 박이정 출판사 박찬익 사장님, 권이준 상무님께 감사의 말씀을 드린다.

2015년 1월

이 성 희

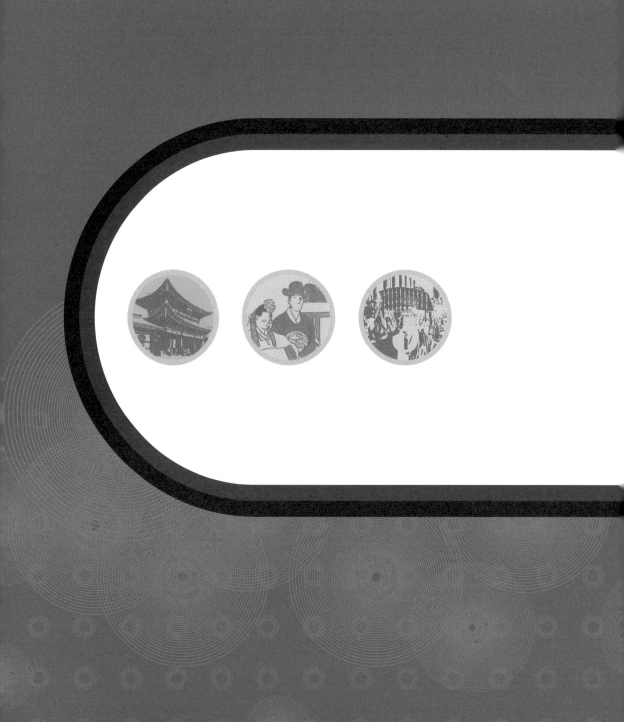

제 1 장

문화의 이해

01
문화란 무엇인가

＊

가. 인간과 문화

문화란 무엇인가? 문화란 무엇인가에 대해 답하는 것은 언어란 무엇인가, 인생이란 무엇인가, 인간이란 무엇인가 등에 답하는 것만큼이나 어려운 문제이다. 어쩌면 언어, 인생, 인간에 대한 정의보다 문화에 대한 정의를 내리는 일이 더 어렵다. 대표적인 문화연구자인 레이먼드 윌리엄스(Raymond Williams)는 문화를 "영어 단어 중에서 가장 난해한 몇 개 단어 중 하나"라고 했다.[1] 하지만 문화에 대한 정의가 쉽지 않다고 하여 문화는 너무 복잡한 것이니 간단히 압축하자는 것도 올바른 태도는 아니다.

문화의 의미에 더욱 쉽게 접근하기 위해 문화의 상대적인 의미를 생각해 보자. 문화의 상대적인 의미, 반대말은 무엇일까? 야만인가? 미개인가? 야만이나 미개는 '문명'이라는 잣대로 타문화를 재단하는, 타문화에 대한 비하가 스며 있다. 문명을 일찍 접한 문화권의 사람들의 기준에서 상대적으로 문명의 발달이 느린 문화권을 폄하하는 시각이 반영되어 있는 것이다.

1) 존 스토리(John, Story) 지음, 박모 옮김, 『문화연구와 문화 이론』, 현실문화연구, 1999, 13쪽.

타문화에 대해 야만이나 미개로 재단하는 것은 다분히 자민족 중심주의적이다.

미개나 야만으로 치부되던 문화권 사람들이 나름대로 과학적인 생활방식을 영위해온 예는 많다. 또한 한 문화권에서 미개로 받아들여지는 것들이 다른 문화권에서는 자연스러운 문화적 현상으로 여겨지기도 한다.

1969년에 미국의 〈타임〉지에 실린 한국의 조선간장에 대한 기사는 조선간장을 먹으면 암이 유발될지도 모른다는 인식을 가지게 했다. 곰팡이가 있는 메주로 만들었기에 비위생적이고 발암성분이 포함되어 있다는 것이었다. 메주를 아랫목에 익히면 메주 덩어리에 까만 곰팡이 자국이 생긴다. 이곳에 발암 물질인 '아플라톡신(aflatoxine)'이 집중되어 있기 때문에 한국인들에게 대장암이 많다는 사실을 전주의 천주교 병원에 근무하던 한 미국인 의사가 〈타임〉지에 발표했다. 이것은 곧 일파만파로 퍼져 조선간장 대신 양조간장을 선택하는 소비자를 급속히 증가시켰다.[2] 이러한 논의들은 타문화에 대한 일방적 폄하의 좋은 예이다.

1993년도에 이러한 주장은 잘못된 것이라는 것이 증명되었다. 발암물질인 아플라톡신이 메주에 존재하지만 이는 간장을 담그기 전 메주를 물에 씻을 때 일차로 사라지고 다시 메주를 햇볕에 하루쯤 말릴 때 또 한 번 사라지며 마지막으로 간장을 담글 때 넣는 숯에서 나오는 물질에 의해 완전히 제거된다.[3] 오히려 최근에는 된장에 인체에 유익한 성분이 포함되어 있으며 발암물질이 아닌 항암물질이 포함되어 있다는 연구결과가 나오기 시작했다. 된장뿐 아니라 한국의 다양한 발효식품들과 김치 류 등이 건강에 좋다 하여 해외로 많은 물량이 수출되는 판국이 되었다. 썩히는 것이 질적 발전을 거쳐 발효식품으로 검증되어 그 우수성을 인정받게 된 것이다.

2) 주영하, 『음식전쟁 문화전쟁』, 사계절, 2000, 111쪽.

3) 주영하, 위의 책, 11~12쪽.

된장에 대한 오해와 편견이 이렇게 뒤집어지는 데는 몇 십 년이 걸렸다. 그리고 여기에는 여러 과학적 검증 과정이 필요했다. 이와 같이 한 문화에 대한 진단과 평가는 연구의 양이 쌓이면 바뀔 수 있다. 지금 우리가 미개나 야만으로 평가하는 아프리카 어느 나라, 남미의 어느 나라의 문화가 세월이 지나면 우수한 문화라는 평가를 받을지도 모를 일이다. 문화에 대한 평가에는 다양한 측면이 얽혀 있기에 진지하고 겸허한 자세로 연구하는 태도가 필요하다. 따라서 외국어로서의 한국어, 외국 문화로서 한국 문화를 교수할 때, 한국 문화에 대한 시각 또한 객관성을 유지해야 한다. 한국 문화가 소중한 것이지만 절대적인 것은 아니다. 한국 문화를 여러 문화 중의 하나로 객관적으로 교수하는 자세가 필요하다. 문화에 대한 평가는 신중하게 이루어져야 한다.

'문명', '발전'이라는 개념에 맞서는 개념은 야만이나 미개가 될 수 있다. 그러나 이것이 곧 문화의 반대 개념은 될 수 없다. 문화의 반대말은 무엇인가? '자연'이다.

이를 이해하기 위해 문화의 어원을 살펴보자.

문화
라틴어 'cultura'에서 파생한 'culture'를 번역한 말
'경작', '재배'를 의미 – '교양', '예술'을 뜻하는 말로 확대

■ 인간이 자연을 인간의 의도와 생활에 맞게 개조해 온 것이 문화이다.

문화는 공동체가 자연을 개척하면서 공동체의 생리에 맞게 개조한 것이다. 자연은 말 그대로 인간의 의도적인 손길이 가해지지 않은 천연의 상태이

다. 공동체가 거주하게 되는 자연 환경은 공동체의 문화에 절대적인 영향을 미친다. 물에 석회 물질이 많은 중국에서 차 문화가 발달하고 농사에 적합하지 않은 몽골 지역에서 유목 문화가 발달하고 추위와 싸워야 하는 에스키모인들이 이글루를 만드는 것은 자연 환경이 문화에 미치는 절대적인 영향력을 보여 주는 것이다.

■ 각 민족, 언어 공동체는 각기 자기 민족, 언어 공동체의 성격에 맞게 자연을 개조하면서 개성 있는 문화를 이룩하게 되었다.

각 공동체는 자연을 삶에 적합하게 개조하면서 공동체의 개성에 맞는 문화를 이루어가게 된다. 즉, 원래 존재했던 자연에 공동체만의 개성을 입혀가는 과정이 반영된 것이 문화라 할 수 있다.

농업을 통해 생계를 이어가는 문화권에서도 각 문화권마다 농업방식이 다르다. 농기구의 모습도 다르고 물을 대는 방식, 식물을 가꾸는 방식, 추수하는 방식이 다르다. 또한 식사하는 방식도 공동체 별로 다 다르다. 포크를 사용하는 문화권이 있고 젓가락을 사용하는 문화권이 있다. 젓가락을 사용하더라도 각 문화권마다 사용하는 젓가락의 재질, 모양, 사용 방법이 다 다르다. 한국과 중국, 일본이 모두 젓가락을 사용한다. 중국과 일본에서는 젓가락을 주로 사용하지만 한국에서는 숟가락과 함께 사용한다. 또한 중국과 일본에서는 나무나 플라스틱 젓가락을 사용하지만 한국에서는 쇠 젓가락을 사용한다.

각 문화권에서 공유하는 문화는 그 공동체의 개성을 대변한다. 문화는 공동체의 암묵적인 합의 하에 공동체의 동질성을 확인하는 방식이다.

■ 문화에는 각 언어 공동체의 개성이 촘촘히 박혀 있으며 이는 전승된다.

　문화는 우리 삶의 다양한 양상에 걸쳐 매우 세세한 부분까지 영향을 미친다. 각 문화권마다 인사하는 방식, 말 거는 방식, 거절하는 방식, 칭찬하는 방식, 식사하는 방식이 다 다르다. 또한 호의를 나타내는 방식, 아이를 양육하는 방식, 명절을 지내는 방식도 다 다르다. 문화의 차이는 모든 삶의 양식에 걸쳐있다. 자문화만 접할 때는 몰랐던 자문화에 대한 인식이 타문화를 접하면 비로소 구체적이고 생생한 모습으로 다가온다. 해외 여행을 할 때, 해외에서 거주하게 될 때 우리는 낯선 타문화를 접하면서 비로소 자문화와 비교하게 되고, 자문화의 실상을 인식하게 된다.

　공동체의 개성 있는 문화는 세대와 세대를 거쳐 전승된다. 인간은 태어나면서부터 어떤 문화엔가 소속되게 된다. 선택의 여지없이 이루어지는 문화 학습은 개인이 공동체의 문화를 자연스럽게 습득하게 되는 과정이다. 문화는 오랜 시간에 걸쳐 한 개인의 내면에 잠재되어 학습되므로 개인이 문화의 영향력을 벗어나기란 쉽지 않다. 문화는 전승되면서 내면화, 규칙화된다.

　공동체의 문화는 오랜 전통에 의해 만들어졌고 많은 공동체 구성원의 암묵적 합의 하에 유지되어 왔기에 잘 변하지 않는다. 따라서 한 공동체를 이해하기 위해서는 그들만의 문화를 이해하려는 노력이 필수적이라 하겠다.

나. '문화'의 정의

문화에 대한 정의는 상당히 동어 반복적인 것이어서 어떤 하나로 귀결되기 어렵다.

> **문화란 무엇인가?** [4]
>
> - 상징 행위(White 1979)
> - 전 인류의 기억(Bierstedt 1963 : 126)
> - 사회성원으로서 획득한 지식 · 신앙 · 예술 · 도덕 · 법률 · 풍습 및 기타의 기능, 관습 등을 포함하는 복합적 전체(Tylor 1871 : 1)
> - 상호작용하는 사람들이 소유하는 의미 · 가치 · 규범의 전부와 이러한 의미들을 객관화하고 사회화하고 전달하는 매체의 전부(Sorokin 1947 : 63)

인간의 활동은 의미 있는 행동 양식과 제도, 예술, 언어 습관 등을 만들어 내게 된다. 이러한 모든 것을 '문화'라 할 수 있는데, 문화는 인간의 정신 및 물질 활동의 양식이면서 그 소산이다. 문화는 인간의 생활을 풍요롭게 하는 것이면서 또한 인간이 생활하는 동안 현재진행형으로 만들어지는 역동적인 것이다. 위의 정의들이 광범위한 관점에서 진행된 것이라면 다음의 정의들은 좀 더 구체적인 항목들을 명시하고 있어서 그 의미가 더욱 선명하다.

레이먼드 윌리엄스는 문화를 세 가지로 정의했다.[5] 첫째, 문화는 '지적, 정신적, 심미적인 계발의 일반적인 과정'을 일컫는 데 사용된다. 둘째, '한 인간이나 시대 또는 집단의 특정 생활 방식'을 가리키는 것이다. 여기에는 지적이고 미학적인 요소만이 아니라 교육 정도나 여가, 운동과 종교적 축제

4) 전경수, 『문화의 이해』 일지사, 1994. 27~29쪽

5) 존 스토리(John, Story) 지음, 박모 옮김, 앞의 책, 같은 쪽.

까지 포함된다. 셋째, '지적인 작품이나 실천 행위, 특히 예술 활동'을 일컫는 용어로 사용될 수 있다.

윌리엄스는 '문화'라는 단어에 결부된 갖가지 의미들을 개관한 뒤에, '문화'는 상징적 및 물질적 영역에서 동시에 작용하는 것이기 때문에 문화 연구는 그 한 쪽 영역을 다른 한 쪽보다 우선하는 것이 아니라 그 양자의 관계를 묻는 일이라고 결론을 내렸다.[6]

외국어로서의 한국어 교육에서 연구하는 문화의 영역은 윌리엄스가 말한 두 번째 정의에 해당하는 것으로 한 집단의 특정 생활 방식으로 지적, 미학적, 교육 정도, 여가, 운동, 종교적 축제까지 포함하는 넓은 의미의 문화를 일컫는다.

윌리엄스의 연구 조금 뒤에 폴 윌리스(Paul Willis)는 문화를 "우리의 그날 그날 생활의 재료 그것이며, 가장 흔히 있는 일의 이해 방식의 기와이며 모르탈"이라고 말했다. 또한 존 피스크(John Fiske)는 "일상생활에서 가장 흔히 있는 실천—집안의 물건들을 선택하고 정리하는 방식, 쇼핑하는 방식, 음식물—"이라 했다. 피스크의 정의에 의하면 "문화란 생활 방식(여러 가지 관념·태도·언어·실천·제도·권력 구조를 포함한다)과 문화적 여러 실천의 전 범위(여러 가지 예술 형식·텍스트·정전(正典)·건축·대량 생산 상품 등등)를 가리키는 것"이다.[7]

스튜어트 홀(S. Hall)은 문화가 의미하는 바는 "특정한 역사적 사회에서의 여러 실천·표상·언어·습관의 현실적이고도 기초적인 영역"이며 "사람들의 생활에 뿌리를 내리고, 그것을 형성하는 데 일조가 되는 "공유 감각(Common sense)"의 여러 형태라고 했다.[8]

윌리엄스와 피스크, 홀의 문화에 대한 정의는 문화가 우리 생활의 모든 영

6) 로렌스 그로스버그·캐리 넬슨·폴라 A. 트리클러(Lawrence Grossberg·Cary Nelson·Poula A. Trichler), 「문화 연구란 무엇인가?」, 이기우 편역, 『문화연구』, 한국문화사, 1998, 24~25쪽.

7) 로렌스 그로스버그·캐리 넬슨·폴라 A. 트리클러(Lawrence Grossberg·Cary Nelson·Poula A. Trichler), 위의 논문, 25쪽.

8) 로렌스 그로스버그·캐리 넬슨·폴라 A. 트리클러, 위의 논문, 같은 쪽.

역을 포괄하는 것이며, 뿌리가 되는 것으로 우리의 삶과 떼려야 뗄 수 없는 필수불가결의 것임을 상기시킨다. 외국어로서의 한국어 교육에서 문화 연구는 한국인에게 영향을 미치면서 지속적으로 생성, 변화, 발전하고 있는 문화를 연구하여 외국인 학습자의 한국어 학습에 도움을 주는 방향으로 진행되어야 할 것이다.

문화 교육의 필요성에 대해 언급한 학자는 에드워드 홀(Edward Hall)이다. 홀에 따르면 문화는 '학습되어 공유된 행동'이다. 문화는 배워서 습득되는 것이므로 가르칠 수 있어야 한다. 하지만 문화를 가르치는 것은 단순하지 않다. 왜냐하면 문화는 단일한 것이 아니라 여러 방식으로 상호연관된 일련의 복잡한 활동이며, 문화도 인간도 존재하지 않던 과거에 그 기원이 깊이 묻힌 활동이기 때문이다.[9] 홀은 문화가 상호연관된 일련의 복잡한 활동이지만 학습 가능하도록 구성해야 한다는 문제의식을 가졌다. 이러한 문제 의식을 바탕으로 표층 문화와 심층 문화로 구성된 '문화빙산모델(cultural iceberg model)'을 제시했다. 심층 문화, 즉 문화무의식은 표층 문화에 지속적으로 영향을 미친다.

다. 문화를 보는 두 가지 입장

문화를 보는 관점은 매우 다양한데, 크게 유형론과 맥락론으로 나눌 수 있다.

1) 유형론(Configurationalism)[10]

크로버(A. Kroeber), 베네딕트(R. Benedict), 레비스트로스(C. Lévi-

9) 에드워드 홀 지음, 최효선 옮김, 『침묵의 언어 The Silent Language』, 한길사, 1959, 2000, 73; 61; 83쪽. 홀은 문화가 상호연관된 일련의 복잡한 활동이지만 학습 가능하도록 구성해야 한다고 주장한다. 표층 문화와 심층 문화로 구성된 '문화빙산모델(cultural iceberg midel)'은 본 서 ---에서 다루었다.

10) 전경수, 앞의 책, 31~32쪽.

Strauss)

일상 생활에서 일어나는 제반의 사건들에 관심을 두기 보다는 인간성 또는 문화의 보편적인 측면을 추구하려는 입장이다. 구체적이지 않은 추상적인 덩어리로서 문화를 규정한다. 추상적으로 통합된 이미지를 문화로 설정하고 그 속에 내재하고 있는 규칙 또는 문법적 질서들을 이해하고 파악하는 작업을 한다.

- 크로버 : 문화란 역사적으로 도출될 수 있는 것, '초유기체(super organic)'
- 베네딕트 : 심리적으로 무의식의 상태에까지 소급될 수 있는 것, '유형(pattern)'
- 레비스트로스 : 심층적인 사고의 구조에서 표출될 수 있는 것, '구조(structure)'

정도에 따라 약간씩 차이가 있기는 하지만 유형론자들은 대체로 인간 행동과 사고의 심층구조를 문화로 규정하는 데 의견의 일치를 보이고 있다. 이 입장은 문화를 문화로 설명해야만 하기 때문에 동어 반복이라는 문제를 남기고 있다.

2) 맥락론(Contextualism)[11]

사피어(E. Sapir), 말리노브스키(B. Malinowski), 기어츠(C. Geertz)

거대한 심층구조보다는 일상생활에 나타나는 구체적인 삶의 모습에 관심을 갖고 표층적인 인간 행동과 사고에서 나타나는 생활들을 문화로 규정한다.

- 사피어 : 다양하고 가변적인(variability) 삶의 모습에서 문화의 의미를 찾으려 함.
- 말리노브스키 : 도저히 풀어 헤쳐 볼 수 없는(imponderabilia) 삶의 현상 속에서 문화의 의미를 찾으려 함.
- 기어츠 : 인간 행동의 미묘한 차이들이 의미하는 상징들 속에서 문화의 의미를 찾으려 함.

11) 전경수, 위의 책, 32~33쪽.

이들에 의하면 문화란 맥락적이고 상황적인 것이다. 그러나 맥락론자들이 처해야 하는 끊임없는 상황들은 천문학적이라는 데 연구의 어려움이 있다.

유형론자와 맥락론자는 1910년대부터 갈등관계로 문화라는 실체를 서로 다른 측면에서 관찰하려는 입장을 견지하고 있다.

유형론은 유형이라고 하는 큰 틀로써 문화를 파악함으로써 전체적인 문화의 유형과 구조를 심층적으로 파악하는 데 유용하다. 문화를 유형이나 구조를 통해 파악하는 것은 실제적인 현상들의 집합을 통해서 가능하다. 유형론은 맥락론의 촘촘한 사례들을 바탕으로 커다란 유형, 구조를 살필 수 있다. 따라서 맥락론의 도움을 받는다.

맥락론은 실제 생활에서 각 문화권의 문화적 차이를 살펴보는 데 유용하다. 맥락론은 각 문화권의 차이와 의미를 밝히려 하는데, 이 또한 유형론의 큰 틀을 빌려올 수밖에 없다. 따라서 두 논의는 실제로 각각의 논의에 기대어 전개되고 있다고 볼 수 있다.

02
매체를 통해 보는 문화의 이해

효율적인 문화 교육을 위해서는 문화에 대한 이해가 필요하다. 여기서는 매체의 변화에 따른 문화의 속성을 통시적으로 고찰해 보도록 하겠다.

문화는 매체를 통해서 형성되고 전달된다. 문화는 인류 역사 초기부터 현재까지 구비문화, 문자문화, 전파문화, 전자문화의 네 양식으로 전승되어 왔다.[12] 말로 형성되고 전승되는 구비문화, 문자를 통한 기록물로 이루어진 기록문화, TV나 라디오 등 대중 매체를 통해 이루어지는 전파문화, 인터넷을 통해 급속도로 확산된 전자문화 등이 있다. 이 네 가지 문화의 양상은 다성적으로 함께 존재하면서 문화의 지형도를 그려가고 있다. 문화 교육에 있어서 '문화란 무엇인가'를 이해하는 데 있어서 문화의 특징을 변별적으로 파악하는 것은 문화 교수자로서 문화의 특징을 이해할 수 있는 틀을 형성하는 데 도움을 줄 것이다.

네 가지 매체의 양상은 변별적인 특징을 갖는다. 특히 문화의 변별적 특징을 살펴보는 잣대가 되는 것은 구비문화이다. 구비문화는 가장 일찍 출현한 문화적 형태로서, 현재 가장 많은 영향력을 끼치고 있는 전자문화와 많은 부

12) '구비문화, 문자문화, 전파문화, 전자문화'로 구분하는 체제는 다음의 연구를 따랐다. 단, 각 체제에 대한 설명 및 논의 전개는 필자가 서술했으며 필요한 각주를 새로이 덧붙였다. ① 김헌선, 「21세기 구비문학의 문화사적 위상」, 『구비문학연구』, 한국구비문학회, 1998, 참조. ② 마샬 맥루한 저, 김성기 역, 『미디어의 이해』, 민음사, 2002. ③ 제레미 리프킨, 안진환 역, 『3차 산업혁명』, 민음사, 2012.

분을 공유한다. 구비문화에 대한 명확한 이해를 통해 문자문화, 전파문화를 대조적으로 이해할 수 있으며, 전자문화의 특징을 통시적으로 이해할 수 있다. 여기서는 구비문화의 특징을 중심으로 하여 여타 문화의 차이점을 대별하는 방식으로 문화에 대한 이해를 돕고자 한다.

가. 구비문화[13]

1	한정된 공간
2	청각문화(입과 말)
3	화자와 청자의 쌍방관계(전승)
4	생산자와 소비자의 공유/공동작의 문화/보편성/적층성
5	하층민에 의해 향유
6	생활과 비분리
7	민중성
8	신화적 인물 · 영웅/기억 가능한 줄거리
9	신화와 서사시

〈표 1〉 구비문화

구비문화는 인류 역사 상 가장 오래된 것이며 가장 친근한 문화 전달방식이다. '말'을 통한 의사소통은 인간이 가장 먼저 접하는 방식이면서 가장 쉽게, 또한 가장 많은 시간 동안 진행된다. 어린 아이들은 세상에 태어나서 부모와 가족으로부터 말하기를 습득한다. 옹알이를 통해서 언어 공동체의 언어를 흉내 내는 과정을 반복하다가 공동체의 언어를 통해 의사소통을 하게 된다.

구비문화를 통해 만들어진 문화는 이러한 친근성, 접근 용이성 등을 반영

13) 구비문화의 특징을 다음과 같이 제시하기도 한다. '말로 된 문학, 구연되는 문학, 공동작의 문학, 단순하고 보편적인 문학, 민중적 · 민족적 문학' 장덕순 외, 『구비문학개설』, 일조각, 2009, 19~28쪽.

한다. 언어공동체에 오랫동안 전승되어온 옛이야기는 쉽고 간명한 형식으로 말을 통해 전승되면서 공동체의 보편적인 정서를 간직하고 있다. 신화, 전설, 민담으로 대변되는 공동체의 이야기들은 오랫동안 전승되면서 그 공동체가 공유하는 정서와 가치, 신념 등을 전달되기 쉬운 이야기 형태로 간직해 왔다. 이야기뿐만 아니라 속담, 수수께끼, 노래, 연극 등 다양한 구비문화들은 공동체 구성원들의 정체성을 드러내면서 공동체 구성원들을 하나로 묶는 강력한 유대로 작용한다.

구비문화를 전승시키는 말, 음성언어는 현재적 특성을 갖는다. 음성언어도 녹음이나 녹화 등을 통해 시간을 뛰어넘을 수 있지만, 본래적인 의미에서는 '지금·여기'를 벗어나면 소멸되어 버리는 특징이 있다. 또한 공간에 있어서도 '지금·여기'를 벗어나면 공유할 수 없는 특징이 있다. 따라서 구비문화의 공간은 '한정적'이다. 화자와 청자가 이야기를 나누는 현재의 공간이 아닌 다른 곳에서는 들을 수 없는 것이 구비문화의 특징이다.

긴긴 겨울 밤, 저녁상을 물리고 나서 사랑방에서 화롯불을 앞에 두고 할머니가 손자에게 옛이야기를 들려주는 장면을 상상해 보자. 할머니는 손자에게 '호랑이와 곶감'을 이야기해 준다. 손자는 할머니의 이야기를 열심히 경청한다. 하지만 사랑방에서 할머니가 손자에게 들려주는 이야기를 안방에 있는 손자의 부모는 들을 수 없다. 이것이 '1. 한정된 공간'의 의미이다.

구비문화는 청각문화이고, 전승에 있어서 화자와 청자의 쌍방관계다. 이는 구비문화의 대표적 특징 중 하나로 의사소통에 있어서 화자의 위치가 절대적이지 않고 청자의 필요와 태도 등에 영향을 받는 상대적 관계라는 의미이다.[14] '3. 화자와 청자의 쌍방관계'는 구비문화의 특징을 잘 대변해 준다. 의사소통에 있어서 일방적이지 않고 상호 소통할 수 있다는 것은 의사소통을

14) 월터 옹(Walter Ong)지음, 이기우·이명진옮김, 『구술문화와 문자문화』, 문예출판사, 1995, 60~92쪽.

더욱 역동적으로 만들어주는 요소다. 다음의 두 이야기는 같은 이야기가 청자에 따라서 어떻게 달라질 수 있는지 보여준다.

〈1〉 북두칠성이 된 일곱 형제 – 청자가 아이들인 경우

옛날 어느 마을에 아들만 일곱을 둔 엄마가 있었다. 이 엄마는 매일 개울을 건너 옆 마을에 있는 친구를 만나러 갔다. 그런데 친구를 만나고 돌아오는 엄마는 치마가 젖어 있었다. 하루는 맏아들이 엄마를 따라가 보니 엄마가 개울을 건너는데 다리가 없어서 옷이 젖는다는 것을 알게 되었다. 그래서 맏아들은 동생들을 데리고 가서 개울에 징검다리를 놓았다.
다음 날, 엄마가 징검다리로 개울을 건너면서 "하느님, 하느님, 누가 이렇게 착한 일을 했을까요? 이렇게 착한 일을 한 사람은 나중에 죽어서 하늘에 별이 되게 해 주세요"라고 빌었다. 일곱 형제는 죽어 별이 되었다. 이것이 북두칠성의 유래이다.

이 이야기는 어른들이 아이들에게 해 주는 이야기이다. 이 이야기의 주제는 '착한 일을 하는 사람은 죽어서 별이 된다'는 것이다. 전형적인 인과응보의 주제를 구현하고 있으며, 그 착한 일은 매우 선명하게 '효도'라는 주제로 나타난다. 엄마를 도와주는 착한 아이들은 복을 받는다는 주제가 간명한 이야기 속에 구현되어 있다.

〈2〉 북두칠성이 된 일곱 형제 – 청자가 어른들인 경우

옛날 어느 마을에 아들만 일곱을 둔 과부가 있었다. 이 과부는 매일 개울을 건너 옆 마을에 사는 서당 훈장을 만나러 밤마실을 갔다. 밤마실을 다녀오는 과부는 매일 치마가 젖어 있었다. 이를 이상하게 여긴 맏아들이 하루는 과부 어머니를 따라가 보니 어머니는 한밤중에 차디찬 개울물을 건너서 서당 훈장에게 갔다. 다리가 없는 개울물을 건너느라 치마가 다 젖었다. 이를 본 큰아들은 어머니를 위해서 다리를 놓아 개울을 편하게 건너게 해 줄 것인가 다리를 놓지 말아야 할 것인가 고민에 빠졌다. 어머니를 위해서라면 다리를 놓아야겠지만, 돌아가신 아버지를 생각한다면, 다리를 놓아주어 어머니가 훈장을 계속 만나게 하는 것이 불효가 되기 때문이다. 그래서 효도와 불효 사이에서 갈등한다.

결국 맏아들은 동생들을 데리고 가서 개울에 징검다리를 놓았다. 다음날, 과부는 징검다리로 개울을 건너면서 '하느님, 하느님, 누가 이렇게 착한 일을 했을까요? 이렇게 착한 일을 한 사람은 나중에 죽어서 하늘에 별이 되게 해 주세요'라고 빌었다. 일곱 형제는 죽어 별이 되었다. 일곱 형제가 죽어 일곱 별이 되었으니 이것이 북두칠성의 유래이다.

이 이야기는 위의 이야기와 제목은 같지만, 이야기의 주제가 다르다. 어머니가 밤마다 만나러 가는 사람이 친구가 아니고 서당 훈장이다. 밤마다 마실 가서 만나는 사람이 훈장임이 밝혀지면서 이야기의 주제는 달라진다. 〈1〉에서 맏아들은 아무 고민 없이 돌다리를 놓았다. 그러나 〈2〉에서는 돌다리를 놓아야할지 말아야 할지에 대한 심리적 갈등을 겪는다. 어머니를 위해서라면 당연히 돌다리를 놓아야겠지만 그것은 어머니의 새로운 사랑을 도와주는 것이기에 아버지에 대한 배신의 행위가 되는 것이기 때문이다. 이 주제는 구비문학 연구에서 '효불효(孝不孝)설화'로서 연구되어 왔다. 효도면서 불효인 주제를 부각시키고 있어 모순된 상황에서의 인간의 갈등에 초점을 두고 있다.

이 이야기는 성인 화자들의 이야기판에서 구연될 수 있는 이야기이다. 주로 할머니들끼리, 할아버지들끼리 모인 자리에서 구연되었다. 이 이야기를 구연하면서 화자와 청자들은 현명한 판단을 내려야만 하는 갈등의 상황을 반추해 보았을 것이다.

위의 두 이야기는 같은 모티프를 가지고 있으면서도 화자의 관심사나 수준에 맞추어 서로 다른 주제를 구현하고 있다. 이처럼 이야기는 화자가 일방적으로 자신이 하고 싶은 이야기를 전달하는 것이 아니라, 청자의 연령·수준·상황에 맞추어 구연된다. 이야기의 길이도 이야기판의 상황에 따라 길어지거나 짧아질 수 있고, 주제를 흐리지 않는 범위 안에서 내용의 첨삭이 가능하다. 이러한 구비문학의 유연성은 구비문화가 경직되지 않으면서 상황에 맞게 내용과 형식을 달리 할 수 있는 것으로 문자문화와의 차별성을 선명하게 보여준다.

엄밀히 말하면 구비문화에서는 생산자(화자)와 소비자(청자)가 구분되지 않는다. 문자문화와 대중문화에서는 소비자에서 생산자가 되는 문턱을 넘는 것이 매우 까다롭다. 문자문화에서는 등단을 거쳐야 하고, 대중문화 스타가 되는 것은 하늘에 별 따기이다. 하지만 '4. 생산자와 소비자의 공유'라는 구비문화의 특징은 구비문화 소비자는 언제든지 자신이 원하는 때에 생산자가 될 수 있음을 보여준다. 물론 구비분화 중에서도 판소리나 민속극 등 고도의 수련을 요구하는 장르는 예능적인 능력이 있어야 하므로 생산자가 되기 어렵다. 하지만 많은 이야기, 속담, 수수께끼 등은 소비자로서 수용한 후에 자신이 원하는 때에 언제든지 다른 수용자들에게 전달해 줄 수 있으므로 생산자가 될 수 있다. 아침 나절에 할머니에게서 재미있는 이야기를 들은 손자는 점심 먹고 밖에 나가 놀면서 곧장 다른 친구들에게 생산자로서 이야기를 전달할 수 있다. 같은 이야기판에서도 생산자와 수용자의 기준은 명확하지 않다. 서로 알고 있는 이야기들을 주고받으면서 자연스럽게 생산자와 수용자의 기준을 넘나든다. 이러한 과정에서 구비문화는 익명의 생산자들의 구연과정을 거치면서 새롭게 재탄생된다.

생산자는 언제든지 이야기에 자신들의 새로운 견해와 내용을 덧붙일 수 있다. 그러나 생산자에 의해 새롭게 탄생한 모든 이야기들이 계속해서 전승되는 것은 아니다. 지속적으로 전승되는 과정에서 생산자와 소비자의 판단에 맞게 보편타당하다고 받아들여지는 경우에만 전승 된다. 구비문화가 개인의 개성적인 특성보다 많은 이들의 보편적 공감을 얻어내는 보편적 가치를 추구하는 것은 이렇게 '많은 이들의 공감을 얻어야 한다'는 보편성을 추구하는 구비문화의 특징과 관련된다. 익명의 생산자들과 소비자들을 거쳐 보편성을 획득하여 전승되는 이야기들은 여러 사람들의 '공동작'이 된다. 이러한 과정은 오랜 시간을 거쳐야 한다. 오랜 시간을 통해 다양한 생산자와 소비자의 구연을 통해 이야기의 내용이 보편타당하게 받아들여지면서 형성되는 구비문화의 특징을 '적층성'이라 한다. 구비문화의 적층성은 바로 공동작으로서의 구비문화, 보편타당한 주제 구현 양상을 대변해 준다고 할 수 있다.

  '생산자와 소비자의 공유'라는 구비문화의 특징은 자연스럽게 '5. 하층민에 의해 향유'라는 특성과 맞물리게 된다. 구비문화는 말을 할 줄 아는 사람이라면 누구든지 향유할 수 있다는 접근 용이성 때문에 문자문화에 비해 많은 향유층을 거느리게 되었다. 특히 문자문화로 소통할 수 없는 글을 모르는 대다수의 하층민들이 자신들의 문화적 욕구, 예술적 욕구를 구비문화를 통해 해소할 수 있었다. 또한 하층민들은 대부분 생업을 위해 노동을 담당해 왔다. 이렇게 하층민들이 주체가 된 구비문화는 자연스럽게 '6. 생활과 비분리'되어 생활과 밀착되는 특징을 보인다. 많은 이야기들의 소재가 생활에서 나온 것들이고, 사람살이의 다양한 관계 양상에서 오는 갈등, 도덕이나 인륜의 가치, 인생의 의미 등 살아가는 문제에 대한 다양한 시선들이 교차하는 까닭은 바로 구비문화가 추상적인 관념론적 사고에서 비롯된 것이 아니라 사람살이의 실제적 상황에서 귀납적으로 발전된 것이기 때문이다. 또한 많은 노동요들이 일과 노래를 분리하지 않고 노래 속에 일을 통합하고 있는 것도 같은 맥락에서다. '7. 민중성과 문학'은 구비문화가 하층민에 의해 향유되었던 원인에서 비롯된다. 하층민의 삶을 영위했던 민중들은 자신들의 정치적 입장을 구비문화에 담는 것이 자연스러웠다. 그래서 '아기장수 전설'을 비롯한 많은 이야기들이 지배 권력에 대한 저항과 항거를 나타내고 있다.

'8. 신화적 인물·영웅'은 '9. 신화와 서사시'로 대변되는 구비문화의 특징이다. 구비문화 중에서 구비설화들은 신화와 서사시로부터 시작된 이야기들이 많다. 이러한 이야기들의 주인공들은 대부분 세상을 창조하거나 인류의 기원을 연 신화적 인물들이다. 또한 인류에게 불을 가져오는 프로메테우스나 옷감을 잣고 해의 기운을 조정하는 세오녀와 같은 문화영웅들도 있다. 이러한 주인공들은 평범한 인간의 한계를 뛰어넘는 권능과 위엄을 가지고 있다는 점에서 영웅적이라 할 수 있다. 신화와 서사시 외의 인물들은 신화적 인물이나 영웅이 아닌 평범한 주인공들이다.

구비문화는 '연행'을 전제로 형성되었기 때문에 전승에 있어서 오류와 변질을 막기 위해 간결하고 절제된 형식으로 구성되었다. 이러한 구비문화의 특징은 자칫 구비문화는 어린 아이들이나 읽은 동화류에 불과하다는 인식을 불러오기도 한다. 그러나 구비문화는 인생살이의 다단한 모습을 세세하고 정밀하게 포착하고 있어 내용이 매우 풍부하다. 다만 '말을 통한 전승'이라는 연행 현장의 특징에 맞추어 불필요한 거품을 빼고 고도로 정제되어 있을 뿐이다. 그 중 하나의 특징이 '8. 기억 가능한 줄거리'이다. 구비문화의 연행은 인간의 기억에 전적으로 의존한다. 따라서 말과 기억의 함수관계를 가장 효과적으로 활용할 수 있도록 구성된 것이 구비문화의 줄거리다.

월터 J. 옹(Walter J. Ong)은 구술문화의 특성을 다음과 같이 설명했다.[15]

15) 월터 J. 옹 지음, 이기우·이명진 옮김, 위의 책, 61~92쪽.

- 종속적이라기보다는 첨가적이다.
- 분석적이라기보다는 집합적이다.
- 장황하거나 '다변적'이다.
- 보수적이거나 전통적이다.
- 인간의 생활세계에 밀착된다.
- 논쟁적인 어조가 강하다.
- 객관적인 거리 유지보다는 감정이입적 혹은 참여적이다.
- 항상성이 있다.
- 추상적이라기보다는 상황의존적이다.

　　말을 통해 전승되는 구술문화는 기억을 돕기 위한 장치로서 첨가적이다. 또한 표현에 있어서 익숙한 형용구, 정형구 등 집합적인 표현을 사용한다. 발화 상황의 불완전성을 해소하기 위해 장황하고 다변적으로 설명한다. 여러 세대에 걸쳐 되풀이되면서 전통적이고 보수적인 틀을 취하게 된다. 또한 인간의 활동과 관련되어 생활 세계와 밀착되어 있으며, 주인공들은 논쟁적인 어조로 싸우는 일이 다반사이다. 구비문화에서 '배운다'거나 '안다는 것'은 대상과의 감정이입, 공유적인 일체화를 통해서다. 구비문화는 현재와의 관련성을 기준으로 하여 '의미'의 해석이 이루어지는 항상성이 존재한다. 그리고 사물을 추상적으로 파악하기보다 상황의존적으로 파악한다.

나. 문자문화

1	개방된 공간
2	시각문화(눈과 글)
3	한정된 의미의 쌍방관계(창작)
4	생산자와 소비자의 거리
5	문자 터득한 특수 계층
6	생활에서 이탈
7	귀족성과 문학
8	무거운 영웅에서 가벼운 영웅으로/흥미와 상업성
9	소설

〈표 2〉 문자문화

문자문화는 구비문화와 비교하여 개방된 공간에서 향유된다. 문자로 기록된 것은 시간 및 공간의 이동이 자유롭다. 19세기에 쓰인 필사본 『춘향전』이 오늘날 읽히기도 하고, 한국에서 쓴 신경숙의 『엄마를 부탁해』가 머나 먼 유럽이나 미국에서 읽히기도 한다.

문자문화는 시각문화다. 작가와 독자의 관계는 구비문화에 비해 한정적이다. 작가는 독자들의 반응 및 취향을 고려하겠지만 구비문화에 비하면 미미한 수준이다. 자신의 창작 의도에 맞게 창작활동을 할 뿐이다. 작가의 작품을 통해 만나는 작가와 독자는 면 대 면 상황에 있는 구비문화에 비해 그 거리가 매우 멀다.

문자를 배우는 데는 많은 시간적, 경제적 노력이 필요하다. 따라서 문자문화는 많은 문화권에서 문자를 터득한 특수 계층에 의해 향유되었다. 월터 옹은 학술어로서의 라틴어의 특징에 대해 다음과 같이 지적했다.

'학문의 장은 남성의 장소이어서 예외적으로 여성이 들어가는 경우는 있어도 매우 드물었다. 학술 라틴어는 1000년 이상에 걸쳐서 성과 결부된 언어, 즉 남성만이 쓰고 말하는 언어였던 것이다. 바꾸어 말하면 학술 라틴어는 가정 밖에서 실제로 남자의 통과의례적 환경으로 설정된 부족적인 환경 속에서 배우는 것이었다.[16]

로마 가톨릭에서 라틴어로 쓴 성서를 읽을 수 있는 사제는 매우 특별한 권한을 가졌다. 또한 어려운 라틴어로 된 성서를 해독할 수 없었던 대부분의 사람들은 사제가 읽어주는 성서의 내용을 듣기만 해야 했다. 이러한 '문자에 의한 소외 현상'은 한국에서도 마찬가지로 발생했다. 오랜 시간 동안 학습해야 비로소 터득할 수 있는 한자를 몰랐던 대다수의 사람들은 한자문화에서 소외되었다. 역으로 한자를 익혔던 지식인들은 자신들의 기득권을 포기하려 하지 않았다. 이러한 갈등은 세종대왕의 한글 창제 이후 지식인들의 한글의 사용거부로 표출되었다. 옹은 이에 대해 '알파벳의 민주주의적인 성격'이라 일컬으면서 다음과 같은 내용으로 정리했다.

알파벳의 역사에서 아마 가장 주목해야 할 유래 없는 성과는, 한국에서 1443년 조선의 왕 세종이 한국인을 위해서 알파벳을 고안하라는 칙령을 내렸을 때 이룩되었다. 그때까지 한국어는 한자만으로 씌어졌다. …. 대대로 수많은 조선인, 즉 쓸 수 있는 모든 조선인들은 인생의 상당한 시간을 복잡한 중국-조선식 철자법을 익히기 위해 소비해 왔다. 그들은 새로운 쓰기 체계를 환영하려 하지 않았다. …. 그 알파벳(한글)은 실제적으로는 학문 이외의 비속한 목적에만 사용되었다. '진지한(serious)' 작가들은 고통스런 훈련 끝에 터득한 한자의 쓰기 체계를 계속 사용했다. 진지한 문학은 엘리트주의적이었으며 엘리트주의적으로 보여지기를 원했다. 20세기가 되어서 한국이 한층 민주화됨에 따라 비로소 알파벳은 현재의 우위(아직 전적이지는 않지만)를 획득했던 것이다.[17]

16) 월터 J. 옹 지음, 이기우·임명진 옮김, 위의 책, 173쪽.

17) 월터 J. 옹 지음, 이기우·임명진 옮김, 위의 책, 143~144쪽.

지식인 위주의 귀족적 성격을 지닌 문자문화는 생활에서 이탈될 수밖에 없었다. 현재 문자문화의 대표적인 장르인 소설은 귀족성보다는 상업성이 우세하다고 할 수 있다.

다. 전파문화

1	지구촌
2	청각문화+시각문화
3	일방적 수용관계(수용)
4	생산자와 소비자의 거리가 너무 멀다.
5	집합적이고 대중 향유
6	생활과 유착(소외 개념 도출)
7	대중성과 문화
8	상업성과 상업적 영웅, 일상적 범인성
9	드라마

〈표 3〉 전파문화

TV나 라디오를 통한 전파문화의 범위는 좁게는 한지역에서부터 넓게는 지구촌까지이다. 전파문화는 청각과 시각문화이다. 전파문화는 생산자가 되는 대중 스타와 이를 수용하는 대중이 일방적인 관계를 갖는다. 따라서 생산자와 소비자의 거리는 구비문화, 문자문화에 비해 너무 멀다. 전파문화에서 '대중'은 개별적이고 개성적인 존재가 아니라 집합적 존재이다. 이는 구비문화에서 화자와 청자가 쌍방관계인 것과 대비된다. 구비문화에서는 청자의 상황이나 요구에 맞추어서 텍스트의 내용이 변주되는 역동성이 있지만 전파문화

에서는 몰개성적인 대중이 덩어리와 같은 집합으로 존재할 뿐이다. 전파문화
는 생활 속에 깊이 들어와 있지만, 실제로 매체와 개인의 관계에서는 '개인 소
외' 현상을 야기한다. 또한 '대중성'을 띠며 상업적인 성격을 갖는다. 주된 인
물의 성격도 비범하지 않은 일상적인 범인성을 갖는다. 대표적인 장르는 드
라마다.

라. 전자문화/사이버 문화

1	중심과 주변, 주체와 객체의 구분이 사라짐 (전파 문화에서는 중심과 주변이 명확하게 나누어짐)
2	중심과 주변이 상호 교환 가능한 위치에 있으면서 무한정 변환이 가능함
3	전파문화의 일방성이 전자문화의 쌍방성으로 바뀜
4	문자문화에의 의존도가 높음
5	개체의 보편적 참여
6	전자시장, 전자민주의, 세계 두뇌, 범세계 도서관
7	전파문화의 진화된 형태로서 질적 증식을 거듭함
8	인터넷

〈표 4〉 전자문화/사이버 문화

　　인터넷으로 대표되는 전자문화/사이버문화는 중심과 주변, 주체와 객체의
구분이 없다. 이는 문자문화와 전파문화에서 작가와 독자, 스타와 대중 등으
로 중심과 주변이 명확히 나누어지는 것과 대비된다. 또한 중심과 주변이 상
호 교환 가능한 위치에 있으면서 무한 복사, 무한 변환이 가능하다.
　　인터넷의 특징은 서버와 클라이언트의 역할이 자유롭게 변화하여 '피드백'

과 '역할 교환'이 가능해지는 쌍방향성을 특징으로 하는 '자유로운 접근과 공유', ID나 아바타를 통해 자신의 모습을 숨길 수 있는 '익명성', 개인이 정보를 생산하는 송신자 역할을 하는 '이용자 중심성', 국가의 경계를 넘나드는 '글로벌 네트워크', 문자, 음성, 데이터, 영상이 통합된 '멀티미디어성'으로 정리될 수 있다.[18]

　　전자문화는 생산자와 소비자의 관계가 쌍방성을 갖는다. 이는 구비문화에서 화자와 청자의 관계가 쌍방적인 것과 비슷하다. 인터넷 상에서 이루어지는 '대화 형태'를 살펴보면 중심과 주변, 주체와 객체의 구분이 사라지고 상호소통적인 방식으로 의사소통이 이루어진다. 개인 블로그나 싸이월드, 페이스북, 카카오 스토리 등 다양한 SNS(Social Network System) 상에서 개인은 개성적인 존재로서 자유로운 의사소통을 진행한다. 전자문화에서는 문자로 의사를 전달하지만, 그 성격은 구비문화와 매우 유사하다. 전자문화에서는 각 개인이 개성을 가지면서 보편적으로 참여한다. 전자문화는 기술적인 면에서 전파문화의 진화된 형태로 볼 수 있지만, 질적 증식을 통해 개인의 개성이 존중되는 형태, 쌍방향적인 의사소통이 진행되는 형태로 구비문화와 유사한 특성을 갖는 방향으로 발전해 왔다.

18) 김영순, 『미디어와 문화 교육—미디어 읽기를 위하여』, 한국 문화사, 2005, 162~164쪽.

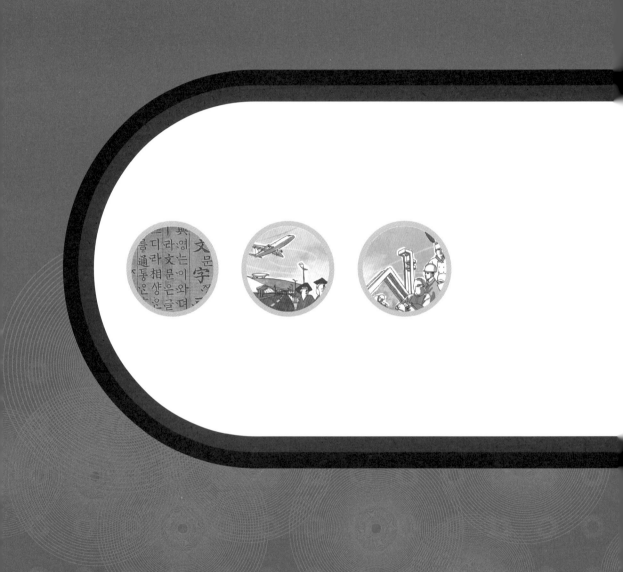

제 2 장

한국어·문화 교육의 이해

01

언어와 문화의 관계

가. 언어와 사고

우리말에 "말로 표현하지 못할 정도"라는 표현이 있다. 어떤 감정이나 상황에 지나치게 압도당할 때 쓰는 표현이다. 이 말은 말로 표현하지 못할 정도로 감정이나 상황이 엄청나다는 표현이다. 이 말은 달리 말하면 감정이나 상황을 드러내는 데 언어만큼 적절한 도구가 없다는 것의 반증이다. 말이 감정이나 상황을 가장 잘 표현하는 것인데, 말로 다 표현할 수 없으니 감정이나 상황이 참 대단하다는 의미로 쓰인다. 그만큼 언어와 사고는 밀접한 관계를 갖는다.

언어가 사고를 표현하기도 하지만 언어를 통해 사고를 정교화하기도 한다. 언어가 없다면 사고를 표현해낼 수 없다. 언어가 대상이나 감정을 지칭한다고 할 때, 언어는 인간의 사고를 재현한다. 언어 없이는 인간의 사고를 정교하게 표현해낼 수 없다. 언어 외에 어떤 것도 인간의 사고를 언어만큼 적확하고 예리하게 표현해 내지 못할 것이다.

언어와 사고에 대해서는 예로부터 많은 철학자들이 관심을 가져 왔다.

아리스토텔레스(Aristoteles, 기원전 384~322)는 말을 정신적 경험을 표현한 것으로 보고 "세상을 이해할 때 사고가 말보다 먼저 생겨난다"고 했다. 또한 인간 개인의 사고와 사적 언어, 공적 언어 간의 연관성에 관심을 가져 온 오스트리아의 철학자 루트비히 비트겐슈타인(Ludwig J. J. Wittgenstein, 1889~1951)은 오랜 연구 끝에 다음과 같은 결론을 내렸다. "내 언어의 한계가 곧 내 세계의 한계다"(Wittgenstein, 1981).[1]

'언어'는 단순히 무엇을 모방하는 것이 아니라, 개인의 경험, 사유 방식, 표현 방식 등 내면의 다양한 사고와 관련된 것이다. 언어와 사고의 밀접한 관계는 언어 교수 · 학습에서 언어와 함께 사고를 교수해야 할 필요성을 제기한다. 사고하는 방식, 사고의 패턴 등은 언어 사용에 있어서 중요한 영향을 미친다. 언어를 배태하고 있는 사고를 함께 교수 · 학습해야 한다는 것은 곧 언어와 함께 공동체의 사고방식으로서의 문화를 교수 · 학습해야 한다는 말이기도 하다.

나. 언어 사용 맥락으로서의 문화

언어는 인간의 사회생활의 필수요소다. 인간은 혼자 살지 않고 누군가와 어울려 산다. 생존을 위해서 인간은 다른 인간의 도움이 절대적이다. 그런데, 이때 상호 협력 및 상호 이해의 기초가 되는 것이 바로 '언어'이다. 언어는 인류를 다른 종, 유인원들과 구분 짓는 것이다. 모든 인간 사회에서 언어를 사용하며 언어가 존재하지 않는 사회를 상상하기는 어렵다. 언어를 통해서 인간은 다

1) 일레인 볼드윈 외, 조애리 외 역, 「문화 코드 어떻게 읽을 것인가?」(*Introducing Cultural Studies*), 한울 아카데미, 2009, 78쪽.

른 어떤 종이나 유인원들보다 훨씬 우월한 상호 협력 체제를 구성하고 유지해 왔다.

언어는 인간 사회의 모든 면에 관련되어 있다. 언어를 통한, 공유된 의미에 대한 인식 · 지식과 정보를 전파할 수 있는 능력은 인간 사회가 존속하는 데 필요한 최소한의 조건이다. 언어는 인간이 경험하는 대상과 사건을 구성하는 동시에 효과적인 방법으로 전달하는 사명을 수행한다.

문화와 언어의 관계에 대해서 가이스포드(J. Gaisford, 1981)는 다음과 같이 말했다. "인간의 경험을 구별해 주고 의미를 부여하는 것이 바로 언어이다. 언어로 소통되는 지식과 정보는 언어가 만들어낸 산물이다. 그러므로 언어가 정체성을 부여해주는 사건 · 대상 · 사람 · 감정 등은 언어를 통해 구성되고 언어 속에서 의미가 부여된다. 언어는 자신이 명명하는 것을 상징하거나 재현하는 것이다. 언어는 문화적이며, 인간들의 상호작용의 산물이다. 그러므로 인간은 언어를 통해 자신과 세상을 정의한다고 말할 수 있다."[2]

또한 스턴은 "인류의 문화는 오로지 언어를 통해 코드화되고, 분류되고 경험을 집약함으로써 전달된다. 인류 사회는 단순히 본능적이거나 동물적인 행동이 아닌 고등 차원의 행동으로 구성되는데 발달된 언어는 독특하고 구분되는 인류의 특징이다."[3]라고 했다. 인류의 문화를 코드화하고 전달할 수 있는 것이 언어밖에 없다는 것은 문화와 언어의 직접적 관계를 적실하게 표현한 것이라 할 수 있다.

언어는 인류의 고등적인 문화의 산물이면서 또한 인류가 이룬 문화를 효과적이고 체계적으로 전달할 수 있는 가장 발달된 매체다. 각 언어가 사용되는 집단의 문화는 각 집단의 언어로 가장 잘 대변될 뿐 아니라 각 언어에는 그 집단만의 문화가 촘촘히 엮여져 있다. 따라서 언어를 배우기 위해서는 그 언어

2) 가이스포드(J. Gaisford, J(ed.)), *Atlas of Man*, London: Marshall Cavendish, 1981, 일레인 볼드윈 외, 조애리 외 역, 위의 책, 77쪽에서 재인용.

3) 스턴(H. H. Stern), 심영택 외 옮김, 『언어 교수의 기본 개념』, 하우, 1995, 207~234쪽.

를 배태한 맥락으로서의 문화, 정황으로서의 문화 항목을 교수해야 한다.

다. 언어와 관습

언어는 관습을 창조한다. 관습은 한 공동체가 오랜 시간에 걸쳐 형성해 온 고유의 문화다. 언어를 통해 인류는 고차원의 문화를 형성해 왔고 언어를 통해 문화를 학습, 전달, 교육한다. 언어는 문화를 형성하는 것이면서 문화를 유지하는 힘이다. 언어에는 각 언어 공동체의 개성적이고 고유한 문화가 내재되어 있다. 각 공동체는 공동체가 존재하는 자연과의 싸움에서 얻어진 문화의 양상들을 언어 속에 담아 간직하고 전승한다. 또한 문화는 언어를 통해 전승되기 때문에 공동체의 언어와 문화는 떼려야 뗄 수 없는 불가분의 관계로 존재한다. 그런데, 이러한 관습은 하루아침에 이루어지는 것이 아니고 오랜 시간에 걸쳐 형성된다.

언어에 내재한 문화적 속성은 지속적으로 변화의 양상을 띤다. 일레인 볼드윈은 문화적 속성의 변화 과정에 대해 다음과 같이 말했다. "의미가 갖고 있는 문화적 속성은 특정한 사회적 환경 안에서 발생하는 사건과 변화의 산물이다. 그리고 비록 의미가 표준화되고 관습적이라 하더라도 이것은 수 년에 걸쳐 사회적·문화적 힘이 가해진 결과이며 늘 변화의 과정을 겪는다. 이런 변화는 때로는 빠르게 때로는 느리게 진행된다"[4]

4) 일레인 볼드윈, 앞의 책, 76쪽.

라. 언어 공동체(speech community)와 문화

거미 : 개인

거미집 : 문화

〈그림1〉 기어츠(Geertz) 거미와 거미집 설명 [5]

거미가 자신의 몸에서 실을 뽑아내어 거미집을 만들듯이 개인은 문화의 창조자인 동시에 "문화의 소재지(locus of culture)"가 된다.[6]
– 개인은 그 자신이 자아낸 거미집인 문화를 벗어나서는 존재할 수 없는 문화의 수인(囚人)이 된다.

5) Geertz, Clifford, 1963, *The Interpretation of Cultures*. New York, Basic Books, 전경수, 앞의 책, 30쪽에서 재인용.

6) Hsu, Francis K 1972, *Psychological Anthropology: Approach to Culture and Personality*. Honewood, IL: Dorsey Press, 전경수 위의 책, 같은 쪽에서 재인용.

7) 일레인 볼드윈 외 지음, 조애리 외 역, 앞의 책, 77쪽.

사회 구성원들은 유아기부터 사회화 또는 문화접변이라고 알려진 과정을 통해서 관습적인 언어를 학습한다. 한 언어 공동체 내에서 의미에 관한 지식과 그 언어의 관습적인 사용은 원어민들에게는 당연한 것으로 여겨진다. 같은 언어를 사용하는 사회 구성원들은 관습화되고 표준화된 언어의 자질, 즉 의미의 보편성을 통해 능력을 발전시킨다. 언어는 다른 여타의 관습들과 마찬가지로 개인에게 학습되면서 개인을 그 공동체의 구성원으로 만들어간다.[7]

개인의 인성, 퍼스낼리티(Personality)를 결정하는 요인은 크게 4가지로 분류된다. 생물학적 요인, 자연 환경, 개인 고유의 경험, 문화적인 요인 등이다. 이 중 개인의 퍼스낼리티에 가장 많은 영향을 주는 것은 문화적 요인이다. 문화적 요인들은 한 사회 구성원들의 행위 유형을 제공해 주고 한계를 정해 준다. 문화는 마치 미로의 설계도면처럼 인간이 어떻게 생각하고, 느끼고, 행동해야 할지에 대한 지침서를 제공해 준다. 사회 집단 또는 문화에 따라 구성원들의 퍼스낼리티에 고도의 규칙성이 나타난다. 개인이 아무리 독특한 체질적인 특성을 가지고 있고 고유의 경험을 한다고 하더라도 그들은 각기 일상생활에서 접하고 있는 문화에 따라 반응하며 그에 기초하여 개인들의 퍼스낼리티가 형성된다.[8]

일반적으로 어느 특정한 사회는 특정한 언어와 연관되어 있는데 몇 개의 언어를 쓰는 복합 민족국가에서도 그렇다. 그렇지만 어떤 언어도 한 사회를 구성하는(국민, 공동체, 부족 단위) 모든 언어 사용자에게 전혀 일률적이지 않다. 우리가 이미 경험한 것처럼 동일한 언어 속의 말투로 남녀노소, 빈부 등을 구별할 수도 있다. 특정한 규칙으로 말하고 해석을 공유하는 사람들은 하나의 언어공동체(speech community)에 속한다. 한 사회의 구성원 대부분은 동일한 마을에 거주하게 되어도 여러 언어공동체에 속한다.[9]

언어 공동체(speech community)는 공유된 언어의 사용(Lyons 1970), 공유된 말의 규칙 및 언어 수행의 이해(Hymes 1972c), 언어 형식 및 사용과 관련된 태도 및 가치관의 공유(Labov 1972) 그리고 언어에 관한 사회문화적 이해 및 전제(presupposition)의 공유(Sherzer 1978) 등으로 정의된다.[10] 언어 공동체는 같은 언어를 구사하는 일군의 집단과 반드시 동일하지는 않다. 텍사스 내의 스페인어 사용자들과 아르헨티나의 스페인어 사용자들은 서로 동일한 언어를 공유하고 있음에도 불구하고 각기 다른 언어 공동체의 일원이다. 영국 출신 영어 사용자와 미국(또는 캐나다, 호주, 인도 및 나이지리아) 출신 영어 사용자들을 서로 같은 언어 공동체의 구성원으로 볼 수 있을지에 대해서

8) 한상복 외, 『문화인류학개론』, 서울대학교 출판부, 1985, 311~313쪽.

9) 제넥 쌀즈만 지음, 김형중 역, 『언어, 문화, 사회』, 온누리, 2006, 302~303쪽.

10) Lyons, John, ed. 1970. New Horizons in Linguistics. Harmondsworth: Penguin; Hymes, 1972, Models of Interaction of Language and Social Life. In John J. Gumperz and Dell Hymes, eds, Directions in Sociolinguistics: Ethnography of Communication, pp. 35~71. New York: Holt, Rinehart & Winston; Labov, William, 1972. On the Mechanism of Linguistics Change, In John J. Gumperz and Dell Hymes, eds, Directions in Sociolinguistics: Ethnography of Communication, pp. 512~538; Sherzer, Joel, 1975, Ethnography of Speaking, Manuscript, University of Texas at Austin. 뮤리엘 사빌 트로키(Muriel Saville-Troike) 지음, 왕한석 외 옮김, 『언어와 사회·의사소통의 민족지학 입문』, 한국문화사, 2002, 21쪽에서 재인용.

는 의문이 제기된다. 이와 같은 질문에 대한 해답은 순수한 언어적 요소보다는 역사와 정치, 그리고 집단적 동질감에 기반을 두고 있다.[11]

사회과학에서 사용되는 '공동체(community)'의 모든 정의에는 라틴어의 'communitae(공동으로 보유하는)'에서 유래된 공유 지식, 소유 또는 행동이 포함되어 있다. "공동체"를 구성할 수 있는 본질적인 범주는 유의미한 경험의 차원이 어느 정도 공유된다는 데 있고, "언어공동체"를 구성하기 위해서는 공유된 경험의 차원이 그 집단 구성원들이 언어를 사용하고 가치를 인정하며 해석하는 방식과 관련을 맺는다. 하나의 언어 공동체라고 해도 그것이 지리적으로 인접해야 할 필연적인 이유는 없다. 미국 캘리포니아와 시리아의 아르메니아인들은 상호작용이 거의 없음에도 불구하고 동일한 언어 공동체의 구성원으로 간주될 수 있으며, 산재한 개인 및 집단도(특히 전화 및 이메일의 광범위한 활용을 통해) 강력한 상호작용 연결망을 유지할 수 있다. 주로 인터넷을 통해 '실질적인' 동호회가 세계적으로 널리 형성되고 있다. 면 대 면(face-to-face) 접촉 없이도 의사소통을 위한 유형화된 규칙이 출현하고 있고 성문화되고 있다.[12]

언어 공동체를 연구를 위한 사회적 기초 단위로 활용하는 것은 기존의 사회적 · 정치적 경계 및 범주를 적법한 실체로 은연 중에 수용한다는 이유로 인해 몇몇 이들로부터 비판을 받아왔다. 그 대안으로서 담화공동체(discourse community)가 있다. 이는 '담화적 실행'(discursive practice)을 위한 규칙을 공유하는 개인을 집단으로 묶을 수 있는 유연한 개념이다.

담화 공동체란 강력하고 중요한 규칙을 가진 집단을 만들어내는데 이는 다시 특정한 사회적 · 경제적 · 지리적 혹은 언어적 영역에서 무슨 말을 할 수 있고 또 그것이 어떻게 표현될 수 있으며 누가 어디서 말할 수 있으며 또

11) 뮤리엘 사빌 트로키 지음, 왕한석 외 옮김, 위의 책, 22쪽.

12) 뮤리엘 사빌 트로키 지음, 왕한석 외 옮김, 위의 책, 23~25쪽.

한 이런 것들에 대한 예측을 어떻게 하는지를 결정한다. 담화적 실행은 지식의 분배를 관장하며 특정한 말하기 방식들을 위계화 한다. (Lehtonen 2000: 41~42)[13)]

마. 기표 · 기의 · 문화

1) 기표와 기의

소쉬르(Ferdinand de Saussure)는 언어가 대상을 직접적으로 재현한다고 보는 기존의 언어관과는 달리, 언어를 기호로 보았다.

소쉬르(Ferdinand de Saussure)는 개념과 청각 영상의 결합체를 기호(sign)라 했다. 기호는 기표와 기의라는 두 요소로 구성된다. 기표는 음성이나 인쇄된 단어 또는 이미지이고 기의는 개념이다.

기호와 그 의미 사이에는 어떠한 관계도 존재하지 않는다. 소쉬르의 언어학도 이런 관점에서 접근한다. 시니피앙(signifiant; signifier)은 일반적으로 기표(記表)로 번역되는 단어인데 기호의 겉모습, 즉 음성(音聲)으로 표현된 모습을 의미한다. 시니피에(signifié; signified)는 기의(記意)로 번역되고, 기호 안에 담긴 의미를 말한다. 즉 '나무'라는 단어의 생김새와 [namu]라는 발음은 시니피앙이고, 나무라는 구체적 대상은 시니피에다.

| 기표(Signifiant) | + | 기의 (Signifié) | = | 기호(Sign) |

〈그림 2〉 기표, 기의, 문화

13) Lehtonen, Mikko, 2000, *Cultural Analysis of Texts*. Newbury Park, CA: Sage. (Translated by Aija-Leena Ahonen and Kris Clarke), 뮤리엘 사빌 트로키 지음, 왕한석 외 옮김, 위의 책 25~26쪽에서 재인용.13) Lehtonen, Mikko, 2000, *Cultural Analysis of Texts*. Newbury Park, CA: Sage. (Translated by Aija-Leena Ahonen and Kris Clarke), 뮤리엘 사빌 트로키 지음, 왕한석 외 옮김, 위의 책 25~26쪽에서 재인용.

기존의 언어학에서는 언어의 의미를 그것이 재현하는 대상에 의해 본질적 혹은 필연적으로 결정된다고 보는 데 반해 소쉬르의 언어학에서는 기호로서의 언어의 의미가 암묵적인 사회적 약속에 의해 결정된다고 본다.[14]

예컨대, '나무'라는 단어가 특정한 식물을 가리키는 것을 기존 언어관에서는 그 단어와 대상 간의 직접적이고 본질적인 관계에 의한 것으로 본 반면 소쉬르의 구조주의 기호학에서는 사회적 약속에 의한 것일 뿐 그 단어와 대상 간의 필연적인 연관이 없다고 말한다.

특정한 식물을 '나무', 'tree', '木'이라고 하는 것은 그 단어가 반드시 특정한 식물을 의미해야 하는 본질적 이유가 있어서가 아니라 사회적인 약속에 따른 것이며, 그런 의미에서 신호등의 빨간불과 마찬가지로 하나의 '기호'다. 소쉬르는 단어와 대상간의 직접적인 연관관계를 부정하면서 기호를 기표(signifiant)와 기의(signifié)의 결합관계로 설명한다.

예컨대, '나무'라는 단어는 기표고 그 단어와 연관하여 우리가 떠올리는 관념은 기의며, 신호등의 빨간불은 기표이고 정지는 기의다. 그리고 신호등의 빨간불이라는 예에서 명확히 알 수 있는 것처럼, 특정한 기표가 일정한 기의를 지시할 수 있는 것은 그 기호 체계 내에서 다른 기표와의 '차이'에 의한 것이다.

언어가 존재하기 위해서는 대중 집단(언어 공동체)이 필요하다. 언어는 사회적 사실의 외부에서는 존재하지 않는데, 이는 언어가 기호학적 현상이기 때문이다. 이러한 언어의 사회성은 언어의 내재적 특성이다.[15] 언어의 사회성은 기호로서의 언어가 존재하는 방식을 드러내 준다. 기호로서 언어의 기표는 대중 집단의 사회적 약속에 영향을 받는다. 기표는 대중 집단의 기의로 해독된다. 이러한 언어의 사회성은 각 문화권에 따라 다른 문화가 존재하는

14) 소쉬르(Ferdinand de Saussure) 지음, 김현권 역, 「제 1 장 언어 기호의 성격」, 『일반 언어학 강의』, 지식을 만드는 지식, 2012, 133~160쪽.

15) 소쉬르 지음, 김현권 역, 위의 책, 158쪽.

문화 다양성을 설명해 줄 수 있다. 각기 다른 토양, 환경, 역사에서 생성된 문화 간 차이는 그 문화를 향유한 공동체가 공유한 '맥락'을 기반으로 해석되어야 한다. 한 문화권의 기호체계로서의 문화는 그 문화를 향유하는 공동체의 약속에 의한 것이기에 그 문화권에서 공유하는 기의를 기표로 표현하고 있는 것이다.

2) 기표, 기의와 문화의 이해

기표, 기의의 관계를 통해 문화를 살펴보면 다음과 같다.[16]

1. 모든 이미지나 텍스트는 여러 층위의 의미를 가진다. 외연적 층위와 내포적 층위로 나눌 수 있다.
2. 이와 같은 의미의 속성은 의미가 속해 있는 맥락에 따라, 또는 주위 환경에 따라 결정된다. 의미는 상대적이다.
3. 의미나 코드의 어떤 층위는 상대적으로 중립적이거나 객관적이다. 반면에 어떤 층위는 사회적 의미나 담론의 영향을 받는다.
4. 이런 상이한 의미들을 인지하고 설명하는 것에는 분석 또는 해독의 과정이 포함된다. 여기서 분석과 해독은 분석자가 가진 지식과 경험의 성격에 달려 있다.

문화 체계는 기호의 유형이며 언어란 이와 같은 연결망 내의 기호 체계의 하나일 뿐이다. 언어 행위의 의미 해석은 이 의미를 포함하는 상위 의미에 대한 이해를 요한다.[17] 의사소통으로서의 문화는 기표와 기의 사이의 고정된 대응 관계에 제한되지 않는다. 한 언어공동체에서 향유되는 문화는 기표로서의

16) 일레인 볼드윈 외, 「커뮤니케이션과 재현」, 『문화코드 어떻게 읽을 것인가?-문화연구의 이론과 실제』, 한울아카데미, 2008, 81~85쪽.

17) 뮤리엘 사빌 트로키 지음, 왕한석 외 옮김, 위의 책, 2쪽

문화 체계에 대한 함축적인 해석을 가능하게 한다. 의사소통 차원의 문화 개념은 넓은 의미의 기호 사용이라 할 수 있다.

바. 언어를 통해 문화를 해석하기

1) 언어의 다양성은 세계를 조망하는 관점의 다양성

19세기 독일 언어학자인 본 훔볼트(Von Humboldt)는 "언어마다 실제 세계를 범주화하는 방법이 각기 다른 것은 우리가 가진 지식을 구조화하는 정신적 방법이 다르기 때문이다. 따라서 언어의 다양성은 "소리나 기호의 다양성이 아니라 세계를 조망하는 관점의 다양성이다"[18]라고 했다.

언어와 문화에 관해 관심을 가져온 많은 학자들은 언어의 다양성과 인간 사고나 문화의 다양성 간의 관계를 이해하기 위해 노력해 왔다. 이에 대해 철학자, 언어학자, 심리학자, 인류학자들은 각기 다른 방법으로 의문을 제기했다. 이 문제에 대한 관심은 독일 낭만주의와 민족과 국가 내에서의 개인이라는 개념에서 시작됐다. 이런 관계에 대한 문제는 19세기에 전반적으로 알려졌고 20세기 독일 언어학자 와이즈거버와 타이어(Weisgerber & Tier)의 어휘 연구와 미국의 보아스, 사피어, 워프(Boas , Sapir & Whorf)의 문화와 관련된 언어 연구에서 더욱 발전되었다. 사피어와 워프의 견해에 대해서는 아래 '사. 사피어-워프 가설'에서 상세히 다루도록 하겠다.

2) 문화의 기본 원리는 지식을 해석하는 원리를 공유하는 것

사람들은 하나 이상의 담화 집단에 속해 있으며, 문화의 기본 원리는 지식

---

18) 스턴, 앞의 책, 223쪽.

을 공유하는 것이 아니라 이를 해석하는 원리를 공유하는 것이다.(Garfinkel, Kramsch 1998).[19]

사람들이 사회화를 통해 하나의 공동체에 속하게 되면 자연스럽게 그 담화 집단에 속하게 되고 후에 더 다양한 담화 집단에 소속될 수 있다. 이 때 언어와 함께 습득하게 되는 문화는 지식 그 자체를 아는 것이라기보다는 지식에 대한 해석의 원리를 공유하는 것이다.

이런 관점에서 볼 때 언어 학습에서의 문화 학습은 단편적인 지식보다는 담화 공동체의 관습을 해석할 수 있는 능력을 길러주는 데 중점을 두어야 한다. 외국어로서의 한국어를 배우는 학습자들은 이미 자문화에 대한 지식을 바탕으로 문화 이해의 틀을 가지고 있다. 이런 학습자들에게 한국 문화 교육은 한국을 보다 잘 이해할 수 있는 방편으로서 제공되어야 한다. 한국어를 교육할 때 학습자에게 한국 문화 이해 배양만을 강조할 것이 아니라 한국 문화를 통해 학습자 자신의 문화를 이해할 수 있도록 하는 문화 간 이해 증진에 초점을 맞추어야 한다.

사. 사피어-워프 가설(Sapir-Whorf Hypothesis)

언어적 차이는 사고에 어떤 영향을 미칠까? 서로 다른 언어를 사용하는 공동체의 구성원들은 다른 공동체의 구성원들과 다른 사고방식을 가질까? 이러한 언어의 상대성에 대해서 이미 비코, 헤르더, 훔볼트 등 낭만주의 사상가들이 관심을 표명했다. 언어의 상대성에 대해 지대한 관심을 언어학과 인류학을 접목하여 심도 있는 연구한 이들은 미국의 언어학자 사피어와 워프였

19) 스턴, 위의 책, 같은 쪽.

다. 이들은 완전히 다른 세계관을 배경으로 하고 있는 누트카어(Nootka), 쇼니어(Shawnee), 호피어(Hopi) 등 북아메리카 언어의 사례들을 통해 언어의 상대성에 대한 연구를 지속해 나갔다.

1) 에드워드 사피어(Edward Sapir, 1884~1939)

에드워드 사피어는 독일 태생의 미국 문화 인류학자이자 언어학자다. 사피어는 음성학을 연구하여 언어 구조의 체계적인 성질을 밝혔다. 언어학자로서 그가 인류학에 관심을 가지게 된 것은 컬럼비아 대학교 대학원 재학 시절 저명한 인류학자인 프란츠 보아스(Boas, 1858~1942)의 강의를 듣게 되면서부터였다. 그는 보아스의 영향을 받아 언어학과 인류학을 함께 연구하는 언어 인류학의 풍부한 가능성에 주목하게 되었다. 사피어는 미국 서부지역 여러 인디언어를 연구하면서 아메리카 인디언들의 문화적 변천에 관심을 갖게 되었고 언어와 문화의 상관 관계에 대한 많은 논문을 집필하게 되었다.

사피어는 '우리 공동체의 언어 습관이 특정한 해석을 선택하도록 하기 때문에 우리는 일반적으로 우리가 행한 대로 보고 듣고 경험한다'고 했다. 공동체의 언어 습관에는 그 공동체가 오랜 세월 동안 유지해 온 관점이 녹아 있다. 이러한 관점은 개인의 '경험'보다 앞서는 것이며, 개인의 경험을 해석할 수 있는 바탕이 된다. 언어를 통해 세계를 이해한다는 관점이다.

사피어는 전문화된 언어가 발달함에 따라 서로 다른 세계가 존재하는 – 일부 학자들의 견해처럼 하나의 동질적 세계에서 사람들이 각자 사건과 대상에 다른 명칭을 부여하는 것이 아니라 – 언어 공동체가 생겨난다고 주장한다(Sapir, 1929).[20] '서로 다른 세계가 존재하는 언어 공동체'라는 개념은 언어와 문화의 관계를 조망하는 데 있어 매우 중요한 시사점을 제공한다. 한 언어

20) 일레인 볼드윈, 앞의 책, 78쪽

를 사용하는 공동체는 같은 세계를 소유하게 된다는 것이다. 언어 공동체가 단순히 언어만을 공유하는 것이 아니라 언어를 통해 구조화되고 갈무리된 세계 인식을 공유한다는, 즉 공동의 문화를 공유한다는 것이다.

또한 사피어는 "인간은 객관적 세계에서만 살고 있지 않으며 일반적으로 이해되듯이 사회 활동으로 구성된 삶을 영위하는 것이 아니고 사회의 표현 도구가 되는 특정 언어의 영향을 받으며 살아간다. 실제의 세상은 상당 부분 집단의 언어 이용 습관을 바탕으로 무의식적으로 형성된다. 어느 두 언어도 현실을 똑같게 표현한다고 생각될 만큼 비슷하지 않다. 상이한 사회들이 존재하는 세계는 독특한 세계로서 단지 상이한 라벨이 붙은 같은 세계가 아니다."[21]라고 했다. 객관적인 대상은 그 자체로 존재하는 것이 아니라 '언어'를 통해 조망된다. 언어는 언어 공동체에 따라 다르게 나타난다. 공동체의 문화를 바탕으로 하고 있는 언어를 통해 표현된 세상이 개인에게 인식되는 '진짜 세상'이라는 것이다.

2) 벤자민 워프(Benjamin Lee Whorf, 1897~1941)

사피어의 영향을 받은 워프(Whorf)는 언어가 경험을 조직한다고 주장한다. 표준 평균 유럽어(Standard Average European, SAE)라 불리는 유럽 언어의 문법은 경험의 어느 한 면을 분석하는데 반해, 누트카어, 호피어, 쇼니어 등의 미국 인디언어의 문법은 전적으로 다른 양상을 강조한다. 예를 들면 시간(과거, 현재, 미래)의 강조나, 공간을 나타내는 용어('앞'과 '뒤')를 사용한 시간의 구체화는 SAE화자가 역사, 기록, 일기, 시계, 달력에 익숙해지게 만든다.

미국 주류 문화에서는 시간을 공간적 은유로 이해한다. 예를 들어, "……

21) D. G. Mandelbaum, ed., *Selected Writings of Edward Sapir*, Berkeley and Los Angeles : University of California Press, 1949, p.162, 래리 사모바(Larry A. Samovar) 외 지음, 정현숙 외 옮김, 『문화 간 커뮤니케이션』, 커뮤니케이션북스, 2007, 200쪽에서 재인용.

한 지 꽤 '긴 시간'이 흘렀다(it is a long time since……)"또는 "그 일은 '짧은 시간'이 지나면 일어날 거야(it will happen in a short time)"라는 표현을 쓴다. 이와는 달리 호피 족은 사건이 이뤄지고 있는 상태에서 지금 막 발생하는 것으로 표현하는데, 이런 표현법은 미국 주류 문화의 시간 인지 방식의 표현 범주에 속하지 않는다. 호피 족 언어의 실제 사용도 미국 문화에서 관습적으로 이해되는 과거·현재·미래의 개념과 일치하지 않는다. 이와 같은 연구는 언어가 정신적 범주를 만들어 내고 인간은 바로 이 범주를 통해 세상을 이해한다는 워프의 가설을 형성하는 데 많은 공헌을 했다. 세상은 언어에 의해서 만들어진 개념 격자(conceptual grid)를 통해 여과되며, 특정 언어를 일상적이고 규칙적으로 사용함으로써 문화적으로 특수한 습관적인 사고 패턴이 생겨난다는 것이 워프 가설의 전제다.[22]

사람들은 자신의 모국어가 설정해놓은 선을 따라서 세상을 분할한다. 우리가 분리해 내는 현상의 범주와 유형은 그것이 면전에 존재하기 때문에 찾아내는 것이 아니다. 오히려 세상은 우리 마음이 체계화시켜야만 하는 만화경의 흐름과 같이 주어지며 이 작업은 주로 우리 마음에 들어 있는 언어 체계에 의해서 이루어지는 것이다. 우리 방식대로 자연을 분할하여 개념들로 체계화하며 의미를 부여하는 것은 언어 공동체를 통해서 유지되고 언어 패턴 속에 부호화되어 있는 합의에 동조하기 때문이다.[23]

22) 일레인 볼드윈, 앞의 책, 78~79쪽.

23) 벤자민 리 워프(Benjamin, Lee Whorf) 지음, 신현정 옮김, 「과학과 언어학」, 『언어·사고, 그리고 실재』, 나남, 2010, 329쪽.

> **언어 상대성 원리(Linguistic relativity principle)**
> 언어가 우리 사고의 실제를 결정하기 때문에 다른 언어를 사용하는 사람들은 세계를 다른 방식으로 보게 될 것이다.

언어 간의 구조적인 차이는 내재된 비언어적 인지 체계의 차이를 반영한다. 예를 들면 해당 언어의 색깔에 대한 단어가 몇 개인지 여부가 무지개를 볼 때 몇 가지 색으로 보이는지를 결정한다.

언어학습자는 새로운 언어의 특정한 양상들–어휘 항목, 또는 문법적 자질–이 자신의 토박이어에는 그 등가물이 없는 개념들을 종종 내포한다는 사실을 알고 있다. 어떤 언어에서는 구분되는 않은 채 남아 있는 개념이 다른 언어에서는 별개의 언어항목으로 나타난다.

호피어는 새를 제외한 모든 날 것을 하나의 명사로 지칭한다. 날벌레, 비행기, 조종사를 모두 동일한 단어로 표현하는 것이다. 영어에서는 내리는 눈, 바닥에 쌓인 눈, 얼음처럼 단단하게 뭉친 눈에 대해서 모두 동일한 단어를 사용한다. 에스키모인에게는 이렇게 포괄적인 단어를 상상조차 할 수 없다. 이들은 내리는 눈과 녹고 있는 눈 등등이 감각적으로나 조작적으로나 차이가 나는 대상들이라고 말한다.[24] 서로 다른 발화 공동체에서 나타나는 범주화의 차이는 문법 형태의 차이와 관련된다.

24) 벤자민 리 워프 지음, 신현정 옮김, 위의 책, 333~334쪽.

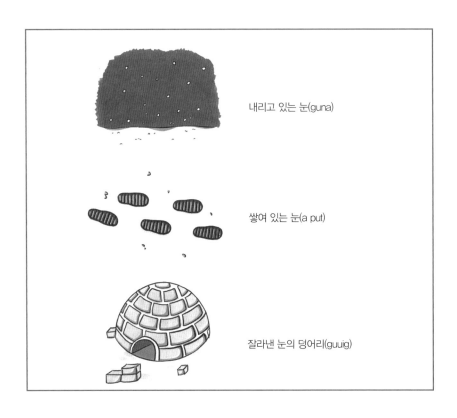

내리고 있는 눈(guna)

쌓여 있는 눈(a put)

잘라낸 눈의 덩어리(guuig)

영어에서 눈은 '눈(snow)' 한 단어이지만, 에스키모어인 이눅티툿(Inuktitut)에서는 내리고 있는 눈은 'guna', 땅에 쌓여 있는 눈은 'a put', 이글루를 만드는 잘라낸 눈의 덩어리는 'guuig'등으로 다양하게 부른다.

〈그림 3〉 에스키모에서의 '눈'

사피어-워프 가설은 몇몇 언어학자, 철학자, 심리학자들에 의해 경험적 결함과 절차적 결함을 지적받았다. 그러나 그 대척점에서 수많은 포스트모더니즘 학자와 인류학자가 극단적 상대주의를 파고들어 워프를 넘어서려 하고 있다. 이들은 시간, 공간, 인과성 등 존재론적 범주 면에서 반복적으로 나타나는 전 세계 단어들 간의 유사성을 별로 고려하지 않은 채, 다른 담론들이 궁극적으로 부적합하다고 주장한다. 언어가 사고를 형성한다는 믿음은 포스트모더니즘 학자들의 학문 영역 밖에서도 건재하다. 정치 분야나 전반적 사회 정책 부문에서 일고 있는 언어 순화 추세만 봐도 그렇다. 예를 들어 '태아(foetus)'를 '태어나지 않은 아이(unborn child)'로 '맹인(blind)'을 '시각장애자(visually impaired)'로 바꾸거나, '의장'을 'chairman'이라 하지 않고 단순히 'chair'라 표현하는 것은 언어가 사고를 형성한다고 믿기 때문일 것이다.[25]

사회 · 문화 분석가들은 사회적 · 문화적 현상을 주의 깊게 조사하면 사회 생활을 형성하고 변화시키는 역량에 관한 정보를 얻을 수 있다고 본다. 사회적 · 문화적 조직을 구성하는 주요 원리가 언어 속에, 또는 언어를 통해 표현되어 있기 때문에 언어 행위를 연구하는 일은 충분히 가치가 있다. 이런 의미에서 언어는 사회적 · 문화적 구성물을 재현한다고 할 수 있다.

아. 문화 간 의사소통

1) 문화 간 의사소통 상황의 이해

문화 간 의사소통(cross-cultural communication), 상호 문화 의사소통(intercultural communication)은 다른 언어적 문화적 배경을 가진 참여자들 간의 상호작용(말 또는 글을 통한)이다.

문화 간 의사소통 상황은 다음의 세 가지 경우로 요약될 수 있다.[26]

가) 서로 다른 언어와 나라에서 온 사람들 중 한 쪽 측의 모국어로 하는 의
　　사소통

25) 니컬러스 에번스(Nicolas Evans) 지음, 김기혁 · 호정은 옮김, 『아무도 모르는 사이에 죽다―사라지는 언어에 대한 가슴 아픈 탐사 보고서』, 글항아리, 2012, 321~322쪽.

26) 바이람(Byram, Michael), *Teaching and Assessing Intercultural Communicative Competence*. Clevedon/Philadelphia etc: Multilingual Matters, 1997, 유수연, 『문화 간 의사소통의 이해』, 한국문화사, 2008, 97쪽에서 재인용.

나) 서로 다른 언어와 나라의 사람들 중 한 쪽의 모국어가 아닌 서로의 공용
   어로 이루어지는 의사소통

다) 같은 나라에서 왔지만 다른 언어를 사용하는 사람들 사이의 한 쪽 측의
   언어를 사용하는 의사소통

서로 다른 언어로 소통하는 경우에 각 언어에 수반된 문화적 차이가 존재
하므로 다른 문화에 대한 이해는 필수적이다.

일찍이 야콥슨이 지적했듯이 의사소통은 화자와 청자 간의 단순한 메시지
전달이 아니다. 의사소통 상황에는 화자, 청자, 경로, 메시지, 코드, 맥락 등
다양한 요인이 작용하여 의사소통의 성격을 결정하고, 의사소통의 성공과 실
패에 영향을 미친다.[27]

의사소통이란 생각과 느낌을 전하기 위해 관습화된 기호체계를 사용하여
상대를 이해시키는 것이다. 전통적으로 의사소통은 언어 자료 전달이라는 이
해를 주로 하고, 의사소통에 참여자들의 관계는 부수적인 역할을 할 뿐이며,
메시지가 부각되면서 주로 일방적인 정보의 전달이라는 측면이 강했다. 그
러나 70년대 후반부터는 의사소통이 정보의 송신자의 단순한 메시지 전달이
아니라, 수용자의 관점을 고려하는 이중구조로 이해되기 시작했다. 이는 의
사소통이 단순히 메시지의 전달이라는 개념에서 벗어나, 의사소통의 참여자
들의 '자료에 대한 해석 능력'을 포함시킨 것이다. 수용자의 자료에 대한 해석
능력을 포함시킴으로써 의사소통에는 상호작용 개념이 도입되었다. 자료에
대한 해석 능력은 사회와 문화의 영향을 받는다. 또한 의사소통이란 사회적
상황에서 실제로 언어를 사용하는 행위에 초점을 두므로, 문화 간 의사소통
상황에서는 상대방의 언어를 이해하고 표현하는 것뿐만이 아니라 습득한 언

27) 야콥슨의 의사소통
모델은 참고 항목에서 제
시하도록 하겠다.

어를 기반으로 상황에 맞는 의사소통 방법을 배우는 것이 중요하다.

의사소통의 특징은 즉각적이고, 개인적이며, 반응에 따라 달라지고, 다채널적이어서 의사소통에 사용되는 목소리, 외모, 제스처, 공간 등 여러 비언어적 채널의 영향을 받는다. 또한 상호적(화자와 청자의 역할을 번갈아 가면서 함)이다.

문화 간 의사소통 상황의 이해를 위해, 개인 간 의사소통 모델을 먼저 살펴보도록 하겠다.[28]

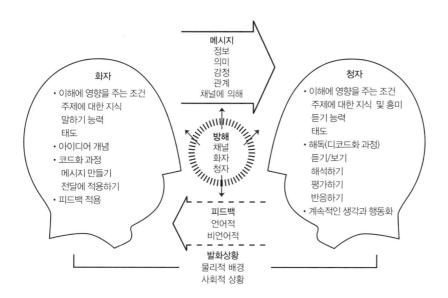

〈그림 4〉 개인 간 의사소통 모델(A Model of Intepersonal Communication Process)

28) Donald W. Klopf, *Intercultural Encounters-The Fundamentals of Intercultural Communication*, Morton Publishing Company, 2001, pp. 23, 23~26.

화자와 청자는 의사소통에 참여한다. 화자는 메시지를 코드화하고 (encode), 청자는 메시지를 해독한다(decode). 화자가 청자에게 메시지를 전달할 때, 화자의 말하기 기술, 주제에 대한 지식, 청자에 대한 태도 등이 영향을 미친다. 청자가 화자에게서 메시지를 전달받을 때, 듣기 기술, 주제에 대한 지식과 관심, 화자에 대한 태도 등이 영향을 미친다.

청자는 화자의 메시지에 반응하는데, 이것을 '피드백(feedback)'이라 한다. 피드백은 언어적인 것과 비언어적인 것으로 나눌 수 있다.

정확한 의사소통을 가로막는 요인을 '방해(noise)'라 한다. 방해는 경적 소리, 비행기 소리, 라디오 소리 등 물리적인 상황에 기인하는 것과 주제에 대한 지식 부족, 준비 부족, 듣기 · 말하기 기술의 부족, 육체적 · 정신적 문제 등이다.

메시지는 화자가 청자에게 전달하고자 하는 정보, 의미, 감정, 관계 등으로 구성된다. 메시지와 관계하여 두 가지 사실이 중요하다. 첫째, 언어적 메시지와 비언어적 메시지가 모두 중요하다. 우리는 다른 사람과 어떤 방식으로든 의사소통을 한다. 관찰 가능한 모든 행동은 메시지가 된다. 둘째, 메시지는 관계를 나타낸다. 말이나 행동을 통해서 화자는 청자와의 관계에서 자신의 위치를 드러낸다.

'채널(channel)'은 메지가 전달되는 방식이다. 연기, 북소리, 깃발, 기호, 플래시, 전보, 편지, 말하기 등이 이에 해당한다. 말하기에 집중한다면 언어적 · 비언어적 의사소통이 이에 해당한다.[29]

보내진 메시지는 발화가 일어나는 '발화 상황(speaking situation)'-맥락(context)이나 환경(environment)에 영향을 받는다. 교회에서는 엄숙함과 정숙함을 지키고, 축구 경기장에서는 열띤 응원을 할 수 있는 것 등이 이러한 맥락이나 환경이다.

개인 간 의사소통 모델을 바탕으로 문화 간 의사소통 모델을 살펴보면 다음과 같다.[30]

29) 여기서는 언어를 채널에 포함시킨데 반해, 야콥슨은 언어를 코드라 하고, 채널은 친교적 발화와 관련된 양상으로 보았다.

30) Donald W. Klopf, 앞의 책, 2001, 23, pp. 23~25, 49~52.

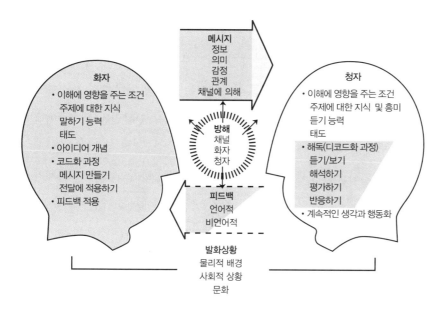

〈그림 5〉 문화 간 의사소통 모델(A Model of Intercultural Communication)

개인 간 의사소통 모델을 바탕으로 문화 간 의사소통 모델에서는 '발화 상황'에 '문화'가 추가되었다.

화자가 청자에게 보내는 메시지 화살표는 색칠이 되어 있다. 청자는 자신의 문화적 배경(cultural background)을 바탕으로 메시지를 해독(decode)한다. 위의 그림에서 청자의 해독 과정에 칠해진 것처럼, 메시지는 해독되는 과정에서 변형된다. 화자와 청자의 문화적 차이 때문에 화자가 의미한 바는 대체된다. 메시지는 화자가 의미한 바에 대해서 청자가 생각한 바를 반영한 것이 된다. 위의 그림에서 반만 칠해진 피드백은 화자의 의미에 대한 청자의 해석을 보여준다. 화자가 의미한 바는 청자가 해석한 바와 같지 않을 가능성이 높다. 문화 간 의사소통 상황에 문화가 얼마나 많은 영향을 주는가 하는 것은 문화 간 유사성에 달려 있다. 문화가 유사할수록 문화의 영향은 적고, 문화가 유사하지 않을수록 문화의 영향이 크다.

문화 간 의사소통 모델에서는 개인 간 의사소통 모델에서 '방해(noise)'에 차이점이 있다. 문화 간 의사소통 상황에서는 목표 언어에 대한 생소함과 비언어적 표현이 '방해'의 요인이 된다. 또한 문화적으로 관련된 요소들이 집적되어 정보의 합리적인 해석을 가로막기도 한다.

문화 간 의사소통 모델에서는 '메시지'를 통해서 화자와 청자의 관계가 수직적인지, 수평적인지를 나타낸다. 수직적 동양권에서 고개를 숙여서 인사하는 것은 수직적인 관계를, 서양권에서 "hi"라고 인사하는 것은 수평적 관계를 드러낸다.

2) 언어적/비언어적 의사소통
가) 비언어적 표현의 이해

의사소통에는 언어적 의사소통과 비언어적 의사소통이 있다. 언어적 의사소통은 입말을 통해서 이루어진다. 비언어적 의사소통은 언어가 몸짓, 외모, 거리, 시간에 대한 태도 등 언어가 아닌 것으로 이루어지는 의사소통이다. 의사소통에서 언어가 차지하는 부분은 매우 적다. 다음 그림은 의사소통에 있어서 몸짓, 말, 음성 등이 차지하는 비율을 나타낸다.[31]

31) Mebrabian and M. Wilner, *Decoding Inconsistent Communications*, Journal of Personality & Social Psychology, 1967, pp. 109~114.

〈그림 6〉 의미 전달에 있어서 언어의 최소 기여[32]

비언어적 의사소통을 이루는 비언어적 표현의 특징은 다음과 같다.[33]

첫째, 비언어적 표현은 체계적이며 확실한 규칙과 구조를 갖는 언어를 제외한 것으로, 별로 의식되지 않는 의사소통이다. 의식되지 않고 자신도 모르게 우연히 생활 속에서 터득하고 활용하는 의사소통이기에 제2언어 학습에서는 의식적으로 학습해야 한다.

둘째, 비언어적 표현은 정보나 메시지 전달에서 개인적이고 사적인 부분으로 간주되어 온 경향이 있다.

셋째, 비언어적 표현은 의도적, 비의도적으로 정보 전달을 위해 사용될 수 있다. 상대방을 그윽이 바라보는 미소만으로 사랑한다는 말을 전할 수 있고 두 손을 머리 위로 올려 하트 모양을 만들어 그 마음을 전할 수도 있다.

넷째, 비언어적 표현은 언어적 표현보다 덜 구체적이고 덜 체계적이지만 나름의 규칙과 유형이 존재한다. 악수하는 행위는 누군가를 처음 만나 인사를 대신한다는 정보적·규범적 가치를 갖는다.

다섯째, 비언어적 표현은 사람들의 행위 또는 움직임과 관계 있다. 기쁨, 슬픔, 성냄 등의 감정과 얼굴 근육의 독특한 움직임 사이에는 관계가 있다.

32) Klof, Op.cit.p.186.

33) 권경근 외, 『언어와 사회, 그리고 문화』, 도서출판 박이정, 2009, 40~42쪽.

눈동자의 팽창이나 얼굴 표정으로 상대방의 감정을 알 수 있다.

여섯째, 비언어적 표현은 언어적 표현과 함께 쓰일 수 있다. 언어와 '시선'을 함께 쓰기도 하고 언어와 '행동'을 함께 쓰기도 한다. 즉 보조 수단으로서 비언어적 표현은 의미를 강화하거나 의미에 혼동을 주기 위해 사용되기도 한다. '안 돼!'라고 하면서 손을 내젓는 시늉을 하는 것은 의미를 강화하는 것이고 '예'라고 대답하면서 제3자가 보지 않는 틈을 타서 손으로 '안 돼'라고 하는 것은 의미에 혼동을 주는 것이다.

일곱째, 비언어적 표현은 역사적 · 문화적 차이에 따라 다양하다. 따라서 문화 간 의사소통 상황에서 '온전한' 의사소통을 위하여 비언어적 표현이 반드시 교수되어야 한다.

나) 비언어적 의사소통의 유형[34]

(1) 외모 : 몸매, 옷차림

개성의 표현인 패션, 화장, 문신을 통해 자신의 의사를 전달하기도 한다. 옷차림은 사회 문화적 의미를 갖는다. 언젠가 영국의 다이애나 비가 쿠웨이트를 방문하면서 다리를 드러내는 옷을 입고 공식 만찬에 참여하는 실수를 저질렀다는 소식이 전해진 적이 있다. 특히 문화 간 의사소통 상황에서 옷차림 규범을 따르지 않을 경우 의사소통은 성공을 거두기 어렵다.

(2) 몸짓 : 표정, 손짓, 몸놀림

비언어적 표현 가운데 가장 발달된 분야가 몸이다. 이는 다른 말로 '신체어'라 한다. 신체어는 크게 자세와 제스처로 구분된다. 자세는 공격적인 자세, 친근한 자세, 애정 어린 자세, 신중한 자세, 무관심한 자세, 긴장한 자세 등

---

34) 권경근 외, 위의 책, 43~59쪽.

심리 상태나 일정한 특징을 나타내는 몸짓으로 표현된다. 자세는 움직이지 않는 순간과 관련되어 있다. 이에 비해 제스처는 움직임과 관련이 있다. 흔히 '손짓 발짓으로 말한다'고 할 때, 이것이 제스처다. 얼굴을 포함한 몸짓 표현은 웃음이나 고민, 경계를 뜻하는 것처럼 보편적인 것도 있지만 문화적인 특성에 따라 달라지는 것도 있다. 눈을 크게 부릅뜨는 것을 앵글로색슨 문화에서는 '정말이냐'는 뜻의 놀람과 경탄으로, 중국에서는 '나 화났다'는 불쾌감으로, 프랑스에서는 '널 믿지 않는다'는 거부감으로, 스페인에서는 '알아듣지 못했다'며 도움을 요청하는 것으로, 미국 흑인의 경우는 '난 결백하다'는 설득의 시도로 이해한다. 한국은 흔히 나무라는 뜻으로 사용하는 경우가 많다.

  손짓 또한 다양한 의사를 전달한다. 문화적인 맥락에서 손짓은 다양하게 해석된다. 손을 좌우로 흔들어 작별 인사를 대신하고, 손을 앞으로 흔들어 상대를 부르며, 두 손을 마주쳐서 '동의' 혹은 '호응'을 표시하며, 오른손을 어깨 높이로 올려서 손바닥이 보이도록 흔들어 차를 세우기도 한다. 엄지손가락을 펴서 최고임을 뜻하며, 엄지손가락과 집게손가락으로 동그라미를 만들어 '좋다' 혹은 '돈'을 표현한다.

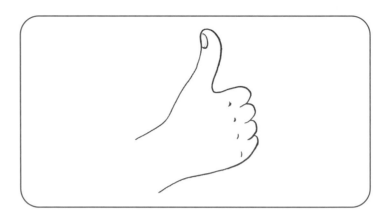

엄지 손가락을 펴는 것은 문화권에 따라 '최고', '좋다',
'히치하이크(hitchhike)', '보스(boss)'등으로 다양하게 해석된다.

〈그림 7〉 '엄지 손가락'의 다양한 의미

몸놀림 또한 문화권에 따라서 다양하게 해석된다. 한국에서 상대의 이야기를 듣고 싶지 않을 때 머리를 좌우로 흔들면서 손바닥을 상대에게 보이며 좌우로 흔든다. 독일에서는 손을 오른쪽 어깨 위로 올려 손바닥이 상대방을 가리킬 수 있을 정도로 하여 휘젓는다. 잘 모르는 일이나 나와 상관없다는 뜻을 전달할 경우, 한국에서는 머리를 갸웃하지만 독일에선 양팔을 내리고 손바닥은 위로 향하여 편 채로 어깨를 위로 으쓱거린다.

(3) 감각 : 촉각, 후각

개인 간 의사소통에서 접촉은 직접적이며, 의사소통의 강도도 강렬하다. 촉각에는 악수, 어깨 스침, 등 두드려주기, 포옹하기, 가벼운 입맞춤, 머리 쓰다듬기 등이 해당된다. 후각을 통해 자신의 존재를 드러내는 경우도 있다.

(4) 공간 : 거리

　대화를 하는 동안 상대방과의 거리를 어떻게 설정하느냐 하는 것은 바로 의사를 전달하는 사람의 '말하지 않는 의사 표현 방법'이다. 즉 뒤로 물러서서 말한다면 상대방을 경계하는 것이고 가까이 다가서서 말한다면 상대방을 편안하게 마주하고 있음을 표현하는 것이다. 언어학자 홀(Hall)은 인간의 개인적-사회적 거리를 네 가지로 구분하여 설명한다. 즉, 친밀 거리, 사적 거리, 공적 거리, 대중 거리가 그것이다.[35]

　'친밀거리'는 신체접촉이 가능한 거리로서 21~46센티미터 쯤 떨어져 있다. 속삭임도 들리는 거리이다. '사적 거리'는 붙잡거나 안을 수 있는 거리로서 75~120센티미터 쯤 떨어져 있다. 흔히 부부 간 거리로서 개인적 관심사를 나눌 수 있는 정도로 온화한 목소리로 대화가 가능한 거리이다. '공적 거리'는 사무실 공간에서 회의하고 담화할 수 있는 거리로서 120~360센티미터쯤 떨어져 있다. '대중 거리'는 360~750센티미터 쯤 떨어진 거리로서 강연이나 초청회 장소에서 정확하고 큰소리로 말해야 들을 수 있는 공간이다. 그러나 이런 공간적 거리는 절대적이지 않다. 또한 문화권에 따라서 거리에 대한 이해가 다르다. 중동인이나 라틴아메리카인들은 친밀 거리를 사적 거리로 이해한다. 한국인은 친밀 거리로 줄을 서지만 미국인이나 독일인은 사적 거리로 줄을 선다.

(5) 시간 : 시간 관념

　독일에서는 의사소통 과정에서 시간 엄수가 매우 중요하게 받아들여진다. 계약 체결을 앞두고서 약속 장소에 늦게 나타난다면 독일인은 상대방이 이 거래에 관심이 없는 것으로 간주하고 철수한다고 한다. 반면, 한국 · 아랍 ·

35) E. T. Hall and M. R. Hall, *Understanding Cultural Differences: German, French and Americans*, Yarmouth, ME:International Press,1990, p. 38, 래리 사모바(Larry A. Samovar) 외 지음, 정현숙 외 옮김,『문화 간 커뮤니케이션』, 커뮤니케이션북스, 2007, 262쪽에서 재인용.

라틴아메리카에서는 기다려주는 시간의 폭이 길다. 또한 시간을 엄수하는 사람들은 일의 추진에 있어서 충분하게 장기적인 계획을 수립하는 반면, 한국에서는 단시간에 약속 시간을 받아 내거나 빠른 시일 안에 서류를 처리하기도 한다.

홀(Hall)은 이러한 문화권에 따른 시간 관념의 차이를 '단시간(monochronic)'과 '다시간(polychronic)'으로 구분했다.[36] 다시간이란 동시에 많은 것을 하는 것이고, 단시간은 한 번에 한 가지를 하는 것이다. 다시간은 미리 짜인 계획을 따르기보다는 사람들과의 관계 유지에 더 신경을 쓰므로 미리 한 약속이 파기되는 경우도 빈번하다. 시간을 한 지점으로 인식하며 상황적, 인간 관계적으로 이해한다. 주로 라틴아메리카, 아시아, 일본, 한국 등 집단주의 문화권과 프랑스가 이런 특징을 갖는다. 이에 비해 단시간은 미국, 북유럽, 독일 등의 개인주의 문화권에서 보인다. 한 번에 한 가지 활동을 주로 하며 각자의 필요에 따라 시간을 분할, 계획한다.

36) Ibid. p. 15, 래리 사모바 외 지음, 정현숙 외 옮김, 위의 책, 269~270쪽에서 재인용.

[**참고**] 야콥슨의 의사소통 모델[37]

① 언어(기호)의 기능 작동에는 여섯 가지 요소가 포함된다. 메시지와 코드 및 경로의 차원에서 기호는 조직체로 구성되는 통사 규칙을 따른다. 메시지/맥락은 개념망의 내용과 세계와의 의미론적 관계를 조성하며, 발신자와 수신자는 화용론적 영향의 상호작용 속에 공존한다.

화자 speaker/ 발신자 addresser	경로 channel/접촉 contact	청자 hearer/ 수신자 addressee
	메시지 message	
	코드 code/언어 language	
	맥락 context	

〈그림 8〉 야콥슨의 의사소통(커뮤니케이션) 모델

② 이 요소들의 선택적인 조합을 통하여 언어(기호)는 제각기 발신자와 수신자 및 그것을 매개하는 경로/메시지/코드/맥락의 각 층위에서 상응하는 기호 기능을 발휘한다.

정서적 emotive/ 정표적 expressive	친교적 phatic	지령적 conative
	시적 poetic	
	메타언어적 metalinguistic	
	지시적 referential	

〈그림 9〉 기호의 기능 도식

정서적·정표적 기능은 발신자에 초점을 두는 것으로 감정 표시적 (emotive) 또는 표현적(expressive) 기능이다. 발화 내용에 대한 발신자의 태

37) 야콥슨·모리스 할레 (Roman Jakobson & Morris Halle)지음, 박여성 옮김, 『언어의 토대—구조 기능주의 입문』, 문학과 지성사, 2009, 118~120쪽; 야콥슨(Roman Jakobson) 지음, 신문수 옮김, 『문학 속의 언어학』, 문학과 지성사, 1989, 50~63쪽.

도를 직접적으로 표현하는 것이다. 발신자가 표현하는 감탄사 등이 이에 해당한다.

지령적 기능은 수신자에 관한 것이다. 이는 능동적 기능이라 할 수 있다. 주로 명령형으로, 어떤 욕구가 귀결되며 그 목표는 무엇인가에 관한 것이다.

친교적 기능은 사회적 상호작용의 차원과 양상에서 메시지에 의해 어떤 관계가 창출되는가에 관한 것이다. "여보세요, 내 말 들립니까?", "듣고 계세요?" 등 수신자와의 의사소통 행위의 지속을 확인하기 위한 발화가 이에 해당된다. 의례화된 군은 인사말의 교환이나 의사소통을 길게 끌고 가기 위한 대화 등도 이에 해당된다.

시적 기능은 메시지에 대한 것으로 시적, 문체적, 형식적, 심미적 차원에서 메시지 자체가 어떻게 주목받는가에 관한 것이다. 예를 들면, "I like Ike[ay layk ayk](나는 아이크를 좋아한다)." 라는 문장에서 [ay] 발음의 반복, 'like' 와 'Ike'의 압운 등을 살펴 볼 수 있다. 이는 정보 전달과는 무관하게 메시지 자체에 존재하는 음운적인 심상이다. 러시아 형식주의자인 야콥슨은 특히 이러한 메시지의 시적 기능에 주목하여 시의 특징을 설명하려 하였다.

메타언어적 기능은 산출물 자체가 주목되는 방식으로서 진행되고 있는 발화 상황에 대한 주해적인 기능이다. 예를 들면 발신자의 발화에 대하여 수신자가 "잘 모르겠습니다. 무슨 말씀이신가요?" 등으로 질문을 하는 경우가 여기에 해당된다.

지시적 기능으로서 맥락은 관련 상황으로서 메시지가 운반되는 공간적 · 시간적 차원이다. 맥락은 수신자가 이해 가능한 것이어야 하고 언어라는 형식을 취하거나 언어화될 수 있는 것이어야 한다.

02 한국 문화 교육의 목표 ✻

외국어 교육에서 문화 교육 연구의 현황에 대한 연구는 다양한데, 한 예로, ESL(English as a Second Language) 교육에서 문화 교육 연구의 흐름을 살펴볼 수 있다. ESL에서의 문화 교육 연구는 크게, ① 언어와 문화의 관계(Boas, Sapir and Whorf), ② 인류학과 사회언어학에서 기원한 사회문화 연구의 태동(Geertz, Hymes and Gumperz), ③ 언어 교수−학습에서의 문화의 역할(Damen, Kramsch, Byram and Morgan)의 영역으로 나뉘어 논의 되었다.[38]

이를 참고하면, 한국어 교육에서는 ①,② 항목에 관해 많이 연구되었고, ③ 의 항목에 관한 논의가 더 많이 필요한 시점이다.

가. 의사소통 능력(communicative competence: CC) 신장

1) 의사소통 능력과 의사소통의 민족지학

언어 사용에 있어서 문화적 차원의 접근을 꾀하는 것은 언어학의 영

38) Hinkel, E. (ed.), *Culture in Second Language Teaching and Learning*, Cambridge University Press, 1999, pp. 1~7.

역 중에서 사회언어학이다. 의사소통의 민족지학(ethnography of communication)에서는 문화적인 맥락에서 의사소통 행위의 성격과 기능에 주목한다. 의사소통의 민족지학은 언어 공동체(speech community) 및 이 공동체 내에서 의사소통이 유형화되고 조직화되는 방식에 주로 초점을 맞추고 있다.

의사소통 능력(communicative competence)은 해당 언어 형식에 대한 지식은 물론, 주어진 상황에서 누구에게, 무엇을 그리고 그것을 어떻게 말해야 적절한지에 대한 이해를 포함한다. 더욱이 이는 화자가 목표언어 형식을 사용할 수 있게 해 주는 것으로 추정되는 화자의 사회문화적 지식을 포함한다.[39] 의사소통능력은 말하기 능력뿐만 아니라, 언어공동체의 기준에 맞게 담화와 행동을 이해하여 행동하는 능력이다. 또한 텍스트에 대한 '의미협상 과정(negotiating meaning for themselves)'이다.[40]

의사소통 능력이란 누가 특정한 환경 내에서 말을 할 수 있을지, 언제 말을 하고 또 언제 침묵을 지켜야 할지, 누구에게 말을 걸 수 있는지, 다른 지위 및 역할을 가진 사람들에게 어떻게 말을 걸 수 있는지, 어떤 비언어적 행동이 다양한 맥락 속에서 적절한지, 대화에서 말 순서 취하기(turn-taking)를 위하여 쓰이는 일상적 표현은 무엇인지, 정보를 요청하고 제공하거나 거절하는 방법은 무엇인지 또한 명령을 내리거나 규율을 강화하는 방법은 무엇인지 등에 대한 지식과 기대를 포함한다. 요컨대 의사소통 능력의 개념에는 특정한 사회적 배경 속에서 언어의 사용 및 여타의 의사소통 양식을 활용하는 모든 것이 포함된다.[41]

하임즈(Hymes, 1972)는 촘스키(Chomsky, 1965)의 "언어학이란 동질적인 언어 공동체에서 이상적인 화자-청자의 언어능력을 연구하는 것"이라는

39) 뮤리엘 사빌 트로키 지음, 왕한석 외 옮김, 앞의 책, 26~27쪽.

40) Hymes, D. H., *On Communicative Competence*, in J. B. Pride & J.Holmes(eds.), *Sociolinguistics*, Penguin, 1972.

41) 뮤리엘 사빌 트로키 지음, 왕한석 외 옮김, 앞의 책, 27쪽.

것에 반론을 제기하며 의사소통 능력이라는 용어를 처음으로 사용했다. 하임즈는 촘스키적인 언어학 연구는 메마른 것이라고 비판하며 의사소통과 문화를 결합하는 좀 더 일반적인 이론으로 발전시킬 것을 주장하였다. 어떤 표현이 실제로 생성이나 이해의 관점에서 사용 가능한가? 어떤 표현이 상황에 적절한가? 어떤 표현이 실제로 이루어졌을 때 그것이 무엇을 의미할 것인가? 등에 대한 지식과 능력을 갖추는 것을 의사소통 능력으로 보았다. 즉 언어 능력에서 중요한 것은 그 언어가 쓰이는 사회와 문화에 대한 지식과 이에 적절한 언어를 사용할 수 있는 능력이라는 것이다.[42] 하임즈는 촘스키의 언어 능력(linguistic competence)에 관하여 한 언어의 어떤 문장이든 모두 생성 가능한 화자가 적합한 맥락에 대한 고려 없이 무분별하게 아무 문장이나 만들려고 애쓰기 시작한다면 그 사람은 정신병원에 수용될 것이라고 비판하였다.[43]

의사소통 능력이라는 개념은 언어 능력(linguistic competence)과 언어 수행(linguistic performance)간의 이분법을 대체하려고 의도된 것이다. 문법 규칙에 대한 지식은 '언어능력'이라고 부른다(이는 문법 규칙을 사용하는 방법을 가리키는 '언어수행'과 구분된다). 화자들은 문법적 문장들, 즉 문법 규칙을 이용하여 도출할 수 있는 문장들을 만들어 낼 때 언어능력에 의존한다. 모든 문법적 문장들이 동일한 상황에서 사용될 수는 없다. '창문 닫아!', '창문 좀 닫아 주시겠습니까?', '좀 춥지 않나요?' 등이 특별한 상황에서 사용될 수 있는 적절성은 서로 다르다. 화자는 무슨 말을 해야 할지, 어떻게 그리고 언제 그것을 말해야 하는지를 선택할 때 의사소통 능력에 의존한다.[44]

하임즈는 언어는 기본적으로 매우 유사하지만 말의 사회적 사용은 문화적 차이를 보인다고 이해한다. 초기에 언어학자와 문화인류학자들의 관심은 매우 엄격히 구분되어 있었다. 언어학자들은 언어의 구조와 역사적 발달에 주

42) Hymes, D. ed.(1964) *Language in Culture and Society: A Reader in Linguistics and Antropology*, New York:Harper and Row, 제넥 쌀즈만 지음, 김형중 역, 앞의 책, 301쪽.

43) 뮤리엘 사빌 트로키 지음, 왕한석 외 옮김, 앞의 책, 26쪽.

44) 수잔 로메인(Suzanne Romaine) 지음, 박용한 외 옮김, 「제1장 사회 속의 언어/언어 속의 사회」, 『언어와 사회—사회언어학으로의 초대』, 소통, 2009, 42~43쪽.

목하였고 인류학자들은 인간 사회의 문화가 이룩한 작업을 이해하려고 인간 사회를 연구하였다. 그러나 문화와 언어의 사용은 쉽게 분리되지 않는다. 인간 사회가 부드럽게 기능하려면 그 사회의 구성원들이 언어능력(어른이 되기 전에 훌륭히 습득한 모국어 문법규칙들에 대한 지식)을 지녀야함을 물론—특정 문화적 맥락에 놓인 경우 무엇이 적절하고 무엇이 부적절한지를 아는—의 사소통 능력도 가지고 있어야 한다. 하임즈가 지적한 대로 "모든 문법적 문장을 구사할 수 있는 어린이는……사교모임에서 괴물로 변할 수 있다"(Hymes 1974:75). 커피 케이크를 칭찬하는 손님 앞에서 한 아이가 "엄마가 이 케이크가 형편없지만 내놓기 충분하다고 말했어"라고 하여 부모를 당황스럽게 만드는 것을 종종 경험한다는 것이다.[45]

하임즈는 촘스키의 언어 능력(linguistic competence, 체계상의 가능성에 대한 지식, 즉 하나의 발화가 그 언어 내에서 문법적으로 가능한 구조인지 아닌지를 아는 지식)을 적합성(발화의 적절성 여부 및 그 정도), 발생(발화의 수행 여부 및 그 정도) 및 실행성(특정 상황 하에서 발화의 가능 여부 및 정도)에 대한 지식까지를 포함하는 것으로 확장시켰다. 의사소통 능력이라는 개념은 근래의 사회과학 분야에서 나타난 가장 강력한 편제적(organizing) 도구들 중 하나이다.[46]

45) 제넥 쌀즈만 지음, 김형중 역, 앞의 책, 301쪽.

46) 뮤리엘 사빌 트로키 지음, 왕한석 외 옮김, 앞의 책, 27쪽.

2) 의사소통에 관련된 공유 지식의 영역

의사소통에 관련된 공유 지식의 영역은 다음과 같이 요약될 수 있다.(Gumperz 1984; Hymes 1987; Duranti 1988)[47]

---

1. 언어 지식

(a) 언어적 제 요소
(b) 비언어적 제 요소
(c) 특정 말 사례 내의 제 요소의 유형
(d) (모든 요소 및 제 요소의 조직상) 가능한 변이형의 범위
(e) 특정 상황 내의 변이형의 의미

2. 상호작용 기술

(a) 의사소통 상황 내의 두드러진 특질에 대한 인식
(b) 특정 상황, 역할 및 관계에 적절한 형식의 선택 및 해석(언어 사용 규칙)
(c) 담화 구성 및 과정(process)
(d) 상호작용 및 해석을 위한 제 규범
(e) 목표 성취를 위한 제 전략

3. 문화 지식

(a) 사회구조(지위, 권력 그리고 말할 권리)
(b) 가치관 및 태도
(c) 인지 지도 / 스키마타(schemata)
(d) 문화화 과정(지식 및 기술의 전승)

〈표 5〉 의사소통에 관련된 공유 지식의 영역

3) 의사소통 능력의 네 가지 하위 범주

커넬과 스웨인(Canale & Swain)은 의사소통 능력을 네 가지의 하위 범주로 구성했다. 처음 두 가지 하위 범주는 언어 체계의 사용에 대한 것이고 나머지 두 가지 하위 범주는 의사소통이라는 기능적 양상에 대한 것이다.[48]

47) Gumperz 1984, Communicative Competence Revisited, In Deborah Schiffrin, ed., *Meaning, Form, and Use in Context: Linguistic Applications*, pp. 278~289, Washington, DC: Georgetown University Press; Hymes, Dell. 1987. Communicative Competence. In Ulrich Ammon, Nobert Dittmar, and Klaus J. Mattheier, eds, *Sociolinguistics: An International Handbook of the Science of Language and Society*, pp. 219~229. Berlin: Walter de Gruyter; Duranti, Allesandro. 1988. Ethnography of Speaking: Toward a Linguistics of the Praxis, In Frederick J. Newmeyer, ed., *Language: The Socio-Cultural context*, pp. 210~228. Cambridge: Cambridge University Press. 뮤리엘 사빌 트로키 지음, 왕한석 외 옮김, 위의 책, 30~31쪽에서 재인용.

48) Canale, M. and Swain, M. 1980, *Theoretical Cases of Communicative Approaches to Second Language Teaching and Testing Applied Linguistics* 1: pp.1~47. 스턴, 앞의 책, 248쪽; 더글라스 브라운(H. Douglas Brown), 이흥수 외 역, 『외국어 학습·교수의 원리』, (주) 피어슨에듀케이션코리아, 2010, 233~234쪽에서 재인용.

가) 문법적 능력(grammatical competence)

'어휘, 형태, 통사, 의미(sentence-grammar semantics), 음운 규칙'에 관한 지식을 포함한다. 이 능력은 언어의 규칙을 통달하는 것과 관련되어 있다.

나) 담화적 능력(discourse competence)

문법적 능력을 보충해주는 능력이다. 담화 속의 문장들을 연결하여 일련의 발화문으로부터 유의적인 전체 의미를 형성하게 하는 능력이다. 여기에서 담화란 간단한 구두 대화에서부터 신문 기사, 책 등과 같은 상당한 분량의 문어체의 글을 모두 포함하는 개념이다. 문법적 능력이 문장 단위의 문법을 다루는 것이라면, 담화적 능력은 문장 사이의 상호 관계와 연관된 것이다.

다) 사회 언어학적 능력(sociolinguistic competence)

언어와 담화의 사회 문화적 규칙에 대한 지식이다. 이 능력은 '언어가 사용되고 있는 사회적 상황'에 대한 이해를 필요로 한다. 이때 사회적 상황이란 언어를 사용하는 사람들이 맡은 역할, 이들이 공유하는 정보, 이들 사이에서 이루어지는 상호 작용 기능을 의미한다. 이 모든 것들이 충분히 드러나는 상황에서만 특정한 발화가 적절한지 판단할 수 있다.

라) 전략적 능력(strategic competence)

전략적 능력이란 '언어 수행 상의 변인이나 불완전한 언어 능력 때문에 의사소통이 중단되는 경우 이를 보완하기 위해 사용하는 언어적, 비언어적 의사소통 전략'이다. 전략적 능력이란 인간의 언어 능력에 내재돼 있어 언어적 실수를 수정하고 불완전한 언어 지식을 극복할 수 있게 해 주는 능력이다.

제 2언어 학습자의 의사소통능력은 토박이 화자와는 다를 수밖에 없다. 제 2언어 학습자는 제한된 문법적 능력과 사회언어학적 능력 외에도, 제 2언어 학습자에게 필요한 부차적 기능인 제 삼의 요소, 즉 사회 문법적 능력과 사회 문화적 능력이 제한된 사람으로서 적절히 행동하는 방법, 즉 서툰 '외국인'이 되는 방법을 알아야 한다. 이를 커넬과 스웨인(Canale and Swain(1980))은 전략적 능력(strategic competence)이라 했다. 전략적 능력은 의사소통 전략 이라고도 한다. 이는 제 2언어 학습자들이 그들의 불완전한 언어능력에도 불구하고 의사전달을 위해 사용하는 전략이다. 이러한 전략에는 부연, 어려운 것의 회피, 단순화, 따라 하기 기법 등이 있다.

문화 교육의 영역은 언어학에서 사회언어학의 연구 영역과 공통분모를 갖는다. '사회 언어학'은 언어 사용과 사회의 관계라는 넓은 범위를 연구 대상으로 삼는데, 언어의 사용과 사회의 관계라고 하는 것은 언어 사용 집단, 담화 집단의 언어 사용 양식인 문화, 관습 연구와 뗄 수 없는 관계를 갖기 때문이다. 언어는 문화적으로 특수한 현상이고 사회적·문화적 경험에 기초하고 있다는 것이 사회언어학의 기본 전제다. 언어의 이런 특징 때문에 언어는 사회와 문화를 분석하는 원천이 된다. 효과적인 의사소통을 진행하기 위해서는 소통 대상자의 관심, 지식, 흥미 여부를 알고 있어야 한다. 마찬가지로 문화 간 차이가 있는 상대방과 의사소통을 진행하기 위해서는 의사소통 상대방의 관심, 지식, 흥미 여부를 알아야 한다. 목표언어를 사용하고 있는 상대방의 목표 문화에 관한 지식은 의사소통이 이루어지는 상황을 부드럽게 만들어 줄 수 있고, 화자가 원하는 의사소통 상황으로 끌고 나가는 데 유리하게 작용할 수 있다.

4) 의사소통 중심 교수법 · 의사소통 중심 접근법(communicative lan-guage teaching: CLT · communicative language approach)

의사소통 중심 교수법 · 의사소통 중심 접근법의 개념은 다음과 같다.[49]

가) 교실 수업의 목표는 단순히 문법적 혹은 언어적 능력에만 국한하지 않고 의사소통 능력의 모든 구성 요소에 초점을 두고 있다.

나) 학습자가 유의적인 목적을 달성하기 위해 언어를 화용적으로, 참되게, 기능적으로 사용할 수 있는 기법을 개발한다. 언어의 구조적 형식은 주요 학습 목표라기보다는 학습자가 유의적인 목적을 달성할 수 있게 해주는 언어의 한 부분으로 여긴다.

다) 유창성(fluency)과 정확성(accuracy)은 의사소통적 기술의 근거가 되는 상호 보완적인 원리이다. 하지만 때때로 학습자가 유의적으로 언어를 사용할 수 있게 하기 위해 유창성이 정확성보다 중시되기도 한다.

라) 의사소통적 수업이 이루어지는 교실에서는 학생들이 사전에 연습을 하지 않아도 궁극적으로 언어를 이해하고 표현할 수 있어야 한다.

나. 문화 능력 용어[50]

1) 상호 문화 능력(Intercultural competence)

의사소통 능력 신장을 위해서는 사회언어학적 능력(sociolinguistic competence)이 요구된다. 사회언어학적 능력은 성공적인 의사소통의 관건이 되는데, 여기에는 배경지식과 공유된 가정(shared assumption)이 담화 이

49) 더글라스 브라운(H. Douglas Brown), 위의 책, 254쪽.

50) 이 내용은 이성희, 「한국어 · 문화 통합 교육의 원리와 방향」, 『국어국문학』150, 국어국문학회, 2008, 537~564쪽에 실린 것을 수정 · 보완한 것임.

해의 결정적 요소로 작용한다.[51]

원활한 의사소통을 위해서 목표 문화를 이해하는 문화능력(cultural competence)의 신장이 요구된다.[52] 이전의 문법 번역식 교수법에서 단순한 문법 구조와 형식의 전달을 중시한 것과는 달리, 성공적인 의사소통을 위한 문화적 맥락 및 상황을 중시하는 것이다. 이를 위해서 언어와 사회와 문화, 학습자의 인지적 능력 및 배경지식의 중요성에 강조점을 둔다.

'언어를 다양한 맥락에서 적합하게 사용하는 것'을 의사소통이라 한다면, 당연히 '의사소통 능력은 문화능력을 전제한다.' 언어사용과 더불어 문화적 맥락에 합당하게 행동할 수 있을 때 진정한 의미의 의사소통이 가능하다. 외국어 학습을 통해 상대방 문화를 이해하는 과정은 단순히 그것을 인지적으로 아는 차원을 넘어 그 나라 문화의 맥락 속에서 혹은 문화적 맥락에 따라 행동하는 것으로 나아가야 한다.

상호 문화 의사소통/문화 간 의사소통(Intercultural Communication) 상황은 서로 다른 문화나 사회적 그룹에서 정보를 나누고자 하는 의사소통, 서로 다른 종교, 사회, 민족, 교육적 배경을 가진 사람들 사이의 의사소통이다. 서로 다른 언어를 사용하는 사람들 사이의 의사소통 상황을 상호 문화 의사소통이라 한다. 이때 요구되는 능력이 상호 문화 의사소통 능력이다.[53]

상호 문화 능력은 문화 간 의사소통 상황에서 상이한 어법에 대한 명확한 이해와 다양한 문화적 상황에 적합한 의사소통 전략을 구사하는 능력이다.[54] 상호문화 능력은 다른 문화의 대표적인 행동, 태도, 기대를 만났을 때 충분히 유연한 방식으로 행동하는 사람의 능력이다. 또한 심리적으로 외국인에 대한 개방성, 낯선 것에 대한 열린 마음, 상대의 의사소통 스타일에 의연하게 대처하는 능력이다.[55]

51) Kramsch, C., Culture in Language Learning: A View From the United States, In Kees De Bot, Ralph B. Ginsberg, Claire Kramsch(Eds.), *Foreign Language Research in Cross-Cultural Perspective*, John Benjamins Publishing Company, 1991, p. 229.

52) Kramsch, C., Op. cit. p.218.

53) 에드워드 홀(Edward T. Hall), 『침묵의 언어』, 125~132쪽 한길사, 2017.

54) 뮤리엘 사빌 트로키 지음, 왕한석 외 옮김, 앞의 책, 32쪽.

55) 유수연, 『문화 간 의사소통의 이해』, 한국문화사, 2008, 103~105쪽.

상호 문화 능력의 중요성은 2차 세계대전 후 미국의 국제적인 외교와 비즈니스의 실용적이고 경쟁적인 요구로 강화되었다. 상호 문화 능력 신장 교수법(intercultural pedagogy)은 정확한 사실과 문화적으로 적합한 행동을 가르치는 것에서 더 나아가 넓은 의미에서 상호문화적(cross-cultural) 네트워크에서 현재 당면한 문화적 현상의 의미를 배태한 사회적, 역사적 정황을 가르치는 것으로 변화했다.[56]

상호 문화 교육이 목표언어의 문화항목을 단순히 전달하는 것에서, 언어의 사회적 성격을 중시하는 방향으로 바뀌면서 자문화(Culture1)와 목표 문화(Culture2)의 사회적 산물로서의 문화의 성격에 주목하게 되었다. 여기서 중요한 네 가지 개념이 있는데, 간문화성의 영역 수립(establishing a 'sphere of intercuturality') · 비교문화적 시각(cross-cultural aspects)에서 목표 문화를 타자(otherness)로 이해하는 상호적인 과정으로 교수하기(teaching culture as an interpersonal process) · 국가적 특성뿐 아니라 나이, 젠더, 출신 지역, 민족적 배경, 사회적 계층 등을 차이로 인식하는 '차이'로서의 문화 교수(teaching culture as difference) · 인류학, 사회학, 기호학과의 다학문적접근(crossing disciplinary boundaries)이다.[57]

외국인에게 원어민의 문화능력을 기대할 수는 없다. 왜냐하면 외국어 학습과 의사소통 능력의 습득은 학습자가 자신이 속한 사회 속에서, 특히 그의 사회 환경 속에서 받아들인 개념, 정의, 태도, 가치, 모국어 습득 등과 관련된 사회화 과정과 관련되어 있기 때문이다.[58] 외국어 학습자는 자신의 모국 문화를 이해함으로써 모든 문화에 속하는 기제를 이해할 수 있다. 외국어 학습자는 고유한 문화의 암시적인 분류기준을 잘 이해하면 할수록 외국 문화가 세계를 나누는 암시적인 원칙을 그만큼 잘 객관화할 수 있다. 따라서 목표는 단

56) Kramsch, C., Intercultural Communication, In Carter, R. and Nunan, D. (ed.), *The Cambridge Guide to Teaching English to Speakers of Other Languages*, Cambridge University Press, 2004, p.204.

57) Kramsch, C., *Context and Culture in Language Teaching*, Oxford University Press, 1993, pp.205~206.

58) 마달레나 카를로 지음, 장한업 옮김, 『개념과 활용 상호 문화 이해하기』, 한울 아카데미, 2011, 55쪽.

지-학습자에게 자신의 담화를 일관성 있게 구성하고 외국인과 상호작용할 수 있게 하는 수단을 제공한다는 차원의—실용적인 것만이 아니고 학생들로 하여금 자기 확신의 상대성 감각을 개발하게 한다는 차원에서 교육적인 것이다. 이런 상대성 감각은 학생으로 하여금 다른 문화에 속하는 개념과 상황이 낯설어도 그것을 있는 그대로 받아들일 수 있게 해 준다.[59]

따라서 상호 문화 교육은 학생들로 하여금 미지의 것이 주는 불안감을 용인하게 하고 다른 한편으로는 고정관념의 함정 속에 빠지지 않으면서 외국 문화와의 접촉 경험을 일반화하게 한다. 이것은 외국 언어 · 문화 교육법과 교육학의 특수한 과제다. 왜냐하면 외국 사회의 과거와 현재를 이해하는 것은 교실 밖의 실제 의사소통을 통해서 언어를 배우고 사용하는 문제와 밀접하게 관련되어 있기 때문이다. 상호 문화 교육은 기능에 대한 교육이 아니라 태도 및 가치 차원에서의 접근이다. 외국어 사용은 문화의 상대적 이해라는 측면에서 접근하는 것으로 태도 및 가치 차원에서 타문화에 대한 열린 시각이 필요하다.

2) 문화 간 의사소통 능력(ICC, Intercultural communicative competence)

문화 간 의사소통 능력은 나와 다른 사람에 대한 지식, 해석하고 관계 짓는 능력, 발견하고 상호작용하는 능력, 다른 사람의 가치 · 믿음 · 행위를 이해하는 것, 자기 자신을 상대화할 수 있는 능력이다.

바이람(Byram)은 학습자가 다양한 문화권의 사람들과 의사소통을 하는 상황에 융통성 있게 대처할 수 있는 능력, 즉 문화 간 의사소통능력을 〈그림10〉과 같이 제시하였다.[60]

59) 마달레나 카를로 지음, 장한업 옮김, 위의 책, 같은 쪽.

60) Byram, M, *Teaching and assessing intercultural communicative competence.* Clevedon, Philadelphia: Multilingual Matters, 1997, pp. 34, 73.

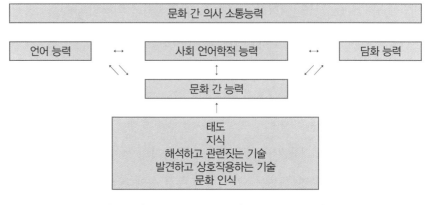

<그림 10> 문화 간 의사소통능력(Byram, 1997, p.73)

61) Byram, M., *Cultural Studies in Foreign Language Education*, Multilingual Matters, 1989, p. 42.

62) '초언어와 초문화능력 (translingual and transcultural competence)'의 번역에 있어서 'trans-'를 자연스러운 한국어로 바꾸는 데 어려움이 있었다. 'transcultural'은 '2개 이상 문화에 걸친'이라고 번역되었지만, 'trnaslingual'은 번역이 안 되어 있는 상태다(다음 영한 사전 참조. http://engdic.daum. net). 따라서 '2개 이상 - 에 걸치는'이라는 의미로 '초(超)'를 사용하고자 한다.

Byram(1997)에 따르면 문화 간 의사소통능력은 기존의 의사소통능력의 하위요소인 언어 능력, 사회언어학적 능력, 담화능력을 바탕으로 문화 간 능력과 각각의 구성요소 간에 상호 작용이 일어나는 것을 의미한다.

바이람(Byram)은 사회언어학의 필요성을 강조하면서, 교사들이 문법능력 이상의 것을 학습자에게 주고자 의사소통능력 신장을 목표로 삼으면, 언어의 사회적 특성에 주목하게 되고, 이러한 사회언어학적 분석을 통해 '문화'의 가치 및 기준에 눈을 돌리게 된다고 했다.[61]

3) 초언어 · 초문화 능력 신장

상호 문화 능력의 연장선에서 문화에 대한 이해를 바탕으로 언어와 문화 능력을 총체적 · 통합적으로 신장시키는 것을 '초언어와 초문화 능력 (translingual and transcultural competence)'[62]이라 한다.

초언어와 초문화 능력은 여러 언어들을 함께 다룰 수 있는 다언어능력 (multilingual ability)이다. 이는 목표 언어의 교양 있는(educated) 화자들과의 자연스러운 소통을 가능하게 하기 위한 충분한 숙달도 향상을 위한 문화 이해 신장을 목표로 한다. 모국어와 목표언어에 표현된 의미(meaning), 사고방식(mentality)과 세계관(worldview) 등의 차이를 체계적으로 반영한다. 학습자들은 언어 능력과 함께 비판적인 언어 인식(critical language awareness), 해석(interpretation), 통역(translation), 역사적 · 정치적 의식(historical and political consciousness), 사회적 감수성(social sensibility) 및 미적 직관(aesthetic perception)을 습득한다. 이를 위해 언어 교육 과정에 인문학의 문화, 역사, 지역정보, 상호 문화적 시각(cross−cultural frames)을 제시하여 일상생활에서 문화에 배경지식이 재구성되는 것을 탐구하도록 하는 것이 문화 교수의 목적이다. 여기에 해당하는 하위 문화 시스템에는 매스 미디어, 문학 및 예술 작품, 정치 · 경제 · 사회 보장 체계, 학문적 패러다임, 스포츠와 레저, 고정관념이 텍스트를 통해 발전되고 협상되는 양상, 역사적 인물 · 유명인 · 건물 · 패션 · 음식 등의 의미 및 상징 이해, 관습 등이 있다. [63]

이 개념은 9 · 11 이후, 미국 외국어 교육의 위기가 외국어 교육에서 언어만 가르친 결과 발생한 '소통'의 부재에 있다고 보고, 이를 극복하기 위한 방안으로 고안된 것이다. 여기에서는 그동안 언어 교육에서 '언어를 의사소통을 위한 도구로 보는 입장', '언어를 타인의 사고 과정, 개념, 자기 표현 중의 한 부분으로 이해하는 입장'에서 논쟁이 계속되어 왔다고 지적하고, 초언어와 초문화 능력은 후자의 입장에 있다고 밝혔다. 이를 통해 언어 교육에 있어서 문화 교육, 타문화 이해 교육과의 통합이 필수적임을 역설하였다. 또한 타문화에 대한 전적인 이해와 공감을 강조한다. 이에 대하여 다니엘 양켈로비치(Daniel Yankelovich)의 "우리의 총체적 문화(Our whole culture)는 자민족 중심주의, 생색내기, 타자 무시, 타문화에 대한 이원론적 시각에서 탈피하

63) MLA(Modern Language Association)에서는 이를 대학 과정 외국어 교육의 목표로 제시했다. MLA Ad Hoc Committee on Foreign Languages, Foreign Languages and Higher Education: New Structures for a Changed World, *Modern Language Association of America*, 2007, pp. 2~4.

64) Ibid. p.2.

여, 소외된 부분에 더욱 집중해야 한다"는 발언을 근간으로 삼는다고 했다.[64] 외국어 교육을 통해 궁극적으로 도달하고자 하는 것은, 단순한 의사전달 이상의 것이며 휴머니즘적 인식의 바탕 위에서 세계화 시대 각 민족 간, 문화 간의 진정성 있는 이해를 통한 공존을 모색하는 지점에 있다고 할 수 있다.

초언어와 초문화 능력은 다음과 같은 중요성을 갖는다.

첫째, 언어 능력과 문화능력을 별개의 것으로 파악하지 않고 통합적인 것으로 파악한다. 언어가 문화의 반영이며 문화의 구성물이며 문화 또한 언어를 통해 전수된다는 필연적 관계를 바탕으로 한 통합적 시각이 반영돼 있다.

둘째, 언어교육의 목표가 "목표 언어의 교양 있는(educated) 화자들과의 자연스러운 소통이 가능하게 하기 위한 충분한 숙달도 향상을 위한 문화 이해 신장"으로 문화와 통합되어 제시되었다. 언어 교육의 목표가 단순한 의사 전달을 위해서가 아니라 상호 문화를 이해하는 더 넓은 지평으로 확장되었다. 초언어·초문화 능력 신장은 문화의 이해가 기능적, 도구적인 것이 아님을 지적하고, 타문화에 대한 이해와 공감을 바탕으로 한 세계화 시대의 언어 교육의 목표를 더욱 분명히 해준다.

4) 제 3의 공간

외국 여행을 하면 사소한 것들이 자문화와 다르다는 것을 새삼 인식하게 된다. 자문화만을 접한 사람은 자문화를 객관적으로 볼 수 없다.

크람쉬는 타문화를 통해서 자기가 나서 자란 문화의 모순을 발견해야 한다고 주장한다. 교사는 학생들에게 보여지는 교육적 가치에 부과된 보여지는 규정과 외국 문화의 가치를 가르치는 것의 딜레마를 다루어야 한다. 또한 어느 하나에 치우치지 않도록 도와야 한다. 이 복잡한 전 과정에 걸쳐서 행동과 반영에 있어서 교육적 도전이 요구된다. 다양한 자문화와 타문화의 상호 영향(intersection)에 있어서 언어학습자는 자신이 인식하지 못하더라도 '제3의 공간(third place)'이 어떻게 보일지에 대해서 스스로 정의내리는 일이 필요하다. 아무도 이것에 대해서, 교사마저도, 이 공간이 어디에 있는지 말해줄 수 없다. 왜냐하면 모든 학생마다 이것은 다른 곳에 위치하기 때문이다. 그리고 때와 장소에 따라 다르게 만들어진다. 타문화에 대한 학습은 의사소통 상황에 영향을 미친다. 푸시킨의 짧은 시구가 알 수 없는 개인적인 상황을 이해하게 도와줄 것이다. 일본의 속담이 갑자기 생각나서 일본의 비즈니스 상대자의 관점에서 세상을 바라보게 되어 갈팡질팡하는 비즈니스 협상을 구제해 줄 수도 있다. 이러한 경험을 통해 그들 스스로 제3의 공간을 스스로 찾을 수 있게 될 것이다.[65]

65) Kramsch, C., *Context and Culture in Language Teaching*, Oxford University Press, 1993, pp. 205, 255~257.

제 3의 공간은 학습자들이 외국 문화를 학습하는 과정에서 그들 나름대로 외국 문화를 비판적으로 해석하여 받아들인다는 것을 의미한다. 제 3의 공간에 저장된 외국 문화에 대한 지식은 상호 문화 상황에서 학습자에게 영향을 미친다.

세계는 넓어졌고 우리는 자연스럽게 한국 문화와 타문화를 비교하면서 가치 판단하는 시대에 살고 있다. 글로벌 시대를 살아가는 세계인들은 어떤 방식으로든 타문화와 자문화를 비교하는 제3의 공간을 마련하게 되었다. 특히 외국어를 배울 때나 한국어를 외국인 학습자들에게 교수할 때 우리는 이러한 공간의 필요성을 절실하게 인식한다. 제3의 공간을 인정하고 그 외연과 내연을 확장해 나가는 것이 자문화와 타문화를 이해하고, 상호 문화 능력을 신장시키는 밑바탕이 될 것이다. 제3의 공간은 자문화와 타문화의 비교가 일어나며, 호기심과 발견이 충돌하고 새로운 깨달음이 지속되는 역동성과 흥미가 공존하는 공간이다.

5) 자민족 중심주의(ethnocentrism)

자민족 중심주의(ethnocentrism)는 "우리나라가 이 세계의 중심이다"라고 생각하는 것, 타문화가 현실 구성에 있어서 실행 가능한 대안이 될 것이라고 믿는 능력이 없는 것이다.[66] 자민족 중심주의는 진화론과 밀접한 관련이 있다. 진화론적 시각에서는 비서구 사회의 문화를 열등한 미개문화로 보았다. 이러한 시각은 자기 문화의 관점에서 타문화를 열등하거나 비합리적인 것으로 생각하는 것으로 이어지는데, 이것을 자민족 중심주의라고 한다. 자민족 중심주의는 진화론적 관점에서 "계몽적 식민주의"로 이어지기도 한다. 서구 제국주의자들은 비서구사회를 식민지로 만들 때, 그들이 비서구사회의 사람들을 계몽하고 구원한다고 생각했다. 이는 문화적 다양성을 부정하고 다른 문화를 편견을 갖고 바라보는 태도를 낳았다. 이러한 시각을 극복하기 위한 연구로 상대론·비교론·총체론 등이 있다.[67]

상대론적 시각(문화상대주의) : 지역이나 나라에 따라 다양한 문화가 존재할 수 있으며, 각각의 문화는 나름대로 독특한 가치를 지니고 있는데, 이러한 상대성을 인정하는 관점을 '문화상대주의'라고 한다. 이러한 사고는 진화론적 관점에서 서구 문화의 우월성을 주장하는 '서구중심주의' 또는 '백인중심주의'를 거부하며 다른 문화에 대해서도 관용적이다.

비교론적 시각 : 비교론적 시각은 서로 다른 두 민족이나 지역 문화 간의 유

66) Donald W. Klopf, *Intercultural Encounters-The Fundamentals of Intercultural Communication*, Morton publishing Company, 2001, pp. 97~98.

67) 한국산업사회학회 엮음, 『사회학』, 한울아카데미, 2004, 117~120쪽.

사성과 차이를 분석하여 보편성과 특수성을 밝히려는 것이다. 비교론적 시각은 보편성과 특수성을 밝히는 과정에서 자기 문화의 특성을 더 잘 이해할 수 있을 뿐만 아니라 다른 문화에 대한 이해의 폭도 넓혀준다.

총체론적 시각 : 특정한 문화 요소에 대한 이해는 문화의 전체적인 연관 속에서 폭넓게 이해될 수 있는데, 이것을 '총체론적 시각'이라고 한다. 이는 또한 전체론적 시각 혹은 체계론적 시각이라고도 한다. 문화는 다양한 요소들로 구성되어 있으며 서로 연관되어 있다. 그래서 각 문화 요소를 다른 요소들과 관련지어 이해하지 않으면 안 되는 경우가 많다. 예를 들면 인도인들은 굶주려도 소를 잡아먹지 않는데, 이러한 식문화를 이해하려면 인도의 종교와 농경생활을 이해해야 한다.

> **자민족 중심주의 진단**[68]
>
> 1. 대부분의 타문화는 우리 문화에 비해 낙후되어 있다.
> 2. 우리 문화는 타문화의 역할 모델이 되어야 한다.
> 3. 나는 타문화의 가치에 대해 별로 존중하지 않는다.
> 4. 우리 문화의 사람들은 어디에서나 최고의 라이프스타일을 가지고 있다.
> 5. 나는 나와 '다른' 사람들을 결코 믿지 않는다.
> 6. 나는 타 문화권 사람들과 상호 교류하는 것을 좋아하지 않는다.

[68] J. W. Neuliep & J. C. McCroskey, *Ethnocentrism Trait Measurement: Intercultural Communication Research Instruments*, paper presented at International and Intercultural Communication conference, Miami, 1998, 클로프(Donald W. Klopf), 위의 책 99쪽에서 재인용.

[참고] 문화 능력 용어 정리

능력	강조	지지자
언어 숙달도	제 2 언어의 듣기, 말하기, 읽기, 쓰기에서의 유창성과 정확성을 발달시킴. 교육 받은 원어민 화자와 함께 의사소통 목적을 위한 언어 사용에 대한 강조	ACTFL Proficiency Guidelines(Omaggio–Hadley, 1993)
의사소통 능력	목표 언어와 그 문화의 문화적 상황 안에서 효과적이고 적절한 의사소통을 위한 언어능력을 발달시킴. 다른 특정한 언어 능력(문법적, 사회언어학적, 담화, 전략적인)을 포함한다.	Canale and Swain (1980) Savignon(1983)
문화 능력 (문화적 능력)	목표 문화에서 적합하게 의사소통하면서 적절하게 수행할 수 있는 능력을 발달시킴. 제스처, 몸동작, 비언어적 인사와 같은 행동의 연속, 식사예절, 문화적 산물의 조작	Steele and Suozzo (1994) Damen(1987) Stern(1983)
상호 문화 능력 (이종 문화 간의 능력)	수반되는 문화와 관계없이, 이종 문화 간의 상황 속에서 효과적이고 적절하게 상호작용할 수 있는 능력을 발달시킴	Lusting and Koester (1999) Samovar, Porter, and Stenia(1998) Fantini(1999)
문화 간 의사소통 능력 (이종 문화 간의 의사소통 능력)	상호 문화 간의(이종 문화 간 능력) 의사소통적인 능력을 발달시킴	Byram(1997)

〈표 6〉 문화 능력 용어 정리[69]

69) 패트릭 모란(Patrick R. Moran)지음, 정동빈 외 옮김, 『문화 교육』, 경문사, 2005, 156~157쪽.

[참고] 상호 문화 능력의 기준(Criteria of Intercultural Competence)[70]

70) Donald W. Klopf, Op.cit., pp.225~226.

상호 문화 능력을 신장시키기 위해서는 상호 문화 능력의 기준이 필요하다. 다양한 상호 문화 능력의 기준을 제시하면 다음과 같다.

존중의 표현 (Display of respect)	타 문화권 사람에 대해 수용과 긍정적인 인정을 드러내기
편견 배제 (Nonprejudicial)	타 문화권 사람의 아이디어에 대한 편견 없이, 가치 판단을 배제하고 사실만을 기술하는 것
지식의 개인화 (Personalization of knowledge)	세계에 대한 우리의 지식은 본질 상 개인적인 것이다. 그것은 우리의 경험과 훈련을 기반으로 하는 것이지, 다른 사람들의 생각을 나타내는 것이 아님을 보여준다.
공감 (Empathy)	즉각적으로 다른 사람과 같은 생각을 하고 같은 감정을 느끼기 위해 다른 사람의 관점에 투사하는 것이다.
상호 작용의 규제 (Regulation of integration)	의사소통 대상자의 필요와 요구에 맞추어, 대화 순서 찾기(turn-taking), 시작하기, 끝내기 등으로써 의사소통의 흐름을 원만하게 하는 것
모호성에 대한 관용 (Tolerating ambiguity)	새롭고 애매한 상황에 적응하기
역할극 (Role-playing)	의사소통 대상자의 상호문화적인 목표와 관련된 역할과 조화와 협동을 진작시키는 역할을 수행해 볼 것
자아 중심 (Self-orientation)	주목 끌기, 자랑, 타인의 기여에 대한 무관심 등을 피할 것
자민족중심주의 행동 (Ethnocentric behavior)	자문화는 타문화에 비해 "더 나은" 것도 "더 나쁜" 것도 아니고, 다만 서로 다른 것임을 이해할 것
열린 마음 (Open-minded)	타인의 생각을 공평무사한 마음으로 받아들이기: 타인이 발전시킨 생각이나 논지에 대해 수용적이 되기
인지 지각 (Cognitive perception)	다양한 범주의 의사소통적인 행동을 수용하고 해석할 것

자아 존중 (Self-esteem)	타인을 가치 있는 존재로 존중할 것
위험 감수 (Risk-taking)	새로운 음식 시식, 새로운 장소 방문, 인종 · 종교 · 국적이 다른 사람을 만나는 등 새로운 방법을 시도해 볼 것
문화 다양성에 대한 민감성 (Sensitivity to cultural variation)	가족 관계, 통치, 종교적 행위, 교육, 경제 등의 문화 간 차이를 식별할 것
경청 기술 (Listening ability)	적극적으로 타인의 의견을 경청하고 격려하는 분위기를 조성할 것

〈표 7〉 상호 문화 능력의 기준

다. 한국어 교실에서 문화 교육의 목표

71) National Standards in Foreign Language Education Project, Standards for Foreign Language Learning in the 21st Century, National Standards in Foreign Language Education Project, 2006.

1) 미국 외국어 교육의 국가 지침(5C · National Standards)[71]

가) 의사소통 (communication)

의사소통 목표는 의사소통 중심 학습법을 따라 다음 세 가지로 제시된다.

① 학습자는 대화에 참여하며, 정보를 주고받고, 감정과 정서를 표현한다.

② 학습자는 여러 가지 화제에 대한 구어와 문어를 이해하고 번역한다.

③ 학습자는 여러 가지 화제에 대한 정보, 개념과 생각을 청자나 독자에게 표현한다.

위의 목표들은 독자적인 것이 아니며, '의사소통'이 중점적인 목적이 된다. 의미 있는 의사소통을 하기 위해서는 언어 체계, 문법, 충분한 어휘, 음성학, 정확한 의사소통을 위한 실제적이고 담화적인 양상에 대한 지식이 필요하다.

나) 문화(cultures)

문화는 두 가지 기준을 포함한다. 하나는 관습이고, 하나는 산물이다.

① 학습자는 문화 연구에 있어서 관습(practice)을 문화적 전망과 연관하여 설명할 수 있다.

② 학습자는 문화 연구에 있어서 산물(products)을 문화적 전망과 연관하여 설명할 수 있다.

다) 연관(connections)

연관은 두 가지에 초점을 둔다.

① 학습자는 목표어를 통해 학문 제분야에 대한 지식을 확장할 수 있다.

② 이로써 학습자가 목표어를 통해 획득하게 된 정보들에 초점을 둔다.

라) 비교(comparisons)

비교는 다음 두 가지 기준을 포함한다.

① 학습자는 모국어와 목표어의 비교를 통해 언어의 본질을 설명할 수 있다.

② 학습자는 자문화와 목표 문화를 비교하여 문화에 대해 설명할 수 있다.

마) 공동체(comminities)

공동체는 다음 두 가지 기준을 포함한다.

① 학습자는 학교 안팎에서 자신이 배운 목표어를 사용하여 학습한 것을 적용할 수 있다.

② 학습자는 목표어를 개인적인 삶을 풍요롭게 하기 위하여 사용할 수 있으며, 목표어를 계속적으로 배우는 학생임을 증명한다.

Communication – 소통
Culture – 문화
Connection – 연관
Comparison – 비교
Communities – 공동체

〈그림 11〉 미국 외국어 교육의 국가 지침(5C)(National Standards, 2006)

2) 실리(Seelye)의 문화 교육의 목표

번호	항목	내용
1	흥미 (Interest)	학습자는 다른 문화나 자기 나라 문화의 다른 부분이나 하위 문화에 대해 호기심을 보이고 그 구성원에 대해 감정이입(empathy)한다.
2	누가 (Who)	학습자는 역할에 대한 기대와 나이 · 성 · 사회 계급 · 거주지와 같은 사회적 변인이 말과 행동에 어떻게 영향을 주는지를 이해한다.
3	무엇을 (What)	학습자는 효과적인 의사소통이란 사회의 모든 구성원들이 세계에 대하여 생각하고, 행동하고 반응할 때 문화적으로 조건 지어진 행위를 발견할 것을 요구하는 것임을 안다.
4	어디서 · 언제 (Where and When)	학습자는 상황적인 변이들과 관습적으로 형성된 행동들을 인식한다.
5	왜 (Why)	학습자는 사람들이 물리적 · 심리적인 필요를 충족하기 위해서 사회에서 용인하는 선택을 사용하여 자신들이 원하는 방식으로 행동한다는 것을 이해하며, 문화적 패턴들은 필요 충족을 위해서 상호 교섭하고 상호적인 특성이 있음을 이해한다.
6	조사 (Exploration)	학습자는 증거가 실증하는 한에서 목표 문화에 대한 일반화를 평가할 수 있고, 도서관 · 매스 미디어 · 사람들 · 개인적인 관찰을 통하여 얻은 정보들을 정리하거나 조직하는 데 필요한 기술을 습득한다.

〈표 8〉 문화 교육의 6가지 목표(Six Instructional Goals)[72]

72) Seelye, H. N., *Teaching Culture*, Lincolnwood, National Textbook Company, 1993, pp. 30~31.

위의 목표들은 문화 항목에 대한 단편적인 이해보다는 실제적인 한국어 의사소통 현장을 통하여 성취될 수 있다. 특히 6번의 '조사' 항목은 최종적으로 학습자가 능동적인 문화 학습의 주체가 되어 목표 문화에 대한 깊이 있는 탐색을 하는 것이다. '목표 문화에 대한 일반화를 평가할 수 있고, 도서관, 매스미디어, 사람들, 개인적인 관찰을 통하여 얻은 정보들을 정리하거나 조직하는 데 필요한 기술을 습득한다'는 목표는 학습자가 주체적으로 문화 학습을 주도해나갈 수 있는 수준에 이르게 하는 단계다.

3) 문화를 통한 한국어 교육을 위한 단계별 목표[73]

가) 초급

(1) 한국어에 흥미와 자신감을 갖고, 한국어로 의사소통할 수 있는 기본 능력을 기른다.

(2) 일상생활에 관한 말과 글의 의미를 이해하고 표현할 수 있다.

(3) 표정이나 제스처와 같은 비언어적 의사소통의 차이를 이해한다.

(4) 문화 간의 차이점을 이해하고 인정한다.

(5) 한국 문화에 대한 선입견이나 고정 관념을 갖지 않고 한국 문화를 객관적이고 체계적으로 이해하려는 태도를 기른다.

나) 중급

(1) 한국어를 통하여 다양한 정보를 받아들이고 활용할 수 있다.

(2) 한국인들의 행동 양식과 의사소통 요령을 터득하며 일반적인 화제에 관해서 한국어로 자연스럽게 의사소통을 할 수 있다.

(3) 한국인의 언어 표현에 담긴 문화적 의미를 이해할 수 있다.

73) 장경은, 『한국어 교육을 위한 단계별 문화 교수 내용과 교수 방법』, 전남대학교 대학원 국어국문학과 석사학위논문, 2001.

(4) 한국어로 표현된 말이나 글을 통해 한국인의 가치관과 세계관을 이해할 수 있다.

(5) 한국의 사회 제도나 풍습을 이해할 수 있다.

다) 고급

(1) 한국어로 상황에 맞는 자연스러운 의사소통을 할 수 있다.

(2) 일반적 주제 및 추상적인 내용의 말이나 글의 의미를 평가하면서 이해할 수 있다.

(3) 학술 분야의 다양한 정보를 종합적으로 이해하고 활용할 수 있다.

(4) 인물 · 사건 · 사물을 정확히 묘사하거나 자기의 생각을 넣어 설명하는 글을 쓸 수 있다.

(5) 한국의 전통 문화를 이해하고 그 문화적 특성을 바르게 소개할 수 있다.

4) 한국어 능력 시험의 단계적 사회 문화적 요구

		사회문화적 요구
초급	1급	· 이질적 문화에 대한 적극적인 접촉 의지와 주변 한국인들의 최소한의 도움 아래 개인 영역에서 기본적인 사회생활에 대한 적응력을 길러야 함 · 공공 영역에서의 활동은 남의 도움을 필요로 함
	2급	· 한국 사회에 대한 기본 이해를 바탕으로 개인 생활을 별 무리 없이 유지할 수 있어야 함 · 공공 영역에서는 아직 약간의 도움이 필요 · 한국 사회와 문화에 대한 이해는 있지만 아직 충분히 익히지는 못한 상태
중급	3급	· 한국 사회에서의 단순한 일상생활에서 언어적으로는 큰 불편이 별로 없음 · 모르는 사항은 스스로 물어가면서 해결할 수 있음 · 아직 한국 문화에 대한 깊은 이해나 문학 감상 · 학술 · 교육 활동에는 한계가 있음 · 갓 한국에 온 자국인에게 각종 조언과 안내 가능
	4급	· 혼자 한국 사회에서 생존하거나 자신의 이해관계를 처리할 수 있음 · 직장에서 한국인들과 공공 근무는 가능하나 전문적인 영역에서는 아직 적잖은 도움이 필요함 · 외국인에 대한 배려가 있다면 토론이나 집회에 참여 가능
고급	5급	· 사실상 한국에서 기본적인 직장생활이 가능 · 매우 복잡한 논쟁이 아니라면 대학 강의 수강도 가능
	6급	· 사실상 이 이상 학습 과정을 통해서 배울 필요가 없는 정도 · 스스로 알아보고, 풀어보고, 참고 서적이나 기타 정보를 이용하여 자율적 발전이 가능 · 단, 아직 전문가가 아니라면 한국의 고전, 방언 등은 모르는 경우가 많을 수도 있음

〈표 9〉 한국어 능력 시험의 단계적 사회 문화적 요구

74) 패트릭 모란 지음, 정동빈 외 옮김, 앞의 책, 180~182쪽.

[참고] 문화 학습에 영향을 주는 것[74]

1. 문화 학습은 의식적이고 의도적 과정일 수 있다.

고흐너와 제인웨이(Gochenour & Janeway)는 문화 학습은 학습자들이 자문화 학습에서 겪어야 할 일련의 일들과 마찬가지로, 관찰과 의사소통에서부터 의식적으로 변화를 선택하게 되는 모든 과정에 이르는 의도적인 것이라고 했다.

2. 문화 학습은 감정 관리를 요구한다.

문화적 차이를 자주 직면하는 사람들은 감정적 반응을 일으킨다. 이러한 감정들은 도취감에서부터 불안까지 새로운 문화를 대했을 때의 흥분감에서부터 부적응과 충격, 아노미(주체성 상실)에 이르기까지 다양하게 나타난다. 감정은 쉽게 인지되기는 하지만 언제나 쉽게 다룰 수 있는 것은 아니다.

3. 문화 학습은 문화적 비교에 의존한다.

문화 학습 과정은 학습자의 문화와 학습하고 있는 문화 사이를 오가는 것이다. 문화 산물, 관행, 관점, 공동체와 사람들 사이의 차이점을 계속적으로 직면하게 된다. 유사성도 그렇지만 차이점은 학습자의 문화나 세계관을 일깨운다. 새로운 문화를 배우기 위해서 학습자는 의도적으로 다른 세계관, 말하자면 분리된 현실에 대한 이해를 구축할 필요가 있다. 그들은 의식적으로 에믹(emic내부자적 관점)과 에틱(etic외부자적 관점)을 오간다. 그리고 결국 그들은 다른 사람들의 시각으로 세계를 볼 수 있는 지점에 이르게 된다.

4. 문화 학습은 드러나지 않은 것이 표현되도록 요구한다.

학습자들 안에 드러나지 않은 것이 있기 때문에 그들이 자신의 의견과 생각, 감정, 의문, 관심과 의도들을 표현하도록 도와야 한다. 그들의 문화와 경험은 그들의 참여, 서술, 해석, 반응의 주기를 통해 학습함에 따라 말로 나타나고 일깨워진다.

5. 학습자의 성격은 문화 학습에 영향을 준다.

학습자는 그들 자신의 문화 학습 과정에 방향 설정을 가져온다. 그들의 목표와 의도 그리고 이전의 경험과 더불어, 그들 자신과 다른 사람들에 대한 학습자의 태도와 관련된 다른 요인들이 있다.

6. 학습자의 문화와 목표 문화 사이의 관계가 문화 학습에 영향을 미친다.

목표 문화의 유사점과 차이점에 대한 지각 등 목표 문화에 대한 인식은 문화 학습 과정에 반영될 수 있다.

7. 교육적인 상황이 문화 학습에 영향을 준다.

교육적인 환경들—학교, 교과 과정, 의도된 문화 학습 결과들, 교재들, 교육학, 교사들—모두가 문화 학습의 본질에 커다란 영향을 끼친다. 또한 그 문화에 직접적으로 관여하는 정도—문화, 산물, 실행, 공동체, 사람들—도 중요하다.

8. 교사와 학생의 관계가 문화 학습에 영향을 준다.

교사들은 문화적인 경험을 구조화하고 체험적인 학습 주기의 단계를 따라 학습자들을 인도한다. 따라서 교사와 학생의 관계의 질은 중요하다.

03

문화 학습 모형

＊

75) 핸비(Hanvey, Robert), Level of Cross–Cultural Awareness, In *Toward Internationalism: Readings in Cross-Cultural Communications, eds.* Elise C. Smith and Louise F. Luce. Rowley, MA: Newbury House, 1979, pp. 46~56, 패트릭 모란(Patrick R. Moran)지음, 정동빈 외 옮김, 앞의 책, 224~226쪽에서 재인용.

가. 핸비(Hanvey) : 교차 문화 인식 단계[75]

핸비(Hanvey)의 문화 학습 모형은 학습자의 인식이 발전하는 것과 문화 구성원의 관점에서 주관적인 관점으로 문화 이해를 쌓아가는 과정을 보여준다.

교차 문화 인식 단계	양식	판단
Ⅰ 피상적이거나 명백하게 드러난 문화 특성 인식	여행자 단계 : 관광, 여행, 교제	믿을 수 없음, 외래의, 색다른
Ⅱ 자신의 것과 뚜렷하게 대조되는 문화 특성을 의미 있게, 그리고 모르는 사이에 인식	문화갈등 단계 : 문화 갈등 상황	믿을 수 없음, 좌절, 불합리한
Ⅲ 자신의 것과 뚜렷하게 대조되는 문화 특성을 의미 있게, 그리고 의식적으로 인식	지적 분석 단계 : 지적인 분석	믿을 만한, 인지력 있는
Ⅳ 내부자의 입장에서 다른 문화를 어떻게 느끼는가에 대한 인식	문화적 몰입 단계 : 문화 속에서 살기	개인적 친밀함 때문에 믿을 만한

〈표 10〉 교차 문화 인식 단계

핸비는 인식에 대한 주관적인 성향을 중요한 것으로 파악하였다. 이 모형은 행동과 인지, 그리고 영향력의 융합을 반영하고 있다는 점에서 중요하다.

나. 후프스(Hoopes) : 문화 간 학습 과정[76]

76) 후프스(Hoopes, David S.) Intercultural Communication Concepts and Psychology of Intercultural Experience, In *Multicultural Education: A Cross Cultural Training Approach*, ed. Margaret Pusch. Yarmouth, ME: Intercultural Press, 1979, pp. 9~39. 패트릭 모란 지음, 정동빈 외 옮김, 위의 책 226~227쪽에서 재인용.

후프스는 상호 문화 학습 과정을 한 쪽 끝은 자민족 중심주의이며, 다른 한 쪽 끝은 문화 적응인 하나의 연속체로 설명했다. 과정은 타문화에 대한 이해와 태도에서 변화된 모양을 갖게 되며, 학습자가 적응의 네 가지 개념에 대한 결정을 내리는 동안 행동의 중요성을 덧붙이게 된다.

자민족 중심주의 ↓	자민족 중심주의 : 타문화를 비하하거나 다른 방식으로 개인이나 문화에 대한 우월성을 비교적 노골적으로 표명
인식 ↓	인식 : 타문화를 적이 아닌 다른 것으로 인식
이해 ↓	이해 : 문화란 "그들"에 대한 어떤 사람의 반응이라기보다는 좀 더 합리적인 용어로 이해되어야 하는 복잡한 과정이라고 인정
수용/존중 ↓	수용/존중 : 자신의 문화와 비교하거나 판단하지 않고 접하는 문화 차이에 대한 타당성을 인정하며 수용
감식력 있는/가치 평가하는 ↓ 선택적 적응 동화 적응	동화 : 제 2 문화와 언어, 그리고 행동을 우선으로 여겨 자신의 제 1 문화를 거부 적응 : 몰입하거나 편입되지 않고 그 안에서 편안하게 느끼며 효과적으로 기능할 수 있는 행동 양식에 적응, 역할놀이
이중 문화주의 다중 문화주의	이중 문화주의 : 두 가지 문화 인격의 개발
	다중 문화주의 : 문화 간 학습 과정, 의사소통, 인간 관계 등, 문화 간 어떤 상황에서도 적응할 수 있는 개인의 능력 개발

〈표 11〉 문화 간 학습 과정

후프스는 문화 학습의 최종 결과물은 동화, 적응, 이중 문화주의, 다중 문화주의 등의 네 가지 선택 사항이라고 제안한다. 이들은 목표와 개별 학습자들의 상황을 반영한다.

77) 브라운(Brown, H. D.) *Principle of Language Learning and Teaching*, 3rd ed., Englewood Cliffs, NJ: Prentice-Hall, Inc., 1994. 패트릭 모란 지음, 정동빈 외 옮김, 위의 책 226~227쪽에서 재인용. 렌츠크는 '문화 적응의 네 가지 단계'로, ②브라운(Brown,H.D)은 '문화 습득의 네단계'로 명명함. Rentzsch 1999:33~40, 유수연, 『문화간 의사소통의 이해』, 2008에서 재인용; 더글라스 브라운 지음, 이흥수 외 옮김, 앞의 책, 2010, 208~209쪽.

다. 렌츠크(Rentzsch): 문화 적응의 네 단계[77]

1) 열광 단계

새로운 문화와의 접촉은 많은 사람들에게 흥미와 기쁨과 미래에 대한 밝은 생각으로 가득하게 한다. 낯섦, 즉 외모가 다른 사람들, 새로운 환경, 새로운 음식을 흥분과 깊은 인상으로 경험하고 이를 매우 긍정적으로 받아들이게 된다.

2) 문화 충격의 단계

열광의 과정이 지나고 일상생활로 돌아와서 불안, 혼란, 적절하지 않은 사회적 행동 등이 나타나 인간 관계가 어려워지거나 두려움, 우울증, 무력감, 고립된 감정이 나타날 수 있다. 문화충격(culture shock)이란 가벼운 신경 거슬림으로부터 깊은 심리적 공포와 위기에 이르는 현상을 말한다. 문화 충격은 따돌림, 분노, 증오, 주저함, 당황함, 불행함, 슬픔, 외로움, 향수 등의 감정과 심지어는 신체적 질병까지도 관련된다. 문화 충격을 겪고 있는 사람들은 새로운 세계를 분노의 시선으로 바라보며 다른 사람들을 이해하지 못하여 자기 연민과 그들에 대한 분노 사이를 오간다.

*문화충격(culture shock) : 1960년 오베르그(K. Oberg)에 의해 정립된 문화충격이론에서 처음 사용된 용어다. 자신이 속한 문화와 이질적인 문화 속에 있을 때 느끼는 심리적 불안을 지칭한다. 이 외에도 이문화의 초기 적응 과정에 나타나는 작용은 문화적 피로(culture fatigue), 언어충격(language shock), 역할충격(role shock), 환경충격(eco shock)으로 명명되기도 한다. 문화 충격 단계는 사람들이 그들 자신의 자아와 안정감에 대한 이미지에 점점 더 많은 문화적 차이가 침입해 옴을 느끼면서 발생한다. 이 단계에서 사람들은 그 지역의 관습과 상황에 대해 불평하면서 위안을 삼고 자신이 처한 곤경으로부터 도피처를 찾으면서 제 2문화권에 있는 자기 동포들의 도움에 의존하고 도움을 구한다.

3) 적응 단계

새로운 문화에 적응하는 단계다. 문화 충격에서 겪었던 위기감이 적어지면서 회복기에 들어간다. 상대국의 가치관을 받아들이고 새로운 환경과 조건 속에서 인간 관계를 넓혀 나간다. 상대국에 대한 환상을 버리고 상대국에 동화되었다는 느낌을 갖게 된다. 처음에는 임시적이고 동요하다가 점차적으로 회복해 가는 단계이다.

적응이란 개인의 내적 심리적 욕구와 외적 사회적 환경 사이에 조화를 이루며 일상생활에서 좌절감이나 불안감 없이 만족을 느끼는 상태로 물질적(경제적) 적응과 정신적(심리적) 적응으로 구분한다. 물질적 적응은 한국 사회에서 독립된 생활을 하는데 필요한 소득, 기술, 직업 등을 획득하는 것을 의미하고 정신적 적응은 한국 사회의 구성원으로서 사회로부터 동등한 대우를 받고 있다고 인식하는 것이다.

이 단계는 '문화 스트레스'로 대표된다. 즉, 다른 문제들이 당분간 계속되면서 문화 이식의 문제가 해결되는 것이다. 그러나 일반적인 과정은 제 2문화에 있는 다른 사람들과 서서히 공감을 갖게 되고 그들을 둘러싸고 있는 생각과 느낌의 차이를 받아들이기 시작하면서 느리지만 확실하게 이루어진다.

4) 안정화 단계

적응의 정도가 극대화되는 시기이다. 고국과 상대국을 객관적으로 비교하면서 각국의 문화적인 차이점, 장점, 단점을 자유로이 판단하며 즐기는 단계이다. 인격적으로도 성숙하는 단계이다. 완전한 회복, 새로운 문화에의 동화, 적응, 수용 및 이 문화에서 발달된 '새로운' 사람에 대한 자신감을 나타낸다.

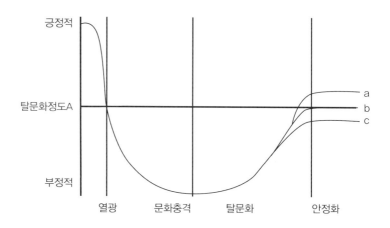

〈그림 12〉 탈문화 과정을 통한 문화적인 적응

적응 단계는 U자 곡선으로 설명된다. 이 곡선은 낯선 환경에서 살면서 겪는 만족도의 변화를 보여 준다. 첫 단계는 새로운 문화권에서 낙관주의와 긍정적인 느낌으로 삶을 시작하지만, 둘째 단계에서 현지 언어와 새로운 환경에 대한 적응의 어려움을 겪게 되며, 셋째 단계는 혼란과 좌절감을 경험하고, 넷째 단계에서는 생활하는 데 필요한 기술을 습득해 새로운 환경에 대처하며 낙관주의를 되찾고, 다섯째 단계에서 호스트 문화에 익숙해지면서 자긍심과 자율성을 갖게 된다.[78]

78) Deutsh & Won, 1963, Some Factors in the Adjustment of Foreign Nationals. *Journal of Social Issues*, 19, pp.115~122. 최윤희, 『문화 간 커뮤니케이션』, 커뮤니케이션북스, 2013, 98~99쪽에서 재인용.

✦ 문 | 화 | 적 | 응 | 사 | 례

다음은 태국 방콕에서 20년 이상 생활한 한국어 교사 조명숙 선생님의 문화 적응의 실제 사례다. 한국인이 외국에서 겪는 문화 적응의 상황을 살펴보자.

태국 방콕 생활을 한지도 벌써 20년이란 세월이 흘렀다. 첫째 10개월 때 와서 둘째를 태국에서 낳고 둘째도 벌써 17살이니 세월이 참 많이 흘렀다. 한국 문화 교육론 수업을 들으면서 나의 20년 삶을 다문화 이주민의 문화 적응 단계에 따라 생각해 보았다. 태국이라는 나라에서 보면 나도 다문화 이주민의 한 부류에 속하니까 말이다.

1. 열광 단계

태국 사람들이 나와 딸을 신기해했고 나 또한 태국 사람들이 신기했다. 태국 사람들은 아이들을 좋아한다. 모든 것이 한국과 달라 어리둥절했지만 언어가 달랐으며 새로운 음식이 맛있고 태국의 관광명소들이 한국과는 확연히 다른 열대의 나라답게 아름다웠다.

적응이 빨라 말을 먼저 배우고 태국인들과 의사소통을 하면서 점점 깊이 태국 생활 속으로 파고들었다. 제일 눈에 띄었던 태국의 풍경은 길거리에 음식을 파는 리어카가 많다는 것과 모든 건물을 지키는 사람들이 제복을 입고 있다는 것이었다. 처음엔 경찰들이 건물을 지키는 줄 알았다. 하지만 나중에 보니 제복을 좋아한다는 것을 알았다. 초·중·고·대학생들이 모두 교복을 착용한다. 인터내셔널 학교조차도 교복을 착용한다.

2. 문화 충격 단계

태국 사람들을 빗대어 천사의 미소를 가진 얼굴이라 한다. 하지만 자존심이 강한 민족이라 그 내면을 잘 들여다 보면 무서운 사람들이다. 한국 사람도 마찬가지겠지만…겉으론 미소를 짓지만 속내를 잘 드러내지 않기 때문에 조심해야 한다.

태국은 불교 나라다. 아침에 스님들이 탁발을 하러 다니신다. 새벽에 보면 진풍경이 아닐 수 없다. 머리를 신성시 하기 때문에 아이가 예쁘다고 머리를 쓰다듬으면 안 된다. 태국은 덥기 때문에 노동자들이 점심을 먹고 한 낮에는 낮잠을 잤던 때도 있었다. 관리자가 일어나라고 발로 툭툭 찼다고 살인이 일어난 일이 있었다. 타인의 몸에 손 대는 것은 금기다.

백화점 점원들의 이중 얼굴은 물건을 구경만 하고 안 사면 확연히 드러난다. 그 리고 우리나라도 마찬가지겠지만 옷을 잘 차려 입고 가야 손님 대접을 받을 수 있다. 제일 중요 한 게 언어인데 처음에 말이 서툴러 의사소통이 잘 되지 않아 고생을 많이 했다.

태국 사람들끼리 얘기하면 고립된 감정이 생겨 우울증과 대인 기피 현상까지 생기고 향수병에 걸린 적도 있었다. 하지만 더 좋은 태국 사람들이 많이 있기에 극복하고 지금까지 살고 있는 것 같다.

제일 중요한 것은 언어 충격인 것 같다. 우리와 전혀 다른 글씨체를 보면서, 놀랐다. 그리고 중국어처럼 성조가 있어 성조에 따라 말의 뜻이 달라진다. 더욱 충격적인 것은 띄어쓰기가 없다는 것이다. 아직도 배우고 있지만 영어보다 더욱 어려운 언어가 태국어가 아닌가 한다.

태국은 수상이 있지만 왕이 통치하는 나라이다. 태국 사람들은 왕을 신처럼 모신다. 외국인들이 왕을 욕했다고 해서 죄명이 왕 모독 죄에 해당하여 실형을 살기도 하고 추방을 당하기도 한다. 하물며 본 영화 시작 전에 왕의 노래가 흘러나오면 모두가 자리에서 일어 서야 한다. 또한 왕족이나 높은 사람들이 도로를 지나가면 모든 차들은 멈춰서야 한다. 지금도 이것은 이해가 안 되는 부분이다. 국민들이 착해서일까?

3. 적응 단계

더운 나라이다 보니 사람들이 빠르지 않다. 태국 사람들이랑 제일 많이 싸우게 되는 일 중의 하나이다. 물건을 맡기고 이 쪽에서 전화를 하지 않으면 연락을 주는 일이 없다. 잘 안 되는 태국어로 손짓 발짓을 하며 항의를 해보지만 나만 손해를 본다. 목소리 큰 사람이 지게 되어 있다. 태국 사람들은 느긋한데 한국 사람인 나는 성격이 급하니 말이다. 우리나라와 달리 겨울이 없기 때문에 이 사람들은 급한 게 없다. 밖에 나가면 사시사철 과일이 풍부하고 벼농사는 일 년에 3번씩 할 수 있고 싱싱한 야채를 매일 먹을 수 있으니 말이다. 지금은 적응이 되어 나도 좀 느긋해진 것 같다.

태국의 서민들은 집에서 밥을 잘 안 해 먹는다. 주로 밖에 길거리에서 파는 음식을 사다 먹는다. 그것도 플라스틱 봉지에 넣어서 말이다. 우리나라에서는 환경 호르몬이 나온다고 플라스틱 통도 가려 쓰는데 이 나라는 뜨거운 쌀국수 같은 것도 봉지에 넣어서 판다.

음식의 맛을 내는 미원도 많이 사용하고 있다. 음식점에 가면 제일 먼저 하는 말이 미원 넣지 말라는 말이다. 하지만 살아보니 나도 봉지에 든 음식을 사먹게 되었다. 지금은 많이 적응을 하여 익숙한 생활이 되었다.

4. 안정화 단계

　처음 태국 생활을 할 때 교육을 받고 나오는 게 아니기 때문에 전혀 사전 지식이 없었다. 교수님 강의를 들으면서 처음 해외생활을 하기 전 문화 교육을 받고 나오면 태국 생활이 좀더 수월하지 않았을까? 하는 생각을 해본다. 처음에는 자민족 중심주의에 깊이 빠져 태국 문화를 받아들이는데 시간이 많이 걸렸다. 타문화를 이해하는 방식에 서툴러 적응하는 단계가 늦어졌고 '이 사람들은 왜 이래?' 하는 스스로 고정관념을 깨는데 시간이 많이 걸렸다. 문화 교육론을 공부하면서 나도 태국이란 나라에서 보면 다문화 이주민 중의 한 사람으로서 태국 문화에 많이 동화되면서 태국의 신비로움에 열광을 했던 열광 단계를 거쳐 말도 안 되는 문화 충격의 단계를 지나서 적응하며 수용하는 적응단계에 이르게 되었다. 앞으로 남은 숙제는 앞으로 태국에 살면서 이제는 태국을 완전히 이해하려고 하는, 교수님의 강의에서도 말씀하셨다시피 한국과 태국을 객관적으로 비교하면서 문화적인 차이점, 장점, 단점을 자유로이 판단하며 즐기는 단계 또한 인격적으로도 성숙하는 태국 문화 속의 한국인으로 성숙하는 단계를 어떻게 슬기롭게 대처해 나가느냐인 것 같다. 한국 문화를 태국 사람들에게 가르치고 태국 문화를 배우면서 자민족 중심주의가 아닌 문화 상대주의 눈으로 태국 문화를 바라보아야겠다는 생각을 해본다.

　무조건 태국 문화를 받아들이기보다는 우리 문화를 바로 알아 태국 사람들에게 이해를 시키고 나도 태국의 문화를 좋은 건 받아들이고 나쁜 건 왜 나쁜지 냉철하게 판단할 줄 아는 눈을 길러야 할 것이다. 이런 판단의 눈은 문화 교육을 통해서 이루어진다고 생각한다. 앞으로 우리 문화를 좀더 깊이 있게 알기 위해서는 부단한 노력이 필요하겠다. 앞으로 열심히 공부하여 우리 문화를 태국에 전파하는 좋은 선생님으로 거듭나야겠다.

79) Bennett, Milton J., Towards Ethnorelativism: A Developmental Approach to Training for Intercultural Sensitivity. In *Education for the Intercultural Experience*, ed. R. Michael Paige. Yarmouth, ME: Intercultural Press, Inc., 1993, pp. 21~71. 패트릭 모란 지음, 정동빈 외 옮김, 앞의 책 229~231쪽에서 재인용.

라. 베넷(Janet Bennett): 문화 간 감수성 발전 모형[79]

베넷은 자민족 중심주의 단계에서 민족 상대주의 단계로, 문화 간 감성 개발을 강조하는 문화 학습의 모형을 제안했다. 이는 "문화 차이에 대한 학습자의 주관적 경험"의 변형을 나타낸다.

거부	방어	과소평가	용인	적응	통합
고립	모욕	물리적 보편성	행동 차이에 대한 존중	공감	상황적 평가
분리	우월	초월적 보편성	가치관 차이에 대한 존중	다원론	구조적 주변화
자민족 중심주의 단계			민족 상대주의 단계		

〈표 12〉 문화 간 감수성의 발전

베넷은 페리(Perry)의 인지적, 도덕적 발달 이론을 바탕으로 문화 간 감수성 발달 모형을 만들었다. 베넷에 따르면, 학습자들은 자민족 중심주의에서 민족 상대주의로 바뀌게 될 때, 일련의 사고 · 감정 · 행동을 겪게 된다. 학습자들의 인식과 차이에 대한 반응이 이 모형의 핵심이다.

베넷은 문화 충격의 의미를 확대해 과도기적 충격(transition shock)의 한 부분으로 간주하는데, 이는 새롭고 변화된 환경과 효율적으로 상호작용하지 못하는 데서 오는 자연스러운 결과라는 것이다. 문화 충격과 과도기적 충격의 두 개념은 일정 기간 해외 체류를 마치고 귀국하면서 겪는 감성적, 생리적 어려움을 의미하는 재입국(reentry) 충격까지 포함한다.

04 한국어·문화 통합 교육의 방법[80] ✻

가. 한국어 · 문화 통합, 한국어 영역별 통합

한국 문화 교육은 한국어 의사소통 능력 신장을 목표로 하여 한국어 교수 항목과 통합되어야 한다. 만일 한국 문화를 깊이 있게 학습하고 싶은 학습자를 대상으로 한다면 독립적인 강좌를 개설하는 것이 바람직하다. 한국어와 연관 없이 한국 문화 자체에 대한 학습을 하고자 하는 경우에는 한국어 교육 기관별로 영역별 수업을 설정하거나 대학이나 대학원 과정의 수업을 연계하는 것이 좋다. 예를 들면, 각 기관에서 선택 수업으로 진행하는 '한자', '한국의 영화', '한국의 문학', '한국의 민속' 등과 같은 층위에서 하나의 독립적인 영역으로서 '한국의 문화' 수업을 진행하는 방법이 있겠다. 이러한 콘텐츠 중심 수업들은 각 영역의 전문적이고 독립적인 내용 전달에 더욱 무게중심을 둘 수 있다. 또한 대학에서 외국인을 위한 강좌를 진행하는 경우 필자의 경험상 한국 학생 위주로 진행되는 수업에 외국 학생들이 참가할 때 이해 능력 및 참여도가 현저히 떨어져서 바람직한 교수–학습 결과를 도출해내지 못했다.

80) 이 내용은 이성희, 「한국어 · 문화 통합 교육의 원리와 방향」, 『국어국문학』150, 국어국문학회, 2008, 537~564쪽에 실린 것을 수정 · 보완한 것임.

이러한 경우, 외국인들이 더욱 쉽게 이해하게 하기 위한 교수–학습 방안이 필요하리라 본다. 한국어를 배우는 외국인에게 절대적으로 필요한 것은 모국어 화자를 뛰어넘는 시간 투자와 노력이다.

외국어 교육에서 언어와 문화를 분리하여 교수하는 것은 언어와 문화를 통합하는 것에 비해 효율성이 낮다. 언어학습을 배제한 문화 학습은 학습자에게 긍정적인 학습 효과를 미치기 어렵다. 이에 대해서는 대만 학생들에게 한국 문화를 중국어로 가르친 연구 결과를 참고할 수 있다. 증천부는 대만에서 한국 문화를 학습자의 모국어로 배우는 것이 진정한 언어 학습과는 유리된 것이며 이러한 문화 교과 과정이 한국어 학습에 있어서 상호 상승 작용을 일으키기 어렵게 설계되어 있다고 지적했다. 목표 언어의 문화인 한국 문화를 학습자의 언어로 배우는 것은 문화를 저장 · 습득 차원에서 배우는 것에 불과하고 한국어 학습에 긍정적인 영향을 끼치기 어렵다는 것이다.[81] 이렇게 학습된 문화는 한국어 의사소통 능력 신장을 도모할 수 없고 또 습득한 지식을 효과적으로 활용하기도 어려운 측면이 있다.

문화 학습이 언어 학습 시에 통합되어야 하는 것과 마찬가지로 언어 학습 또한 문화와 함께 교수되어야 한다. 바이럼과 모건은 "최소한의 언어 능력을 획득하는 것으로는 불충분하다"고 하면서 언어와 문화 학습의 통합을 강조했다.[82] 교양 있는 목표언어 화자와의 의미 있는 의사소통은 언어 능력 습득만으로는 부족하며 대화와 소통을 가능케 하는 문화적 맥락에 대한 이해가 필수적이다. 학습자들이 언어 능력과 함께 비판적인 언어 인식, 해석, 통역, 역사적 · 정치적 의식, 사회적 감수성 및 미적 직관을 습득하는 상호 문화 능력의 신장을 꾀하려면 언어와 문화를 통합하여 함께 교수해야 한다.

81) 증천부, 「대만에서의 문화를 통한 한국어 교육의 실천과 개선방향」, 「국어교육연구」 제12집, 서울대 국어교육연구소, 2003, 320쪽.

82) Hinkel, E. (ed.), Culture in Second Language Teaching and Learning, Cambridge University Press, 1999, p. 7.

한국어 교육에서 문화 교육은 한국어로 이루어지는 일상 생활의 의사소통은 물론, 각종 업무 처리와 외교 협상 등에서 문법에만 의존하지 않고, 때와 장소, 맥락에 맞게 말하는 방법을 알 수 있도록 교수-학습 목표와 과정이 설정되어야 한다. 언어와 문화는 단순한 표면적 자료가 아니라, 서로 본질적으로 얽혀져 구성되어 있어서 언어와 문화에 사고나 개념 등이 어떻게 반영되어 있는가를 살피는 것이 그리 간단한 문제가 아니기 때문이다. 사회 인류학을 기반으로 발전된 문화 이론은 신앙과 감정의 상징적 표현과 재현에서 한걸음 더 나아가 개념 형성의 자료를 탐구함으로써 문화 이론 체계를 구성했다. 왜냐하면, 개념, 사고, 정체성은 언어를 통해 표현되며 문화 이론은 언어 습득과 사회화 과정과 연관되기 때문이다. 문화 이론 관점에서 보자면 언어는 행동에 어떤 의미가 결합되는가와 어떻게 표현되는가를 반영하는 매우 복잡다단한 시스템으로 비춰진다.[83]

한국어와 문화의 효과적인 통합을 위해서는 문화 교육 내용을 한국어의 말하기, 듣기, 읽기, 쓰기 능력과 통합하여 구성해야 한다. 문화 교육이 한국어 교수 영역과 통합되어 제시될 때 내용으로서의 문화뿐 아니라, 한국어 의사소통 능력 신장에도 기여할 수 있다. 이러한 통합 교육은 학습자를 한국어가 사용되는 실제 세계의 능동적 참여자로 이끌어 줄 수 있다.[84] 학생들이 수동적으로 받아들이는 지식의 습득, 저장, 축적의 수업이 아니라, 문화 항목을 한국어의 네 영역과 함께 제시하여 학생들이 스스로 탐구하고, 알아가며, 자신의 지식으로 만들어가는 과정 중에 의사소통 능력의 향상을 아울러 꾀하도록 하는 한국어·문화 통합 교수-학습 방안이 요구된다.

83) Ibid. pp. 1~2.

84) 이성희, 「한국어 교육에서의 읽기·쓰기 통합 교육 연구」, 『이중언어학』 제 37호, 이중언어학회, 2008, 113~131쪽.

85) 권오현, 「의사소통 중심 외국어교육에서의 '문화' -한국의 학교 외국어교육을 중심으로」, 『국어교육연구』 제12집, 서울대 국어교육연구소, 2003, 247~274쪽. 이렇게 한국 문화를 개념적 범주로 나눈 것은 이석주, 박영순 등의 연구가 있다. 이석주, 「한국어 문화의 내용별·단계별 목록 작성 시고」, 『이중언어학』 제21호, 2002, 20~44쪽; 박영순, 「한국어 교육으로서의 문화교육에 대하여」, 『이중언어학』 23호, 2003, 67~89쪽.

86) Kramsch, C., Culture in Language Learning: A View From the United States, In Kees DeBot, Ralph B. Ginsberg, Claire Kramsch(Eds.), *Foreign Language Research in Cross-Cultural Perspective*, John Benjamins Publishing Company, 1991, p.229.

87) Barry Tomalin & Susan Stempleski,, *Cultural Awareness*, Oxford University Press, 1994, p.7.

88) 윤여탁, 「문학교육과 한국어교육」, 『한국어교육』 제 14권 1호, 국제한국어교육학회, 2003, 143쪽.

나. 콘텐츠를 활용한 문화 항목의 맥락화

문화를 제시하는 방법에는 크게 두 가지가 있다. 하나는 문화를 항목화, 개념화하여 제시하는 것이다. 권오현은 외국어 교육의 출발점이 '의사소통 기능'이 아니라 '소재영역'이 되어야 한다고 보고, 문화 소재 영역으로서 목표어 국가의 문화(확대된 문화 개념)를 문화 교육의 범위로 설정했다. 또한 '문화소-행위소 모델'을 정립하기 위해 '언어 문법'과 같은 층위의 '문화 문법'을 정립해야 한다고 했다.[85]

이와 반대로 문화를 언어 항목이나 다른 매체를 통하여 맥락 속에서 제시해야 한다는 주장이 있다. 크람쉬는 문화 능력(cultural competence)은 언어가 구체적인 사회문화적·역사적 상황의 의미와 연결되는 구조화된 학습 환경에서 가장 잘 발달되며 언어 학습은 자신들이 경험하거나 배우는 개별적인 문화 양상들을 통해서 얻게 되는 다양한 문화적 패턴들을 식별하고 분석함으로써 제 1문화(자문화, Culture1, C1)와 제 2문화(목표 문화, Culture2, C2)의 읽기를 통해 발전된다[86]고 했다. 또한 토말린과 스템플스키(Tomalin & Stempleski)는 언어항목에서 도출되는 문화적인 행동을 교수해야 하고 문화 항목이 언어 항목처럼 정형화되고 규범화될 필요는 없다고 했다.[87] 윤여탁은 "문화 교육에 있어서 맥락을 통해서 제시하는 방법은 어떤 문화에 대해서 아는 것을 넘어서 목표 문화에 친숙해지고, 그 문화를 언어 활동에 활용할 수 있는 문화 능력을 함양할 수 있게 한다"[88] 고 하여, 문학이나 다른 매체를 통하여 문화를 제시해야 한다고 했다.

2000년을 전후로 하여 대부분의 한국어 교재에는 '쉼터'·'한국 문화'·'알아봅시다'·'Culture Capsule' 등 문화 항목을 따로 두어 문화를 소개하고 있다. 이와 같은 단편적인 소개는 한국 문화 항목을 경제적으로 소개할 수 있다는 장점이 있다. 그러나 한국어 화자들이 생활하는 실제세계 맥락을 떠날 경우 효과적인 문화 교육을 하기에 어려운 점이 있다. 실제적인 자료를 통해서 문화를 제시하지 않고 이를 개념화하는 것은 유동적이며 상황중심적인 특징을 갖는 문화를 지나치게 도식화할 우려를 내포한다. 또한 문화를 표층적이고 단순한 항목으로 가르칠 위험이 있다. 문화 항목이 정형화될 경우, 교사의 주관적 견해가 반영될 수 있고, 다양하고 역동적인 문화 항목을 정확하게 전달하지 못하고 오히려 학습자들에게 오해와 불신의 여지를 줄 소지가 있다. 따라서 문화 내용을 항목화하거나 개념화하여 제시하기보다는 실제 자료를 제시하여 맥락 속에서 문화 항목에 대하여 자연스러운 유추가 가능하도록 귀납적으로 지도하는 것이 바람직하다.

문화의 맥락화를 위해서는 영화, 광고, 드라마, 연극 대본 등 다양한 콘텐츠를 활용해야 한다.[89] 또한 실생활에서 사용되는 광고지, 신문, 잡지, 각종 안내문, 벼룩시장 등의 지역 정보지, 각종 홍보물 등 실제 언어 자료들(authentic language materials)을 교실에서 활용할 수 있다. 홀(Hall)은 다양한 멀티미디어를 통해 윤리적, 정치적 문제에 대해 비판적으로 읽고 토론할 수 있는 능력을 함양하기 위해 '행간을 읽는 능력(reading between the lines)'이 필요하다고 주장했다. 행간을 읽는 능력을 신장시키기 위해서는 초급 단계에서부터 고급 단계에 이르기까지 실제 언어 자료(authentic language materials)의 사용을 권장한다. 학습자들은 외국어 사용 환경에서 자신의 숙달도를 넘어서는 예기치 않은 상황을 해결해 나가야 하므로 외국어 학습 시에 이를 훈련하기 위하여 실제 자료를 통해 우발적인 내용까지 다루어야 한다는 것이다.[90] 한국어로 작성된 다양한 문서들은 어떤 방식으로든 한국 문

89) Barry Tomalin & Susan Stempleski, *Op.cit.* pp.5~151 참조.

90) Hall, G., *Literature in Language Education*, Palgrave Macmilan, 2005, p.51.

화를 담고 있다. 교사가 적합한 문서와 읽기 자료들, 시청각 자료들을 수집하여 이것을 학생들의 수준에 맞게 가공하거나 적절한 부분을 취사선택하여 제시함으로써 한국 문화에 관한 정보와 한국어의 실제적인 사용 맥락을 제공할 수 있다.

영화, 드라마, 연극의 문어적 텍스트를 포괄하는 문학 작품을 통한 한국어 문화 교육은 많은 유익이 있다. 문학은 한국인의 심성 이해 및 역사·문화적 어휘 관련 이해, 어휘 확장에 용이하다.[91] 또한 교과서 내의 언어 교육에서 배울 수 없는 우발적인 내용을 문학에서 담당할 수 있다.[92] 문학은 외국어 학습자가 필수적으로 노출되는 문화적 담화의 한 종류이며, 주어진 문화의 산물로서 탁월하게 심도 있는 상호문화적인 교육을 가능케 한다.[93] 또한 문학은 한 개인이 어떤 상황에서 행동하는 방식을 맥락화하여(a way of contextualizing) 보여주며, 관계, 감정, 태도 등에 대한 유익한 통찰을 제공한다. 문학은 다층적 층위를 갖기 때문에 토론에 유익하며, 개인적인 반응을 이끌어내기에 유용하다.[94] 또한 문학은 인지적 학습뿐 아니라 정서적 학습을 유도한다.[95]

콘텐츠를 활용한 문화의 맥락화는 교사 중심의 전달 위주의 교수 방법으로는 성취되기 어렵다. 위의 목표가 충족되기 위해서는 한국어 학습자들이 스스로 체험하고 분석해 볼 수 있는 방안이 구성되어야 한다.

91) 이성희, 「설화를 통한 한국어 문화 교육 방안」, 『한국어교육』제10권 2호, 국제한국어교육학회, 1999, 261~265쪽.

92) Hall, Op.cit.pp.49~51.

93) Kramsch, C., Op. cit. pp.236.

94) Lazar, G., *Literature and Language Teaching: Guide for Teachers and Trainers*, Cambridge University Press, 1993, p.17.

95) Scott, V., *Reading Culture: Using Literature To Develop C2 Competence*, Foreign Language Annals volume 35, 2000, pp.622~632.

다. 과정중심 · 학습자 중심 접근

비고츠키(Vygotsky)의 사회구성주의 학습법은 학습자 중심 문화 교수에서 고무적이다. 비고츠키는 사고에 대한 심리적 도구로써 문화적으로 발달된 신호 체계의 역할과 근접 발달 영역 내에서 보다 많은 지식을 가진 타인과의 사회적 상호작용의 중요성을 강조한다. 문화 교수가 문화에 대한 총체적 접근을 통하여 실제적인 의사소통 능력을 신장시키도록 하기 위해서는 학습자가 한국 문화 현장에 실제적으로 참여하는 참여적 문화 학습이 필요하다. 이를 위해서는 교사 전달식의 문화 학습이 아니라 학습자의 인지적 능력 · 사회적 상호 작용 능력을 중시하는 구성주의적 접근 방법이 유용하다.

구성주의 학습법에서는 학습을 능동적인 학습자가 물리적 · 사회적 세계와 상호작용하는 해석적 · 귀납적 구축 과정이라고 본다. 이 이론은 개념에 대한 이해와 구조가 어떻게 생겨나는지를 설명하려는 학습 심리 이론이다.[96] 구성주의적 입장은 학습자를 능동적인 주체로 세워서 스스로 주어진 문화에 대해 탐색해 가도록 한다.

과정중심 접근법은 구성주의 이론을 실천하기에 가장 적합한 교수법이다. 문화 교육에 있어서 과정중심 교수법은 학생들로 하여금 낯선 주제에 대해서 이해하고, 내재화하고, 더 친밀하게 느낄 수 있도록 돕는다. 라이트(Wright)는 문화 학습을 효과적으로 이끌 수 있는 과정 중심 교수법을 다음과 같이 제시하였다.[97]

(1) 문제와 주제를 어느 정도 모호하게 제시할 것.
(2) 학습자의 방식대로 문제를 정리하도록 할 것.

96) 캐서린 투미 포스낫 (Catherine Twomey Fosnot)외 공저 · 조부경 외 역, 『구성주의 이론, 관점, 그리고 실제』, 양서원, 2001, 58쪽.

97) Wright, D. A., Culture as Information and Culture as Affective Process: A Comparative Study, *Foreign Language Annals 33(3)*, 2000, p.335.

(3) 학습자가 교사나 동료들과 의견, 해결 방안 및 전략을 나누고 자기말로 논거를 정리하도록 할 것.

(4) 학습자들이 탐색 질문을 제공하고, 대답할 수 있는 충분한 시간을 줄 것.

(5) 주제에 대해서 반추할 기회를 주고, 학습자의 개인적인 목표와 연결될 수 있도록 할 것.[98]

98) Savoie, J. M., and Hughes, A. S., Problem-Based Learning as Classroom Solution, *Educational Leadership, 52(3)*, 1994, p.54.

99) Nunan, D., *The Learner-Centered Curriculum*, Cambridge University Press, 1996, pp.21~29.

사보이와 허그(Savoie and Hughes)는 (2)의 내용을 '문제를 학생들의 처한 상황과 연결하여 확실한 기회가 드러나도록 할 것'으로 정리했다. 또한 (5)의 내용을 '학습의 결과를 과제를 통해 가시화할 것을 요구할 것'으로 정리했다.

학습의 과정에서 교사의 직접적인 교수보다는 학습자에게 많은 권한과 참여 기회를 주는 학습자 중심 접근법을 함께 적용할 수 있다. 학습자는 자신들의 필요, 동기, 경험, 배경 지식, 흥미, 창조적인 기술로부터 일차적으로 배운다.[99] 학습의 내용 및 방법에 있어서 학습자에게 선택의 권리를 주며 학습자들의 자발적인 참여를 통한 토론을 유도하고 교사는 토론의 동화자, 도우미, 정보 제공자로서의 역할을 할 수 있다.

목표 문화는 자문화와의 대조와 비교를 통한 공감과 차이의 이해를 바탕으로 학습되어야 하고, 이것은 개인적인 문제로 시작하여, 개인적인 문제로 끝나야 한다. 개인화된 것만이 잘 기억될 수 있고, 의미 있는 학습이 될 수 있다. 그러기 위해서는 문제를 현재화, 내면화, 가시화해야 한다. 과정중심·학습자중심의 수업이 되게 하기 위해서, 학습자들이 배우기 원하는 문화 항목을 물어야 하며, 학습의 주제를 학습자의 자신의 지금·여기의 문제와 연결하여 의미 있는 것으로 제시하고, 활발한 토론이 가능한 탐색 질문을 개발하여 생각할 수 있는 기회를 제공해야 한다. 또한 목표 문화 항목이 학습자의 개인 한국어 숙달도 및 인지적 성장에 있어서 의미 있는 것이 되도록 적절한 과제를 통해서 가시화해야 한다.

라. 비교문화적 방법론을 적용한 사회문화 교수 방안 개발

성공적인 의사소통을 위한 상호 문화 능력신장을 위해서는 비교 문화적 방법론의 적용이 필요하다.[100] 한국 문화에 대한 일방적 소개는 자칫 한국 문화의 우수성이나 탁월성을 강조하는 방향으로 나가기 쉽고, 이는 학습자들이 자문화(C1, Culture1)와 비교할 수 있는 기회를 박탈할 수 있다. 또한 객관성을 상실할 우려마저 있다. 예를 들면, 한국의 유교 문화에 대한 소개 중 하나로, '음식 먹는 소리나 그릇 소리가 나지 않도록 조용히 먹는다' 등을 유교 의례에서 연유하여 일반화한 것들이라고 소개한 경우가 있다.[101] 그러나 이것은 유교 의례의 영향이라기보다는 문화의 보편성으로 보는 것이 더 적합할 듯하다. 문화 항목에 대한 도식화 및 일반화 시도는 자칫 세계 문화와의 보편성을 공유하는 한국 문화에 대한 비교문화적 시각을 흐릴 우려가 있다. 외국어 교육에서 문화 교육은 자문화(C1, Culture 1)와의 연관에서 목표 문화(C2, Culture2)를 이해하는 것을 목표로 한다. 상호 문화 교육은 목표 언어의 문화 항목을 단순히 전달하는 것에서, 언어의 사회적 성격을 중시하는 방향으로 바뀌면서 자문화(C1)와 목표 문화(C2)의 의식의 사회적 산물로서의 문화의 성격에 주목하게 되었다.[102] 자문화와 목표 문화의 성찰이 동시에 요구되는데 학습자들은 목표 언어를 배우면서 자문화와 목표 문화와의 거리와 차이에 대해 공감할 수밖에 없고, 이러한 차이에 대한 자각은 학습자의 문화와 목

100) 조항록 · 강승혜, 「초급 단계 한국어 학습자를 위한 문화교수 요목의 개발(1)」, 『한국어교육』 제12권 2호, 국제한국어교육학회, 2001, 491~510쪽; 김중섭, 「외국인을 위한 한국 문화 교육 연구의 현황 및 과제」, 『이중언어학』 제27호, 이중언어학회, 2005, 83쪽; 황인교, 「한국어 교육과 문화 교육」, 『외국어로서의 한국어교육』31, 연세대학교 한국어학당, 2006, 225쪽.

101) 이석주, 「한국어 문화의 내용별 · 단계별 목록 작성 시고」, 『이중언어학』 제21호, 2002, 24쪽.

102) Kramsch, C., *Context and Culture in Language Teaching*, Oxford University Press, 1993, pp.205~206.

표 문화와의 비교로 나타난다. 목표 문화를 배우는 과정에서 학습자들은 행동과 언어와 결합된 새로운 문화의 의미 체계들을 접하게 되고 이를 통하여 문화적 능력에 대해 다시 생각하게 되는 과정을 경험한다. 외국 문화를 가르치는 것은 학습자들에게 새로운 의미체계들과 그에 부합되는 기호들로 인도하는 것이며, 자신들의 문화와 문화적 능력에 대해 반성하도록 하는 것이다.[103] 이 때, 자문화의 모순과 딜레마를 발견하고 도전을 주어, 자문화와 목표 문화의 상호 영향을 다루는 제 3의 공간('third place')을 형성하도록 하는 것이 비교문화적 방법론의 핵심이다.[104] 자문화와 타문화의 거리와 차이에 대한 공감과 이해를 통해 비교문화적 시각을 확보할 때, '모국어와 목표언어에 표현된 의미(meaning), 사고방식(mentality)과 세계관(worldview) 등의 차이'에 대한 이해를 꾀할 수 있다. 목표 문화 학습에는 자문화와 목표 문화의 충돌이 불가피한데, 이러한 충돌을 통해 공감과 차이의 비교문화적 시각을 획득할 수 있다. 문화에 대한 이해와 비교문화적 시각은 문화 차이, 문화 충돌을 긍정적으로 극복하여 한국어 학습의 성취동기를 더욱 북돋울 수 있다. 또한 각기 다른 문화의 보편성을 토대로 상이성에 접근하여 자문화와 타문화와의 관계에 대한 이해를 도모할 수 있다. 보편성은 외국어 학습자에게 이해의 거리를 좁혀 주고, 상이성은 경험의 다양화에 기여할 수 있다. 비교문화적 접근에는 (인종적, 민족적) 정체성, 상호작용, 문화적 상대주의, 이문화 간의 관계, 이해, 동조, 통찰력, 비교, 참여 관찰 등 다양한 개념이 포괄될 수 있다.[105]

비교문화적 방법에서 중요한 것은 '개체의 실재성은 의미를 통하여 구현된다'[106]는 것이다. 또한 이 때 필요한 것은 '맥락을 고려한 비교(comparison with context)'[107]이다. 비교는 대상에 대한 이해를 목적으로 한다. 한국어 교

103) Byram, M., *Cultural Studies in Foreign Language Education*, Multilingual Matters, 1989, pp.44.

104) Kramsch, C. Op.cit. 205, pp.255~257.

105) 조항록 · 강승혜 앞의 논문, 491~510쪽.

106) 전경수, 『문화의 이해』, 일지사, 1994, 84~100쪽.

107) 전경수, 위의 책, 104쪽.

육에서의 문화 교육을 위해서는 한국 문화에 대한 단편적 소개를 지양하고, 자문화와의 공통점과 차이점, 보편성과 특수성에 입각하여 개체의 실재성의 의미나 기능을 밝혀내는 비교문화적 방법이 선행되어야 한다. 단순한 문화 항목의 제시보다는 학습자가 자문화와 비교하여 자신의 스키마에 적용할 수 있도록 배려하는 교수 방안이 요구된다.

● ● ● ● ●

제 3 장

한국 문화 교육의
연구와 교수·학습 항목

01

한국 문화 교육 연구의 영역[1]

1) 이 내용은 이성희, 「한국 문화 교육의 위계화 및 문화 항목의 영역 설정에 관한 연구」, 『한국어문화연구』 제 2권 1호, 한국어문화연구센터, 2014에 실린 것을 수정·보완한 것임.

2) 최정순, 「한국어교육과 한국 문화 교육의 등가적 통합」, 『언어와 문화』 1권, 2004, 63~81쪽.

3) 조항록, 「한국어 교육학의 학문적 정체성 연구 방법론 소고」, 『한국언어문화학』, 제2권 1호, 2005, 275~287쪽.

4) 스턴(H. H. Stern), 『언어 교수의 기본 개념』 3쇄, 도서출판 하우, 2002, 276쪽.

한국 문화 교육이 한국어 교실 현장에서 효율적으로 적용되기 위해서는 한국어와 문화 연구의 위계를 설정해야 한다. 최정순은 한국어와 문화 통합 양상은 결국 둘의 관계가 어떠한 방식으로 정리되어야 하는가의 문제로 이어진다고 하면서 위계 설정의 필요성을 지적한 바 있다.[2] 또한 조항록은 언어문화의 내용 기술에 국어학, 한국학, 문화인류학 등의 인접 학문 분야의 기여가 절대적으로 필요하다고 언급한 바 있다.[3]

문화의 영역은 매우 넓다. 인간 삶의 양식 중 문화가 아닌 것이 없다. 따라서 어떤 것을 한국어 교육 현장에서 적용할 것인가의 문제는 정해진 시간 내에 효과적인 교수·학습을 진행해야 하는 교실 상황에서 매우 중요한 문제이다. 따라서 학문적인 엄정성과 교육적 활용이라는 큰 축을 중심으로 한 다양한 절차가 요구된다. 이러한 과정은 스턴이 제시한 '사회과학과 언어 교수의 상호 작용'을 참고할 수 있다.[4]

교재의 사회문화적 양상	단계 V · 단계 VI
S2/C2의 사회문화적/사회언어학적 구성성분	
↕	
S2와 C2에 대한 사회문화적 교육적 지침	단계 IV
↕	
S2와 C2에 대한 민족지학적 기술	단계 III
↕	
S2와 C2에 대한 연구	단계 II
↕	
인류학/사회학/사회언어학 (이론–개념–보편성)	단계 I

S2: Society2   C2: Culture2

〈그림 13〉 사회과학과 언어 교수의 상호 작용

위의 표를 기준으로 언어에 내재된 문화 요소를 교육해야 한다고 하는 언어 중심 문화론의 입장과 한국 문화를 항목화하여 교육해야 한다고 하는 문화 중심 문화론의 입장의 위계를 설정할 수 있다. 언어 중심 문화론에서 강조하는 언어에 내재된 문화 요소는 단계 I 에서 '사회언어학'의 내용을 단계 IV 'S2와 C2에 대한 사회문화적 교육적 지침'에 맞게 설정하여 단계 V · 단계 VI 'S2/C2의 사회언어학적 구성 성분'에 맞게 구성해 놓는 것이다. 여기에는 대우법, 색채어, 파생어, 관용어, 인사, 속담, 비언어적 의사소통 등이 포함될 수 있고, 한국인들의 다양한 어법 등이 포함될 수 있다. 이 분야에 대한 연구는 언어학자와 교수자나 교재 편찬자, 각 기관 교수 · 학습 운영자 등 한국어 연구자들의 몫이다.

한국 문화를 항목화하여 교육해야 한다고 하는 문화 중심 문화론의 입장은 단계 I, 단계 II, 단계 III, 단계 V · 단계 VI 등이 관련되어 있다. 단계 I,

단계 Ⅱ, 단계 Ⅲ에서 인류학자, 사회학자들은 연구와 현장 답사를 통하여 특정 이론이나 개념을 형성시키기까지 많은 시행착오를 거친다. 인류학, 사회학, 사회언어학의 연구 성과를 한국어 교수·학습 단계에 맞게 설정하는 단계 Ⅳ는 한국어 교육자들을 통해서 이루어져야 하는 작업이다. 단계 Ⅵ에서는 문화 이론 및 개별 문화 항목을 교수자나 교재 편찬자, 각 기관 교수·학습 운영자들이 한국어 교수·학습 목표와 급별 단계, 각 기관의 상황에 맞게 설정하여 운영할 수 있다.

한국어 능력이 고급 이상인 학습자라면 문화를 독립적으로 가르치는 과목을 설정할 수 있다. 한국어 능력이 고급 이상이고 한국 문화에 대한 학습 의욕이 있는 경우 단계 Ⅰ에 해당하는 연구 성과들을 읽도록 할 수 있다. 이를 위해서는 교사가 한국 문화 개론서를 선별하여 제시하고 이에 대한 정보를 제공할 수 있다.

위의 내용 외에 전자 문화의 생산과 소비도 한국 문화 교육에서 고려해야 할 사항이다. 무한 복제 및 실시간 전송을 특징으로 하는 전자 문화는 생산과 소비의 양상이 매우 급속도로 진행된다. 예를 들면 '오빠 강남스타일'로 세계적인 가수가 된 싸이는 한국을 알리는 데 있어 매우 빠르고 강력한 효과를 나타냈다. 특히 발표한 지 얼마 안 되는 싸이의 신곡이 2억이 넘는 유투브 조회수를 기록한 것은 인터넷을 통한 문화의 생산과 소비가 얼마나 빠르게 진행되는지 보여준다.

5) http://www.dt.co.kr/contentshtml?article_no=20130430 02011176798008

"가수 싸이의 신곡 '젠틀맨'이 유튜브에서 29일 현재 2억 4421만 조회수를 기록하며 대박 조짐을 보이자 싸이를 모델로 한 기업들이 덩달아 함박웃음을 짓고 있다." 젠틀맨 대박터지자…PPL 효과 '경악'.

디지털 타임스, 2013년 04월 30일자 11면 기사[5]

한국 문화 교육에 있어서도 인터넷을 통한 문화 자료 접촉의 다변화 및 교육 방법 다변화 양상을 고려할 시점이 되었다. 대학에서 한국어를 공부하는 학습자들의 학습 동기로 가장 많이 꼽히는 것이 '한류 · 한국 문화에 대한 관심'이다.[6] 많은 외국 학생들의 긍정적 한국어 학습 동기로 작용하고 있는 K-Pop과 한류는 잠재적인 한국어 교육 수요를 증진시킨다는 점에서 고려해야 할 점이다.

한국어 교육 기간과 장소가 한정되지 않는다는 것도 문화 교육에서 고려해야할 변수이다. 평생 교육을 통하여 문화 교육 기한이 연장되고 있다. 한국어 교육은 한국어 교육 기관에서만 이루어지지 않는다. 한국어 교육은 한국어 교육 기관을 비롯해서 한국어 학습자들의 독학 및 문화 향유 등의 다양한 영역에서 이루어진다. 또한 기관을 통한 한국어 학습이 종료된 이후에도 여행, 도서, 인터넷, 영화, TV 등 다양한 방법을 통해 한국어와 한국 문화 학습이 이루어진다. 문화 교육의 대상 및 목적, 방법이 모두 다변화되어 가고 있다.

한국어 교육에 있어서 문화 교육은 이제 교실 안의 문화 교육뿐 아니라 교실 안과 교실 밖의 교사 · 기관 중심의 문화 교육, 학습자의 자기 주도 학습 및 문화 향유로서의 문화 교육, 매체를 통한 다양한 문화 접촉을 통한 문화 콘텐츠로서의 문화 교육 등 빠르게 변화해가는 문화 코드에 맞춘 문화 교육 위계화와 항목화가 필요하다. 이렇게 다변화되어가는 학습 환경 및 문화 전파 환경을 고려하여 단계 Ⅱ에서 '한류나 K-Pop 등을 포함하는 다양한 문화 자료, 문화 현상/인터넷을 포함한 다양한 매체를 통한 문화 콘텐츠'를 추가하여 자료적 측면의 문화 항목들을 수용할 수 있는 연구 영역을 열어 놓는 것이 바람직하다. 이러한 현상들은 더욱 가속화될 전망인데, 이렇게 문화의 영향력에 대한 긍정적 기여를 한국어 교육 현장에서 존중해야 할 시점이 되었다

6) 장미라 · 김지형, 「문화 기반 초급 온라인 한국어 교육 콘텐츠의 교수요목 설계 및 단원 구성 방안 연구」, 『어문학』제116집, 한국어문학회, 2012, 108쪽; 한류와 K-Pop이 한국어 학습자들에게 미치는 긍정적 영향에 대한 연구는 다음을 참고할 수 있다. 이은숙, 「외국인을 위한 문화 체험 중심의 한국 문화 교육 방안 고찰」, 『국어문학』, vol. 48, 2010, 국어문학회, 335쪽.

고 판단된다.

　단계 Ⅰ은 인류학/사회학/사회언어학에 대한 학문적 측면과, 한류나 K-Pop 등 한국 문화 콘텐츠의 자료를 설정할 수 있다. 따라서 단계 Ⅱ는 한국학 연구의 영역인 '단계 Ⅱ- 1 한국 사회와 한국 문화에 대한 연구'와 '단계 Ⅱ- 2 한국 문화 콘텐츠'로 나눌 수 있다. 따라서 스턴의 위의 표는 다음과 같이 수정·보충될 수 있다.

단계	내용	주체	
단계 Ⅰ	인류학/사회학/사회언어학 (이론-개념-보편성)	생산	인류학/사회학/사회언어학 연구자
		소비	고급 이상 외국어로서의 한국어 학습자의 인류학/사회학/사회언어학 독해, 독학
			한국어 교수자나 교재 편찬자, 각 기관 교수·학습 운영자 등 한국어 연구자
단계 Ⅱ-1	한국학 연구 영역 -한국 사회와 한국 문화에 대한 연구	생산	한국 인류학/사회학/사회언어학 연구자
		소비	한국어 교수자나 교재 편찬자, 각 기관 교수·학습 운영자 등 한국어 연구자
단계 Ⅱ-2	한국 문화 콘텐츠 -한류나 K-Pop 등을 포함하는 다양한 문화 자료, 문화 현상 -인터넷을 포함한 다양한 매체를 통한 문화 콘텐츠	생산	문화 생산자
		소비	초급 이상 외국어로서의 한국어 학습자의 한류 및 K-Pop 향유
			한국어 교수자나 교재 편찬자, 각 기관 교수·학습 운영자 등 한국어 연구자
단계 Ⅲ	한국 사회와 한국 문화에 대한 민족지학적 기술	생산	한국 인류학/사회학/사회언어학 연구자
		소비	한국어 교수자나 교재 편찬자, 각 기관 교수·학습 운영자 등 한국어 연구자

단계	내용		주체
단계 IV	한국 사회와 한국 문화에 대한 사회문화적 교육적 지침	생산	한국어 교수자나 교재 편찬자, 각 기관 교수·학습 운영자 등 한국어 연구자
		소비	학습자
단계 V ·단계 VI	교재의 사회문화적 양상 한국 사회와 한국 문화의 사회문화적/사회언어학적 구성성분	생산	교수자나 교재 편찬자, 각 기관 교수·학습 운영자 등 한국어 연구자
		소비	학습자

〈표 13〉 한국 문화와 한국어 교수의 상호 작용

    문화 연구의 영역은 광범위하여 이를 한국어 교실에서 적용시키는 것은 간단하지 않다. 하지만 위와 같이 문화 연구자들은 전문적인 연구를 수행하고, 교사는 적절한 교수·학습 방법을 적용하여 한국어 교실에 적용하고 교과서 집필에 참고하는 방식이 확립된다면 문화 교육의 효율성 측면에서 진보가 있으리라 기대한다.

한국 문화 교육 연구사 *

한국 문화 교육 연구의 쟁점은 크게 '언어 중심 문화론'·'문화 중심 문화론'·'언어와 문화의 통합적 관점'으로 나눠진다.

'언어 중심/제한 관점/미시적연구'는 언어 영역에서 문화 현상을 찾는 것이고, '문화 중심/포괄 관점/거시적연구'는 문화 영역의 일부로 언어 현상을 다루는 것이다.[7] '언어 중심/제한 관점/미시적연구'는 한국어 교육에서 문화 교육은 언어 교육을 목적으로 하니 언어에 내재된 문화 요소를 교육해야 한다는 논의이다. '문화 중심/포괄 관점/거시적연구'는 문화는 언어에 대한 배경이 되고 문화는 언어에 영향을 미치는 요소이니 광범위하게 교육해야 한다는 논의이다. 통합적 관점은 두 논의를 통합적으로 다루는 논의이다.

문화를 언어 중심의 영역에서 다룰 것인가, 문화 중심의 영역에서 다룰 것인가 하는 것은 문화를 독립적으로 교수할 것인가, 말하기·읽기·듣기·쓰기 등의 활동과 연관할 것인가에 관계된 문제이다. 그런데 이 문제는 언어학 전공자와 문학 전공자들의 입장 차이, 혹은 개인적인 관점 차에 의해 개별적으로 진행되어 왔다. 논의가 개별적으로 진행되다 보니 통합적으로 위계를

7) 민현식, 「(한)국어 문화 교육의 개념과 실천 방향」, 『한국언어문화학』 1-1, 국제한국언어문화 학회, 2004, 59~103쪽.

설정하지 못하여 효율성을 담보해내지 못한 경향이 있다. 이러한 개별적인 논의는 언어 중심 문화론을 전개하면서 문화 중심 문화론을 언어 내용에 포함시켜 다루는 결과를 낳기도 했다. 따라서 문화 교육 논의의 효율성을 위해서 위 논의들을 한 자리에서 다루면서 층위를 설정하는 작업이 요구된다.

언어 중심 문화론과 문화 중심 문화론을 논점으로 삼은 연구로는 민현식과 김중섭의 연구를 들 수 있다. 민현식은 언어 중심 문화론을 제한 관점, 문화 중심 문화론을 포괄 관점으로 보았다.[8] 김중섭은 언어 중심 문화론을 제한적·미시적 관점에서의 연구로 보았고, 문화 중심 문화론을 포괄적·거시적 관점에서의 연구로 보았다. 두 논의를 정리하면 다음과 같다.[9]

	언어 중심 문화론	문화 중심 문화론
	제한 관점	포괄 관점
민현식	'언어 문화'란 모든 문화 영역 중에서 언어 영역, 가령 언어학, 문학, 독서, 화법, 작문 관련 영역에서 나타나는 문화적 현상만을 가리킨다.	'언어 문화'란 문학, 정치, 경제, 과학, 음악, 예술, 언어 등의 모든 문화 영역에서 나타나는 언어 관련 현상을 가리킨다. 사회 언어학에서는 언어 구조의 규명에 초점을 두고, 언어사회학에서는 사회 구조 규명에 초점을 두어 차별성을 시도하는 경우도 있다.
	제한적·미시적 관점	포괄적·거시적 관점
김중섭	한국어 문화 교육의 내용을 언어 내적으로 한정시켜 '언어 문화'에 초점을 두는 논의. '언어 중심, 제한적·미시적 관점'에서의 연구	한국에 대한 이해를 기본 목표로 삼고 한국의 문화 요소를 전반적으로 다루는 넓은 의미에서의 문화 교육에 대한 논의. 모든 문화 영역의 일부로 언어 현상을 다루는 것으로 '문화 중심, 포괄적·거시적 관점'에서의 연구

〈표 14〉 언어 중심 문화론과 문화 중심 문화론

8) 민현식, 위의 논문, 65쪽.

9) 김중섭, 「외국인을 위한 한국 문화 교육 연구의 현황 및 과제」, 『이중언어학』 27, 이중언어학회, 2005, 59~85쪽.

조항록은 언어문화 교육을 언어의 화용론적 측면을 강조하느냐 사회·문화적 측면을 강조하느냐에 따라 다음과 같이 정리했다.[10] 언어의 화용적 측면에 중점을 둔 연구는 언어 중심 문화론에 해당하고, 사회·문화적 요소에 중점을 둔 연구는 문화 중심 문화론에 해당한다.

	언어 중심 문화론	문화 중심 문화론
	언어의 화용적 측면	사회·문화적 요소
조항록	누가 무엇을 누구에게 어떻게 사용하느냐의 측면. 이를 통하여 목표 언어를 사용한 의사소통 능력을 키움. → 의사소통 능력의 향상이라는 측면에 교육적 의미를 부여함	목표 언어 사회에 대한 이해의 폭을 넓힘. → 목표 언어 사회에 대한 이해는 의사소통 환경에 대한 이해를 의미함. 학습자 동기의 충족 및 재생산에 기여함

〈표 15〉 언어의 화용적 측면 및 사회·문화적 요소

언어 중심 문화론은 언어의 화용적 측면을 강조하여 한국어 문화 교육의 내용을 언어 내적으로 한정시켜 '언어 문화'에 초점을 두는 입장이다. 또한 문화 중심 문화론은 사회·문화적 요소에 대한 학습을 강조하는 입장이며 한국 문화가 학습자의 학습 동기의 충족 및 재생산에 긍정적인 영향을 미칠 것으로 보고 광범위하게 문화를 교육하는 것이다. 위에서 논의된 두 논의의 정의와 범위를 바탕으로 그간 진행된 논의를 살펴보기로 하겠다.

10) 조항록, 「한국어 문화 교육론의 내용 구성 시론」, 『한국언어문화학』 1-1, 국제한국언어문화학회, 2004, 199~219쪽.

가. 언어 중심 문화론

이석주는 한국어에 내재한 언어 문화적 특성을 찾아 언어 예절과 언어 내용으로 분류하여 내용 목록을 작성했다.[11] 언어 예절에는 '겸손하게 말하기 · 부탁하기와 거절하기 · 칭찬에 답하기 · 모임에서 말하기 · 신상에 관한 질문하기 · 대화하는 태도 · 아래 윗사람 사이의 대화 · 말의 속도 · 말 참견 · 말 끊기, 비속어 사용 · 금기적 표현' 등이 포함된다. 언어 내용에는 '대우법 · 호칭어와 지칭어 · 색채어 · 존재와 소유 · 나와 우리(공동 운명체 의식) · 복수 표현 · 의미 범위의 차이' 등이 포함된다. 이석주의 언어 예절 분류와 언어 내용 분류는 한국인의 화행에 있어서 문화가 반영되는 방식을 살펴보는 데 유용하다. 그러나 언어에 내재한 문화적 요소로서 제시한 '존재와 소유 · 나와 우리(공동 운명체 의식) · 의미 범위의 차이' 등은 언어에 내재한 요소라기보다는 한국 문화의 전반적인 특징을 보여주고 있다고 할 수 있다. 따라서 이 항목들은 문화 중심 문화론의 범위에 포함시키는 것이 더 적절할 것으로 보인다.

김대행은 언어에 내재한 문화를 언어 단위와 문화 내용에 따라 구분했다.[12] 언어 단위에 따른 항목에는 고저 · 속도 · 억양 등의 언어 외적 요소와 손짓 · 자세 등의 비구두적 요소, 단어와 구, 구절과 문장, 텍스트등이 해당된다. 문화 내용에 따른 항목으로는 호칭 · 인사 · 질문 · 답변 · 농담 · 신문 · 방송 광고 · 비유 등의 생활 문화와 노래 · 이야기 등의 예술 문화등이 해당된다. 여기서 '농담 · 신문 · 방송 광고' 등의 생활 문화와 '노래 · 이야기' 등은 언어에 내재한 문화라기보다는 사회 · 문화적 요소에 해당하는 것이니 문화 중심 문화론에 포함시키는 것이 타당하다.

11) 이석주, 「한국어 문화의 내용별 · 단계별 목록 작성 시고」, 『이중언어학』 21, 이중언어학회, 2002, 19~43쪽.

12) 김대행, 「한국어교육과 언어문화」, 『국어교육연구』 12권 0호, 서울대학교 국어교육연구소, 2003, 171~176쪽.

조현용은 한국어 문화를 한국어의 언어적 측면과 관련된 문화로 보고 한글과 한국 문화, 비언어적 의사소통, 언어 예절, 한국인의 사고와 표현 등을 제시했다.[13]

조항록·강승혜/조항록은 언어에 투영된 문화적 함의를 중심으로 언어 자체, 호칭어·지칭어 등의 문화 어구1, 속담·은어 등의 문화 어구2, 언어 예절, 언어와 사고방식, 언어의 산물로서의 문학, 방언, 이름, 비언어적 의사소통, 매체와 언어 등으로 구분했다.[14] 이 중에서 언어와 사고방식에 속하는 도덕 의식·주체 의식·과대 의식·한 의식 등은 언어에 내재한 문화라기보다는 한국인의 사고 방식으로서의 문화 내용이다. 또한 언어의 산물인 문학도 언어와의 관계를 통해 문학을 자리매김하기보다 한국 예술 문화로서 독자적인 영역을 인정하는 것이 더 자연스러울 듯하다. 이 두 가지를 제외하고 언어에 내재된 문화로서의 조항록의 구분은 상당히 체계적인 설정으로 보인다.

언어 중심 문화논의에서 언어를 통해 실현된 문화 현상, 문학 작품까지 언어 문화로 보는 것은 무리가 따른다. 이는 문화 교육 내용을 언어에 내재한 문화 요소에 대한 교육으로 한정시키려 함으로써 빚어진 결과라 여겨진다. 따라서 좀더 광범위한 차원에서의 문화 교육 영역을 설정하여 한국인의 의식, 예절, 생활 문화, 예술 등은 문화 중심 문화론의 범주에 포함시키는 것이 적절할 듯하다. 문화 중심 문화론의 영역을 설정하면, 이석주가 제시한 '존재와 소유·나와 우리(공동 운명체 의식)·의미 범위의 차이·식사 예절·공경심·언어 예절' 등과 김대행이 제시한 '농담·신문·방송·광고' 등의 생활 문화와 '노래·이야기', 조항록이 제시한 '도덕 의식·주체 의식·과대 의식·한 의식' 등은 문화 중심 문화론의 영역에 포함시킬 수 있을 것이다.

언어 중심 문화론에서 제기하는 언어에 내재한 문화, 화용론적 측면에서의

13) 조현용, 「한국어 문화 교육 방안에 대한 연구」, 『이중언어학』22, 이중언어학회, 491~501쪽.

14) 조항록·강승혜, 「초급 단계 한국어 학습자를 위한 문화 교수 요목의 개발(1)」, 『한국어교육』제 12권 2호, 국제한국어교육학회, 2001, 491~501쪽. 조항록, 「한국어 문화 교육론의 내용 구성 시론」, 『한국언어문화학』1-1, 국제 한국 언어 문화 학 회, 2004, 199~219쪽.

문화 연구는 의사소통 전략과 관련되어 있다. 한국어로 소통할 때 한국어에 내재한 문화적 특성을 아는 것은 전략적 능력을 향상시키는 데 직접적으로 영향을 미친다.

목표어 사용자가 좋아하는 것이 무엇인지, 꺼리는 것이 무엇인지를 안다면 이상적인 라포(rapport)를 형성하여 원만한 대화를 할 수 있다. 겸손하게 말하기, 부탁하기와 거절하기, 칭찬에 답하기, 대화하는 태도, 아래 윗사람과의 대화, 호칭, 인사 등 문화적 표현을 익히는 것은 한국어 화자와의 화행을 성공적으로 이끌어줄 수 있는 의사소통 전략적 능력을 향상시키는 데 긍정적 영향을 미칠 수 있다.

외국인 화자들이 한국인과의 부탁이나 거절 화행에 있어서 돌려 말하기, 겸손하게 말하기, 어른에게 존대하기 등을 지키기 않았을 때 화행에 실패할 확률이 커진다. 그런데 이러한 언어에 내재하는 문화적 특징들은 유교 문화, 집단주의 문화, 고맥락 문화의 영향을 받고 있다. 언어 중심 문화론과 함께 한국 문화에 대한 더 넓은 범주의 한국 문화의 특징 고찰을 통해서 한국어에 드러난 문화적 특징을 더욱 정밀하게 일갈해낼 필요성이 있다. 따라서 언어 중심 문화론과 함께 문화 중심 문화론까지 포함하여 위계를 설정하여 연구 영역을 세분화한다면 더욱 밀도 높은 연구가 가능해지리라 생각된다.

나. 문화 중심 문화론

배현숙과 권오경은 한국 문화 자체에 대한 교육을 강조했다.[15] 배현숙은 한국어 교육에 있어서 문화 교육의 목표를 문화 자체에 대한 교육으로 보았다.

15) 배현숙, 「한국어 교육에서 문화 교육 현황 및 문제점」, 『이중언어학』제21호, 이중언어학회, 2002, 178~199쪽; 권오경, 「한국어교육에서의 한국 문화 교육의 방향」, 『어문논총』제54호, 한국 문화언어학회, 2006, 390쪽.

또한 권오경은 '문화 능력'을 '의사소통 능력'의 상위에 두면서 한국어 교육의 목표가 한국인의 이해를 통한 문화 동화의 단계를 지향한다고 했다.

강승혜는 교재 구성에 필요한 문화 항목을 '현대 일상 문화〉전통 문화〉역사〉정치〉경제' 순으로 제시했다.[16] 학습자 요구 분석을 통해 객관적인 자료를 확보했다. 이 연구에서는 학습자들이 한국의 전통 문화나 경제 등보다 일상 문화에 대해 학습하고 싶어 한다는 점을 일갈해 낸 것이 큰 성과로 보인다.

박영순은 문화 교육의 내용으로 '정신 문화, 언어 문화, 예술 문화, 생활 문화, 제도 문화, 문화재, 산업 기술' 등을 망라해 사실상 한국 문화 전체를 한국 문화의 내용으로 보았다. 박영순이 이렇게 방대한 문화 영역을 설정하고 있는 것은 문화 교육의 기능과 역할로 학습 동기 강화, 학습 능률 제고, 언어 능력 신장 등을 들어 학습자의 심리적인 동인을 한국 문화 교육의 긍정적인 기능으로 설정하고 있는 것과 무관하지 않아 보인다.[17] 한국 문화의 특징으로 '조화의 문화'를 들었고, 한국 문화의 정체성으로는 '유교적인 사고방식, 집단을 이루는 것, 우리 의식, 궁궐 등의 건축물, 백의민족, 한글, 석굴암' 등을 제시했다. 또한 한국의 독특한 풍속으로 '잔치문화, 호 사용, 처음 만난 사람에게도 신상 정보 질문' 등을 들었다. 이러한 광범위한 문화 내용들이 '외국어 교육으로서의 한국어 교육' 현장의 교수·학습 설계에서 어떻게 항목화되고 어떤 방법으로 교수해야할지 정하는 것이 남은 문제가 된다.

이 외에 한국어 교육 현장에서 이야기, 시, 소설, 영화, 연극, 속담 등을 활용하여 문화 교육 방안을 논의한 다수의 연구들과 현장 체험 중심의 문화 교

16) 강승혜, 「재미교포 성인학습자 문화프로그램 개발을 위한 요구조사 분석연구」, 『한국어교육』 제13권 1호, 국제한국어교육학회, 2002, 1~25쪽.

17) 박영순, 「한국어교육에서 문화 교육 현황 및 문제점」, 『이중언어학』제23호, 이중언어학회, 2003, 73쪽.

육 방법론들도 문화 중심 문화론의 영역에 포함시킬 수 있다.[18] 이 연구들은 문화 텍스트 자체에 대한 설명 및 지식을 학습자에게 소개하여 한국 문화에 대한 지식을 확장한다는 목표를 견지하고 있다.

한국 문화 지식은 자문화뿐 아니라 타문화에 대한 이해를 통해 자문화를 객관적으로 파악하고 상호문화적인 이해로 나아가게 하는 인식의 지평을 열어줄 수 있다. 이러한 태도는 한국어 학습자들이 자문화와 한국 문화의 비교를 통해 자민족중심주의(ethnocentrism)을 극복하고 적극적으로 소통하고 사고할 수 있는 기반을 마련하는 데 도움을 줄 수 있다. 한국 문화에 대한 지식은 단시간 내에 한국어 능력을 신장하는 데 직접적인 도움을 줄 수 없을지도 모른다. 외국 학생이 석굴암을 보거나 불국사에 다녀왔다고 해서 한국어 의사소통 능력이 단시간 내에 신장될 수는 없다. 그러나 석굴암이나 불국사 여행을 통해 한국의 불교문화를 접함으로써 한국인에게 내재되어 있는 불교에 대한 인식의 지평을 확대할 수 있다. 이러한 이해는 언어 능력뿐만 아니라 글로벌 시대에 타문화에 대해 열린 시각을 가져야 하는 세계 시민을 양성하는 데 필수적인 교육 내용이다. 외국어를 배우는 목적은 단순히 외국어를 통해 '소통'하는 것뿐만이 아니다. 외국어를 통해 세계인과 만나 소통하면서 서로 다른 문화를 이해하고 협력할 수 있는 능력을 키우는 것도 외국어를 배우는 목적 중의 하나이다. 이러한 견지에서 외국어 교수에 있어서 문화 교육은 선택 사항이 아닌 필수 사항이다.

위에서 살핀 바와 같이 언어 중심 문화론에서 화행과 관련되는 의사소통의 전략적 측면과 문화 중심 문화론에서 타문화에 대한 이해와 관련되는 문화 지식의 측면은 모두 의사소통 능력에서의 상호문화 능력을 신장시키는 방

18) 이성희, 「설화를 통한 한국어 문화 교육 방안」, 『한국어교육』10권 2호, 국제한국어교육학회, 1999, 257~271쪽; 이선이, 「문학을 활용한 한국 문화 교육 방법」, 『한국어교육』14권 1호, 국제한국어교육학회, 2003, 153~171쪽; 김현정, 『속담을 통한 한국어 문화 교육 연구』, 서울대학교 석사학위 논문, 2002, 1~104쪽; 문은주, 『한국어교육에서 문화 체험 수업 방안 연구』, 한양대학교 석사학위 논문, 2004, 1~109쪽; 오세인, 「시를 활용한 한국 문화 교육 방안 연구-1960년대에서 1980년대까지의 정치·사회에 대한 이해를 중심으로」, 『한국어교육』15권 1호, 국제한국어교육학회, 2004, 111~135쪽; 윤상철, 『현장 학습을 통한 한국어 문화 교육 방법 연구』, 경희대학교 교육대학원 석사학위논문, 2004, 1~83쪽; 최은규, 「신문을 활용한 한국어 교육 방법 연구」, 『한국어교육』15권 1호, 국제한국어교육학회, 2004, 209~231쪽; 양민정, 「외국인을 위한 한국 문화 교육 방안연구-한국 고전문학을 중심으로」, 『국제 지역연구』제9권 제4호, 한국외국어대학교 외국학종합연구센터, 2005, 101~126쪽.

안이 될 수 있다. 상호문화 능력은 "다른 문화의 대표적인 행동, 태도, 기대를 만났을 때 충분히 유연한 방식으로 행동하는 사람의 능력이다."[19] 또한 심리적으로 외국인에 대한 개방성, 낯선 것에 대한 열린 마음, 상대의 의사소통 스타일에 의연하게 대처하는 능력이다.[20] 따라서 의사소통 능력을 위한 상호문화 능력 신장을 위해서는 언어 중심 문화론과 문화 중심 문화론의 내용을 같은 비중으로 다루어야 한다. 이를 위해서는 각 논의의 층위와 위계를 설정하여 논의의 효율성을 꾀하는 방안을 마련하는 것이 시급하다.

다. 언어와 문화의 통합적 관점

언어 중심 문화론과 문화 중심 문화론을 아우르는 통합적 관점에 서 있는 연구들이 있다. 성기철은 문화 교육은 기본적으로 언어교육의 일환이기 때문에 언어 교육과 관련하여 언어 통합 교육과 언어 분리 방법으로 나누어 볼 수 있다고 했다.[21] 성기철은 바이럼과 모건(Byram and Morgan 1994:5)과 힝켈(E. Hinkel 1999:7)의 견해를 빌어 언어 교육에서의 문화 교육은 언어와 완전히 통합하는 방법이 이상적이라고 강조한다. 구체적인 통합 방법으로 부분적 통합, 언어와 관련한 문화 노출, 체험의 방법 등을 들고 있다.

민현식은 언어 중심 문화론과 문화 중심 문화론을 각각의 기능에 맞게 상세화하여 통합적으로 제시했다.[22]

1) 문화 교육을 통해 한국어의 문화적 표현들을 익힌다.
2) 문화 교육을 통해 한국어 습득과 사용 능력 향상에 기여하도록 한다.

19) Hinkel Ed. 1999, *Culture in Second Language Teaching and Learning*, Cambridge Applied Linguistics, Cambridge University Press, 1999, p.198

20) 유수연, 『문화간 의사소통의 이해』, 한국 문화사, 103~105쪽.

21) 성기철, 「한국어 교육과 문화 교육」, 『한국어교육』12권 2호, 국제한국어교육학회, 2001, 122쪽.

22) 민현식, 앞의 논문, 2005, 88쪽.

3) 목표 문화와 모어 문화를 비교하면서 문화적 편견을 버리고 객관적으로 바르게 이해하고 공감하는 능력을 기른다.

4) 목표 문화에 대한 정보를 바르게 얻고 정리하며 평가하는 능력을 기른다.

5) 목표 문화와 모어 문화의 교류 발전에 기여하도록 한다.

1)은 언어 중심 문화론에 해당하고, 2)는 문화 중심 문화론에 해당한다. 3)~5)는 상호문화 능력에 해당하는 기술들이다.

최정순은 한국어 교육과 한국 문화 교육이 등가적으로 통합되어야함을 주장하면서 문화 항목을 학습자들에게 전달하는 것은 고정관념을 갖게 될 위험성이 높아진다고 지적했다.[23] 언어와 문화는 가변적인 것이기 때문에 서로 통합될 수 있으며 학습자 스스로가 목표언어와 문화를 탐구하게 하는 활동이 필요하다고 했다. 또한 문화와 언어 교육의 등가적 통합을 위한 요소들로는 통합의 주체로서의 학습자, 상황 장면 중심의 문화 교육이 필요하다고 주장했다.

김정은은 한국어 교재를 통하여 이루어진 문화 교육이 의사소통 능력 함양을 위한 언어 문화 교육이라기보다 문화의 특성이나 내용을 소개하는 문화 교육으로 언어와 문화가 분리된 교육이 대부분이라고 지적했다. 그리고 언어와 문화의 통합 방안 구성이 시급하다고 역설했다.[24]

황인교는 문화를 언어 교육에서 다룰 때, '언어' 즉 어휘, 문법, 담화, 화행 등 언어적 요소를 가르치는 가운데 '언어에 투영된 문화적 함의'를 가르쳐야 한다고 하고, 언어와 문화 통합의 방법에 있어서 '언어를 중심으로 한 문화 통합'을 방법으로 제시했다.[25]

23) 최정순, 앞의 논문, 67, 71~75쪽.

24) 김정은, 「문화 교육의 연구사와 변천사」, 『한국어교육론2』, 한국 문화사, 2005, 381~383쪽.

25) 황인교, 「한국어 교육과 문화 교육」, 『외국어로서의 한국어 교육』31, 연세대학교 한국어학당, 2006, 215쪽.

임채훈은 한국어 문화 문법 설정을 주장했다.[26] '문화 문법'은 특정한 종류의 형태·통사론적 문법 표현이 특정한 문화 관련 의미 내용을 부호화하는 것을 말한다. 이때 문화 관련 의미 내용은 해당 언중이 공유하는 지식 곧 문화, 혹은 삶에 대한 의미를 말한다. 문화 문법은 한국어의 대우법, 색채어, 파생어 등 문화적 양상이 문법 범주를 구성하는 '문화 범주 문법(categorical ethno-grammar)'과 '치고'·'-기게 마련이다'·'-은/는 고사하고'·'조차/마저/나마' 등처럼 해당 언중이 공유하는 문화적 지식을 알아야 의미를 알고 사용할 수 있는 '문화 지식 문법'으로 대별된다. 문화 범주 문법은 위에서 논의한 언어에 내재한 문화 교수로 볼 수 있고, 문화 지식 문법은 문화 중심 교수가 필요한 근거로 볼 수 있다.

언어와 문화의 통합적 관점에 선 연구들은 위에서 살펴본 언어 중심 문화론과 문화 중심 문화론의 논의를 아우르고 있다. 통합적 관점에 있는 연구들은 언어 중심 문화론과 문화 중심 문화론을 모두 수용하면서 균형을 유지하려는 자세를 보이고 있다. 또한 언어에 내재한 화용론적 측면에서의 문화와 언어 사용의 맥락으로서 영향을 미치는 문화를 모두 존중하고 있다는 점에서 고무적인 관점으로 볼 수 있다. 다만, 각 영역의 위계를 면밀히 살피고 세부적인 논의를 통하여 역동적인 통합이 가능하도록 하는 작업이 필요하다.

26) 임채훈, 「한국어 문화 문법(ethno-grammar)의 설정 가능성에 대하여」, 『한국어교육』 22권 4호, 국제한국어교육학회, 2011, 109~129쪽.

03 한국 문화 교육의 범위 및 내용 *

다음은 독일에서 생활하고 있는 한국어 교사의 고민이 담긴 편지 내용이
다. 한국인으로서 외국에 살면서 어떤 한국 문화를 지켜가야 할지, 어떻게 지
켜가야 할지에 대한 고민과 답변을 읽어 보고, 한국 문화 교육의 범위와 내용
에 대해 함께 해답을 모색해 보자.

〈독일에서 온 편지〉

이성희 교수님께.

안녕하세요.

 저는 현재 한글학교 독일 성인 기초반을 맡아 가르치고 있고, 독일 지역 한인회의
얼마 안 되는 젊은 임원으로서의 고민을 질문해 봅니다. 이번 리포트에서도 살짝 언
급한 고민인데요, 현재 독일의 한인들 구성을 간단하게 살펴보면, 예전에 광부와 간
호사로 오신 분들로 대부분 구성된 한인 1세대, 그들의 자식들이 한국에서 살다가 독
일로 따라와 성장한 1.5세대, 독일에서 태어나 자란 2세, 그들의 자식인 3세... 그리고
그 중간에 철새처럼 붕~뜬 유학생들. 뭐 대충 크게 이렇게 나눠볼 수 있습니다.

지금 이 곳 한인회는 거의 40년 정도를 독일에서 살고 계신 한인 1세대들이 이끌고 계십니다. 그러니 임원들 연세가 보통 60세 이상입니다. 그리고 1.5세와 2세들은 독일 사회에 젖어서, 한인 사회에는 거의 관심이 없습니다. 만일, 지금 한인회를 이끌고 계신 분들이 다 돌아가신다면(지금도 곳곳에서 장례식 소식이 들려 옵니다) 그 다음 한인회를 이끌어 갈 주역들이 현재로서는 없어 보입니다. 그렇다면 이대로 독일 내의 한인회는 사라질 것인지, 아니면 1.5세와 결혼한 저 같은 경우나 유학생들 중심으로 한국 문화가 독일 내에 자리 잡을지가 의문입니다.

저의 고민은...과연 어디부터 어디까지가 한국적인 것인지... 한국 문화라고 하면 과연 무엇을 말하는 것인지의 그 경계입니다. 가령, 지금 한인회는 60~70년대 한국을 보는 것 같습니다. 그 시대에 한국에서 사시다가 독일로 오신 분들이 대부분이기에 그 시대 한국의 문화와 사고를 그대로 갖고 계신 분들이 많은 것 같습니다. 그러니 한인회 모임을 하면 그야말로 '한국적'인 냄새가 물씬 풍깁니다. 음식부터 시작해서 그 분위기까지...하지만 요즈음 한국은 세계화에 의해 서양 문물이 많이 유입 되었고 음식 문화를 비롯하여 생활의 많은 것들이 바뀌었습니다. 당장, 저 자신도 한국에 있을 때에 김치를 별로 즐기지 않았고 지금도 김치를 만들 줄 모릅니다. 이 곳 1세 분들 중에는 고추장과 된장, 젓갈 등을 집에서 직접 만들어 드시는 분들도 많이 계십니다. 하지만 독일 사회에 젖은 2세들이나 저와 같은 유학생들은 음식을 잘 하지 못하는 경우가 많습니다. 만일 한인 사회의 세대교체가 일어날 경우, 음식을 직접 해 올 사람이 있을까가 의문입니다. 그리고 설사 해 온다 하더라도 지금처럼 한국적인 음식들로 가득 찬 풍성함은 없을 것 같습니다.

이것저것 횡설 수설 했는데, 요는 과연 한국적인 것이 무엇인지... 어디서부터 어디까지를 한국 문화라고 가르치고 지켜야 할 것인가입니다. 이제 한국은 많이 변하고 있고, 예전의 한국 전통 문화들은 이미 없어졌거나 서서히 사라지고 있고, 노래방이나 찜질방 등의 새로운 문화들이 생겨났고 생기고 있는데, 어디까지를 지키고 전수해야 할지... 가령, 현 1세분들은 신정. 구정. 광복절. 추석. 신년회. 망년회 등의 행사들은 날짜를 지킵니다. 그리고 개인적으로는 음력 생일을 챙기시는 분들도 계십니다. 하지만 저는 한국에서조차 양력 생일을 해 왔고, 광복절 날은 그냥 놀았습니다.. 위의 고민들보다 더 많은 일상의 자잘한 고민들이 제 삶 속에 항상 존재합니다. 한글학교 교사로서.. 그리고 몇 안 되는 한인회의 젊은 임원으로서... 더 크게는 독일에 거주하고 있는 한 명의 한국인으로서...

긴 글 읽어 주셔서 감사합니다. 하지만 이번 학기에 이 과목을 통해서 저의 고민이 어느 정도 해결되기를 기대하고 있었기에 이렇게 질문 드립니다. 감사합니다.

독일에서 조현남 드림.

조현남 선생님,

독일에서 한국인으로 살아가는 고충과 한국인의 정체성을 지켜내고 싶은 한국어 선생님으로서의 고민이 묻어나는 글 잘 읽었습니다. 독일에서 한인 1세대들이 점점 사라져 가는 것은 안타까운 일입니다. 독일 한인 공동체에서 한국적인 분위기, 한국 음식 등 '한국의 문화'가 사라지는 것은 더욱 안타까운 일입니다.

1.5세대나 2세대가 한국 문화를 전승시키지 않는다면 한국 문화 자체가 사라질 수 있겠지요. 하지만 문화라는 것은 물 흐르는 것처럼 자연스러워서 다른 사람들에게 한국 문화를 지키라고 강요할 수도 없는 일입니다. 문화의 주체들이 스스로 문화를 창조하고 누릴 때 그 문화가 가치 있는 것이니까요. 그렇다면 이 문제를 어떻게 해결할 수 있을까요? 저는 이 지점에서 선생님처럼 한국 문화의 전승과 향유에 대해 고민하는 분들의 노력이 필요하다고 생각합니다. 선생님께서 이 문제에 대해 공유하는 분들과 연합해서 한국 문화를 많은 사람들이 누릴 수 있는 방안을 모색해 보시는 것은 어떨까요? 현재 독일에서 자란 1.5세대나 2세대들이 한국 문화를 누리지 못하는 것은 한국 문화가 싫어서가 아니라 접해 본 적이 없어서인 경우가 많습니다. 이러한 현상은 다른 나라도 마찬가지입니다. 한국 문화를 접해볼 기회가 생기면 한국인뿐 아니라 외국인들도 한국 문화를 배우고 수용하려는 노력을 하는 경우를 자주 보게 됩니다. 이러한 문제의식을 가진 분들이 한국 문화를 연구하고, 좋은 프로그램을 개발하여 많은 사람들과 공유할 수 있다면 참 좋을 것 같습니다. 1세대 할머니들을 모셔서 한국 음식을 함께 배우고, 한국 음악 전문가를 모셔서 한국 음악을 배우고, 한국 노래도 배우고, 함께 모여서 공기놀이, 제기차기, 윷놀이, 줄넘기, 사방치기 등을 한다면 얼마나 재미있을까요?

'아는 만큼 보인다'고 합니다. 문화도 마찬가지입니다. 경험해 본 만큼 즐길 수 있습니다. 한국 문화를 경험한 세대가 좀 더 적극적으로 다음 세대에게 전수하려는 노력을 할 필요가 있습니다. 그런 의미에서 현재 한국 문화를 적극적으로 향유하고 계시는 1세대들을 문화 전수의 주체로 세우고, 선생님 연배의 분들이 전체적인 기획과 총괄을 해서 신명나는 한국 문화 교류의 장을 펼쳐 보시기 바랍니다.

선생님께서 말씀하신 대로 독일에서 현 세대들이 지켜야 할 한국 문화는 무엇일까요? 먼저 한국인들이 전통적으로 지켜온 문화가 있을 것입니다. 그런데 이는 앞에서 말씀하신 대로 한국인들도 잘 안 지키는 경우가 있습니다. 따라서 주요 명절, 국경일, 대표적 음식 등 현재 한국에서 전승되고 있는 한국 문화를 기준으로 하는 것이 적절하지 않을까 합니다.

찜질방, 노래방 등 예전에는 없었지만 현재 새롭게 생겨난 문화들의 경우에는 독일에서의 상황이 가능하다면 함께 따라가도 무방하지 않을까 합니다. 앞에서 말씀드렸다시피 문화는 흐르는 물과 같아서 가두어둘 수도 없고 억지로 바꿀 수도 없습니다. 현재 한국인들이 즐기는 문화를 배제하고 전통 문화만 지키라고 할 수도 없습니다. 자세히 들여다보면 또한 한국에서 한국인들이 즐기고 있는 문화에는 한국인들의 전통과 감수성이 스며있는 경우가 많습니다. 그 대표적인 것이 바로 찜질방, 노래방 등 방 문화입니다. 한국인들의 공동체 의식, 가족 의식 등이 방 문화로 드러난다고 볼 수 있지요. 또 한국에서 유학하고 있는 외국 학생들은 이 방 문화를 좋아하는 경우가 많습니다. 문화의 전통 뿐 아니라 현재성도 문화 연구에서 반드시 고려해야 할 요소니까요.

한국 문화를 지켜내고자 하는 선생님의 노력이 탐스런 결실로 열릴 날을 함께 꿈꿔봅니다.

첫 눈 내린 서울에서 이성희 드림.

가. 한국어 교육에서 문화 교육의 범위

비고츠키(Vygotsky)의 연구에 바탕을 둔 인지주의, 구성주의의 사회 언어학적 연구에 따르면, 언어는 현실을 반영하는 것뿐만이 아니라, 언어를 사용하는 사람들의 상호작용에 의해서 구성된다.[27] 또한 학습자는 타인과의 소통을 통한 사회적 언어를 통해 개념 및 개념적 사고를 형성해 가며, 자기중심적 언어(egocentric speech)를 거쳐 내적 언어(inner development)를 형성함으로 언어를 습득한다.[28] 이러한 언어의 사회적 성격, 언어와 문화의 필연적 관계를 고려해 볼 때, 성공적인 의사소통 능력 신장을 위한 배경, 맥락으로서의 문화 교육의 필요성이 대두된다. 즉, 문화 자체에 대한 지식이 아니라, 성공적인 의사소통 능력 함양을 위한 언어의 맥락, 배경으로서의 지식으로서의 문화 교수의 필요성이 제기된다.

한국어 교육에서 문화 교육의 범위를 논할 때, 가장 중요한 것은 문화 자체를 교수하느냐, 한국어 교육을 위해서 문화를 교수하느냐이다. 배현숙은 한국어 교육에 있어서 문화 교육의 목표를 문화 자체에 대한 교육으로 보았고,[29] 권오경은 '문화능력'을 '의사소통 능력'의 상위에 두면서, 한국어 교육의 목표가 한국인의 이해를 통한 문화 동화의 단계를 지향하기에, 문화능력 신장이 더 중요하다고 하였다.[30] 그러나 한국어 교육에서의 문화 교육의 범위는 문화 자체에 대한 교육이 아니라, 한국어가 사용되는 맥락 및 정황 이해를 위해 문화를 함께 다루는 방향으로 설정되는 것이 바람직하다고 본다. 한국어 교육에서의 문화 교육의 범위는, 언어는 사회적인 산물이고, 언어를 배우는 것은 문화를 배우는 것이며,[31] 다양한 사회적 맥락과 상황 속에서의 올바른 어법의 사용과 기능의 수행은 문화에 대한 올바른 이해가 전제되지 않고서는

27) Kramsch, C., The Cultural Components of Language Teaching, *Language, Culture and Curriculum* 8(2), 1995, p.xix.

28) Landolf, J. P., Second Culture Acquisition, in Hinkel, E., *Culture in Second Language Teaching and Learning*, Cambridge University Press, 1999, pp.34~35.

29) 배현숙, 「한국어 교육에서 문화 교육 현황 및 문제점」, 『이중언어학』 제21호, 이중언어학회, 2002, 178~199쪽.

30) 권오경, 「한국어교육에서의 한국 문화 교육의 방향」, 『어문논총』 제45호, 한국 문화언어학회, 2006, 389~431쪽.

31) Kramsch, C., *Context and Culture in Language Teaching*, Oxford University Press, 1993, p.188.

불가능하다는 전제[32] 하에서 자리매김 될 필요가 있다. 즉, '언어 교육의 필수적 요소로서의 문화 교육'을 위해서 한국어 교육 과정에 문화를 통합하여 교수할 필요가 있다.

문화 교육의 영역은 민족의 전통물이나 물질적인 영역에 한정될 수 없다. 크람쉬(Kramsch)는 외국어 교실에서 문화항목이 지나치게 축소되는 것을 우려하여 다음과 같이 지적하였다 "각 나라는 다른 정치문화, 다른 지적스타일, 다른 사회적 불안, 희망, 긍지와 언어와 문화에 내재된 상이한 의미와 가치를 갖는다. 일반적으로 사용하는 문화라는 단어에는 민족지학적 견지에서 전 사회 구성원들이 공유하는 전통, 신앙, 관습이 내재되어 있다. 하지만, 외국어 책에서는 big C로서 걸작을, little c 로서 4F: 음식, 축제, 민속, 통계 자료(Foods, Fairs, Folklore, and statistical Facts)만을 제시한다"고 했다.[33] 문화 교육의 항목이 4F나 전통문화, 물질문화 항목 등에 머물지 않고, 인식론적, 철학적, 세계관적인 영역으로 확장되어 있다. 이러한 확장은 언어가 문화를 반영한다고 할 때, 그 문화는 단순한 물질문화나 전통적 제도 등으로 좁혀질 수 없음을 의미한다. 언어에 반영되는 문화라 하는 것은, 그 언어를 사용하고 발전, 변화시켜가는 사회 공동체가 구성해가는 사고방식, 철학 및 이를 배태한 배경으로서의 역사를 배제할 수 없다. 이렇게 확장된 문화 개념은, 목표 문화의 이해 및 해석의 인식론적 바탕이 될 수 있다.

또한 한국어 교육에서의 문화의 정의는, 인류학이나 민속학의 정의와는 논의의 출발점을 달리 한다. 각 종족별 특징과 차이를 통한 학문으로서의 인류학이나 문화 연구, 민속학에서의 문화에 대한 정의는 한국어 교육에 있어서 문화 교육의 정의에 도움을 줄 수 있지만, 한국어 문화 교육에서 교수해야 할 문화 항목은 될 수 없다. 또한 한국어 화자들이 알아야 할 한국 문화 항목과

32) Martin Cortazzi and Lixian Jin, Cultural Mirrors - Materials and Methods in the EFL Classroom, in Hinkel, E., *Culture in Second Language Teaching and Learning*, Cambridge University Press, 1999, p.198.

33) Kramsch, C., Culture in Language Learning: A View From the United States, In Kees DeBot, Ralph B. Ginsberg, Claire Kramsch(Eds.), *Foreign Language Research in Cross-Cultural Perspective*, John Benjamins Publishing Compamy, 1991, p.218.

도 차별성이 있다.[34] 한국어 화자들은 자문화에 대한 교양 차원에서 한국 문화에 대한 포괄적이고, 폭넓은 지식이 필요하다. 그러나 이러한 문화 항목은 외국어로서 한국어를 배우는 학습자들에게 그대로 적용될 수 없다.

나. 한국 문화 교육의 항목

1) big C와 little c : 브룩스(Brooks, 1975)

'big C'('achievement culture', 성취문화) : 고전 음악, 무용, 문학, 예술, 건축, 정치제도, 경제 제도 등 위대한 예술 작품

'little c'('behaviour culture', 행위문화) : 일상생활에서 나타나는 행동 양식, 태도, 신념, 가치 체계 등 집단이 공유하는 인간 생활의 모든 면을 포함하는 개념

미국, 영국, 캐나다 등에서 학교 커리큘럼에 포함된 문화 항목을 'big C('achievement culture', 성취문화)'라 한다. 여기에는 역사, 지리, 관습, 문학, 예술, 음악, 삶의 방식 등이 포함된다. 이들은 교과서적인 지식으로서 정형화된 커리큘럼의 주제를 포함한다.

'little c('behaviour culture', 행위문화)'는 주류 문화(host community)에서 용인된 언어와 문화적 행동을 통해 표현되는 것들로서, 문화적인 영향을 받은 영역을 나타내는 것으로 확장되어 왔다. 여기에는 산물, 관념, 행동 양식 등이 포함된다.[35]

1960년대 이전에는 big C, 즉 문화의 형식적 측면이 강조되었으나, 그 후

34) 허쉬(Hirsch)의 "Cultural Literacy" 개념은 자국민의 교양교육을 위한 것으로 외국인으로서 문화를 배우는 경우에는 강조점을 달리 해야 한다고 본다. Hirsch, E. D., *Cultural Literacy*, Houghton Mifflin, 1987.

35) Tomalin, B. & Stempleski, S. *Cultural Awareness*, Oxford University Press, 2001, pp.6~7.

의사소통의 기능이 강조됨에 따라 little c가 문화 학습의 중요한 목표로서 자리 잡게 되었다. 외국어 교육에 있어서 문화의 정의는 외국어 교육이라는 큰 틀 안에서 실용적인 교수 항목으로 정의될 필요가 있다. 외국어 교육에 있어서 문화의 정의가 실용적으로 정의되는 것은 '문화'에 대한 정의가 2차 대전 이후에 위대한 문화 걸작에서 점차 일상적이고 실용적인 측면으로 변화되어 온 것과 무관하지 않다. 2차 세계 대전 이전에 '문화(big C, Culture)'란 걸작의 문학 작품, 사회 제도와 역사적 사건, 문자 언어를 통한 지식을 의미했지만, 2차 세계 대전 이후에 언어학과 사회학의 발전 및 시장 경제적 요구로 인해, 발화된 언어와 일상 생활 문화 간 소통에 주안점을 두게 되었다. 고급 문화의 중요성은 쇠퇴한 반면, 자세와 마음가짐, 생활 방식과 상호관계적인 스타일을 의미하는 '문화(little c, culture)'는 성공적인 회화를 위해서 점점 더 중요하게 부각되기 시작하였다.[36] 실제로 big C 는 목표 문화와의 직접적인 접촉 없이도 학습할 수 있는 것이며 목표 문화에 대한 지식을 얻게 해 주지만, big C를 안다고 해서 그 문화권의 사람들과의 성공적인 의사소통이 가능한 것은 아니다. 그러므로 문화 지도에 있어 이 두 가지를 균형 있게 가르쳐야 할 것이다.

2) 언어 교육에서 다룰 수 있는 문화 유형 : 해멀리(Hammerly, 1986)

정보문화(informational culture) : 평균적인 교육을 받은 모국어화자들이 그들의 사회, 지리, 역사, 영웅 등에 대해서 알고 있는 정보와 사실

행동문화(behavioral culture) : 일상생활의 총체를 지칭. 한 사회 속에서 한 민족이 행동하는 양식으로 기본적인 인간의 욕구, 환경과 전통의 상호

36) Kramsch, C.,Intercultural Communication, in Carter, R. and Nunan, D.(ed.), *The Cambridge Guide to Teaching English to Speakers of Other Languages*, Cambridge University Press, 2004, p.201.

작용

성취문화(achievement culture) : 목표어 문화에서 성취된 업적

3) 외국어 교실에서 가르쳐야 할 문화의 범주[37] : 게일 로빈슨(Gail Robinson, 1985)

게일 로빈슨은 little c, 행위 문화의 개념을 확대하여 문화의 구성 요소를 다음과 같이 제시하였다.

---

little c(행위문화)

산   물 : 문학, 민속, 미술, 음악, 가공품
관   념 : 신념, 가치, 제도
행동 양식 : 관습, 습관, 의상, 음식, 레저

위의 분류는 문화 자체에 대한 교육을 목적으로 한 것이 아니라, 언어 교육을 위한 문화 요소를 설정한 것이다. 걸작이나 역사적 사건 등을 중시하던 문화의 개념이 언어의 실제적 사용 환경과 일상성을 중시하는 관점에서 정리되었다. 문화 교육의 큰 틀이 한국어 의사소통 능력 신장을 위한 문화 교육이라는 큰 범위 내에서 이루어져야 한다고 볼 때 위의 분류는 매우 적절하다.

4) 문화 교육의 내용 : 한재영(2005)[38]

가) 한국의 언어 문화

• 존대법, 겸양법 : 화계, '–시', 각종 어휘적 높임말, 고정 표현

• 가족, 친족 호칭어

37) 게일 로빈슨(Gail Robinson), *Crosscultural Understanding*, Prentice Hall, 1985, 이는 외국어 교육 교사들을 대상으로 실시한 '상호문화적 교수법에서 가르쳐야 할 문화의 항목'에 대한 설문 조사에서 가장 많이 선택된 항목을 범주화 한 것이다. Tomalin, B. & Stempleski, S. *Cultural Awareness*, Oxford University Press, 2001, 7쪽에서 재인용.

38) 한재영 외, 『한국어 교수법』, 태학사, 2005.

- 화법 : 격식체, 비격식체, 양태 어미 표현

- 이름 문화

- 외래어 수용 방식

- 관용어, 속담, 문화 어휘, 시대에 따른 언어 변이

문화적 기초 어휘
- 의식주 생활에서 그 문화를 나타내는 가장 기본적이고도 전통적이며 상징적인 것
- 문학 · 음악 · 미술 등 예술 분야의 개념, 대표적인 작자, 작품 또는 주인공 이름과 같은 고유 명사, 또는 문화의 독특한 양식이나 주제
- 한국 문화에만 있는 독특한 풍습이나 놀이를 나타내는 어휘
- 대표적인 관용어와 속담
- 언어 예절에 관한 것
- 어느 시대의 정치, 사회 현상을 풍자하거나 상징하는 신조어와 유행어

나) 한국인의 일상 생활

(1) 한국인의 의식주

- 의생활 : 유행, 염색, 의상의 양상, 한복
- 식생활 : 한국 음식의 종류, 맛, 조리법, 주식, 명절 음식
- 주생활 : 주거 형태, 침실 문화, 좌식 문화, 전세

(2) 그 외 일상 생활 양식

- 교통 : 차량, 서울의 교통 체증, 교통 법규, 대중교통 이용하기(서울 지하철, 버스 요금 내는 방식, 통행 방식 등), 렌터카
- 경제 : 반도체, 자동차, 이동통신, IT 산업, 식료품 구매 방식, 물건 값 깎

기(재래시장)

- 한국의 의료비 : 의료 보험, 치과 이용

- 현대 한국인의 놀이 문화 : 2차 · 3차 문화, 노래방, PC방, 인터넷 문화

  (인터넷 동호회 활동 포함)

- 기타 : 휴대 전화, 동창회, 재수 · 삼수, 쓰레기 종량제, 파출부

다) 한국인의 인간 관계

- 남녀 관계

- 노소 관계

- 전반적인 인간 관계의 특징

라) 한국인의 사고방식 및 성격

- 정

- 예절

- '우리' 의식

마) 한국인의 예절(동작 언어 포함)

- 버스나 지하철의 경로석 양보 문화

- 주도(어른과 술 마실 때의 예절)

- 담배 피울 때

- 돈이나 물건을 건넬 때

- 식사할 때

- 어른 앞에 앉을 때

• 방문 예절

바) 한국의 자연 및 관광지

• 설악산, 제주도, 경주, 울릉도, 강화도

• 민속촌, 남산 한옥 마을, 안동 하회 마을

• 서울 및 각 지방 유적지

사) 한국의 문화유산

• 한글, 불국사, 석굴암, 태권도, 고려 인삼, 탈춤, 백남준, 정경화, 정명
훈, 조수미, 장영주(문화관광부 선정 한국의 문화 상징)

아) 한국의 공공시설과 제도

• 관공서 업무 시간

• 은행, 약국, 병원, 도서관 이용하기

자) 숙박 시설물 소개와 이용 방법

• 하숙, 자취, 원룸, 오피스텔, 여관, 민박, 펜션 소개

• 호텔 이용하는 방법(예약 포함)

차) 터부

5) 문화 교육의 내용 : 이성희(2014)[39]

의사소통 능력 신장을 위한 상호 문화 능력 신장과 한국어 교수에 긍정적인 영향을 끼치는 문화 지식 교육이라는 큰 분류에 맞춰서 언어의 화용적 측면과 사회·문화적 요소로 나누어 문화 교육의 항목을 제시해 보고자 한다. 언어의 화용적 측면은 한국어에 내재된 문화요소 학습을 내용으로 하여 한국어, 한글, 형태론, 통사론, 의미론, 문화어, 언어 예절, 언어 내용, 비언어적 의사소통 등이 해당된다. 사회·문화적 요소는 한국 사회의 이해를 돕는 문화 지식 학습을 내용으로 하여 게일 로빈슨의 분류에 따라 산물, 관념, 행동양식으로 나누어 논의하면서 상세한 항목을 추가하기로 하겠다. 산물(문학, 민속, 미술, 음악, 가공품), 관념(신념, 가치관, 제도), 행동양식(관습, 습관, 옷, 음식, 레저) 등을 기반으로 하여 정리해 보겠다.

주제	언어의 화용적 측면	사회·문화적 요소
내용	한국어에 내재된 문화 요소 학습	한국 사회의 이해를 돕는 문화 지식 학습
목표	1. 의사소통능력 신장을 위한 상호 문화능력 신장 2. 비교 문화적 틀 형성을 위한 제 3의 공간 형성	
	• 목표어를 이해하기 위한 문화 요소 학습 • 한국어를 통한 의사소통 전략 학습 • 한국어 화자와의 원만한 라포(rapport) 형성	• 한국인 및 한국 사회에 대한 이해를 통해 학습자들의 학습 동기 충족 및 활성화 • 자문화와 한국 문화 비교를 통해 자민족중심주의(ethnocentrism)를 극복하고 상호문화 이해의 시각 형성 • 편견을 배제하고 타문화에 대한 이해와 존중의 태도를 지향하는 다문화적 이해 형성

39) 이 내용은 이성희, 「한국 문화 교육의 위계화 및 문화 항목의 영역 설정에 관한 연구」, 『한국어문화연구』 제 2권 1호, 한국어문화연구센터, 2014에 실린 것을 수정·보완한 것임.

	한국어	산물
	한글, 형태론, 통사론, 의미론	
	문화어	
	호칭어 · 지칭어, 인사말, 비유, 속담, 수수께끼, 은어, 존재와 소유 관련 어휘, 친족어, 의태어, 의성어, 고사성어, 숙어	문화재(석굴암, 고궁), 태극기, 애국가, 이야기 등의 문학, 민속, 역사, 미술 · 노래(음악) · 연극 · 영화 등의 예술, 농담 한국의 상징, 광고, 신문, 방송, 잡지 등의 미디어(K-Pop 등의 한류)
	언어 예절	관념
항목	겸손하게 말하기, 부탁하기와 거절하기, 칭찬에 답하기, 모임에서 말하기, 신상에 관한 질문하기, 대화하는 태도, 아래 윗사람 사이의 대화, 말의 속도, 말참견, 말 끊기, 비속어 사용, 금기적 표현	존재와 소유, 나와 우리(공동 운명체 의식) · 의미 범위의 차이, 유교적 사고방식(공경심), 고맥락문화, 집단주의(공동 운명체 의식, 조화의 문화), 사고방식(도덕 의식 · 주체 의식 · 과대 의식 · 한 의식), 정신 문화
	언어내용 대우법 · 호칭어와 지칭어 · 색채어 · 복수표현 · 의미범위의 차이	행동양식 의식주, 관습, 습관(식사예절), 공공시설과 제도, 산업기술, 경제활동, 학교생활, 직장생활, 여가, 휴가, 명절, 일생의례(돌, 백일, 환갑), 교통, 예절, 취미와 여가, 자연, 지리, 잔치 문화, 부조
	비언어적 의사소통	
	표정, 몸짓, 시선, 거리, 머뭇거림, 회피	

〈표 16〉 문화 교육의 목표 및 내용

언어의 화용적 측면에 관련된 내용은 목표어에 내재한 문화 요소 학습이다. 여기에는 한글, 형태론, 통사론, 의미론 등 한국어에 관련된 내용과 호칭어 · 지칭어, 친족어, 의태어 등에 포함된 한국 문화 요소 등이 포함된다. 언어에 내재한 문화적 특성에 대한 지식은 한국어 화자와의 의사소통에 필요한 전략적 능력을 향상시킨다. 또한 한국인과의 의사소통에서 발생할 수 있는 오해를 막고, 화자와 원만한 라포(rapport)를 형성하여 친밀하고 효율적인 의사소통을 가능하게 한다.

말하기 방식은 언어권 별로 다르다. 유럽이나 미국 사람들은 말할 때 일정한 거리를 유지하지만, 남미 사람들은 상대방에게 매우 가깝게 접근하여 말한다. 남미 사람들의 이러한 말하기 방식은 때로 유럽이나 미국 사람들에게 불쾌감을 유발하여 효율적인 의사소통을 방해하는 요소가 된다. 따라서 겸손하게 말하기, 부탁하기와 거절하기에 적절한 화행, 아래·윗사람 사이의 대화 등 한국인들이 공유하는 말하기 방식을 익히는 것은 한국어를 통한 의사소통 상황에서 필수적인 것이라 할 수 있다.

언어 내용에 있어서 대우법, 호칭 등은 외국인 학습자들이 매우 어려워하는 것 중 하나이다. 비언어적 의사소통은 언어권별로 매우 다르게 인식된다. 사소한 손짓 하나, 몸짓 하나가 한국인들에게는 오해의 여지를 남길 수 있다. 따라서 비언어적 의사소통의 이해를 통하여 불필요한 오해를 줄일 수 있도록 교수해야 할 것이다.

언어의 사회·문화적 요소에 해당하는 것은 '존재와 소유·나와 우리(공동 운명체 의식)·의미 범위의 차이, 식사 예절·공경심', '농담·신문·방송·광고 등의 생활 문화와 노래·이야기', '도덕 의식·주체 의식·과대 의식·한 의식' 등이다.

사회·문화적 요소는 목표 사회의 이해를 돕는 문화 지식 학습을 내용으로 한다. 한국 문화 지식은 한국인 및 한국 사회에 대한 이해를 통해 학습자들의 학습 동기 충족 및 활성화를 꾀할 수 있다. K-Pop 및 한류 문화를 접한 외국인들이 한국에 대한 관심을 가지게 되고 이를 통해 한국어 학습 동기가 유발되는 경우가 많다. 또한 한국 문화에 대한 관심과 흥미는 학습자들로 하여금 한국어와 한국 문화에 대한 학습 의욕을 지속시키는 데 긍정적으로 작용한다. 한국 문화에 대한 지식은 자문화뿐 아니라 타문화에 대한 이해를 통해 자민족중심주의를 극복하고 상호 문화적 시각을 획득하도록 할 수 있다. 또한 타민족에 대한 편견과 오해를 불식시키고 '다양성'에 대한 인식을 기반으로 타문화에 대한 이해와 존중의 태도를 기르는 다문화 교육에 필수적인 항목이 될 수 있다.

다. '표층 · 심층 문화', 'Big C · Little c'로 한국 문화 읽기

외국어 강의실에서의 문화 교수 항목 선정은 오랫동안 연구자들이 관심 영역이었다. 동시에 언어를 가르치는 것만으로도 빠듯한 일정 속에서 문화를 가르치는 것은 번거로우면서도 까다로운 일로 인식되었다. 그러나 진지한 학자들의 고민 속에서 문화 교수 항목들은 윤곽을 드러내었고 구체화되었다.

문법번역식과 청각구두식 교수법이 주류를 이루었을 때는 문화를 별도로 교수하지 않았다. 두 교수법의 목표는 반복을 통해 문법과 표현을 외우고 말하기 듣기에 익숙해지는 것이었다. 하지만 암기만으로는 목표 언어를 사용할 수 없는 상황이 빈번하게 발생했다. 1970년대 하임즈(Hymes) 이후 의사소통식 교수법의 등장으로 실제적인 의사소통을 위한 맥락으로서의 문화적 지식, 상황 파악 능력이 부상했다.

의사소통 상황은 사람과 사람의 만남을 전제로 한다. 인간은 모두 견고하고 독특한 개성을 지니고 살아간다. 한 사람의 개성과 역사가 녹아 있는 것이 현재의 그 사람이다. 몇 마디 말로 상대방의 의사를 모두 파악한다는 것은 불가능에 가깝다. 의미 있는 소통을 위해서는 상대방의 언어와 함께 맥락으로서의 문화를 함께 아는 노력이 필요하다.

문화 항목 선정에는 기준이 필요하다. 많은 외국인 학습자들의 사랑을 받고 있는 K-컬처는 그 자체로 매력적인 문화 항목이다. K-컬처란 한국 문화적 의미화의 체계로서 한국성을 표출하거나 내포하며 한국인이 향유하는 문화로 산물, 관념, 행동양식이 포함된다. 한국성을 상징하는 'K'의 결합을 통해 한국 내에서뿐만 아니라 한국을 넘어 세계인이 향유하는 한국 문화를 지칭한다.[40]

한정된 시간과 자원으로 진행하는 한국어 교육 강의 시간에 제시되는 문화 항목은 세심하게 고안되어야 한다. 광범위하게 얽혀 있는 대상을 분류하기 위해서는 일정한 기준이 필요하다. 손에 들어오지 않은 대상을 분류하기 위해서는 일단 '+와 −'의 대비적 관점을 적용하여 이원적으로 나눌 수 있다. 문화 교육 항목은 학습의 효율성 및 확산성을 기준으로 표층 문화·심층 문화와 Big C·Little c로 나누어 살필 수 있다.

구획되지 않고 엉켜 있는 것을 일단 두 개의 영역으로 나누는 것은 레비스트로스 이후 구조주의자들이 세계를 바라보는 관점이었다. 레비스트로스(ClaudeLe'vi-Strauss)는 남북 아메리카 인디언들의 방대한 신화를 분석함으로써 인간 심층에 존재하는 문화형성 원리, 즉 구조적 무의식의 존재를 확인하고자 했다. 레비스트로스가 찾으려는 구조적이고 일반적인 무의식은 결국 차이성과 유사성의 관계를 통해 상징과 의미를 만들어 내는 것이었다. 날 것과 익힌 것, 성과 속, 남성과 여성, 이것과 저것 등 두 개의 차원으로 나누어 세계를 바라본다. 이러한 구획이 반복될수록 세계에 대한 관찰자의 시선

40) 'K-컬처' 용어에 대해서는 크게 두 가지 견해가 존재한다. 단일한 한국성을 찾을 수 없다는 이유로 이를 허구적 가상이라고 보는 견해와 문화적 의미화의 체계로서의 실존을 존중하는 견해이다. 후자의 경우 베네딕트 앤더슨(Benedict Anderson)가 주창한 '상상(imagined)의 공동체'를 '허구이거나 가짜가 아니라 머리 속으로 그 존재를 확인할 수 있는 실체로서의 공동체'로 정의하고 이를 K-컬처에 적용하여 문화적 의미화의 체계로서의 K-컬처라고 본다. 본 서의 서술 체계는 후자의 관점을 지지한다. 물론 K-컬처가 고정되어 있다거나 한국인을 대표한다고 보지는 않는다. 더 깊은 논의가 필요하겠지만 한국어 교육 현장은 K-컬처의 정의와 그 범주가 실용적인 측면에서 정의되어야 하므로 지속적으로 고민하여 정비하고자 한다. 김현정, 「K-콘텐츠에 대한 분석: 거대 OTT 서비스 플랫폼의 킬러 콘텐츠로서의 K-drama를 중심으로」, 『한국과 세계』, 제4권 4호, 2022; 양수영·이성민, 「한류의 발전과정과 향후 전망」, 『KOCCA FOCUS』, 통권 138호, 한국콘텐츠진흥원, 2022; 이지영, 「상상된 K-컬처:K-컬처에 대한 인식론적 접근」, 『영상문화』 42호, 한국 영상문화학회, 2023, 63~85쪽.

은 더욱 정교화된다.[41)]

1) 표층문화와 심층문화

에드워드 홀(E. T. Hall)은 1976년『문화를 넘어서』에서 문화 빙산(the cultural iceberg)개념을 제시했다. 문화 빙산은 지그문트 프로이트(Sigmund Freud, 독일 심리학자, 1856~1939)가 제시한 의식과 무의식의 개념을 응용한 것이다. 프로이트는 인간의 말보다 행동이 중요하고, 행동은 의식적으로 통제하지 못하는 숨겨진 힘인 무의식의 지배를 받는다고 주장했다. 홀은 프로이트의 무의식 개념을 적용하여 인식되지 않지만 의식에 영향을 미치는 무의식을 '문화적 무의식'이라 명명했다. 문화적 무의식은 심층에 존재하면서 표층 문화에 지속적으로 영향을 미친다.[42)]

프로이트 이후 해리 설리번(Herbert Harry Sullivan, 미국 신프로이트 경향 정신과 의사, 1892~1949)과 에드워드 사피어(Edward Sapir, 미국 언어학자 · 인류학자, 1884~1939)는 프로이트의 무의식 개념을 적용하여 문화를 '드러난(overt) 문화'와 '드러나지 않은(covert) 문화'로 나누어 설명했다. 이 때 '빙산의 일각(the tip of an iceberg)'의 비유를 적용했다. 인류학자인 클라이드 클럭혼(Clyde Kluckhohn, 미국 문화인류학자)은 '외재적(explicit) 문화'와 '내재적(implicit) 문화'로 구분했다. 외재적 문화란 법률과 같이 화제로 삼아 구체화시킬 수 있는 것이고, 내재적 문화란 성공에 대한 감정과 같이 당연하게 공유되지만 의식화되지 않는 것이라고 설명했다. 랠프 린턴(Ralph Linton, 미국 문화인류학자, 1893~1953)은 '드러난 문화'와 '드러나지 않는 문화'로 나누고 행동 및 행동을 통제하는 양식(패턴)의 기초가 되는 전제들에 적용했다.[43)]

홀의 문화 빙산 모델은 프로이트 이후 지속된 심리학자와 인류학자들의 이

41) 클로드 레비스트로스 (ClaudeLe'vi-Strauss) 저, 박옥줄 역(1935, 2005), 『신화학 1』, 한길사, 1~667 쪽.

42) 에드워드 홀(E. T. Hall) 지음, 최효선 옮김, 『문화를 넘어서』, 한길사, 1991, 79~88쪽; 234~245 쪽; 303~304쪽.

43) 에드워드 홀 지음, 최효선 옮김, 『침묵의 언어 The Silent Language』, 한길사, 1959, 2000, 85~124 쪽.

원적인 관점을 계승 · 발전시킨 것이다. 개인은 문화의 무의식적인 차원을 인식하지 못하지만 의식적 통제가 미치지 않는 수많은 측면에서 지속적인 방식으로 개인의 행동을 지배한다.[44] 문화의 빙산 모델은 보이는 측면뿐만 아니라 보이지 않는 가치와 신념이 얼마나 깊이 자리 잡고 있는지를 보여준다. 또한 문화의 편폭이 얼마나 넓은지, 문화 항목이 얼마나 다양한지를 보여준다. 문화 항목의 넓이와 다양성은 서로 다른 방식으로 삶을 살아가는 사람들의 다양성만큼이나 다채로운 것이다. 그 다채로움을 간단하게 파악하는 것은 불가능하게 보여진다. 이러한 어려움을 홀은 의식되는 문화와 의식되지 않는 문화적 무의식으로 나누어 살피고자 한 것이다. 홀이 제시한 문화 빙산 모델을 살펴보면 다음과 같다.

44) 에드워드 홀 지음, 최효선 옮김, 위의 책, 43~56쪽.

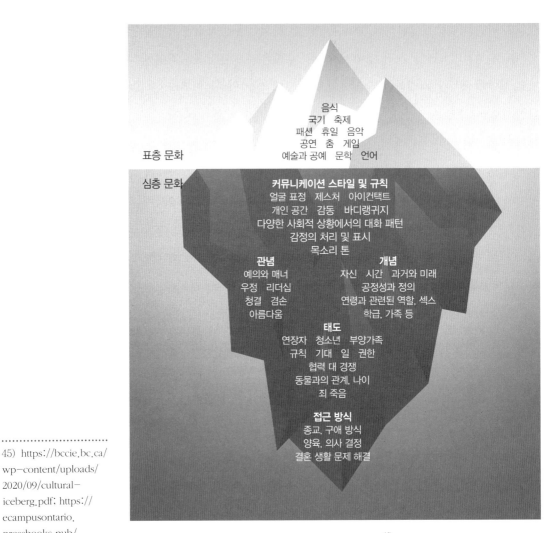

표층 문화

음식
국기 축제
패션 휴일 음악
공연 춤 게임
예술과 공예 문학 언어

심층 문화

커뮤니케이션 스타일 및 규칙
얼굴 표정 제스처 아이컨택트
개인 공간 감동 바디랭귀지
다양한 사회적 상황에서의 대화 패턴
감정의 처리 및 표시
목소리 톤

관념
예의와 매너
우정 리더십
청결 겸손
아름다움

개념
자신 시간 과거와 미래
공정성과 정의
연령과 관련된 역할. 섹스
학급, 가족 등

태도
연장자 청소년 부양가족
규칙 기대 일 권한
협력 대 경쟁
동물과의 관계. 나이
죄 죽음

접근 방식
종교. 구애 방식
양육. 의사 결정
결혼 생활 문제 해결

〈그림 14〉 문화 빙산 모델[45]

45) https://bccie.bc.ca/
wp-content/uploads/
2020/09/cultural-
iceberg.pdf; https://
ecampusontario.
pressbooks.pub/
intercultural/part/
main-body/; https://
www.batestech.edu/
wp-content/
uploads/2024/03/
Jan-18-Cultural-
Iceberg-Bates-AAW.
pdf

문화는 빙산의 약 10%만 볼 수 있다는 점에서 빙산과 유사하다. 문화의 90%는 수면 아래에 숨겨져 있다.

표층 문화
음식, 국기, 축제, 패션, 휴일, 음악, 공연, 춤, 게임, 예술과 공예, 문학, 언어

〈표 17〉 표층 문화

심층 문화
커뮤니케이션 스타일 및 규칙
얼굴 표정, 제스처, 아이컨택트, 개인 공간, 감동, 바디랭귀지, 다양한 사회적 상황에서의 대화 패턴, 감정의 처리 및 표시, 목소리 톤
관념
예의와 매너, 우정, 리더십, 청결, 겸손, 아름다움
개념
자신, 시간, 과거와 미래, 공정성과 정의, 연령과 관련된 역할, 섹스, 학급, 가족 등
태도
연장자, 청소년, 부양가족, 규칙, 기대, 일, 권한, 협력 대 경쟁, 동물과의 관계, 나이, 죄, 죽음
접근 방식
종교, 구애 방식, 양육, 의사 결정, 결혼 생활 문제 해결

〈표 18〉 심층 문화

표층문화는 직관적으로 관찰 가능하며 문화권 별로 뚜렷한 차이를 보인다. 음식, 국기 등은 국가와 민족에 따라 상이한 양상을 보이며 그 다름이 타 문화를 즐기는 요소가 되기도 한다. 표층문화는 타 문화를 접할 때 일차적으로 만나는 문화이며 호기심과 관심의 대상이 되는 문화이다.

심층문화는 표층문화의 이면에서 한 문화공동체가 암묵적으로 공유하는 지식 체계이다. 감정에 따른 얼굴 표정이라든지 아이컨택트는 의사소통에서 매우 중요한 요소이다. 표정과 아이컨택트는 언어를 뛰어넘어 목표어 사용자들의 암묵적 소통 방식을 숙지했을 때 가능하다. 한국에서는 어른에게 꾸중을 들을 때 아이들이 눈을 바로 보지 않는 것이 예의의 표현이다. 미국에서는 모든 의사소통에서 아이컨택트가 중요하기 때문에 꾸중을 듣는 상황에서 눈을 똑바로 보지 않는 것은 부정적인 소통 방식으로 오해 받을 수 있다. 발화되는 언어뿐만 아니라 표정, 아이컨택트는 커뮤니케이션에 있어 심층문화로 목표 언어 화자와의 원활한 의사소통을 위해 익혀야 하는 문화 항목이다.

한국 문화에서 예의는 어떻게 표하는지를 아는 것도 중요하다. 연장자를 만나면 고개를 숙여 인사하는 것이 한국 외의 모든 나라에서 통하는 예의는 아닐 것이다. 청결에 대한 개념도 문화권마다 다르다. 한국의 경우 50~60년 전에 비해 청결에 대한 기준이 매우 높아졌다. 한국 문화에서 청결 기준의 변화는 문화의 가변적 차원에서 주목해서 보아야 할 항목이다.

심층 문화로서 시간과 공간에 대한 개념, 연장자나 일에 대한 태도, 결혼 생활에서의 문제 해결 방식 등은 한국인들의 삶과 생각을 오래 보거나 연구해야 알 수 있는 항목이다.

앞에서 심층문화는 표층문화의 이면에서 한 문화공동체가 암묵적으로 공유하는 지식 체계라고 했다. 심층문화는 문화빙산의 90% 이상을 차지하면서 10% 정도의 표층문화에 지속적으로 영향을 미친다. 따라서 기층문화를 오해 없이 해석하기 위해서는 심층문화에 대한 이해가 필요하다. 한국의 표층문화로서 음악은 한국인의 아름다움에 대한 관념에 대한 이해를 통해 온전하게 읽어낼 수 있다.

홀은 문화 빙산 모델을 제시했지만 이론적인 모델은 모두 불완전하다는 점을 언급한다. 정의를 통해 추상적으로 제시된 것이기 때문에 모든 것을 망라하지 못한다고 설명한다. 생략된 것은 생략되지 않은 것 못지 않게, 경우에 따라서는 그 이상으로 중요하다고 강조한다. 체계의 구조와 형태는 생략된 부분에 의해 이루어지기 때문이다.[46] 홀이 제안한 다양한 문화 항목은 국가, 문화권, 시대, 세대, 남녀, 종교, 경제적 지위 등 다양한 변수에 따라서 변주될 수 있다. 구체적인 문화 항목들은 문화 연구자들에 의해서 지속적으로 관찰되고 연구되어야 할 대상이다. 문화 빙산은 다른 비유와 마찬가지로 제한

46) 에드워드 홀(E. T. Hall) 지음, 최효선 옮김, 『문화를 넘어서』, 한길사, 1991, 35쪽.

적이다. 빙산의 이미지는 정적이고 고정된 반면, 문화는 역동적이고 복잡하다. 문화의 역동성과 복잡성에 대한 연구를 통해 문화의 주체와 그들의 생생한 삶에 대한 연구로 한걸음 더 나아갈 수 있다.

2) Big C와 Little c[47]

가) Big C와 Little c

1956년 블룸(Benjamin Bloom)과 동료들은 '수업 목표 분류 체계(taxanomy of education objectives)'를 인지적 영역, 정의적 영역, 행위적 영역으로 제시했다.[48] 스턴(H.H.Stern)은 문화 교육의 목표를 블룸의 수업 목표 분류 체계에 맞춰 인지적(Cognitive), 정의적(Affective), 행위적(Behavioural) 영역으로 제시했다.[49] 인지적 영역은 목표 문화의 특질에 대한 인식, 자문화와 목표 문화의 차이에 대한 인식, 기술·분석·요약·일반화하려는 의지로 구성된다.

목표 문화의 특질을 인식하는 것은 문화를 지식 차원에서 접근하는 것이다. 목표 문화의 내용을 파악하고, 각 문화 항목들 간의 관계를 알며, 일반적인 항목과 특수한 문화 항목을 구별하는 것이다. 스턴은 인지적 영역을 브룩스(N.Brooks)의 1975년의 연구 성과를 반영하여 Big C와 little c로 나누었다. 정의적 영역은 흥미, 지적 호기심, 공감을 이끌어 내는 영역이다. 행위적 영역은 문화적 행위를 해석하는 수용적 영역과 문화적으로 적합하게 행동할 수 있는 생산적 영역으로 대별된다. 세 영역은 문화 교수의 내용과 방법, 동기 부여와 학습자 성장에 이르는 내용을 아우른다.

인지적 영역에 속하는 Big C와 Little c는 문화 항목을 구획하는 실용적인 틀이다. 학자들에 따라서 Big C는 성취문화, 고급 문화, 산물로 정의한다.

47) 이 장의 내용은 다음 논문의 주요 내용을 수정, 보완하였다. 이성희(2023), 「K-드라마를 통한 'Big C·Little c' 통합 교수·학습 방안 -2022 세종문화아카데미 심화 과정 '미스터 션샤인'과 익선동 콘텐츠를 중심으로」, 『리터러시 연구』 제14권 4호(통권54호), 393~417쪽.

48) 정홍조(2005), 블룸(Bloom)의 인지적 영역의 교육 목표 위계에 따른 수업 목표 설정과 진술 방법에 관한 연구, 7~8쪽; Anderson, L. W. & Sosniak, L. A.(Eds.) (1994), Bloom's taxonomy: A forty-year perspective. Chicago: University of Chicago Press, pp. 3~21.

49) Stern, H. H.(1992), Issues and options in language teaching: Oxford: Oxford University Press, pp. 212~214.

Little c는 대중문화, 행위 문화로 정의한다.

　외국어 교육에서 가장 일반적으로 활용되는 것은 브룩스(N.Brooks)의 구획이다. 브룩스가 1971년에 제안한 Big C와 Little c(Small c) 논의는 현재까지 미국 텍사스대학 교육학과를 비롯한 미국의 외국어 교육 현장에서 활발하게 계승·발전되며 활용되고 있다.[50] 불가리아, 이탈리아, 스페인, 스웨덴 국가가 연합한 유럽 국가들의 상호문화교육 사이트에서는 Big C와 Little c를 눈에 띄는 문화와 보이지 않는 문화로 나누기도 한다. 즉 표면적 문화와 이면적 문화로 나눈 것인데, 표면적 문화의 범주가 통시성에 대한 고려 없이 '모든 문학', '모든 예술' 등으로 열려 있게 되어 연구하기가 어렵다는 단점이 있다. Big C에는 셰익스피어, 가우디, 미켈란젤로 등 유명한 인물, 문학, 건축, 음악, 춤, 역사 등 '절대 사라지지 않을 것들'을 포함시켰다. little c에는 커뮤니케이션 스타일, 구두 및 비언어적 언어 기호, 문화적 규범(사회적 상호 작용에서 적절하고 부적절한 것), 행동 양식, 신화와 전설 등을 포함시켰다.[51]

나) Big C · Little c 논의의 쟁점

　1968년 브룩스는 문화의 영역을 '생물학적 성장, 개인적 세련됨, 문학과 순수 예술, 생활 패턴, 총체적 삶의 방식'으로 설정했다. 이 중 외국어 교실에서는 '생활 패턴(Patterns for living)'을 중점적으로 학습해야 한다고 강조했다(Brooks, 1968:204~217). 생활 패턴은 의사소통에 가장 직접적으로 영향을 미친다. 상대방의 현재를 구성하는 문화를 아는 것은 의사소통에 긍정적인 영향을 미칠 수 있다.

　생활 패턴 하위 항목으로 '상징, 가치, 권위, 사고방식, 의례, 사랑, 태도, 유머, 미, 영성' 등 10가지를 제시했다. 10가지 문화 항목은 추상적이고 상징

50) https://coerll.utexas.edu/methods/modules/culture/01/which.php, 2025. 2.15. 검색.

51) https://erasmusmyway.wordpress.

적이어서 강의실에 적용하기에는 어려움이 있었다. 이후 실제적인 문화 교육의 필요성을 절감하고 다소 추상적이고 상징적인 문화 항목에 실제성을 부과한 것이 Big C · Little c이다.

Big C	Little c	
브룩스(Brooks,1971)		
cultural MLA 위대한 음악, 문학, 무용, 건축, 예술작품 올림픽 문화와 같은 것	'손가락이 손에, 손이 팔에 달려 있듯' 사회 구성원의 삶에 스며 있는 문화	
브룩스(Brooks,1975)		
인간 생활 최상의 것 미국 · 영국 · 캐나다 학교 커리큘럼, 교과서적 지식, 문자 언어 지식 역사, 지리, 관습, 문학 · 예술 · 음악 걸작 사회 제도, 역사적 사건	인간 생활의 모든 것을 포함하는 문화 일상(everyday life)의 패턴 BBV(Belief, Behavior, Values) 기층문화(Hearth stone culture−재받이돌)	
실리(Sylee,1984)		
엘리트주의 예술,문학,음악,역사,지리 세탁물 목록	사람들의 일상의 모습을 포괄하는 깃 옛날 이야기부터 고래 조각품까지	
로빈슨(GailRobinson,1985)		
걸작,교과서적 지식	산물	문학,민속,미술,음악,가공품
	관념	신념,가치,제도
	행동양식	관습,습관,의상,음식,레저

〈표 19〉 브룩스(Brooks)의 Big C · Little c 영역

브룩스는 1971년 연구에서 '문화교육에서의 새로운 개척지(New Frontier)'라는 제목 하에 Big C와 Little c를 야심차게 구분한다. 이 연구에서 브룩스의 강조점은 Big C가 아닌 Little c에 놓인다. Big C를 '올림픽 문화와 같은 것'이라 하면서 Big C 같은 단순한 나열, 보여주기식 문화 항목으로는 온전한 문화 교육을 실행할 수 없다고 강조한다. 올림픽 문화처럼 보여주기 식, 피상적

인 문화를 부정하고 손가락이 손에, 손이 팔에 달려 있듯 사회 구성원의 삶에 스며 있는 문화인 Little c를 교수해야 한다는 것이다. 사람들의 삶 속에 스며 있는 생생한 문화야말로 외국어 교육 현장에서 교수해야 하는 살아 있는 문화라는 것이다.

1975년 연구에서는 외국어 교육에 있어서 문화가 2차 세계 대전 이후에 위대한 문화 걸작에서 점차 일상적이고 실용적인 측면으로 변화되어 왔음을 강조한다. 시장 경제적 요구로 인해 고급 문화의 중요성은 쇠퇴한 반면, 자세와 마음가짐, 생활 방식과 상호관계적인 스타일을 의미하는 Little c는 성공적인 회화를 위해서 중요하게 부각되었으며 이는 인류학적 방법론(anthropological method)에 기초한다고 보았다(Brooks:1975).[52]

일상성과 실용성이라는 시대적 요구에 따라 실제적인 의사소통 방식은 더욱 부상하게 되었다. 자세, 마음가짐, 생활방식, 상호관계적 스타일은 1971년 연구에서 사람들의 삶 속에 스며 있는 생생한 문화에 대한 각주라 할 수 있다. 일상에서 사람들의 삶 속에 스며 있는 태도, 마음, 생활방식 전반, 관계를 맺는 방식을 아는 것을 통해 더욱 의미 있는 의사소통이 가능하다고 본 것이다.

이 연구에서 Little c를 재받이돌이라 칭한 것은 매우 흥미롭다. 재받이돌은 벽난로 아래 부분에 놓아 나뭇재를 받아내는 돌이다. 일상에서 필수불가결한 것이지만 남에게 자랑할 것은 못 된다. 없으면 일상을 유지하는 것이 불가능하지만 다른 나라 사람에게 보여주기 위해서 올림픽 목록에 올릴 것은 못 되는 것이다. 재받이돌은 Little c의 성격을 선명하게 드러내는 은유이다. Little c는 우리가 살아가는 그날그날의 일상이며 소박하지만 필수적인 삶의 모습이다. 남이 보아도 좋고 안 보아도 괜찮은 삶의 모습이다. 하지만 그러한 일상은 어쩌다가 한 번 멋지게 차리고 나가는 특별한 날보다 더 진솔하고 나다

52) 일상의 모습 관찰은 인류학적 방법에 기초한다. 인류학의 핵심주제는 '공유된 생활 양식'의 총체, '상징과 의미의 체계', '관계 구조'로서의 문화이다. 여기서 문화는 인간다움에 대한 철학, 미적 활동과 그 결과물, 생활스타일, 일상생활 영역에서 실천되는 사회적 관습과 제도를 포함한다. 사람에 대한 모든 활동과 제도가 문화의 개념에 포함된다. 김광억, 『문화의 다학문적 접근』, 서울대학교 출판부, 1998.

운 모습을 보여주는 정보를 포함한다. 브룩스가 말한 재받이돌은 바로 이런 일상에서 드러나는 삶의 모습을 지칭한다고 볼 수 있다.

'Big C · Little c' 논의는 문화 교육 영역에서 현재까지 수용 · 발전되어 왔다. 실리(Sylee)와 로빈슨(Gail Robinson)은 브룩스의 논의를 상세화했다. 실리(Sylee, 1984)가 Big C를 세탁물 목록과 같은 것이라고 폄하한 것은 1971년에 브룩스가 Big C를 올림픽 문화와 같은 것이라 한 발언을 환기시킨다. 재미없고 지루하고 굳이 마음 속에 저장하지 않아도 되는 시시한 목록이라는 것이다. 실리는 Little c로써 사람들의 일상의 모습을 알아가는 것을 진정한 문화 교육을 보았고 이를 저버린 엘리트주의는 언어 교실을 지루하게 한다고 지적했다.

로빈슨(Gail Robinson, 1985)은 Big C를 교과서적 지식이라고 일갈했다. 교과서적 지식은 해당 문화를 파악하는 데 필요하지만 현재적 문화를 파악하기에는 부족하다. 로빈슨은 Little c를 다시 산물, 관념, 행동양식으로 나누었다. 산물에는 문학, 민속, 미술, 음악, 가공품을, 관념에는 신념, 가치, 제도를, 행동양식에는 관습, 습관, 의상, 음식, 레저를 배치했다. 로빈슨의 Little c 분류는 브룩스가 제시한 자세, 마음가짐, 생활방식, 상호관계적 스타일 등 문화 교육 항목을 입체적으로 제시했다는 점에 의의가 있다.

브룩스와 실리는 당시 외국어 교실에서 문화교육이 Big C로 이루어져 의사소통 능력 신장에 도움이 될 수 없다고 했다. 이는 상대적으로 등한시되었던 Little c를 교수하여 둘 사이의 균형을 맞추자는 것이지, Big C를 배제하자는 것이 아니다.

라란드(Lalande, 1985)는 BigC를 배제하고 Little c만 교수하는 것은 학습자들의 지식의 부족을 초래할 수 있다고 지적한다. 같은 비중으로 제시할 수는 없다고 하더라도 학습자가 미적인 영역이나 과학적인 영역에서 다양한 지적인 도전을 받을 수 있도록 해야 한다는 것이다.

3) K-컬처, Big C와 Little c로 이해하기

브룩스의 1971년과 1975년의 두 연구는 쌍둥이로서 하나의 연장선 상에 있는 것처럼 보인다. Big C는 한 언어공동체에서 대표성을 갖는 것, 성취 문화, 걸작으로서의 예술, 학자들에 의해 검증된 사회와 역사적 사실, 교과서에 수록하여 다음 세대에 전승하는 지식 차원의 문화라 할 수 있다. 또한 Little c는 지금 · 여기에서 관찰 가능한 일상의 패턴, 삶 속에 스며 있는 것, 기층문화(Hearth stone culture-재받이돌)이다. Little c는 인류학의 토대 위에 있기 때문에 현장성을 바탕으로 한 관찰을 기반으로 한다.

한국 문화의 층위는 매우 두텁다. 오천 년이 넘는 역사 속에서 켜켜이 쌓여진 문화는 매우 다양하고 다채로운 지층으로 존재한다. 한국처럼 역사가 오래되고 문화적 지층이 두터운 경우, Big C와 Little c 항목을 통합하여 교수하는 것이 효율적이다.

Big C가 이면적으로 이론적인 토대를 구성한다면 Little c는 일상에서 관찰 가능한 사건을 통해 한 문화를 생생하게 바라볼 수 있는 시각을 제공한다는 점에서 두 영역은 안과 밖이 하나로 연결되어 있는 뫼비우스 띠처럼 공존한다. 브룩스가 근 8년 간에 걸쳐 고심한 Big C와 Little c 개념은 미궁에 빠지기 쉬운 문화 교육의 영역을 선명하게 구획한다는 데 의의가 있다. 이 둘은 지속적으로 영향을 주고받으며 침투 · 발전하는 관계에 있다. 일상을 관찰하고 연구하는 일은 상당히 밀도 있는 연구가 필요하다. 일상은 과거, 현재와 우리

것과 외래의 것이 긴밀하게 얽혀서 구성된 것이기 때문이다.

한국어 사용에 있어 문화적 이해가 필요한 영역이 있다. 호칭어, 인사말, 비유, 속담, 은어, 친족어, 의성어, 금기 등이 그렇다. 또한 겸손하게 말하기, 아래 윗사람 사이의 대화, 말의 속도, 말참견 등 언어 예절에도 한국 문화에 대한 이해는 필수적이다.[53] 여기서는 한국어 사용을 위한 배경 및 맥락으로서 기능하는 문화 항목에 대한 연구로 제한하고자 한다.

브룩스가 1975년에 제안한 기준과 로빈슨이 1985년에 제안한 기준을 중심으로 한국어 사용에 기능하는 한국 문화 항목을 제시해 보면 다음과 같다.

Big C	Little c		
브룩스(1975) · 로빈슨(1985)			
한국인들이 학교에서 교육 받는 공교육 커리큘럼, 교과서적 지식 역사, 지리, 관습, 문학 · 예술 · 음악 걸작 사회 제도	한국인의 삶 속에 스며 있고 관찰 가능한 한국인의 일상(everyday life)		
한국 문화 걸작, 교과서적 지식	산물	문학, 민속, 미술, 음악, 가공품	
		옛이야기, 설날 민속, 민화, 민요,	
	관념	신념, 가치, 제도	
		정(情), 효(孝), 유교적 사고, 공동체 의식, 가족주의, 고맥락문화, 집단주의	
	행동양식	관습, 습관, 의상, 음식, 레저	
		의식주, 인사예절, 식사예절, 여가, 휴가, 명절, 일생의례(돌, 백일, 환갑), 일상예절, 취미와 여가, 잔치 문화, 부조 문화	

〈표 20〉 한국 문화의 Big C, little c 항목

Big C에는 한국인들이 공유하는 교과서적 지식이 포함된다. 또한 부모 세대로부터 다음 세대에 전수하는 지식도 포함될 수 있다. 역사, 지리, 관습, 대표적인 문학 · 예술 · 음악 걸작 등이다. 고조선의 건국으로 시작된 한민족의

53) 이성희(2014), 한국 문화 교육의 위계화 및 문화 항목의 영역 설정에 관한 연구, 『한국어문화연구』 제 2권 1호, 한국어문화연구센터; 한국어 사용에 대한 한국 문화에 대한 이해는 독자적으로 연구되어야 할 영역이다. 이에 대해서는 더 깊이 있는 연구가 이루어져 있으므로 이를 참고하는 것이 좋겠다. 조현용

역사적 흐름, 한국인의 민족적 자존심이라 할 수 있는 세종대왕의 한글 창제, 이순신 장군의 거북선 제작, 수많은 외세의 침략으로부터 영토를 지켜 온 산성 등은 Big C에 속한다.

브룩스가 '기층문화(Hearth stone culture)'라 일컬은 Little c는 일상성으로 대변된다. 이는 브룩스 연구 이전에 이루어졌던 '일상성'에 대한 다양한 연구 성과들을 토대로 더욱 면밀히 고찰할 수 있다. 일찍이 레이먼드 윌리엄스(Raymond Williams)가 "문화는 일상적이다(레이몬든 윌리엄스, 1958)"라고 선언한 이래 고급 문화, 상층 문화에 반하는 대중 문화 연구의 장이 열렸다. 이후 미셸 마페졸리((Michell Maffesoli)는 문화소비의 주체인 인간 행위에 대한 탐구로서 일상성에 집중하면서 이론적 표상 이전의 집합적인 경험을 중시했다. 일상성은 다양한 요소들이 서로 적응하는 유기적이고 전체적이며 구성적인 질서를 가리킨다(미셸 마페졸리, 1994:62−65). 또한 한 시대, 사회, 개인이 가지는 인성구조는 인류의 오래된 전유 결과이며 역사성과 사회성, 심리문화적 성격들이 혼합되어 이머전스의 형태로 표출되기 때문에 일상성 연구가 중시된다.[54]

한국인의 삶에 스며 있고 관찰 가능한 Little c는 산물, 관념, 행동양식으로 세분화될 수 있다. 걸작으로서의 문학이 Big C의 영역이라면 콩쥐팥쥐, 선녀와 나무꾼, 흥부놀부와 같은 옛이야기들은 Little c의 영역에 속할 것이다. 신윤복이나 김홍도의 그림이 Big C의 영역이라면 이름 없는 사람들이 부귀와 영화를 꿈 꾸며 붉고 탐스러운 모란을 담은 민화는 Little c의 영역에 속할 것이다. 조선시대 근엄한 궁에서 연주되던 정악이 Big C라면 "저 앞의 물레방아는 물살을 안고 도는데, 우리 집의 저 멍텅구리는 나를 안고 돌 줄 모르네 아리랑~ 아리랑~ 아라리요~" 구성진 정선아리랑은 당연히 Little c에 포함된다.

　한국인의 일정한 행동방식의 원리로 작동하는 정, 효, 유교적 사고, 공동체 의식, 가족주의, 고맥락문화, 집단주의는 Little c에서 심층적으로 관찰해야 하는 관념이다.

　매일매일의 일상에서 관찰 가능한 행동양식은 일상의 꽃이라 할 수 있다. 의식주, 인사예절, 식사예절, 여가 문화, 휴가 문화, 잔치 문화, 취미와 여가 생활 등은 시시각각 변하고 고정적이지 않고 유동적이다. 세대별로 다르고 시대적 특성을 반영하여 변주된다. 중요한 사실은 행동양식의 유동성에는 일정한 규칙이 있다는 것인데 그것은 바로 위에서 제시된 관념이다. 한국인의 저변에 흐르는 관념은 오랫동안 고정되어 있거나 천천히 변한다. 행동양식은 이러한 관념을 기반으로 하여 작동된다. 따라서 한국인의 관념과 행동양식은 함께 관찰하고 그 원인과 직동방식을 면밀히 살펴야 하는 변수가 된다.

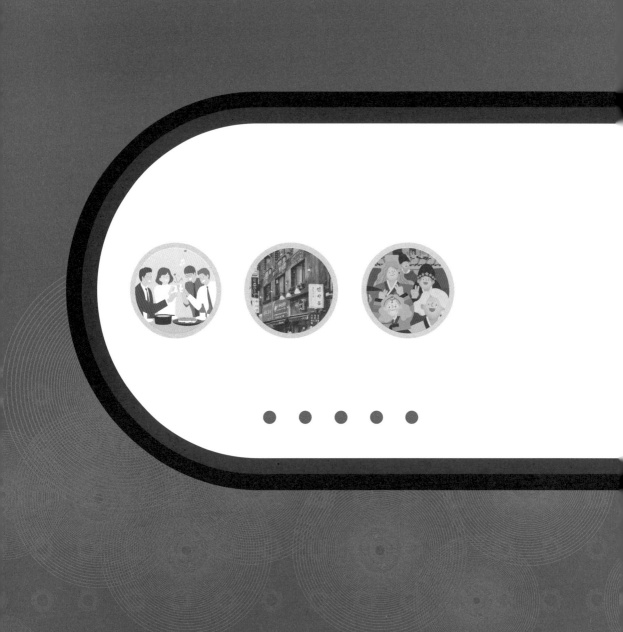

제 4 장

자문화와 타문화
이해하기

01

문화 간 차이의 이해 ✳

　한국어 교육 현장에는 두 가지 이상의 문화가 존재한다. 한국어 교사의 문화와 학습자들의 문화다. 다양한 배경의 문화를 가진 학습자와 교수자의 문화가 다르기 때문에 문화 차이가 존재한다. 한국어 교실에서는 이러한 문화 차이를 인정하고 수용할 수 있는 학습 환경을 만들어야 바람직한 학습 결과를 도출할 수 있다.

　한국 문화는 타문화와의 차이를 전제한 상태에서 객관적인 정보로 전달되어야 한다. 이 장에서는 한국 문화를 객관적으로 파악하기 위해, 또한 다양한 국적과 문화권의 학생들의 문화를 좀 더 적극적으로 이해하기 위해 자문화로서의 한국 문화와 타문화를 비교해 보고자 한다.

가. 영미 문화와 한국 문화 비교

서구 문화와 동양 문화는 세계관과 실제 생활면에서 많은 차이를 가지고 있다. 먼저 서구 문화를 대변하는 영미 문화 요소와 한국 문화 요소를 비교해 보자.

영미 문화 요소	한국 문화 요소
과학적 합리주의적 사고	추상적 사고
개인주의(individualism)	전체주의(totalitarianism)
다양성(diversity), 개방성(openness)	획일성(ticky-tacky), 폐쇄성(closing)
기독교 사상(thought of Christian)	유교사상(thought of Confucianism)
지적(intellectual)	정적(passive=statical)
노동 중시	노동 경시
여성 존중	남성 위주
물리적(physical)	정신적(mental)
편의주의(opportunism)	관습 존중(routinism)

〈표 21〉 영미 문화와 한국 문화 비교[1]

영미 문화는 합리주의적 사고를 바탕으로 하며 개인주의적 정서가 주를 이룬다. 다양성을 인정하는 바탕 위에서 타문화에 대해 개방적이다. 영미 문화는 기독교 사상을 적극적으로 수용하면서 다양한 기독교 문화를 창출하였다. 합리적인 사고를 중시하기 때문에 지적이며 분석적이다. 지적이며 분석적인 성향 때문에 괄목할 만한 과학적, 철학적 성과를 이루었다. 노동을 중시하는 전통이 있으며 동양권이나 한국에 비해 여성을 존중하는 편이다. 과학적 사고를 바탕으로 실질적인 것을 중시하기에 물리적이라 할 수 있으며 다분히 실용적인 경향으로 편의주의를 좇아 왔다.

한국 문화는 분석적으로 나눠서 사고하기보다 총체적으로 추상적으로 사고하는 경향이 있다. 또한 개인보다는 집단을 중시하는 전체주의이며 전체에서 개인이 튀지 않고 융합되는 것을 더 중요한 가치로 여기므로 획일성, 폐쇄성이 강조된다. 오랜 시간 동안 유교의 영향을 받아 가정이나 직장 등 집단을

1) 김영숙, 『영어과 교육론 : 이론과 실제』, 한국문화사, 1999, 545쪽.

이루는 곳에서 다양하고 뿌리 깊은 유교적 성향을 드러낸다. 정적이면서 수동적이고 사회 전체적으로 몸으로 하는 노동에 대해서는 경시하는 경향이 있다. 여성보다는 남성 위주, 가부장적 질서를 옹호하는 사회 체제가 오랫 동안 지속되었다. 정신적인 것에 더 높은 가치를 두며 유교적 질서 하에 오랜 관습을 존중하는 경향이 있다.

영미 문화와 한국 문화를 단순 비교하는 것은 사실 상 어려운 일이다. 사회와 생활 환경의 변화에 따라 많은 변화가 일어나고 있다. 또한 개인 간, 지역 간, 세대 간 차이도 간과할 수 없다. 또한 영미 문화권에 살다가 한국에 살게 된 사람의 가치관이 과연 어디에 속하게 될지도 모를 일이며, 그 반대의 경우도 마찬가지다. 위의 분석은 다만 두 문화의 차이를 큰 줄기를 따라 단순하게 비교한 것이다.

나. 문화권에 따른 글쓰기 방식[2]

2) R. B. Kaplan, *Based on Culture, Communication and Conflict: Readings in Intercultural Relations*, 2d ed., by , in G. R. Weaver, Needham Heights, MA: Simon and Schuster, 1998, p. 47.

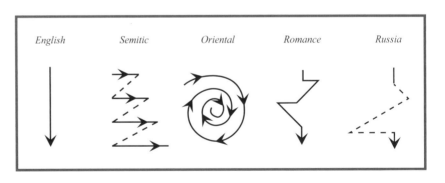

〈그림 15〉 문화권에 따른 글쓰기 방식

카플란(R. B. Kaplan)은 다양한 문화권에 속하는 이들이 글을 구성하는 방식이 다르다는 사실에 주목했다. 영어권(English) 화자들은 서론, 본론, 결론을 직선적으로 구성한다. 이러한 글쓰기 방식은 논리적 글쓰기에 적합하다. 서론은 본론에 대해 주의를 환기시키며, 본론에서는 명확히 주장하고, 결론에서는 이들을 요약하고 전망을 제시한다. 아랍어권(Semitic) 화자들은 점층적으로 논지를 전개한다. 내용을 전개하는 데 있어서 이전에 했던 내용을 부연하면서 확장해 나간다. 동양어권(Oriental) 화자들은 변죽을 두드린다. 자신이 하고 싶은 내용을 직접적으로 제시하기보다 큰 주제에 대해서 말하고 점점 하고 싶은 내용으로 축소해 나간다. 결국 하고 싶은 이야기는 마지막에 있기 때문에 처음에 제시한 내용으로 주제를 찾기는 어렵다. 라틴어권(Romance) 화자들은 직접적인 논지 전개하는 가운데 재미있는 이야기들을 삽입하는 퓨전 양식을 보인다. 러시아어권(Russia) 화자들은 라틴어권 화자들과 비슷한 패턴을 보이지만 중간에 유실되는 부분이 있다.

문화권에 따른 다양한 글쓰기 방식은 각 문화권에서 글을 쓸 때 나타나는 내용 전개 방식, 구성이 얼마나 다양한지를 보여준다. 주제에 대해 직접적으로 접근하는 영어권 화자들과 다르게 대부분의 문화권에서는 주제를 나중에 표출하는 간접적 내용 전개 방식을 택하고 있다. 이러한 방식은 각 문화권의 말하기 방식과도 연관된다. 한국인의 경우 자신이 하고 싶은 말을 직접적으로 하지 않고 돌려 말하거나 눈치로 알게 하는 경우가 많다. 특히 하기 어려운 말일수록 간접적 의사소통을 진행하는데, 이러한 경향은 글쓰기 방식에서도 직접적인 방식보다 간적접인 방식으로 자신이 말하고자 하는 내용에 대한 '암시'를 주는 방향으로 진행된다.

02 홀(Hall)의 고맥락 문화와 저맥락 문화

▶ 눈치로 때려 잡다.

▶ 감이 오다.

▶ 이심전심

▶ 알아서 기다.

▶ 척하면 삼천리

이런 말들 많이 들어 보셨죠?

〈그림 16〉 고맥락과 저맥락 문화

홀(E. T. Hall)은 문화를 고맥락 문화와 저맥락 문화로 구분한다. 고맥락 문화는 상황을 중시하는 문화인 반면 저맥락 문화는 상황보다 메시지를 중시하는 문화이다. 여기서 맥락이란 상황과 비슷한 의미로 사용된다. 고맥락 문화권에서 커뮤니케이션의 핵심 내용을 파악하려면 메시지보다 상황에 관심을 가져야 한다. 한국, 일본, 중국 등에서는 모두 '눈치', '감', '기분' 같은 것에 민감해야 한다. 이에 비해 저맥락 문화권에서는 언어 메시지에 중요한 커뮤니케이션 내용이 담겨 있다.[3]

3) 김숙현 외, 위의 책, 77쪽.

가. 고맥락 문화와 저맥락 문화의 이해[4]

1) 상황 대 메시지

고맥락 커뮤니케이션이나 메시지는 대부분의 정보가 물리적 상황에 있거나 사람들에게 내면화된 것인 반면, 명확하게 부호화된 메시지 정보는 없다.

저맥락 커뮤니케이션은 정반대로 많은 정보가 명확하게 부호화되어 있다. 의사소통 방식에서 보면, 고맥락 문화권에서는 상황을 알려주는 정보를 중시하며, 상대의 안부를 묻고, 자신의 근황을 설명한 다음 용건은 맨 마지막에 간단히 언급하는 경향이 있다. 반면에 저맥락 문화권은 메시지의 요지를 중시하며, 자신의 중요한 용건부터 언급하는 경향이 있다.

2) 선형 대 나선형 논리

저맥락 문화권의 논리는 결론을 직접적으로 제시하는 선형 논리이다. 반면에 고맥락 문화권의 논리는 끝에 가서 결론을 내리는 나선형 논리이다.

나선형 논리에서는 말하는 사람이 결론을 내리는 것이 아니라 듣는 사람의 몫으로 남겨 두기도 한다. 대립이 무성한 정치 협상이 마지막에 극적 타결을 이루는 것을 나선형 논리의 일환으로 볼 수 있다.

선형 논리는 서론, 본론, 결론의 구조로 이루어져 있다. 글 내용에는 원인과 결과가 명확하게 제시되어 있다. 자신이 주장하고 싶은 대전제가 있고 이를 뒷받침하는 소전제, 그리고 소전제를 뒷받침하는 문장들로 구성되어 있다.

4) 김숙현 외, 위의 책, 77~85쪽.

3) 장기적 대 일시적 인간 관계

고맥락 문화권은 인간 관계를 중시하며 한번 맺는 인간 관계는 영구히 지속되기를 바란다. 따라서 기브 앤 테이크(give-and-take)도 장기적인 관점에서 생각하며 이런 인간 관계는 사적 영역과 공적 영역을 넘나든다.

나. 고맥락 문화와 저맥락 문화의 비교

1) 고맥락, 저맥락 문화의 의사소통 방식 비교[5]

저맥락 문화	고맥락 문화
직접적 커뮤니케이션 형태로 의미 표현	사회 문화적 맥락에 따라 암시적으로 의미 표현
개인주의 가치관	집단의식을 중시
일시적 인간 관계 형성	장기적이거나 영구적인 인간 관계 설립
선적인 논리 강조	나선형, 원형 논리 강조
직접적이고 언어적인 상호 작용 존중	간접적인 언어 상호 작용 존중
비언어적 표현을 덜 사용	비언어적 표현을 많이 사용
아이디어 표현에 논리 존중	아이디어 표현에 감정을 존중
고도로 구성된 메시지, 세부적 묘사	단순하고 모호한 메시지

〈표 22〉 고맥락 문화와 저맥락 문화

- 저맥락 문화권 사람들은 언어적 메시지를 매우 중요하게 여기기 때문에 메시지가 상세하고 명확하기를 기대한다. 요점이 분명하지 않을 때에는 모호성을 불쾌해 하거나 질문을 던진다.

5) 김숙현 외, 『한국인과 문화 간 커뮤니케이션』, 커뮤니케이션북스, 2002, 77~89쪽.

- 고맥락 문화권 사람들은 언어적 메시지에 깊이 의존하는 저맥락 문화권 사람들에게 신뢰감을 적게 느끼는 경향이 있다.
- 문화권의 갈등 처리 방법에서도 차이가 드러난다. 예를 들어 고맥락 문화권 사람들은 직접적이지 않기 때문에 갈등은 의사소통에서 손해를 끼친다고 여겨 잘 드러내지 않으려 한다.
- 고맥락 문화권 사람들은 의미를 전달할 때 언어 메시지보다는 배경에 담긴 미묘한 뉘앙스를 더 의식한다.

2) 고맥락 국가와 저맥락 국가

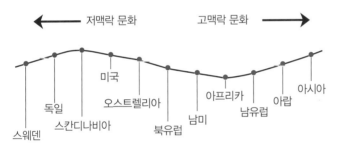

〈그림 17〉 고맥락 국가과 저맥락 국가 유형[6]

6) Donald W. Klopf, *Intercultural Encounters-The Fundamentals of Intercultural Communication*, Morton Publishing Company, 2001, p.167.

03

호프스테드(Geert Hofstede)의 다섯 개의 문화적 가변성(cultural variability)의 차원[7] ✻

네덜란드의 조직 심리학자인 호프스테드(Geert Hofstede)는 『문화의 결과(Culture's Consequence, 1981)』와 『세계의 문화와 조직(Culture and Organization, 1991)』에서 여러 나라의 문화와 가치관에 대해서 연구했다. 전 세계 50개 국가와 3개 문화권의 자료를 분석하여 그들이 일하는 방식, 문화, 조직 문화를 연구하였다.

집단주의는 상호 의존적인 자아를, 개인주의는 독립적인 자아를 존중함.

"人"(사람, 인) 우리 남편?

7) Hofstede, G.,*Culture's Consequences*, Beverly Hills, CA:Sage, 1980; Hofstede, G., Dimensions of National Cultures in Fifty Countries and Three Regions, In J. Deregowski et al. (eds.), *Explications in Cross-cultural Psychology*, Lisse, Nethelands: Swets and Zeitlinger, 1983. 최윤희, 『문화 간 커뮤니케이션』, 커뮤니케이션북스, 2013, 13~22쪽; 유수연, 『문화 간 의사소통의 이해』, 한국 문화사, 18~30쪽에서 재인용.

가. 개인주의/집단주의(individualism/collectivism)

개인주의는 집단의 정체성보다 개인적 정체성, 집단의 권리보다 개인의 권리, 집단의 욕구보다 개인 욕구의 중요성을 강조하는 문화의 가치 지향성을 일컫는다. 이와 대조적으로 집단주의는 '나'라는 정체성보다 '우리'라는 정체성, 개인의 권리보다 집단의 의무 그리고 개인적 필요와 소망보다 집단 지향적 욕구와 중요성을 강조하는 문화의 가치 지향성을 일컫는다. 각 문화권에는 개인주의 경향과 집단주의 경향이 공존하지만 그 중 하나가 지배적인 경향을 보일 때 이 지배적 경향을 개인주의 또는 집단주의로 일컫는다.

개인주의 문화권의 사회에서 무역협상은 업무 위주로 이루어지는 반면에 집단주의 문화권의 사람들에게는 인간 관계가 중요하다. 집단주의 문화권의 인간 관계는 영구적이며 비대칭 상호교환 개념을 내포한다. 집단주의 문화가 중시하는 '의리'는 영구적으로 지속되는 관계 속에서 이번에 진 신세를 훗날 다른 형태로 갚는다는 대 전제를 깔고 있다. "고향이 어디인가?", "어느 학교를 나왔는가?" 등 지연 및 학연이 중요시된다.

집단주의 문화권은 집단 내의 조화와 체면을 중시하는 반면 개인주의 문화권은 갈등 및 경쟁을 통해 자신의 목적을 달성하는 것을 중요시 한다.

> **예**
>
> 말레이시아에 있는 한 일본 회사는 말레이시아에서 8,000달러에 구입할 수 있는 기자재를 일본으로부터 2만 달러에 구입하였다. 운송료는 별도로 지불하였다.
>
> 미국의 제너럴 일렉트릭(General Electrics: GE)사의 한 간부가 수출 제품 가격 인상 건으로 일본의 고객과 협상을 했다. 일본 고객은 가격 인상에 대해 부정적

반응을 보였다. 결렬 상태에서 자리를 뜨며 집단주의 가치관을 잘 알고 있던 GE 간부는 자신의 상관이 자신에 대해 대단히 실망할 것이라며 자신의 체면이 구겨졌음을 암시했다. 그 이유는 가격 인상을 관철시키지 못했기 때문이라는 설명을 덧붙였다. 그러자 일본 고객은 "OK, I accept"라고 하면서 종전의 태도를 바꾸었다. 일본 고객은 상대방의 체면을 살려주려고 배려한 것이다.

집단주의와 개인주의적인 가치는 의사소통에 크게 영향을 끼친다. 개인주의적인 문화에서는 구체적이고 직접적으로 표현하는 의사소통이 중요하다. 반면 집단주의적인 문화권에서는 '아니오' 대신 '글쎄', '고려해 보겠다' 등의 간접적인 의사소통을 더 선호한다.

개인주의적인 문화권에서는 갈등이 야기된 문제에 대해 공개적으로 토론하며 자신의 입장을 밝히거나 방어한다. 말이 사회 통제의 수단이 되는 것이다. 반면 집단주의적인 문화권 사람들은 직접적인 표현보다는 간접적으로, 즉 침묵이나 미소로 자신의 불편한 입장을 나타내는 경우가 많다.

> (예)
>
> 미국 여성 김 린은 한국인의 '묘한 미소'가 완곡한 거절이라는 것을 알기까지 여러 해 동안 속을 부글부글 끓여야 했다.
> "오늘 회의가 있으니 약속 있으신 분들은 취소하고 모두 참가하세요"라고 사회자가 말했을 때, 아무도 이의를 제기하지 않았으나, 회의가 시작되기 전 몇몇 사람들이 가방을 챙겨 떠나려 했다. 가지 말라고 하자 미소를 띠며 문 쪽으로 갔다. 서양의 시각으로 이해하기 어려운 한국인의 '예', '아니오', 그리고 '미소'작전인 것이다.

순위	나라 이름	개인주의 지수	순위	나라 이름	개인주의 지수
1	미국	91	39/41	싱가폴	20
2	호주	90	42	엘살바도르	19
3	영국	89	43	한국	18
4/5	캐나다	80	50	베네수엘라	12
6	뉴질랜드	79	51	파나마	11
7	이탈리아	76	52	에쿠아도르	8
39/41	서아프리카	20	53	과테말라	6

〈표 23〉개인주의 지수

개인주의적 가치가 높은 곳은 미국, 호주, 영국, 캐나다와 뉴질랜드 등이다. 반면 집단주의적 가치가 높은 곳은 인도네시아, 콜롬비아, 파나마, 중국, 일본, 한국 등이다.

나. 권력 차이(power distance)

권력, 명성, 부가 한 문화권 내에 분배된 정도를 권력 차이라 한다. 한 나라의 기관이나 조직 내에서 더 적은 권력을 가진 구성원이 그 권력의 불평등한 분포를 기대하고 받아들이는 정도를 말한다. '위계질서'는 권력 차이가 큰 문화권, '권력 견제'는 권력 차이가 작은 문화권의 특징을 드러내 주는 말이다. 보통 동남아시아의 국가들이 높은 권력 차이를 나타내고 유럽 국가들이 낮은 지수를 나타낸다.

권력 차이가 큰 나라는 권위적 사회, 수직 사회이고 '경험'을 중시한다. 주로 농경사회와 연관된다. 권위주의, 전제 정치의 전통을 가진 나라이다. 연장자에 대한 존경을 나타내며, 연장자에게 사용하는 언어가 다르다. 지위, 권위를 중시한다는 점에서 '-임의 문화(being culture)'라 할 수 있다.

권력 차이가 큰 나라는 말레이시아, 과테말라, 파나마, 필리핀, 멕시코 등이다. 한국은 53개 나라·집단 중 27/28위이고, 일본은 33위, 미국 38위이다.

권력 차이가 작은 나라는 동등사회, 수평사회이며, '창의력'을 중시한다. 산업사회와 연관되며 민주 정치 전통을 가진 나라가 많다. 역할 및 능력을 중시한다는 점에서 '-함의 문화(doing culture)'라 할 수 있다. 권력 차이가 작은 문화권의 조직이나 기관 내에서도 위계질서가 있지만 이는 주로 역할 구분을 뜻한다. 권력 견제, 불만에 대한 공식 채널이 존재한다. 권력 차이가 작은 문화권에서는 권력 남용에 대한 견제가 심하다. 권력 차이가 작은 나라는 오스트리아, 이스라엘, 덴마크, 뉴질랜드 등이다.

다음은 권력 차이에 대한 개념이 다른 문화가 서로 충돌한 사례이다.

> **예**
>
> 미국 기업인들이 대만을 방문. 대만 주최 측은 CEO급의 교통편을 위해 리무진을 준비했고 다른 대표들에게는 밴을 제공했다. 이런 불평등한 대우에 대해 불만을 가진 대표단은 자체적으로 조정하여 모든 대표가 리무진도 타고 밴도 탈 기회를 만들었다.

다. 불확실성 회피(uncertainty avoidance)

불확실성의 회피는 어떤 문화권 사람들이 일정한 체계가 없어 불명확하거나 예측 불가능한 상황을 감지했을 때 불안해하는 정도를 말한다. 불확실성 회피가 높은 문화권에서 자신과 남의 공격적인 행위는 허용되는 경우가 흔하다. 하지만 사람들은 갈등과 경쟁을 피해 공격성을 견제하려고 한다.

불확실성의 회피가 높은 문화권의 사람들은 사회 생활이나 조직 생활에서 불확실한 것을 감소시키려 한다. 안전을 추구하고 위험을 감수하는 것을 피하며 실패를 두려워하고 변화에 저항한다. 관료적 규칙이 많고 의사결정 체계가 복잡해 결정 속도가 매우 느리다.

불확실성 회피가 높은 나라는 그리스, 포르투갈, 벨기에, 일본, 페루, 프랑스, 칠레, 스페인, 아르헨티나 등이며 한국도 53 집단 중 16/17 위로 높은 편이다.

불확실성 회피가 낮은 문화권의 사람들은 불확실하고 모호한 상황을 잘 견디려고 노력하고 이에서 나오는 스트레스도 잘 극복해낸다. 의사 결정 과정에서 소수의 사람들이 적은 정보를 가지고 신속히 결정을 내리고 의사결정의 체계가 매우 짧아 신속하게 일을 처리하며 위험을 피하기보다는 감수하는 경향이 짙다. 불확실성 회피가 낮은 나라는 덴마크, 미국, 스웨덴, 노르웨이, 핀란드, 아일랜드, 영국, 네덜란드, 필리핀 등이다.

라. 남성성/여성성(masculinity/femininity)

남성성이 높은 문화권은 수입, 승진, 도전, 타인의 인정에 가치를 두고, 재산, 권력과 단호함에 높은 가치를 둔다. 여성성이 높은 문화권은 경영자와의 관계, 협동, 거주 지역, 고용 안정성, 삶의 질, 양육, 서비스와 상호 의존성에 가치를 둔다. 남성성과 여성성은 '자기 주장' 대 '겸손'의 개념으로 대치 가능하다.

남성성이 강한 나라는 일본, 오스트리아, 이탈리아, 스위스, 독일 순이다. 반대로 여성성이 강한 나라는 스웨덴, 노르웨이, 네덜란드, 덴마크이다.

마. 장기 지향성/단기 지향성(long-term orientation/short-term orientation)

호프스테드는 23개국을 대상으로 유교적 사고의 장기적 관점을 단기적 관점에 대비한 조사를 실시하였다. 미국, 영국, 필리핀처럼 장기 지향성에서 수치가 낮은 문화는 사회적 지위에 우선권을 두지 않고 연로자를 뒷전에 모시는 경향이 있으며, 단기적 결과에 더 많은 관심을 둔다. 그래서 사람들은 당장 눈앞의 욕구 충족을 선호하는 경향을 보인다.

※ **호프스테드 비판**
- 시대적인 변화를 담아내지 못함
  - 혈연, 학연, 지연 등을 중시하는 집단의식은 후기 산업사회에 돌입한 한국, 일본, 중국 등에 남아 있으나, 세월이 변함에 따라 이러한 집단주의 문화권의 젊은이들에게서도 개인주의 성향이 많이 나타난다.
- 이분법적 잣대를 좀 더 다각화할 필요성이 있음

04

외국인이 본 한국 문화

가. 외국 여성의 한국 문화 이해[8]

〈그림 18〉 외국 여성의 한국 문화 이해

8) 타가미 요코 지음, 『요꼬 짱의 한국살이』, 작은씨앗, 2008, 96~100쪽.

〈그림 19〉 외국 여성의 한국 문화 이해

〈그림 20〉 외국 여성의 한국 문화 이해

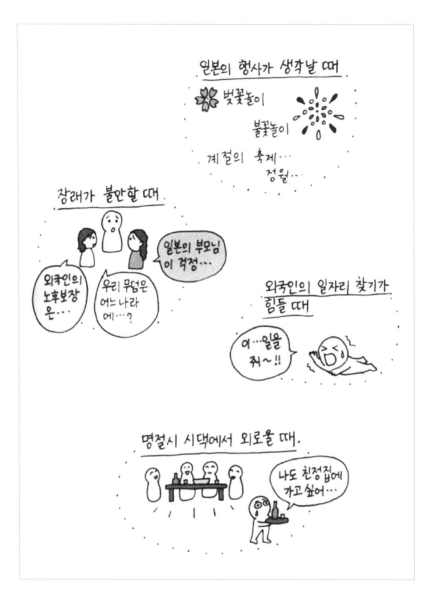

〈그림 21〉 외국 여성의 한국 문화 이해

한국에서 태어나 한국에서 생활하고 있는 한국 사람에게 한국은 매우 익숙한 곳이다. 익숙하기 때문에 한국 생활의 요모조모에 대해서 장점과 단점을 판단하기 어려운 때도 있다. 그러나 외국에서 여행을 하거나 장시간 체류하게 되면 자연스럽게 한국 문화와 외국 문화를 비교하게 된다.

한국 문화의 장·단점을 한국 사람들보다 더 잘 알고 있는 이들은 바로 외국인들이다. 외국 문화를 경험한 상태에서 한국 생활을 겪게 되면 제 3의 공간이 형성되어 자연스럽게 자문화인 고국의 문화와 타문화인 한국 문화를 비교하게 된다.

외국 학생들이 한국 문화의 장점으로 드는 것 중 하나가 바로 '식당에서 밥을 시키면 다양한 반찬이 나오고 원하는 대로 더 준다'는 것이다. 한국 사람에게는 당연한 사실이 외국 학생에게는 새로운 것이다. 일본 등 몇몇 나라에서는 반찬을 추가하면 비용을 더 지불해야 하는데 한국에서는 그럴 일이 없으니 외국 학생들에게 한국 식당은 '인심 후한 곳'이다.

한국의 대중교통 또한 장점으로 꼽는다. 특히 서울, 부산, 경기도 등 버스와 지하철이 쉽게 연계되고 몇 번을 갈아타도 비용이 추가되지 않는 교통 연결망은 대중 교통비가 비싼 나라에서 온 학생들에게는 큰 부러움을 사는 것 중 하나이다. 또한 한국에서는 오랫동안 집단주의적 전통이 지속되어 왔기에 모르는 사람에게도 친절한 편이며 정이 많은 편이다. 특히 어른들은 아이들에게 친절하고 모르는 아이라도 길이나 지하철 등에서 눈에 거슬리는 행동을 하면 주의를 주는 등 내 아이, 네 아이 구분이 없는 편이다. 이러한 문화는 남과 나 사이의 구분이 엄격한 개인주의적 전통이 있는 나라에서 온 학생들에게는 정겨운 장면이다.

관공서에서 개인 사정을 봐 주는 것, 우는 아이 젖 준다고 사정을 말하는 사람에게는 어느 정도의 융통성을 발휘하는 것도 외국 학생들에게는 장점으로 비친다. 그러나 이러한 면이 부정적으로 비치면 공과 사를 구분 못하고 질서가 없는 것으로 해석되기도 한다. 총기 소지가 자유롭지 않고 밤에도 많은 사람들이 오가기에 치안 유지가 잘 되고 있는 것도 한국 문화의 장점이라 할 수 있다.

어떤 사람이든 완벽한 타인은 될 수 없다. 타인의 입장에 서서 상황을 이해하기란 사실 상 불가능하다. 하지만 전 지구적 세계화의 한가운데 서 있는 오늘날, 우리 각 사람들은 타문화의 입장에서 자문화를 돌아보는 문화적 성찰 훈련을 하지 않으면 안 된다. 위의 외국 여성이 바라본 한국 문화는 외국어로서의 한국어 교사들이 취해야 할 또 하나의 시각을 제공해 준다.

나. 타자 입장에서 한국 문화 살펴보기

한국어 교사들은 한국어 교실에서 다양한 문화적 배경을 가진 외국인 학습자들을 만난다. 이들에게 한국어를 가르치는 과정은 학습자들과 진정한 소통이 있는 만남의 과정이 되어야 한다. 의미 있는 소통이 가능하려면 대상에 대한 이해가 전제된다. 여기서는 학습자들이 한국 문화를 어떻게 인식하고 있는지를 살펴보자.

학습자들은 교과서를 통해 한국어와 한국 문화를 배우지만 한국에 거주하는 동안 교과서에서보다 교과서 밖 세상에서 더 많은 것을 배운다. 학습자들이 생각하는 한국 문화에 대해 알아보기 위해 한국어 능력 시험 5급 이상의 한국학반 학생들을 대상으로 심층면접을 실시했다. 이들은 한국어를 배운 지

1년에서 3년이며, 한국에 1년 이상 거주하였다. 국적은 싱가포르, 베트남, 인도, 우크라이나, 일본, 대만, 미국, 중국, 말레이시아, 폴란드로 다양하다.

외국인 학습자들이 좋아하는 한국 문화, 마음에 들어 하지 않는 한국 문화, 한국에서 받은 문화 충격, 자문화와 한국 문화의 비슷한 점 세 가지, 자문화와 한국 문화의 다른 점 세 가지, 한국 사람이 이상할 때 등 6가지 항목으로 나누어 검토해 보겠다.

1) 외국 학생들이 좋아하는 한국 문화 세 가지

1	커피문화, 타악기, 포장마차(싱가폴, 남)
2	찜질방, 화장품, 옷(베트남, 여)
3	MT, 자동판매기(인도, 남)
4	안선, 목욕문회(물), 외식문화, 재미있는 광고, 지하철(우크라이나, 여)
5	찜질방, 한복, 장학금 제도, 휴학을 공짜로 하는 것(일본, 여)
6	회식문화, 예절문화, 전자제품(대만, 여)
7	마음이 닿으면 대화가 가능한 것, 술로 배우는 사회(미국, 남)
8	자유로운 정치문화, 친 자연성, 친절한 서비스, 반찬을 많이 주는 것, 뭐든지 한 곳에 몰려 있는 것(중국, 여)
9	운동, 건강, 서비스, 인사(말레이시아, 여)
10	음식문화, 한의원(폴란드, 여)
11	덤 문화, 트로트, '우리'문화(미안마, 여)
12	민속 문화, '빨리빨리'문화(중국, 여)
13	무응답

〈표 24〉 외국 학생들이 좋아하는 한국 문화

커피문화는 많은 외국인 학습자들이 한국 문화의 특징으로 거론하는 것 중 하나이다. 한국 사람들은 잘 느끼지 못하는 것이지만 외국 학생들이 볼 때 한국 사람들은 다른 나라 사람들보다 커피를 많이 마신다고 한다. 예전에는 외국 학생들이 한국인들이 인스턴트 커피를 많이 마시는 것을 자주 지적했다. 그런데 한국에 많은 커피 전문점들이 우후죽순 격으로 등장한 이후 외국 학습자들은 한국에 '한 집 건너 한 집 있는' 커피 전문점들이 신기하다고 한다. 흔히들 한국인들이 커피를 많이 마시는 것을 한국인들의 과도한 노동 시간과 연관 짓곤 한다. 그런데 요즘 고급 커피 전문점들에 많은 사람들이 항상 가득 차 있는 것을 보면 한국인들은 정말 커피를 사랑하는 민족인가 보다.

한국의 여가 문화를 좋아하는 학습자들도 많았다. 포장마차, 찜질방, 목욕 문화, 외식 문화, 술로 배우는 사회, 음식 문화, MT 등은 한국 놀이 문화와 휴식 문화의 대표적 아이콘들이다. 이러한 한국 문화들은 밤늦게까지 사람들이 집에 가지 않고 다른 사람들과 어울리거나 목욕탕이나 찜질방에서 다른 사람들과 오랜 시간 동안 격의 없이 함께 있는다는 공통점이 있다. 이러한 '파행성'과 '유쾌함', '안전함', '어울림'이라는 코드는 개인주의적이고 폐쇄적인 문화적 배경을 가지고 있는 학습자들에게 매력적인 것으로 다가간다.

자국에서 사회 제반 시설이나 기술적 서비스를 받지 못한 학습자들 중에 전자제품, 지하철, 자동판매기 등을 좋아하는 경우가 많다. 특히 경제적으로 부유한 나라라도 지리적 요건 때문에 우수한 서비스를 제공하지 못하는 경우가 많아서 한국의 지하철을 좋아하는 학습자들이 많다. 여기서는 언급되지 않았지만 한국의 IT 기술을 좋아하는 학습자들도 많다.

여학생들은 화장품, 옷 등을 자유롭고 편하게 살 수 있는 쇼핑 문화를 좋아한다. 명동, 동대문 시장, 홍대 앞 등은 여학생들이 선호하는 쇼핑 장소들이다.

사회 시설은 아니지만 한국인들의 품성을 좋아하는 경우도 많다. 서비스, 반찬을 많이 주는 것, '우리' 문화, 예절 문화, 덤 문화 등은 많은 외국 학생들이 좋아하는 한국 문화이다. 이러한 문화는 '한국인의 정'이라고 요약될 수 있다. 학교 밖에서 외국 학생들을 사심 없이 대해 주는 인정 많은 한국인들이 많이 있다고 한다. 이러한 한국인들의 심성은 외국 학생들이 한국에서 생활하는 데 긍정적인 요소로 작용한다고 볼 수 있다.

1	음주문화, 밤 늦게까지 일하는 회사 문화, 침 뱉기(싱가포르, 남)
2	침 뱉기(베트남, 여)
3	획일적인 유행을 따라가는 것, 바쁜 것, 같이 밥 먹자고 해 놓고 약속을 지키지 않는 것 (인도, 남)
4	노래방, TV쇼, 사계절이 한국에만 있다고 생각하는 것, 개인 공간이 없는 것(우크라이나, 여)
5	이른들이 젊은이들의 배려를 받는 것이 당연하다고 생각하는 것(매표소에서 새치기), "돼지야"라고 부르는 것, '자살'을 미화하는 안 좋은 뮤직 비디오(일본, 여)
6	침 뱉기, 개고기, 외국인에게 제한이 많은 것(인터넷 사용 등에서) (대만, 여)
7	질서가 없는 것, 자동차를 함부로 모는 것 (미국, 남)
8	한자를 많이 안 쓰는 것(일본, 남)
9	집단주의, 선후배 문화, 밤/술 문화, 넘치는 애국심(백두산, 단오) (중국, 여)
10	술, 모르는 사람을 무시하는 것(말레이시아, 여)
11	유교문화, 약속을 안 지키는 것, 교회 사람들의 강제 전도 및 협박 (폴란드, 여)
12	'우리' 문화, 사과 안 하는 것 (미얀마, 여)
13	술, 정치 (중국, 여)

〈표 25〉 마음에 안 드는 한국 문화 세 가지

　　마음에 안 드는 한국 문화로 든 것을 보면 한국 사람들의 '예의 없음'이 가장 많다. 술을 너무 많이 마시는 문화도 외국 학생들이 좋아하지 않는 문화이다. 또한 지나친 집단주의, '우리' 문화 때문에 상대적으로 약자인 외국 학생들이 피해를 당하는 경우도 있다.

한국인들의 자민족중심주의를 지적한 경우도 있다. 사계절이 한국에만 있다고 생각하는 것, 백두산·단오 등에 대한 넘치는 애국심 등 한국인들이 한국이 최고라고 생각하는 것은 외국인들에게는 객관성이 결여된 행동으로 비쳐질 수 있다.

어른들이 젊은이들의 배려를 받는 것을 당연하게 생각하는 것이나 강제 전도는 한국인의 생활 속에 깊이 뿌리박힌 것들인데 이러한 행동이 외국인들에게 줄 수 있는 부담감에 대해서는 다시 한번 생각해 봐야 할 문제라 여겨진다.

1	한국의 시위 문화(대통령 반대 시위) (싱가포르, 남)
2	쇼핑 (베트남, 여)
3	찜질방, 인도에서는 팬티 입고 샤워하는 사람도 있어요. (인도, 남)
4	동양인데 기독교 믿는 사람들이 많다. 공부 열심히 하지 않으면 안 된다는 생각, 여자들의 옷 스타일이 엄격하다. 토마토에 설탕 뿌려 먹는 것 (우크라이나, 여)
5	밀리오레에서 점원들이 밥을 먹는 것을 당연하다고 생각하는 것, 매표소에서 새치기 (일본, 여)
6	존댓말 쓰기, 결혼한 여자를 다 '아줌마'라고 부르는 것 (대만, 여)
7	질서가 없는 것, 기다리지 못하는 것 (미국, 남)
8	일본어와 한국어가 비슷한 점이 많다. '가다' '보다' '두다' '놓다' (일본, 남)
9	자유 정치 문화 (중국, 여)
10	화장실에서 물로 씻는 것, 나이 드신 분들이 등산을 많이 하는 것 (말레이시아, 여)
11	미안하다는 말을 잘 안 하는 것 (폴란드, 여)
12	획일적인 패션 스타일 (미얀마, 여)
13	외래어가 많다, 배달 속도가 빠르다 (중국, 여)

〈표 26〉 한국에서 받은 문화 충격

한국의 대통령 반대 시위에 충격을 받았다는 싱가포르 남학생은 이러한 일은 싱가포르에서는 상상도 못하는 일이라고 했다. 싱가포르에서는 국회에서도 반대 의견을 내놓지 않고 위에서 말한 것을 그대로 따른다고 한다. 싱가포르 학생이 보기에 한국 정치 문화는 자유로워 보일 수 있다. 인도에서는 집에서도 팬티 입고 샤워하는 사람도 있는데 한국 찜질방에서 모르는 사람들과 같이 알몸으로 목욕하는 것은 인도 학생에게는 엄청난 문화 충격이었을 것이다.

위의 문화 충격 내용을 살펴보면 한국인들은 평소에 이상하다고 느끼지 못했던 내용들이 대부분이다. 한국인들도 외국에 나가면 사소한 점에서 외국 문화가 한국 문화와 달라서 문화적 이질감을 느끼곤 한다. 외국 학생들이 느끼는 문화 충격 내용이 한국인 교사에게 한국 문화를 새롭게 볼 수 있는 새로운 시각을 제시해 주고 있어 신선하다.

1	빨리빨리 문화, 교육 중시, 주위에 큰 나라가 있다, 작은 나라라는 의식 (싱가포르, 남)
2	윗사람을 존경하는 점, 타인에게 친절함 (베트남, 여)
3	정 (인도, 남)
4	정부를 싫어하는 것, 역사적으로 지배를 받은 점 (우크라이나, 여)
5	외국 문화 좋아하는 것, 예의 지키는 것, 아줌마들이 강함 (일본, 여)
6	차 많이 마시기, 외국인을 열정적으로 대하는 것 (대만, 여)
7	자가용 사용을 많이 하는 것 (미국, 남)
8	언어, 유교 문화, 교육 및 문화 전반 (일본, 남)
9	유교 문화, 철학 · 건축에서의 친 자연성, 천지인 조화 (중국, 여)
10	효도 문화, 음식 문화 (말레이시아, 여)
11	역사를 자랑스러워하는 것 (폴란드, 여)
12	무응답 (미얀마, 여)
13	한자어 발음, 명절 (중국, 여)

〈표 27〉 자문화와 한국 문화의 비슷한 점 세 가지

각 나라별로 한국 문화와 비슷한 점을 제시했다. 역시 중국, 일본, 베트남 등 문화가 비슷한 나라 학생들이 많은 예를 제시했다. 자문화와 한국 문화의 비슷한 점을 찾아보면서 학습자들은 실제적인 문화 비교 학습을 시행할 수 있다.

1	회식문화(4차까지, 싱가포르는 1차만), 존댓말, 국회 문화(싱가포르에서는 다 찬성) (싱가포르, 남)
2	반찬 수가 많은 것 (베트남, 여)
3	인도에서는 열심히 일하지 않는다. (인도, 남)
4	햇빛 피하려고 양산을 사용하는 것 (우크라이나, 여)
5	한국인들은 이민을 많이 간다, 성형 수술, 군대 (일본, 여)
6	24시간 술집 문화, 주소를 따라가면 길을 못 찾는다. (대만, 여)
7	대학생들이 책을 많이 안 가지고 다님, 나이 든 사람들이 먹을 때까지 기다려야 함, 차 없이 많이 다님 (미국, 남)
8	인간 관계에서 정이 많다, 감정 풍부 (일본, 남)
9	정치 의식이 높다, 중국보다 평등화와 자유화가 많이 되어 있다 (중국, 여)
10	다민족, 다문화 국가이다. 말레이시아는 느리다 (말레이시아, 여)
11	작업 문화에서 시키는 대로 한다, 폴란드에서는 회의를 통해서 결정, 한국에서는 큰소리로 말한다 (폴란드, 여)
12	무응답 (미얀마, 여)
13	존댓말, 음식문화 (중국, 여)

〈표 28〉 자문화와 한국 문화의 다른 점 세 가지

자기 나라와 다른 한국 문화 항목에서는 학습자들이 일상 생활에서 다르다고 느꼈던 점을 제시하고 있다. 여기에는 반찬 수가 많은 것, 햇빛을 피하려고 양산을 쓰는 것 등 사소한 항목들이 있다. 또 정이 많음, 정치 의식이 높음, 다문화적 등 한국인의 인성이나 사회 구조적인 문제 등도 함께 지적하고 있다.

자기 나라와 다른 한국 문화 항목을 제시해 보면서 학습자들은 문화 상대주의를 바탕으로 한 '제 3의 공간'의 존재를 확인하게 된다. '다르다'는 것을 인정하는 것을 통해서 자문화와 한국 문화를 이해할 수 있는 상호 문화 능력 신장을 도모할 수 있게 된다. 다르다는 것은 틀리다는 것이 아니니까.

1	길에서 자꾸 길을 물을 때 (싱가포르, 남)
2	무응답 (베트남, 여)
3	무응답 (인도, 남)
4	밤 12시에 고기 전문점에서 고기 먹는 것, 겨울에 여름 신발 사기, 선배가 밥 값 다 내기 (우크라이나, 여)
5	밥 사준다는 약속해 놓고 안 지키기, 카페나 지하철에서 셀카 찍기, 다 왔다고 하면서 30분 넘게 기다리게 하기 (일본, 여)
6	약속 시가 안 지키기, 다른 사람 감정 생각 안 하기 (대만, 여)
7	지하철 표 살 때 새치기하기, 우체국 등 관공서에서 불친절한 깃 (미국, 남)
8	무응답 (일본, 남)
9	무응답 (중국, 여)
10	침 뱉기 (말레이시아, 여)
11	교통 안전 거리 지키지 않기, 부엌에서 가위 쓰는 것, 배 아프다고 하면 다 화장실 가는 줄 아는 것, 도서관에서 자리 잡아 놓기 (폴란드, 여)
12	때와 장소를 가리지 않고 화장하기 (미얀마, 여)
13	추운 겨울에 치마 입기 (중국, 여)

〈표 29〉 한국 사람들의 이상한 점

한국 사람들이 이상하게 느껴질 때에 대한 대답 중에서 침 뱉기, 교통 법규 안 지키기, 새치기, 불친절, 도서관에서 자리 잡아 놓기 등은 위생이나 질서에 관한 항목이다. 한국인들은 처벌받지 않는 경우에 작은 질서를 무시하는 경우가 있다. 외국 학생들은 한국에서 생활하면서 목격한 사소한 문제들을 날카롭게 지적하고 있다.

밥 사준다는 약속 안 지키기, 다 왔다고 하면서 30분 넘게 기다리게 하기 등은 한국인들이 한국인들과의 약속에 있어서 서로 묵인하면서 넘어가 주는 행동이다. 바람직한 행동은 아니지만 한국인들이 예전에는 '코리안 타임'이라고 하면서 용인해 주던 것들이다.

한국인들이 무심코 하는 행동이 외국인들에게는 이상하게 비쳐지는 것들이 있다. 밤 12시에 고기 먹는 것, 겨울에 여름 신발 사기, 선배가 밥 값 다 내기, 셀카 찍기, 부엌에서 가위 쓰기, 배 아프다고 하면 다 화장실 가는 줄 아는 것, 때와 장소를 가리지 않고 화장하기, 추운 겨울에 치마 입기 등은 그 내용이 너무 사소해서 읽다 보면 미소가 번진다. 한국인 입장에서 '한국인들이 이런 행동을 정말 많이 하는구나!'하는 생각을 갖게 한다. 겨울에 여름 신발 사기는 뭐고 배 아프다고 하면 화장실 가는 줄 아는 것은 뭐란 말인가? 그런데 한국인들끼리는 이것 또한 용인되는 일이니 이를 탓하는 외국인들에게 한국인인 우리가 변명할 여지는 없는 것 같다. 셀카 찍기나 때와 장소를 가리지 않고 화장하기 등은 한국인들에게는 익숙한 장면인데 외국인들에게는 낯선가 보다.

한국어 교실에 있는 외국인 학생들은 비교 문화적 시각을 견지하고 있다. 학생들이 한국 문화에 대한 자신들의 생각을 정리하고 자문화와 비교할 때 이들에게는 이미 '제 3의 공간'이 형성되어 있는 것이다. 우리가 한국 문화를 가르칠 때, 우리는 우리의 지식을 전달하려 하지 말고 그들의 눈으로 본 생생한 한국의 모습을 들을 수 있는 귀가 있었으면 좋겠다. 우리가 그들의 말을 들으려 할 때 그들 또한 우리의 말에 귀를 기울일 테니까.

다. 외국 학생들이 알고 싶은 한국 문화 항목

> 게일 로빈슨 (Gail Robinson, 1985)[9]
> **문화의 요소**
> 산물 – 문학, 민속, 예술, 음악
> 관념 – 신앙, 가치, 관습
> 행동양식 – 습관, 의상, 레저

위의 항목에 역사, 여행지, 생활상, 음식, 스타일, 정치 등 몇 가지를 더 추가하여 외국 학생들이 알고 싶은 한국 문화 항목을 설정하였다.

1) 산물
가) 문학

신화, 전설 (우크라이나, 여)

유명한 소설이나 옛날이야기 (일본, 여)

현대에 만들어진 판소리 (중국, 여)

전설에 나오는 상상의 동물이나 괴물 (중국, 여)

나) 민속

굿의 기원과 의미 (폴란드, 여)

전통적인 상징 (폴란드, 여)

전통적인 보드게임의 소개와 연습 (폴란드, 여)

전통적인 음료수 (폴란드, 여)

사상의학에 관한 소개, 사상의학이 한국 사람에게 미친 영향 (폴란드, 여)

숫자의 의미 (폴란드, 여)

도시들의 의미 (우크라이나, 여)

9) Gail Robinson, Cross-Cultural Understanding, Prentice Hall, 1985, in Tomalin, B. & Stempleski, S. *Cultural Awareness*, Oxford University Press, 2001, p.7.

절, 세배 문화 (우크라이나, 여)

색상의 뜻, 비빔밥이나 한복에서 쓰이는 색의 뜻은 무엇인가? (일본, 여)

무슨 색깔이 좋은 의미를 가진다고 생각하는가? (중국, 여)

욕의 뜻 (일본, 여)

제사 때의 여러 규칙, 음식을 배치하는 순서나 제사 진행 순서 등 (일본, 여)

지방에 따른 음식의 특성 (중국, 여)

24절기의 내용 (중국, 여)

24절기의 특별한 음식이나 풍습 (중국, 여)

한국과 중국의 단오절의 차이 (중국, 여)

설날 음식 (중국, 여)

농기구 (중국, 여)

떡 문화 (중국, 여)

성, 이름의 역사 (말레이시아, 여)

숫자에 대한 미신 (말레이시아, 여)

출산의 처리와 음식 (말레이시아, 여)

돌잔치, 환갑, 특별한 음식 (말레이시아, 여)

궁합 (말레이시아, 여)

금기 (말레이시아, 여/ 중국, 여)

'신 내리다'에 대한 한국 사람들의 생각 (말레이시아, 여)

역사가 숨어 있고 민족성이 살아 있는 속담 (중국, 여)

'김치'의 어원과 유래 (중국, 여)

차 문화 (중국, 여)

민속과 전통 문화 (미얀마, 여)

다) 예술

전통적인 회화의 해석−유명한 화가의 소개 및 시대적 배경 (폴란드, 여)

전통적인 건축, 현대까지 살아남은 한옥 (폴란드, 여)

전통집, 한옥 (우크라이나, 여)

한옥 (일본, 여)

전통 가옥의 특징 및 각 지방마다 차이점 (중국, 여)

전통적인 건축, 현대까지 살아남은 한옥 (폴란드, 여)

유명한 동요나 민요 (일본, 여)

옛날 글씨 (일본, 여)

전통 차의 종류와 효능 (일본, 여)

차 문화와 중국 차 문화와의 차이 (중국, 여)

한국 탈춤과 중국 경극의 공통점 및 차이점 (중국, 여)

라) 역사

현대 한국 역사, 쿠데타와 일제 지배가 현대에 끼친 영향 (폴란드, 여)

대통령들의 업직이나 잘못한 일들 (우크라이나, 여)

전쟁기념관에 가서 한국 사람들이 일본 사람들을 왜 그렇게 싫어하는지
를 알고 느껴 보기 (우크라이나, 여)

역사, 역사 속의 인물 (예 : 김수로왕의 부인) (말레이시아, 여)

역사 (미얀마, 여)

왕들 (말레이시아, 여)

한글 이전의 한국어 사용 (중국, 여)

한국 사람들에게 가장 많은 영향을 끼친 분은 누구일까요? (미얀마, 여)

한국 사람들이 가장 존경하는 인물과 그 이유는? (미얀마, 여)

경복궁 안에 있는 많은 건물의 용도 (일본, 여)

한국의 세계 문화유산의 종류와 특징 (중국, 여)

마) 여행지 (새 항목)

한국에서 많이 알려지지 않은 문화 여행 코스 (폴란드, 여)

한국 시골에 가서 전통생활을 체험해 보기 (우크라이나, 여)

2) 관념
가) 신앙

한국의 종교 (말레이시아, 여)

나) 가치

유교 문화와 여성들의 자기 계발 (폴란드, 여)
중국 사람들은 상상의 동물인 용을 나라의 상징이라고 생각한다. 한국은
어떤가? (중국, 여)

다) 관습

한국 사람들이 공동체 의식이 강한 이유 (중국, 여)
촌수 계산법의 유래가 무엇인가? 그냥 호칭만 부르면 안 되나? (중국, 여)
왜 효도만 강조하고 여성들을 존중하지 않는가? (우크라이나, 여)

3) 행동 양식
가) 습관

왜 한국 사람들은 왼쪽으로만 다니는가? (미국, 남)
왜 선생님이랑 교수에 대한 학생들의 시선이 다른지 (우크라이나, 여)
화장실 변기에 휴지를 넣어도 된다고 하는 사람과 안 된다고 하는 사람이
있는데, 사실은 어떤지.
일본 변기는 거의 안 막히는데 한국 변기는 어떤 차이가 있는지 (일본, 여)

나) 생활상

군대의 종류, 군대에서의 생활 (일본, 여)
승진 문화 (우크라이나, 여)

찜질방 문화 (우크라이나, 여)

자살률이 높은 이유 (일본, 여/말레이시아, 여)

입양의 현황 (말레이시아, 여)

한국 사람들이 별로 입양을 많이 안 하는데, 법이 있는 것인지 혈통 때문인지 (폴란드, 여)

다문화가 과연 한국에서 성공할까? 한국 사람들의 마음을 열 수 있을까? (미국, 남)

한국의 다문화는 사회에 어떤 영향을 미치는가? (미얀마, 여)

다문화 사회의 장단점은? (미얀마, 여)

포장마차의 위생은 안전한지, 건강에 괜찮은지, 언제부터 사람들이 포장마차를 만들어서 사용하기 시작했는지 (일본, 여)

고스톱 치는 방법과 규칙 (일본, 여)

자연 관리 방법 (중국, 여)

체육 관광 제도 (중국, 여)

음주 문화의 영향 (미얀마, 여)

한국이 빠른 시간에 발전한 것은 한국 문화에 어떤 영향을 미치는가? (미얀마, 여)

한국의 시위문화는 시민들의 삶에 도움이 되는가? (미얀마, 여)

한국인들은 외국인을 어떻게 보는가? (미얀마, 여)

한국 부모들은 왜 그렇게 교육열이 높은가? (미얀마, 여)

한국 학생들이 책을 많이 가지고 다니지 않고 읽지 않는데 경쟁력이 생길 수 있을까? (미국, 남)

극장 문화 (우크라이나, 여)

과외 교육 문화 (미국, 남)

술 문화 (우크라이나, 여)

'빨리빨리' 문화 (미얀마, 여)

다) 음식

보신탕, 청국장 먹어 보기 (우크라이나, 여)

막걸리, 김치, 두부 만드는 방법 (우크라이나, 여)

전통 음식 중 보양식의 종류 (중국, 여)

김치의 역사 (말레이시아, 여)

라) 의상 및 스타일

전통 의상 중 한복 말고 다른 의상이 있는지 (중국, 여)

한국과 중국의 현대 의상 비교 (중국, 여)

옛날 머리 모양 (중국, 여)

한복은 조선시대부터 내려온 옷인가? 조선 시대 전에 한국 사람들이 입었던 옷을 어떤 스타일인가? (중국, 여)

한국 사람들이 개성이 별로 없고 유행을 따르는 이유는? (미얀마, 여)

한국 사람들은 왜 개성이 없어 보이는가? (미얀마, 여)

마) 레저

한국 사람들이 왜 산을 좋아하는가? (말레이시아, 여)

한국 사람들의 여가 생활 (중국, 여)

바) 정치

한국 사회의 촛불 시위 (폴란드, 여)

한국 사람들은 남북통일에 대해 어떻게 생각하는가? (미얀마, 여)

강준만, 『한국 생활 문화 사전』, 인물과 사상사, 2006.

국제한국어 교육학회, 『한국 문화 교육론』, 형설출판사, 2010.

국제한국학회, 『한국 문화와 한국인』, 사계절, 1998.

권영민 외, 『외국인을 위한 한국 문화 읽기』, 아름다운 한국어학교, 2009.

김문식 외, 『키워드 한국 문화 세트』, 문학동네, 2010.

김열규, 『상징으로 말하는 한국인, 한국 문화』, 일조각, 2013.

김은미, 『한국인의 겸손의 심리:문화심리학적 분석』, 한국학술정보, 2007.

김정은, 『한국인의 문화 간 의사소통』, 한국 문화사, 2011.

김해옥, 『외국인을 위한 한국 문화 읽기』, 한국방송통신대학교 출판부, 2010.

박성창 · 안경화 · 양승국, 『한국 문화 30강』, 박이정, 2014.

박한나, 『통으로 읽는 한국 문화』, 박이정, 2008.

배규범, 『외국인을 위한 한자와 한국 문화』, 한국 문화사, 2012.

백낙천 외, 『외국인을 위한 한국 문화 길라잡이』, 박이정, 2009.

백봉자 외, 『한국 언어 문화 듣기집』, 하우출판사, 2005.

순천향대학교 한국어 교육 원, 『문화로 배우는 한국어 1,2』, 보고사, 2006.

신호철, 『한국 문화와 어휘』, 한국 문화사, 2014.

왕한석, 『한국어, 한국 문화, 한국 사회』, 교문사, 2010.

이갑희, 『영어로 말하는 한국 문화』, 한국 문화사, 2014.

이규태, 『한국인의 의식구조 1~3』, 신원문화사, 2011.

이병욱, 『정신분석으로 본 한국인과 한국 문화』, 소울메이트, 2013.

이상억, 『한국어와 한국 문화』, 소통, 2011.

이미혜 외, 『외국인을 위한 한국 문화』, 박이정, 2010.

이선이, 『외국인을 위한 살아 있는 한국 현대 문화』, 한국 문화사, 2011.

이해영 외, 『생활 속 한국 문화 77』, 한글파크, 2011.

전미순, 『문화 속 한국어 1,2』, 랭기지 플러스, 2011.

조정순 외, 『이야기가 있는 한국어, 한국 문화』, 다락원, 2010.

조현용, 『한국어 문화 교육 강의』, 하우출판사, 2013.

주영하 외, 『한국학의 즐거움』, 휴머니스트, 2011.

최운식 · 김기창 외, 『외국인을 위한 한국 · 한국인 그리고 한국 문화』, 보고사, 2009.

최준식, 『한국인에게 문화가 없다고?』, 사계절, 2003.

최준식, 『한국인에게 문화는 있는가?』, 사계절 출판사, 2003.

한국국학진흥원, 『한국인의 문화 유전자』, 아모르문디, 2012.

Ho-Min Sohn, 『한국 문화의 이해 Essentials of Korean Culture』, 고려대학교 출판부, 2013.

KBS 한국인의 밥상 제작팀, 『한국인의 밥상』, 시드페이퍼, 2011.

제 5 장

다문화 사회와 문화

이 장에서는 다문화 시대를 맞아 한국에서 전개되고 있는 다문화 사회의 특징을 이해하고 한국어 교사로서의 역할을 고민해 보도록 하자. 먼저 아래의 '중국 조선족 신부 사례담'을 읽으면서 한국에 살고 있는 외국인의 입장을 이해 해 보자.

[참고] 다문화 사회, 한국에서 살기

〈중국 조선족 신부 사례담〉[1]
"저는 한국에 시집온 지 10년이 다 돼 갑니다. 현재 피부관리사로 일하고 있는데, 초등학교에 다니는 아이들 둘이 있고, 집에서는 중국말을 주로 쓰기 때문에 2개 국어를 사용하고 있습니다. 평상시에는 아무 문제없는 듯 지내다가 스트레스가 좀 높고 힘든 때는 문제점들이 표면에 나타나곤 해요. 다른 중국 신부들과 나눈 공통적인 이야기를 해 볼게요.

첫째로, 음식입니다. 남편과 시집 식구들 중심으로 음식을 준비해서 먹어야 하니 중국 음식이 그리울 때가 한두 번이 아니에요. 중국 음식을 흉내라도 내서 먹으려 하면 내내 식구들의 눈치를 봐야 해요. 어떻게 그런 음식을 먹느냐면서 무조건 한국 음식만 만들라고 해요. 중국 음식도 맛있어요. 무조건 한국 음식만 강요하지 말고 때로는 중국 음식도 요리해서 먹으면서 내가 어디서 왔는지 어떤 음식을 먹는지 느꼈으면 좋겠어요. 한국 음식을 1년 정도 못 먹게 해보면 얼마나 먹고 싶겠어요?

두 번째로 남편과 시집 식구들은 그 가족만 소중하게 생각해요. 동네에서 다른 사람들하고 어울리거나 조금 잘해주면 안 좋아해요. 가족만 잘 떠받들면 된다고요. 특히 제사나 명절 때 일이 너무 많아요. 중국에서 돌아가신 조상의 제사는 3년 하면 끝이에요. 한국은 3년은 고사하고 모든 조상들을 다 모시는 것 같아요.

또, 남편은 부엌에 들어오는 일이 거의 없어요. 중국에선 남편들도 부엌일을 같이 해요. 중국에선 남편과 아내 두 사람이 거의 다 밖에서 일을 하여 돈을 벌어오기 때문에 신체적으로 더 강한 남편들이 집안일을 돕는 것은 거의 필수예요.

한국 사람들은 말을 할 때 상대방이 어떻게 생각할까에 대해선 아랑곳하지 않

1) 은숙 지엘펠더, 『한국 사회와 다문화가족』, 양서원, 2008.

아요. 때로는 막 대하고 함부로 해서 얼마나 상처받는지 몰라요. 중국에서 시집왔다고 하면 먼저 무시하고 들어가요. 얼마나 먹고 살기 힘들었으면 팔려왔냐는 식이에요.

이젠 한국에 많이 적응이 됐고, 수입 면에서는 중국보다는 훨씬 많이 벌어 경제적으로는 여유가 있지만 가슴 한 곳이 항상 허전해요. 중국에 있는 가족들에 대한 그리움, 중국 음식을 자유롭게 먹지 못하는 한계감, 아이들의 소외감 때문에 마음 한 구석이 항상 아프고 비어 있는 것 같아요. 그래도 아이들의 뿌리가 한국이니까 한국은 마치 나의 조국인 것 같아서 열심히 살아야겠지요. 한국 사람들에게 바람이 있다면 격려겠죠. 실수를 하거나 잘 모르는 것이 있으면 친절하게 가르쳐 주시고 차별은 안 해 주셨으면 좋겠어요. 사회에 해를 끼치지 않고 유익한 사람이 되도록 최선을 다할 거니까요."

타국에서 살아가는 일은 쉽지 않다. 결혼을 통해서 이루어진 새로운 가족인 남편에게 적응하는 것도 어려운 일인데 문화적 어려움까지 더해지니 이주 여성들의 삶은 만만치 않다.

이방인으로서 집 안에서 겪는 어려움은 한두 가시가 아니다. 어렸을 때부터 길들여진 고국의 음식을 먹지 못하는 괴로움부터 한국 특유의 제사와 가족 중심적인 사고방식, '남자는 부엌에 들어가면 안 된다'는 가부장적 사고방식 등 가장 가까운 가족으로부터 이해받지 못하는 타자의 설움은 생각보다 크다.

외국인으로서 겪는 어려움은 집 밖에도 존재한다. 한국보다 상대적으로 가난한 나라에서 왔다는 사실 때문에 무시하는 한국인들을 대하는 것이 쉬울 리 없다. 이들에게 필요한 건 따뜻한 시선이고 격려다.

다문화주의의 이해

가. 다문화주의란 무엇인가?

1) 개념

전 세계가 하나의 지구촌으로 엮이고, 경제 · 정치 · 문화적 상호 영향을 주고받는 세계화 추세가 가속적으로 진행되고 있다. '세계화'라는 용어는 국제화라는 용어와 구별되어 쓰인다. 전통적인 의미에서 '국제화(internationalization)'는 정치, 경제 등 다양한 측면에서 국가들 간의 국경을 인정하며, 자국을 토대로 타 국가들과 일정한 관계 속에서 교류활동을 펼쳐가는 것을 의미한다. 반면에 '세계화'란 주권적 국가의 국경 장벽을 뛰어 넘어 지구촌 전체를 하나의 경제 활동 단위로 재편하는 것을 의미한다. 세계화 현상을 개념적으로 정리한 헬드와 맥그루에 의하면 세계화는 첫째, 먼 곳의 행동이 영향을 미치는 것, 둘째, 시간과 공간의 축약, 셋째, 상호 의존의 심화, 넷째, 세계의 축소, 다섯째, 전지구적 통합과 지역 간 권력구조의 재편 등으로 정의된다.[2] 세계화 추세로 인해 '이주'가 두드러지게 되면서 한국도 세계화시대의 다문화적 양상이 빠

2) David Held & Anthony Mcgrew, 2002, 3쪽; 장명학, 「지구화시대 한국의 공화민주주의」,『신자유주의적 세계화와 참여적 공화민주주의를 중심으로』, 사회과학 연구, 경희대학교 사회과학 연구원, 제35권 제2호, 2009, 22쪽에서 재인용.

르게 가속화되고 있다. 다국적 기업의 진입, 인터넷을 통한 전 세계적 정보의 빠른 공유, 값싼 노동력 도입의 필요성, 한국인 남성과의 결혼으로 인한 이주 여성의 증가, 유학생의 증가 등으로 인해 한국 사회는 빠른 속도로 본격적인 다문화사회로 돌입했다. 전 세계적으로 이주민이 2.5% 이상이며, 한국 또한 2009년 2.5%를 넘어서서 실제적인 다문화 사회가 되었다. 삶의 현장에서 다문화 이주민과 접촉하는 한국인들의 비중도 더욱 늘어나고 있다.[3] 다문화적 상황은 한국 문화와 세계문화를 이해하는 중요한 코드가 되었다. 단일민족국가의 우월성에 기초한 자민족중심주의에서 벗어나 다문화적 역량을 키워야 하는 시대가 되었다.

다문화주의(multiculturalism)는 1960년대 말 서구의 시민권 운동을 기폭제로 1970년대 미국, 캐나다, 스웨덴 등의 전형적인 다인종 국가들에서 활발한 논쟁이 개시됨으로써 공론장에 본격적으로 등장했다.[4] 민족중심주의의 반대 개념으로, 한 국가(사회) 내에 존재하는 서로 다른 문화의 존재를 인정하고 독자성을 인정하자는 개념, 멀티컬쳐럴리즘(multiculturalism)이다.

다문화주의는 흔히들 다양한 문화적 주체들 혹은 소수자들(subaltern)의 특별한 삶의 자유와 권리 보장을 위한 '정체성 정치(politics of identity)'라 한다. 캐나다의 철학자 타일러(Tylor)는 다문화주의를 문화적 다수 집단이 소수집단을 동등한 가치를 지닌 집단으로 인정하는 '승인의 정치(politics of recognition)'로 정의한다.[5]

넓은 의미에서 다문화주의는 현대 사회가 평등한 문화적·정치적 지위를 가진 상이한 문화집단을 끌어안을 수 있어야 한다는 믿음이다. 또한 다문화주의는 이민 집단이 가진 고유한 문화를 지칭하는 데 사용되기도 한다. 그러나 철학적 기반, 개념 정의, 정치적 지향, 방법론 들에 있어서 합의된 규정을

3) 이주민들의 동향은 다양하게 나타날 수 있다. 결혼 이민자 체류 현황을 살펴보면 다음과 같다. 국제결혼 이민자는 2007년에 비해서 2008년에 13.8%가 증가하여 2014년 현재 15만 1,439명이다. 이 중 여성은 85.3%, 남성 14.7%이며, 중국 41.1%, 베트남 26.4%, 일본 8.2%, 필리핀 7.0% 순으로 중국과 베트남이 다수를 차지한다(통계청 2014년 자료). 〈참고〉 2014 국민의 배우자(결혼 이민자) 체류현황 참고

4) 오경석 외, 『한국에서의 다문화주의』, 한울아카데미, 2007, 25쪽.

5) 한경구, 「다문화 사회란 무엇인가?」, 『다문화사회의 이해』, 동녘, 2008, 90쪽.

발견하기란 쉽지 않다.

다문화주의는 "모든 인간이 인간으로서의 보편적 권리를 향유하고, 각각의 특수한 삶의 방식을 존중하며 공존할 수 있는, 다원주의적인 사회·문화·제도·정서적 인프라를 만들어내기 위한 집합적인 노력"이다.[6] 또 다문화주의는 한 사회가 인종, 성별, 성적 취향 등에 따라 구별되는 이질적인 주변 문화로 이루어져야 하며, 그렇지 않으면 적어도 이들을 포용해야 함을 옹호하는 입장이다. 자국의 문화가 우수하다는 자부심이 다른 문화를 무시하는 것으로 연결되지 않도록 주의해야 한다는 문화상대주의(cultural relativism)와 함께 문화인류학에서 강조되는 개념이다. 1971년 캐나다 이민정책에 공식 정책으로 채택되어 호주, 미국 사회도 그 이전까지 추구했던 동화모형을 포기하고 다문화주의 모형으로 이민자 통합 방식을 변경하였다.[7]

2) 다문화주의, 단문화주의, 문화적 다원주의[8]

• **다문화주의**

가벼운(light) 다문화주의 : 마르티니엘로의 정의. 온건한(soft) 다문화주의. 외국의 요리나 음악·패션 등의 소비

강경(hard) 다문화주의 : 가벼운 다문화주의 내에 존재하는 피상적 다원주의를 극복하면서 민족 정체성 개념 자체에 문제를 제기하는 정치적 논의

시장 다문화주의 : 상품의 판매나 이윤을 획득하는 데 도움이 되거나 노동자를 관리하는 데 도움이 된다는 이유에서 기업에서 추진하는 것

• **단문화주의(monoculturalism)** : 하나의 국가나 민족이 하나의 문화를 가진다는 19세기적 가정에 입각. 국가나 민족의 강력한 동질성을 전제로 함.

---

6) 사단법인 국경 없는 마을, 『사단법인 국경 없는 마을 리플릿』, 2006.

7) 최충옥, 「다문화사회와 다문화 교육정책」, 경기도 다문화센터편, 『다문화 교육의 이론과 실제』, 양서원, 2009, 51~52쪽.

8) 한경구, 앞의 책, 89~91쪽.

> • **문화적 다원주의/문화복수주의(cultural pluralism)** : 다문화주의논의가 활성
> 화되기 이전에 미국에서 널리 사용되던 개념. 여러 집단이 고유한 문화를 유
> 지하면서 전체 사회에 참여하는 것을 지칭함.
>
> (미국 사회의 법규와 정책을 받아들이면서 미국 사회에 참여하는 한, 사적인
> 영역에서 자신의 문화적 관습을 유지하는 것은 허용됨)

단문화주의라는 개념은 존재하지만, 실제로 단일문화 또는 단일민족국가
는 전 세계적으로 볼 때 10%도 되지 않는다.

문화적 다원주의/문화복수주의(cultural pluralism)는 다양성을 인정하고
사회적 통합을 추구한다는 점에서는 같지만 전제로 하는 조건과 실천방법
은 다문화주의(multiculturalism)와 다르다. 문화적 다원주의는 문화의 다원
성·다양성을 인정하면서도 거기에 주류사회가 존재함을 전제한다. 그러나
다문화주의는 주류사회의 존재를 인정하지 않고 다양한 문화가 평등하게 인
정돼야 함을 강조한다. 미국은 자유주의적 문화복수주의를 추구하지만, 캐
나다·호주의 다문화주의는 국가가 개입하여 타문화를 지원하는 방향으로
나아가고 있다.[9]

9) 송종호, 「단일민족 환상 깨고 다문화주의로의 전환 시대」, 다문화주의−한국, 발표유인물, 최충옥, 「다문화사회와 다문화 교육정책」, 경기도 다문화센터편, 『다문화 교육의 이론과 실제』, 45쪽에서 재인용.

02 다문화주의의 유형 ✱

다문화주의는 자유주의적 다문화주의, 조합적 다문화주의, 급진적 다문화주의 등으로 구분할 수 있다.[10]

10) 이용승, 「호주 다문화주의의 역진」, 『민족연구』 30, 26~50, 15쪽. 신재한 · 김재광 · 김현진 · 윤영식 공저, 『다양성과 차이를 존중하는 다문화 수업 설계의 이론과 실제』, 교육과학사, 2014, 15쪽에서 재인용.

11) 매일경제, 2008. 2. 10. 천호성 · 이경한, 「다문화 사회 도래와 다문화 교육」, 『다문화 사회와 다문화 교육』, 교육과학사, 2010, 23~24쪽.

가. 다문화사회의 진행 과정

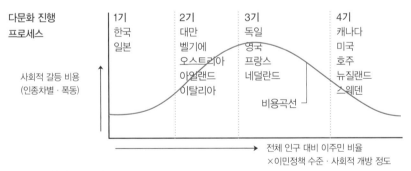

※ 자료:매일경제(2008.2.10)

〈그림 22〉 다문화 사회의 진행과정과 사회적 갈등 비용[11]

1기는 도입단계(이주민 5%) 이내로 이주민의 비율이 낮고 초보적인 이민정책 수준이어서 사회적 개방 수준이 미미하여 갈등이 비교적 미약하고, 그에 따른 비용 지출도 많이 발생하지 않는 시기다. 2기는 이주민 유입이 본격화되는 단계(5~10%)로 제도적 정비가 이를 따라가지 못해 사회적 비용이 급속히 증가하는 시기다. 3기는 다문화정책 기반이 미흡한 상태에서 이주민만 계속 밀려들어와 인종차별과 폭동사태 등 사회적 혼란이 큰 시기다. 4기는 다문화주의가 사회적으로 정착되어 차별 금지 및 평등제도화, 사회적 인식 변화, 소수자 지원과 참정권 인정, 기회평등에서 조건·과정·결과의 평등이 요구되는 시기다.[12]

그러나 모든 나라가 위와 같이 4단계의 과정을 통해 다문화사회로 진행되는 것은 아니다. 아일랜드는 당초 2기에 해당하였으나 10년 동안 외국인 이주민에게 참정권을 인정하는 등 삶의 만족도가 매우 높은 4기의 다문화주의 국가로 변신하였다. 지난 20년 동안 다문화사회정책을 적극 추진하여 3기에서 발생하는 사회적 비용을 최소화하면서 이주민의 뒷받침 하에 경제적으로 매년 8% 이상 성장하여 높은 소득 수준을 달성하기도 하였다.[13]

우리나라는 아직 1기에 해당한다. 이에 효율적인 다문화정책을 시행하여 2기와 3기에 지불해야 하는 사회적 비용을 최소화하고 4기로 도약해야 하는 과제에 당면해 있다.

12) 최충옥, 「외국 다문화 교육의 동향」, 경기도 다문화센터 편, 『다문화 교육의 이론과 실제』, 양서원, 2009, 114쪽.

13) 최충옥, 위의 논문, 같은 쪽.

나. 사회통합정책

1) 동화 모형과 다문화 모형

	동화 모형	다문화 모형
유사용어	용광로 유형(melting pot)	샐러드 그릇, 종족적 모자이크, 무지개 연합
지향(이상)	이민자가 출신국의 언어, 문화, 사회적 특성을 포기하고, 주류사회의 성원들과 차이가 없게 되는 것	이민자들이 출신국의 특성을 간직하면서 전체사회와 조화롭게 공존하는 것
유형	1960년대까지의 미국의 용광로 모형 프랑스 사회의 공화주의 모형	캐나다, 호주, 뉴질랜드 등

〈표 30〉 동화 모형과 다문화 모형

동화(assimilation)/용광로(melting pot)

동화는 미국에서 이민사회 연구의 전통적 모델이었다. 미국 사회는 동화를 통해 주류 사회에 적응하는 것을 당연시해 왔다. 동화는 이민자가 주류 사회의 지배적 가치와 규범에 접근하는 것으로서 문화적 영향이라는 면에서 일방적인 것이다.

용광로는 미국 문화가 마치 용광로처럼 작용하여 여러 다양한 이주민들의 문화가 미국 문화 속에 녹아 들어가서 더 새롭고 더 매력적인 문화를 만들어 낸다는 것이다. 미국의 아이덴티티가 급격히 변하는 것은 아니라는 점을 의미한다. 미국 문화가 스스로는 큰 변화를 겪지 않으면서 다른 문화를 녹여버리는 것이다. 2차 세계 대전 이후 유럽에서 백인 이민자가 많이 왔을 때 적용된 개념이다.

다문화/샐러드볼(salad bowl:tossed salad)

70년대 후반 아시아계, 히스패닉계 이주민 등 전 세계의 다양한 피부색의 인종이 미국에 거주하게 되면서 각각 고유문화를 간직하면서 하나로 융합되는 현상을 '샐러드볼'에 비유한 것이다. 녹아 없어지는 것이 아니라 샐러드볼의 다양한 채소들처럼 특징을 그대로 간직하면서 전체적인 '맛'을 한층 더 업그레이드 시킨다는 의미이다.

2) 문화 변용(acculturation)

슈만(Schuhmann, 1978)은 '문화변용(acculturation)' 모형이라는 이론을 내세워, 제 2언어를 배우려고 하는 집단 및 개인과, 그럴 의사가 없거나 그렇게 할 수 없는 집단 및 개인 간의 사회적 인식에 대한 차이를 설명하였다. 슈만에 따르면, 이것은 집단들이 서로를 어떻게 보느냐, 그리고 서로의 언어를 어떻게 보느냐에 달려 있다. 상위 계층은 하위 계층의 언어를 배우려고 하지 않는다. 예를 들어, 대영 제국 시기에 인도나 아프리카의 영국인은 인도어와 아프리카어를 배우려 하지 않았다. 즉, 사회적 지배 양상이 제 2언어를 배우려는 의지에 영향을 준 것이다.

자신들을 하위 집단으로 보는 소수 언어 집단은 세 가지 통합 전략을 가지고 있다. 이주민처럼 자신들의 생활 방식과 가치를 포기하고 언어를 잘 배우는 것(동화, assilmilation)과, 지배적 집단의 문화를 거절하고 언어 학습을 하지 않는 것(거절, rejection)과, 자신의 문화와 목표 집단의 긍정적 측면을 받아들이고, 제 2언어를 다양하게 습득하는 것(적응, adaptation)이 그것이다.[14]

동화는 사람들이 지닌 자신들의 세계관을 호스트 문화(host culture)의 세계관으로 바꾸는 재사회화 과정을 의미한다. 한편 적응(adaptation)은 사람

14) 스턴(H.H. Stern)지음, 심영택 외 역, 『언어교수의 기본 개념』, 도서출판 하우, 1995, 258~259쪽.

들의 세계관이 확대되어 호스트 문화의 행위와 가치관에 익숙해지는 것을 의미한다. 이것은 바꾸는 것(substitutive)이 아닌 '부가적인(additive)' 현상이다. 동화의 마지막 결과는 '새로운 사람'이 되는 것이다. 적응의 마지막 결과는 이중문화적(bicultural) 또는 다문화적인(multicultural) 사람이 되는 것이다. 이중문화 또는 다문화적인 사람은 자신의 사회화를 잃지 않으면서 새로운 모습을 지니게 된다.[15]

문화동화(assimilation) :
일반적 동화와 자발적 동화의 결합으로 나타난다. 문화동화가 발생할 경우 이민자 집단 또는 소수 집단에서 볼 때는 문화탈락(deculturation)이 일어나기도 한다. 이주민의 문화는 엄청난 규모의 문화접변을 겪으며, 때로는 거의 전적으로 호스트 사회의 문화에 동화되기도 한다.

문화접변/문화변용(acculturation) :
한 사회의 문화가 다른 사회의 문화와 접촉한 결과 변화를 겪는 과정을 가리키는 용어이다. 이주민의 동화가 일어날 경우 주류 사회 또는 이민을 받아들이는 호스트 사회는 일반적으로 심각한 변화를 겪지 않는 것으로 간주된다. 음식이나 복장, 음악이나 춤 등 외국의 문화 요소가 들어오면서 어느 정도 문화접변이 발생하는 것을 인정하기도 한다.

다. 한국에서 이주 문제의 동향과 다문화주의

한국에서는 압축적 근대화의 결과물로서 이주 문제가 발생하였다. 1988년 이후 이주 외국인들이 증가하면서 이주노동자들이 3D 업종에 종사하게 되었지만 현재까지 만족할 만한 제도적 장치는 없는 실정이다.

한국은 전 세계 184개국 가운데 아이슬란드와 함께 유일하게 단일문화를

15) 최윤희, 『문화 간 커뮤니케이션』, 커뮤니케이션북스, 2013, 96쪽.

고수하고 있는 국가로 분류되는 '한 핏줄-한 민족-한 문화' 신화를 대표하는 나라다. 단일민족주의, 순혈주의는 국제적 고립과 약화를 초래할 것이므로 다양성과 개방성을 추구해야 한다는 목소리 또한 높다.

단일민족 신화는 외세에 대항하기 위한 민족적 에너지의 결집 전략으로 발생한 것이다. 우리에게 처음으로 민족이라는 의식을 심어 준 것은 몽고의 침략이었다. 그 당시 많은 역사서들이 집필된 이유도 몽고의 침략으로 인한 아픔을 치유하고 민족의 자존심을 회복하기 위해서였다. 근대 한국의 단일민족주의는 일본 식민통치를 경험하고 주권을 빼앗긴 뼈아픈 경험에서 만들어진 것이다. 사실 근대에 이르기까지 '민족'이라는 용어는 우리 선조의 담론에 나타나지 않았다.[16)]

우리나라보다 일찍 다인종·다문화 국가가 된 여러 나라에서도 이민으로 인한 문제가 있었으며, 다양한 이민정책들이 실시되어 왔다. 예를 들어 독일은 터키 노동자(손님 노동자) 문제, 일본은 재일 한국인 및 일본 원주민(아이누족) 문제, 프랑스는 아프리카 마그랩(모로코, 튀니지, 알제리) 및 이슬람계 이주자 문제, 영국은 영연방 유색인 노동자 문제, 미국은 흑백 차별과 아시아·히스패닉 등 소수 인종 문제 등과 같은 문제들을 겪고 있다.[17)]

이를 해결하기 위한 이민자 통합 정책 유형은 차별 배제 모형(독일/한국/일본), 동화 모형(프랑스/영국/이태리), 다문화주의 모형(미국/캐나다/호주)으로 구분된다. 생산기능직 이주 노동자에게는 차별 배제 모형을, 전문기술직 이민자에게는 동화 모형 또는 다문화주의 모형을 적용하고 있으며 노동시장이나 사회 정책 영역에서는 동화 정책을, 교육 문화 정책에서는 다문화주의 정책을 시행하기도 한다. 그리고 프랑스의 경우 중앙 정부에서는 동화 정책을 유지하지만 지방정부와 현장에서는 다문화주의에 따른 원칙과 조례

16) 김연권, 「다문화사회와 다문화주의」, 경기도 다문화센터편, 『다문화 교육의 이론과 실제』, 양서원, 2009, 21쪽.

17) 최충옥, 「다문화사회와 다문화 교육정책」, 경기도 다문화센터편, 위의 책, 52쪽.

를 채택하고 있다.[18]

　한국에는 외국인 노동자보다 국제 결혼 가정의 비중이 훨씬 높다. 국제 결혼 이주 여성이나 남성, 그리고 그 자녀는 한국에 지속적으로 거주할 대상이라는 점에서 그 중요성이 더욱 크다. 이주 여성에 대한 정책 또한 순혈주의에 근거한 동화주의 원칙을 고수하고 있으며, 다문화 사회의 대등한 주체로 평가하지 않고 있다. 한국에서는 다문화 가정 구성원들이 한국 사회의 구성원으로서 당당한 지위를 누리고 살아갈 수 있는 각종 지원과 정책 마련이 시급하다.

　이주 여성들은 자신의 정체성을 '영원한 한국인'으로 규정하고 있지 않다. 이주 여성들은 결혼으로 인해서 한국에 거주하게 되었지만, 10년 후 살고 싶은 나라가 모국인 경우가 36.1%, 은퇴 후 살고 싶은 나라가 모국인 경우가 46.7%로 상당히 많은 수가 미래에 거주하고 싶은 나라로 모국을 꼽았다.[19] 이주 여성들은 한국을 자신들이 계속 거주해야 할 곳으로 생각하지 않고 있다. 또한 문화적으로 가장 어려운 점으로 '모국의 문화를 즐길 기회 없음'이 9.7%, 역점을 두어야 할 정부 지원 문화프로그램으로 '모국의 문화 예술 관람/교육'이 9.6%로 나타났다. 이주 여성들은 한국에서 살아가면서도 여전히 자국 문화를 즐기고 싶어 하고 있는 것이다.[20] 이러한 결과는 이주 여성들이 현재 한국에 거주하고 있다고 해서 이들을 대상으로 하는 '한국인 만들기' 동화주의 정책은 실효를 거둘 수 없다는 것을 보여준다. 인식의 차원에서 자문화와 타문화의 비교를 통해 다문화적 삶의 총체적 이해로 나갈 수 있게 하는 다문화 교육 방안이 요구된다.

18) 설동훈 외, 『국제 결혼 이주 여성 실태조사 및 보건복지 지원정책 방안』, 보건복지부, 2006, 최충옥, 다문화사회와 다문화 교육정책, 경기도 다문화센터편, 위의 책, 52쪽에서 재인용.

19) 정갑영 외, 『〈표 23〉 모국 생활과 비교 : 소득, 행복도, 스트레스 / 살고 싶은 나라』, 『2010 이주민 문화향수실태조사』, 한국 문화관광연구원, 2010, xⅷ쪽.

20) 정갑영 외, 위의 보고서, xⅲ쪽.

〈연도별 인구 대비 체류 외국인 현황〉[21]

연도별 인구대비 체류외국인 현황('18~'24년) : 전체 인구 대비 체류외국인 비율은 코로나19의 영향으로 2019년 4.87%에서 2021년 3.79%까지 감소하였다가 2023년 4.89%, 2024년 5.2%로 증가하였다.

단위:천명

	2020년	2021년	2022년	2023년	2024년
전체 인구	51,829	51,639	51,439	51,325	51,217
체류 외국인	2,036	1,957	2,246	2,508	2,651

단위:명

구분	2020	2021	2022	2023	2024
전체 인구	51,829,023	51,638,809	51,439,038	51,325,329	51,217,221
체류 외국인	2,036,075	1,956,781	2,245,912	2,507,584	2,650,783

〈표 31〉 연도별 인구대비 체류 외국인 현황

〈등록외국인 자격별 현황〉[22]

(2024. 12. 31. 현재, 단위: 명)

계	문화 예술 (D-1)	유학 (D-2)	일반연수 (D-4)	종교 (D-6)	상사주재 (D-7)	기업투자 (D-8)	무역경영 (D-9)	교수 (E-1)
	52	178,107	79,805	1,736	1,030	8,321	2,467	1,801
	회화지도 (E-2)	연구 (E-3)	기술지도 (E-4)	전문직업 (E-5)	예술흥행 (E-6)	특정활동 (E-7)	계절근로 (E-8)	비전문취업 (E-9)
1,488,353	13,348	3,397	208	2130	4,013	62,975	19,690	328,114
	선원취업 (E-10)	방문동거 (F-1)	거주 (F-2)	동반 (F-3)	영주 (F-5)	결혼이민 (F-6)	방문취업 (H-2)	기타
	21,548	96,797	61,039	51,298	202,738	146,672	91,818	111,166

〈표 32〉 체류 외국인 자격별 현황

21) 법무부, 출입국 통계, https://www.moj. go.kr/moj/2412/ subview.do, 2025년 2월 5일 검색.

22) 출입국 외국인 정책 통계 월보 2024년 12월호.

〈국민의 배우자(결혼이민자) 체류 현황〉

• 연도별 증감 추이

(현재, 단위: 명)

연 도	2019년	2020년	2021년	2022년	2023년	'23년 12월	'24년 12월
인원	166,025	168,594	168,611	169,633	174,895	174,895	181,436
전년대비 증감률	4.3%	1.5%	*0.01%*	0.6%	3.1%		3.7%

〈표 33〉 국민의 배우자(결혼이민자) 연도별 증감 추이

〈국민의 배우자(결혼이민자) 국가별 · 성별 현황〉

• 국적별·성별 현황

(2024. 12. 31. 현재, 단위: 명)

국적 구분	총계	중국	한국계	베트남	일본	필리핀	태국	미국	캄보디아	기타
전체	181,436	60,681	*(20,878)*	41,779	16,214	12,794	9,751	5,308	4,897	30,012
	100%	33.4%		23.0%	8.9%	7.1%	5.4%	2.9%	2.7%	16.5%
남자	35,705	14,098	*(8,165)*	5,025	1,329	643	146	3,562	921	9,981
	19.7%									
여자	145,731	46,583	*(12,713)*	36,754	14,885	12,151	9,605	1,746	3,976	20,031
	80.3%									

〈표 34〉 국민의 배우자(결혼이민자) 국가별 · 성별현황

03 다문화 사회에서의 한국어 교육 *

가. 한국의 다문화 교육 상황

1) 다문화 교육의 대상

외국인 근로자와 자녀 대상 : 지역 NGO, 외국인 근로자 센터, 시 · 도 교육청

국제결혼자와 자녀 대상 : '여성'에 집중. 여성가족부, 보건복지부, 법무부, 교육인적자원부, 고용노동부, 문화체육관광부, 시도교육청, 유네스코 한국 위원회

북한 이탈주민 가정 자녀 : 대안학교

종류	사업명	사업내용 (목적, 대상, 내용 등)	비고 (사업 예 등)
기본 사업	한국어 교육	– 체계적인 한국어교육을 실시하여 결혼 이민자들의 한국 사회 적응을 돕고 안정적 조기 정착 지원 – 결혼 이민자 대상 수준별 반 편성을 통한 단계별 한국어 교육 실시 (5단계 과정 : 초급1 · 2, 중급1 · 2, 고급)	집합교육, 방문교육, 온라인교육, 방송교육 병행

종류	사업명	사업내용 (목적, 대상, 내용 등)	비고 (사업 예 등)
기본 사업	다문화 사회 이해 교육	– 결혼 이민자들이 가정, 지역 사회 및 한국 생활 전반에 대해 쉽게 적응할 수 있도록 지원 – 결혼 이민자 대상 우리나라의 법률 및 인권, 결혼과 가족의 이해, 다문화 가족 생활교육 등을 강의·체험 방식 등을 병행하여 진행	
	가족 교육	– 의사소통 미숙 및 부재로 인한 가족 간 갈등을 예방하고 가족 구성원 교육을 통해 가족 내 역할 및 가족 문화에 대한 이해력 향상 – 다문화 가족 대상 가족 전체 통합 교육, 시부모교육, (예비)배우자 교육, 자녀 지원 프로그램 운영 등 다양한 교육 프로그램 진행	
	가족 개인 상담	– 결혼 이민자와 그 가족의 문제를 파악하고 심리·정서적 지원 – 부부·부모·자녀·성·경제 문제 등 결혼이민자와 그 가족들의 문제를 파악하고 심리·정서적 지원 및 정보 제공	
	취업 연계 및 교육지원	– 다문화 가족의 경제 활동 참여를 위해 지역 특성 및 결혼 이민자의 수요 등을 고려하여 취업 연계 준비 프로그램 운영	
종류	자조 모임	– 서비스 수요 분석에 기반하여 센터 내 기존 프로그램 및 외부 기관과의 연계를 통해 멘토 양성·활동 – 센터와 지자체 협력을 통해 법률 지원, 가사 도우미 등 서비스 영역별로 지역 사회 인적 자원을 활용하여 다문화 가족 자원 봉사단 구성·운영	
	멘토링, 자원봉사단 등 지역사회 민간자원 활용 프로그램	– 건강하게 정착한 다문화 가족이 봉사자로 활동하여 다문화 가족의 자긍심 향상 및 지역 사회 인적 자원 활용	
	다문화 인식 개선사업	– 결혼 이민자들과 지역 사회 구성원들이 다양한 문화를 체험하는 기회를 통해 서로에 대한 이해를 높이고 공동체 의식 함양	
	지역 사회 협력 네트워크 강화	– 지역 사회 내 다문화 가족 지원 사업이 통합적, 체계적, 효율적으로 추진될 수 있도록 서비스 전달 체계 구축 및 서비스 제공 기관 연계	

23) 여성가족부 홈페이지
http://liveinkorea.kr

〈표 35〉 여성가족부 다문화 가족 지원 사업[23]

여성가족부에서는 다문화 가족을 위한 가족 교육·상담·문화 프로그램 등 서비스 제공을 통해 결혼 이민자의 한국 사회 조기 적응 및 다문화 가족의 안정적인 가족 생활을 지원하고 있다.

주요 사업으로는 다문화 가족 한국어 교육, 다문화 가족 아동 양육 지원, 임신·출산 지도 서비스 등의 '방문 교육 사업'이 있다. 또 의사소통이 어려운 결혼 이민자에게 통·번역 서비스를 제공하는 '결혼 이민자 통·번역서비스 사업'이 있다. 다문화 가족의 자녀에 대한 체계적이고 전문적인 언어 발달을 지원하는 '다문화가족 자녀 언어 발달 지원사업', 다문화 가족 자녀 대상의 결혼 이민자 주요 출신국 언어 수업을 진행하는 '언어 영재교실 사업'이 있다.

나. 한국어 교실에서의 다문화 교육

1) 다문화 교육의 목표

뱅크스(Banks, J. A.) 다문화 교육의 목표[24]

다문화 교육은 교육적 불평등 해소와 기회 균등, 그리고 모든 학생들의 학업 성취 및 민주 사회의 구성원으로서의 기능과 비판적 안목 육성을 추구한다. 뱅크스가 제시한 여섯 가지 목표를 살펴보면 다음과 같다.

첫째, 다문화 교육은 자기 이해의 심화를 추구한다. 사회를 자신의 문화적 관점에서만 파악하면 편협한 시각을 갖게 된다. 이해와 지식을 통해 존경이 나올 수 있다. 다문화 교육은 다른 문화의 관점을 통해 자신의 문화를 바라보게 함으로써 자기 이해를 증진시키는 것을 목표로 한다.

24) 모경환, 「다문화 교육의 개념과 목표」, 경기도 다문화센터 편, 『다문화 교육의 이론과 실제』, 양서원, 2009, 105~106쪽에서 재인용.

둘째, 다문화 교육은 주류 교육 과정에 대안을 제시하는 것을 목표로 한다. 미국의 경우 교육 과정이 백인 중심으로 진행되었다. 백인 중심의 교육 과정은 백인 학생들에게는 소수 민족 문화의 풍부함을 가르치지 않고, 소수 민족 학생들은 이질적인 교육 과정과 학교 문화 때문에 사회에서 필요한 기능을 습득할 수 없다. 따라서 백인 중심 교육 과정은 주류 학생과 유색 인종 학생 모두에게 해로운 영향을 미친다.

셋째, 다문화 교육은 모든 학생들이 다문화 사회에서 요구되는 지식과 기능, 태도를 습득하는 것을 목표로 한다. 백인 학생들은 흑인 영어의 독특함을, 흑인 학생들은 주류 사회에서 성공할 수 있도록 표준 영어를 배울 수 있다.

넷째, 다문화 교육은 다문화 가정 자녀들이 인종적 · 신체적 · 문화적 특성 때문에 고통과 차별을 감소시키는 것을 목표로 한다. 소수계 학생들이 학교와 주류 사회에 동화되어 성공하기 위해 의도적으로 자신들의 민족적 유산과 정체감, 가족마저 부인하는 경우가 있다. 민족적 정체감은 자아 정체감을 구성하는 중요한 부분인데, 민족적 문화와 정체성을 거부하는 것은 소수 민족 집단의 사회화 과정에 악영향을 미친다.

다섯째, 다문화 교육은 학생들이 전 지구적(global)인 테크놀로지 세계에서 살아가는 데 필요한 읽기, 쓰기, 그리고 수리적 능력을 습득하도록 돕는 것이다.

여섯째, 다문화 교육은 다양한 집단의 학생들이 자신의 공동체에서 제 구실을 하는 데 필요한 지식, 태도, 기능을 습득하도록 도와주는 것이다. 다문화 교육의 목표는 소수자를 위한 배려와 교육의 기회 균등 추구, 시민 자질 육성, 역량 함양 등으로 나누어진다. 이러한 목표는 인성과 지성,

전 세계 공동체 구성원으로서의 자질 등을 포함하는 것으로 구체적인 교수 · 학습 방안을 통해 성취되어야 한다.

2) 다문화 교육의 영역

뱅크스(Banks, J. A.)에 따르면 다문화 교육은 〈그림 23〉과 같이 내용 통합, 지식 구성 과정, 편견 감소, 평등한 교수법, 학생들에게 기회를 제공하는 학교 문화와 사회 구조의 다섯 차원으로 구성된다.[25]

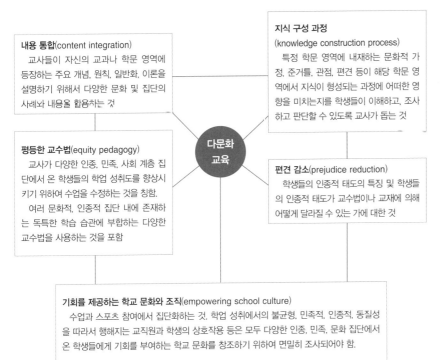

〈그림 23〉 다문화 교육의 영역

25) Banks, J. A., C. A. M. ed, 2004, *Handbook of Research on Multicultural Education*, Boston : Allyn and Bacon, 뱅크스(Banks, J. A.) 저 · 모경환 외 역, 『다문화 교육입문』, 아카데미프레스, 2008, 45쪽; 모경환, 「다문화 교육의 개념과 목표」, 『다문화 교육의 이론과 실제』, 양서원, 2009, 99~100쪽에서 재인용.

다. 유능한 다문화 교사의 조건

1) 유능한 다문화 교사가 되기 위해서 갖추어야 할 사항[26]

가) 다문화 교육의 주요 패러다임에 대한 지식

나) 다문화 교육의 주요 개념에 대한 지식

다) 주요 민족 집단에 대한 역사적, 문화적 지식

라) 교육 과정과 교수법을 어떻게 다양한 문화, 민족, 언어, 사회 계층 출신의 학생들이 지닌 독특한 요구에 적용할 것인가에 대한 교수법적 지식

2) 다문화적 효능감[27]

'다문화적 효능감(multicultural efficacy)'은 교사가 학습 곤란을 겪고 있는 학생들을 포함하여 모든 학생들이 잘 배우도록 지도할 수 있다고 스스로 믿는 자신감을 의미한다(Guskey & Passaro, 1994). 교사의 긍정적인 기대와 스스로의 지도 능력에 대한 교사의 자신감은 학생들이 학교에서 성공을 경험하는 중요한 요인이다.

페인(Payne 1994)은 교사가 자신과 다른 문화적, 경제적 배경 출신 학생들을 가르치는 상황에 있다면 반드시 자신의 신념을 점검해야 한다고 주장한다.

빌리가스와 루카스(Villegas & Lucas 2002)는 문화적 감수성이 있는 교사(culturally responsive teacher), 즉 다양한 문화의 학생들을 적절하게 지도할 수 있는 교사가 갖추어야 할 여러 자질 중에서 교사 스스로 학교를 더 평등하게 만들기 위해 노력해야 할 책임이 있고, 스스로를 그러한 능력을 갖춘 존재로 인식하는 것, 즉 다문화적 효능감을 중요한 요인으로 보고 있다.

26) 뱅크스 저·모경환 외 역, 앞의 책, 아카데미프레스, 2008, 78쪽.

27) 뱅크스 저·모경환 외 역, 위의 책, 13쪽.

3) 편견 감소 가이드라인[28]

가) 다양한 민족, 인종 집단의 긍정적이고 현실적인 이미지를 수업 교재에 일관되고 자연스럽고 통합적으로 포함시켜라.

나) 학생들이 타 인종, 타 민족 집단 구성원들의 얼굴을 구별할 수 있도록 도와라. 가장 좋은 방법은 교육 과정에 이러한 집단 구성원들의 다양한 얼굴을 자연스럽게 등장시키는 것이다.

다) 학생들을 다양한 인종 민족 집단과 함께하는 간접 경험에 참여시켜라. 영화, 비디오, DVD, 아동 문고, 기록물, 사진, 기타 간접 경험물을 이용하여 학생들이 다양한 인종, 민족, 문화, 언어 집단의 구성원들을 경험하도록 하라.

라) 만약 당신이 다인종 학교에서 가르친다면, 학생들을 체계적으로 인종 간 접촉 상황에 참여시켜라. 효과적인 인종 간 접촉 상황은 알포트 (Allport)가 묘사한 네 가지 특징(평등한 지위, 공통의 목표들, 이질 집단 간 협동, 권위·법·관습의 지원)을 충족시키는 것이어야 한다.

마) 유색 인종 학생들에게 언어적·비언어적 형태의 긍정적 격려를 제공하라.

바) 다양한 인종·민족 집단 출신의 학생들을 협동 학습 활동에 참여시켜라.

라. 다문화 교육 대상

다문화 교육 대상은 소수자 적응 교육, 소수자 정체성 교육, 소수자 공동체

28) 뱅크스 저·모경환 외 역, 위의 책, 155~156쪽.

교육, 다수자 대상 소수자 이해 교육의 네 가지 차원으로 구분할 수 있다.[29]

차원	특징
소수자 적응 교육	• 동화주의자 관점에 기초함 • 소수자의 주류 사회로의 동화에 초점을 둠 • 기초 학습 능력, 한글 능력 향상, 한국 문화 이해에 관심
소수자 정체성 교육	• 다문화주의자의 관점에 기초함 • 소수자의 정체성 함양에 초점을 둠 • 소수자의 고유한 특성을 인정함
소수자 공동체 교육	• 소수자의 정서적 지지를 위한 정서적 지원망 확보에 초점을 둠 • 소수 인종 문화 집단 간, 소수 집단 내의 갈등 발생 시 갈등을 경감, 사고의 지평 확대에 초점을 둠
다수자 대상의 소수자 이해 교육	• 다수자를 대상으로 소수자에 대한 차별과 편견의식을 극복하는 데 초점을 둠

〈표 36〉 다문화 교육 대상의 차원

1) 소수자 적응 교육

소수자 적응 교육은 주류 사회가 새로운 이주자를 받아들이는 첫 단계에서 사회 통합을 위해 보편적으로 행해지는 교육으로 학교에서 가장 많이 행해지는 교육 모델이다. 결혼 이민자, 국제 결혼 자녀와 같이 소수자들이 한국 문화에 잘 적응하도록 하여 사회적 통합을 유지하도록 하기 위한 것이다. 기초 학습 능력, 한국어 능력 향상, 한국 전통 요리, 한국 예절, 한국 전통 문화 등에 관한 내용 및 학교 생활 적응 방안을 교육 내용으로 한다.

2) 소수자 정체성 교육

소수자 정체성 교육은 소수자의 정체성 함양에 초점을 맞추고 있다. 언어

29) 신재한 · 김재광 · 김현진 · 윤영식 공저, 위의 책, 33~34쪽.

를 정체성 형성의 중요한 요소로 보고 소수자들을 새로운 가능성을 지닌 존재로 평가하여, 한국에 적응하도록 강요하기보다는 한국어와 소수자 출신 국가 언어를 모두 가르치는 이중 언어교육을 장려한다. 또한 소수자 출신 국가의 문화를 가르치는 것도 주요 교육 내용으로 한다.

3) 소수자 공동체 교육

소수자 공동체 교육은 문화적 소수자와 다수자 사이의 바람직한 관계 형성에 초점을 둔다. 이는 다수자뿐만 아니라 다양한 문화적 소수자들 간의 관계 맺음을 위해서도 매우 중요하다. 따라서 한국 사회라는 공통적인 공간에서 더불어 살아가는 소수자 공동체들 간에도 타문화를 문화상대주의적 태도로 바라보며 상호 존중하고 인정할 수 있도록 하는 것을 중요 내용으로 한다.

4) 다수자 대상의 소수자 이해교육

다수자를 대상으로 하는 소수자 이해교육은 소수자에 대한 차별과 편견 의식을 극복하고 인종, 계층, 성, 종교, 언어, 거주지 등의 다양성을 존중하는 교육이다.

다문화 사회에서 함께 어울려 살아가는 것은 다수자나 소수자 어느 한 쪽의 노력만으로 되지 않는다. 소수자는 소수자로서 적응과 통합을 위해 노력해야 하고, 다수자는 인정과 포용을 위해 노력해야 한다. 즉 다문화 사회에서 교육은 소수자에게만 필요한 것이 아니라 다수자에 대한 균형 있는 교육이 필요하다는 전제에서 실시되는 것이다.

마. 다문화 교육의 내용

문화는 그 자체로 우월한 것과 열등한 것이 없다. 다문화 교육의 내용은 주류와 비주류, 강대국과 약소국, 중심 국가와 주변국이라는 개념 없이 다문화 향유의 주체들이 다양한 문화들을 소개하고 자문화와 비교하며 문화의 다양성을 즐기는 방향으로 구성되어야 한다. 다문화 교육을 위한 교수·학습 프로그램은 편견과 소외를 넘어서 다양성을 즐기는 축제의 장이 되어야 한다.

영역	교육 내용
문화	• 각 문화 간 유사성과 차이점의 특징 알기 • 각 문화에 대한 이해 및 존중심 기르기 • 문화 간 긍정적 태도 발달시키기
협력	• 다양한 사람들과 상호 작용 및 협동 능력 증진하기
반 편견	• 선입견, 편견, 고정 관념에 비판적 사고 형성하기 • 문제 상황에 대처 능력 기르기
정체성 형성	• 긍정적 개념 기르기 • 개인 정체감 및 집단 정체감 형성하기
평등성	• 국가, 민족, 성, 능력, 계층에 대한 긍정적 태도 가지기 • 인간이 평등하다는 가치 형성하기
다양성	• 다양한 개인과 집단의 존재 인정하기 • 다양성을 존중하는 마음 갖기

〈표 37〉 다문화 교육 과정 영역별 교육 내용[30]

30) 구정화·박윤경·설규주, 『다문화 교육 이해』, 동문사, 2009, 215~216쪽.

연구	내용
김갑성(2007)	• 다른 나라의 전통 의상 및 인사 • 전통 의상, 주식, 특색품 • 외국의 노래
김원호(2007)	• 명절 • 음식
신영민(2005)	• 다양하고 민주적인 교육 내용 • 사회 문제를 다룰 수 있는 내용 • 지역 사회와의 관련성 강조
오은순 외(2007)	• 다문화경험 • 다문화적 주제와 사건 다루기 및 문제 해결 등 • 자문화와 타문화의 공통점과 차이점
장영희(1997)	• 다문화적인 사건, 주제, 문제 • 문화적으로 복합적인 사회에서 사회 · 정치 · 경제적 실체 • 문화 · 인종 · 성 · 민족 · 종교 · 사회 · 경제적 지위 등의 다양성
장용석(2007)	• 외국의 음식, 전통문화
조영달 외(2006)	• 프랑스의 법을 습득하도록 하는 시민교육 실시
APCEIU (2006)	• 음식 • 놀이 • 역사 • 풍습
코엘로(Coelho(1998))	• 특별 행사로서 아프리카 전통의 달, 동남아시아 역사의 달
마츠모토 (2007)	• 다문화 커뮤니케이션 • 외국음식

〈표 38〉 다문화 교육을 위한 교수 · 학습 내용[31]

다문화 교육의 내용은 전통문화 소개하기, 다문화적 이슈 등에 관한 토론 등이 주류를 이룬다. 이러한 내용은 초등학교나 중등학교 학생들을 대상으로 한 것이다. 한국어 교실에서는 이러한 내용을 기반으로 하여 성인 학습자 대상 한국 문화에 대한 비교 항목을 구성할 수 있다. 한국어 교실에서 한국 문화 교육은 한국 문화에 대한 교수 · 학습이 주를 이루면서 학습자들의 문화 비교를 부수적으로 설정하는 경우가 대부분이다. 그러나 한국어 교실에서 다문화 교수 시에는 한국 문화도 다양한 여러 나라 문화의 하나로서 동등한 지위를 설정해야 한다.

31) 오은순, 「다문화 교육을 위한 교수 · 학습 프로그램」, 경기도다문화센터 편, 앞의 책, 174쪽. 표 안의 책은 196쪽 〈더 읽을거리〉에 정리해 두었다.

다문화 교육의 방법은 학습자 중심, 과정 중심으로 설계되어 학습자들이 학습 내용을 개인화시킬 수 있도록 설계되어야 한다. 그러기 위해서는 현장 중심, 체험 중심의 활동 위주의 교수 · 학습 방안을 설계하는 것이 바람직하다.

다음은 다문화 교육을 위한 교수 · 학습 방법에 관한 연구를 요약한 것이다.[32]

연구	방법
김갑성(2007)	• 외국 물건 전시회 • 외국인 교사가 자국 문화 소개
김원호(2007)	• 음식축제 • 미국인 학교와 교류(상호 수업 참관, 체육대회, 교환수업 등) • CCAP 통해 원어민 만남 • 국제이해교육 위해 휴일과 홈페이지 활용 • 국제이해와 관련한 다양한 주제의 동아리반 운영
박선영(2005)	• 보고 듣고 경험하기 → 친밀감 가지기 → 편안함 갖기 → 연계성 느끼기 → 공감/감정 이입하기 → 인식과 행위 통합하기
박정문(2006)	• 생활 주변의 소재를 주위의 다른 문화와 비교 • 역할극 • 더 많은 문화적 경험 제공 • 다양한 교과에 분산되어 있는 교육 내용 통합 • 외국인과 직접 교류할 수 있는 기회 제공 • 외국인 노동자들과의 교류, 국제 결혼을 통해 한국에 거주하고 있는 인적 자원 활용 • 감각적이고 멀티미디어적인 자료 • 다문화 관련 교과 개발
손소연(2006)	• 외국인 근로자 학부모 참여 위해 '근로자의 날'에 체육대회 개최
양영자(2006)	• 다문화 주제 신문 스크랩 및 관련 글쓰기
정선희(1997)	• 다문화 교실환경 : 언어, 블록, 극 놀이 음악 및 게임, 요리 • 시각적 · 심미적인 환경 구성, 책, 극 놀이 자료, 미술자료, 인형, 조작놀이 자료

32) 오은순, 위의 논문, 175쪽.

연구	방법
정선희(1997)	• 교사들이 정확하고 편견 없는 정보 제공 • 다른 인종이나 민족, 나라에 대한 교사의 풍부한 지식 • 다문화 교육에 관한 교사의 확고한 신념 • 유아들의 선 경험과 문화적 배경 파악 • 편견이나 고정관념을 담지 않은 대화 방법 • 수용적이고 관대한 분위기
Ramsey (2004)	• 사진 속에서 다양한 인종 골라내기 • 다양한 인종의 사진, 인형 등 활용해 짝지어보기 • 친숙하지 않은 방식으로 가족 활동(예: 요리, 식사, 등교)을 하고 있는 사람들의 사진 보여주기 • 다른 언어로 된 노래나 이야기 들려주기 • 친숙하지 않은 음식 먹기 • 다양한 문화 집단을 나타내는 옷, 도구, 재료들 가지고 놀기 • 자신과 다른 언어를 말하는 친구들과 놀기 • 다양한 신체, 얼굴색, 눈동자, 색, 머리카락 등에 초점을 두어 활동 • 자기 가족만의 전통적인 일상 묘사해 보기

〈표 39〉 다문화 교육의 방법

다문화 교육 방법이 '외국인과의 소통'을 주제로 하고 있는데, 한국어 교실은 이미 다양한 국적의 외국인들로 구성되어 있으므로 여러 다양한 활동들을 기획하여 실행할 수 있다. 간단한 활동으로는 자기 나라 물건 가져와서 소개하기, 음식 축제, 자기 나라 문화 소개하기, 신문 만들기, 말하기 대회, 글쓰기 대회 등이 있다. 한국어 교실은 그야말로 '다문화의 장'이다. 이러한 조건을 십분 활용하여 '다문화 축제의 장'으로 만드는 것은 한국어 교사의 노력에 달려 있다.

더 읽을 거리

권순희 외, 『다문화 사회와 다문화 교육』, 교육과학사, 2010.

김갑성, 「어, 선생님이 바뀌었어요」, 2007년도 제4차 국제이해교육포럼−다문화사회를
위한 협력, 아태국제이해교육원, 2007.

김원호, 「신임교사의 좌충우돌 국제이해교육 체험」, 2007년도 제4차 국제이해교육포
럼−다문화사회를 위한 협력, 아태국제이해교육원, 2007.

마츠모토 쿠미히코, 「야마가타현의 다문화 가족 정책의 성과」, 『미래사회의 다문화 가족
국제 심포지움 자료집』, 평택대학교 다문화가족센터 주최, 2007.

박선영, 「다문화 교육 활동이 유아의 정서 지능에 미치는 영향−문학과 음악의 통합적인
접근을 중심으로」, 신라대학교 대학원 석사학위논문, 2005.

박정문, 「초등학생의 다문화 학습활동에 관한 반성적 실천 연구」, 경남대학교 대학원 박
사학위논문, 2006.

신영민, 「문화인류학적 접근을 중심으로 한 다문화 미술교육 방안 연구」, 한국교원대학
교 대학원 석사학위논문, 2005.

신재한 외, 『다양성과 차이를 존중하는 다문화 수업 설계의 이론과 실제』, 교육과학사,
2014.

오은순 · 강창동 · 진의남 · 김선혜 · 정진웅, 「다문화 교육을 위한 교수학습 지원 방안
연구(Ⅰ)」, 『한국 교육 과정평가원 연구보고 RRI 2007−2』, 2007.

장영희, 「유아를 위한 다문화 교육의 개념 및 교수 방법에 대한 이론적 고찰」, 『성신 연구
논문집』제35집, 1997, 295~314쪽.

장용석, 「몽골소녀 윤수경(말없는 아이)」, 2007년도 제4차 국제이해교육포럼−다문화
사회를 위한 협력, 아태국제이해교육원, 2007.

장인실 외, 『다문화 교육의 이해와 실천』, 학지사, 2012.

조영달 · 윤희원 · 권순희 · 박상철 · 박성혁, 「다문화 가정 교육 지원을 위한 자료 개발
연구」, 『교육인적자원부 정책연구과제 2006−지정−21』, 2006.

APCEIU, 「바팔라 파에를 선물하고 전통의상을 입으면 어엿한 성인」, 『국제이해교육』
가을 · 겨울 통권 17호, 2006.

Coellho, *Teaching and Learning in Multicultural Schools,* UK:Multilingual Matters
Ltd, 1998.

제 6 장

한국어교육과
문화콘텐츠

01

문화 산업과 문화콘텐츠 *

가. 문화 산업의 이해

문화는 '소프트 파워'로 불린다. 소프트 파워는 군사력, 경제 등 물리적인 힘을 지칭하는 '하드 파워'에 대응되는 개념이다. 강제력 등의 물리적인 힘이 아닌 자발적인 행동을 이끌어내는 매력을 말한다. 이 단어를 처음 사용한 사람은 하버드 대학교 케네디 스쿨의 조지프 나이(Joseph S. Nye) 석좌교수다. 소프트 파워는 교육, 학문, 예술, 과학, 기술 등의 이성적, 감성적, 창조적 분야를 포함한다. 조지프 나이는 "한 나라의 소프트 파워는 주로 세 가지 형태의 자원에 좌우된다. 즉(호감을 사고 있는 지역에서의) 그 나라 문화와, (국내 외에서 그대로 따르고 지키는) 그 나라의 정치적 가치관, 그리고 (정당하고 도덕적 권위를 지니는 것으로 인식되는) 그 나라의 대외정책이다."라고 했다. 여기서 문화는 어느 사회에서 의미를 만들어내는 가치 체계와 관행으로 문학, 미술, 교육처럼 엘리트층에 어필하는 고급문화와 일반 대중의 오락거리에 초점을 맞춘 대중문화가 해당된다.[1] 지금까지 각국 간의 질서를 지배했

1) 조지프 S. 나이(Joseph S. Nye) 지음, 홍수원 옮김,『소프트파워』, 세종연구원, 2004, 21~72쪽.

던 힘은 군사력, 경제력이었다. 이와 비교하여 소프트 파워의 면면을 살펴보면 다음과 같다.

	행위	주요 수단	정부의 정책
군사력	강제력, 억지력, 보호	위협, 군사력 행사	강압적 외교, 전쟁, 동맹
경제력	유인, 강제	보상, 제재	원조, 매수, 제재
소프트 파워	매력, 어젠다 설정	제반 가치, 문화, 제반 정책, 제도	일반 외교 활동, 쌍무적·다변적 외교활동

〈표 40〉 파워의 3가지 형태[2]

글로벌화되어가는 정보화 시대에서 소프트 파워의 중요성이 점점 더 커지고 있다. 문화는 이전에 군사력이나 경제력을 넘어서서 보이지 않는 힘으로 다가오고 있다. 미국의 코카콜라, 헐리우드 영화, 맥도날드 등이 세계 여러 나라에 퍼져 맹위를 떨친 것처럼, 한국의 문화가 '한류'라는 바람을 타고 낯선 땅에 뿌리내리는 것도 모두 이러한 문화의 힘이다. 이러한 문화가 자본과 결합하면서 새롭게 탄생된 산업이 바로 '문화 산업'이다.

문화를 하나의 산업으로 인식하는 문화 산업(cultural industry)이라는 개념은 제 2차 세계대전 중 프랑크푸르트 학파(Hokheimer, Adorno, Marcus 등)에 의해 처음으로 사용되었다. 그 후 문화 현상에 관한 논의를 전개함에 있어서 창작(creation)과 산업(industry), 문화(culture)와 시장(market forces), 원작(original works)과 대량(multiple copies)의 복제품, 문화다원주의(cultural pluralism)와 기호의 표준화(standardization of tastes)의 관계를 논의하는 과정에서 하나의 산업으로 인식해야 할 필요성이 커지게 되었다. 1950년대 이후 각종 매스 미디어의 발달로 대량 복제, 대량 전파가 가능해짐에 따라 대중

2) 조지프 S. 나이, 위의 책, 71쪽.

들이 문화를 접할 수 있는 기회가 늘어나게 되었으며, 대중문화가 출현하여 확산되었다. 이렇게 문화는 점차 관념적인 엘리트 문화뿐만 아니라 인간의 생활양식과 연관된 모든 분야를 포함하는 것으로 받아들여지게 되었으며 나아가 미디어를 통해 이윤창출이 가능한 것들을 중심으로 급속하게 상업화 되어 문화 산업이라는 개념까지 도입하게 되었다.[3]

　　우리나라에서 사용되고 있는 문화 산업의 개념은 1999년 2월 제정되고 2002년 1월 전문 개정된 '문화산업진흥기본법'에서 구체적으로 정의되어 있다. 이 법은 '문화 산업'을 "문화상품의 개발, 제작, 생산, 유통, 소비 등과 이에 관련된 서비스를 행하는 산업"이라고 정의하고 있으며 '문화 상품'은 "문화적 요소가 체화되어 경제적 부가가치를 창출하는 유·무형의 재화(문화 관련 콘텐츠 및 디지털문화콘텐츠 포함)와 서비스 및 이들의 복합체"라고 규정하고 있다.[4]

3) 김재범, 『문화산업의 이해』, 도서출판 서울경제경영, 2005, 6쪽.

4) 김재범, 위의 책, 5쪽.

5) 정창권, 『정창권 교수의 문화콘텐츠학 강의(깊이 이해하기)』, 커뮤니케이션북스, 2007, 8~9쪽.

나. 산업 유형의 변화

1) 시대에 따른 산업 유형의 변화

1990년대	굴뚝산업 시대(노동과 기술 집약적인 제조업)
1990년대 이후	IT 산업, 전자 정보 산업
1990년대 중반 이후	디지털 기술을 통한 문화콘텐츠 산업이 급속히 성장

〈표 41〉 산업 유형의 변화[5]

출처 : 문화관광부 정책자문위원회(2007), 〈미래의 문화, 문화의 미래〉

〈그림 24〉 한국 산업 구조의 변천 과정[6]

2) 산업 유형의 변화와 패러다임

구분	굴뚝산업	정보산업	문화산업
핵심가치	산업자본	지식정보	문화콘텐츠
경제기반	노동경제	지식경제	체험경제
핵심기술	생산기술	정보기술	문화기술(CT)
주요산업	공장산업	IT산업	M&E 산업
산업형태	노동집약성	지식집약형	감성(체험)집약성
미디어 유형	매스미디어	미디어 네트워킹	미디어 융합
미디어 소비 방식	일방향성 (one-way)	쌍방향성 (two-way)	상호작용성 (interactivity)
유관효과	경제효과	지식효과	문화효과
참여정도	문화통제	문화민주주의	문화복지
핵심동인	노동력	지식력	창의력

〈표 42〉 산업 유형에 따른 패러다임의 전환[7]

굴뚝산업 시대로부터 정보산업 시대를 거쳐 현재 문화산업 시대로 변모했다. 굴뚝산업 시대에는 노동을 통한 생산기술이 핵심 기술이었고 노동력이 핵심 동인이었다. 매스미디어를 통한 대중문화 소비가 일반적이어서 일방향성 미디어 소비 방식을 보였다. IT 기술을 통한 지식 정보 시대에는 지식이 최고 가치가 되었으며 미디어 소비 방식에서는 쌍방향성이 나타났다. 문화

6) 문화관광부 정책자문위원회, 『미래의 문화, 문화의 미래』, 2007.

7) 김민규, 패러다임의 변화와 게임의 미래, 『제3회 미래의 게임 포럼』, 한국 문화콘텐츠 진흥원(현 한국콘텐츠 진흥원), 2003, 5~6쪽. http://www.kocca.kr/cop/bbs/view/B0000150/1276572.do?menuNo=200909

산업 시대에 이르러서는 창조력을 바탕으로 한 감성 집약성 산업이 중시되고 있으며 무엇보다 창의력이 핵심 동인이 되고 있다. 주요 산업은 M&E(Media & Entertainment) 산업이다. 대표적으로 방송, 광고, 출판, 영화, 게임, 음반, 애니메이션산업을 포함한다. 현대 사회에서 대표적인 여가활동은 M&E 산업과 직접적인 관계를 맺고 있다. 문화 산업 시대를 맞아 M&E산업이 주요 산업이 된 현재, 한국 문화 교육에 있어서도 다양한 문화콘텐츠 개발을 통해 한국어 학습자들의 수요와 요구에 부응해야 할 것이다.

다. 세계 각국의 문화 산업 동향

각국의 문화 산업 현황을 살펴보자.[8]

> **미국** : 문화산업을 군수산업과 더불어 국가의 2대 주력 산업으로 육성하는 정책으로 문화산업 부흥에 박차를 가하고 있다. 영화, 애니메이션, 뮤지컬, 음반, 캐릭터 등이 주력 산업이다.
>
> **영국** : 문화산업을 창조산업으로 규정하고 지원하고 있다. 출판, 방송, 영화, 공연, 캐릭터, 관광산업 등에 주력하고 있다.
>
> **일본** : 7대 신 성장산업으로 문화 콘텐츠 분야를 개발 지원한다. 만화, 애니메이션, 게임, 캐릭터산업 등 소프트 파워에 주력하고 있다. 일본은 쿨 재팬 – Cool Japan (クールジャパン Kūru Japan)이라는 전담조직을 외무성 산하의 '홍보문화 외교전략과'(가칭)에서 관리하고 있다. 쿨 재팬은 애니메이션, 패션, 음식 등 총체적인 일본의 문화를 알리는 프로젝트다.
>
> **중국** : '동만 게임 산업 진흥 기지' 설립
>
> **한국** : 1999년 2월 문화산업진흥기본법 제정, 연평균 10.5%의 성장률을 보이고 있다. 이른 바 '한류'라 일컬어지는 드라마, 영화, K-Pop 등 다양한 문화 산업의 성장을 보이고 있다.

8) 정창권, 앞의 책, 18~19쪽.

02
문화콘텐츠의 이해 *

가. 디지털 시대 이해하기

1) 아날로그 시대에서 디지털 시대로

1993년 미국의 앤드리슨이 '모자이크(mosaic)'라는 웹브라우저를 발명하였다. 1994년 모자이크가 '넷스케이프(netscape)'로 탈바꿈해 새롭게 태어나면서 인터넷 대중화가 시작되었다. 한국에서는 1999년 개인용 PC의 보급으로 인터넷이 널리 보급되었다.[9]

2) 디지털 컨버전스 시대 · 방송과 통신, 인터넷의 융합

방송과 통신, 인터넷의 융합, 곧 디지털 컨버전스 시대가 본격화되면서 새로운 매체들이 계속 등장하고 있다.[10]

DMB(Digital Multimedia Broadcasting)
IPTV(Internet Protocal Television)
Wibro(Wireless Broadband Internet)

9) 정창권, 『문화콘텐츠 스토리텔링』, 북코리아, 2008, 14쪽.

10) 정창권, 위의 책, 14쪽.

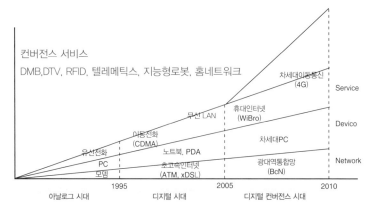

출처 : 한국 문화관광정책연구원(2006), 〈유비쿼터스 미디어 산업 진흥방안 연구〉,
정찬권, 〈문화콘텐츠 스토리텔링〉에서 재인용

〈그림 25〉 디지털 컨버전스의 유형[11]

나. 문화콘텐츠 이해하기

1) 스토리텔링

> **문화콘텐츠**[12]
> 정보의 신속성, 정확성, 멀티미디어성, 상호작용성, 무한한 복제와 변형 및 전송
> 가능하고, 디지털 시대에 다양하게 활용 가능한 내용물을 지칭
> 출판, 만화, 방송, 영화, 애니메이션, 게임, 캐릭터, 공연, 음반, 전시, 축제, 여행,
> 디지털콘텐츠(데이터베이스, 에듀테인먼트, 인터넷콘텐츠), 모바일 콘텐츠 등에
> 문학, 음악, 미술 같은 순수 예술, 광고나 디자인, 스포츠 등이 결합되어 감.

11) 한국 문화관광정책연구원, 〈유비쿼터스 미디어 산업 진흥방안 연구〉, 정찬권, 위의 책, 2006, 15쪽에서 재인용.

12) 정창권, 앞의 책, 18~19쪽.

스토리텔링(storytelling)이라는 용어는 1995년 미국 콜로라도 주에서 열린 디지털 스토리텔링 페스티벌에서 처음 거론되었다. 스토리텔링은 컴퓨터를 기반으로 이루어지는 '디지털 스토리텔링(digital storytelling)'을 일컫는 것으로, 게임 등 컴퓨터 상에서 일어나는 모든 서사 행위, 웹 상의 상호작용적인 멀티미디어 서사 창조를 말한다. 여기에는 텍스트뿐만 아니라 이미지, 음악, 목소리, 비디오, 애니메이션 등이 포함된다. 스토리텔링의 소재는 기본적으로 이야기, 인물, 미스테리 등에서 나온 것이다.[13]

스토리와 스토리텔링의 관계는 연극은 '놀이(play)', 연극 공연은 '놀이하기(playing)'인 것과 같다. 스토리가 정지된 서사, 활자화된 서사라면 스토리텔링은 디지털 상에서 게임, 동영상, 음악, 이미지 등으로 재현되는 서사라 할 수 있다. 구연자와 청취자가 같은 맥락 속에 포함됨으로써 구연되는 현재 상황이 강조된다. 현장성의 회복, 즉 새롭게 확장된 구술문화의 차원이 되는 것이다. 여기에 'ing'는 상황의 공유, 그에 따른 상호 작용성의 의미를 내포한다.[14]

이러한 구연 상황은 정보통신의 발달로 가능해졌다. 디지털 기술이 발달하면서 사람들이 멀티미디어로 소통하기 시작했다. 멀티미디어가 동원되고 상호작용이 가능하기 때문에 구연 상황 이상의 효과가 가능해졌다. 가상공간에서의 커뮤니케이션 환경은 감성적 · 놀이적 측면을, 궁극적으로는 스토리텔링의 양상을 띠게 된다. 스토리텔링이란 이야기성 · 현장성 · 상호 작용성이 강화된 오늘날의 이야기라고 할 수 있다.

디지털 매체의 전반적인 특성은 첫째, 완전복제 가능성(perfect duplicability), 둘째, 즉각적 접근 가능성(random accessibility), 셋째, 상호작용성(interactivity), 넷째, 네트워크성(networkability), 다섯째, 복합성(multimodality), 여섯째, 조작 가능성(manipulability) 등을 들 수 있다.[15]

스토리텔링은 인터넷을 통한 전자문화를 기반으로 한다. 우리는 앞서 2장에서 구비문화, 문자문화, 전파문화, 전자문화의 특징을 살펴보았다. 디지털 기술의 발달로 말미암아 스토리텔링은 완전복제 가능성, 즉각적 접근 가능성, 네트워크성, 복합성 등의 특성을 갖게 되었다. 상호작용성, 가변성 등은 구비

13) 최혜실, 『문자문화에서 전자 문화로, 매체는 진화하고 이야기는 태어난다』, 한길사, 2007.

14) 최혜실, 「왜 스토리텔링인가?」, 『문화산업과 스토리텔링』, 다홀미디어, 2007, 11쪽.

15) 김주환, 디지털 시대의 미술, 『월간미술』, 2001, 5, 84~85쪽, 최혜실, 2007, 위의 책 134쪽에서 재인용.

문화와 전자문화가 공유하는 것이며, 이야기의 생산자와 수용자가 바뀔 수 있는 '주체와 객체의 비분리'라는 특징 또한 구비문화와 스토리텔링이 공유하는 특징이라 할 수 있다.

2) 스토리텔링의 유형

> **엔터테인먼트 스토리텔링**
> 소설, 동화, 만화, 드라마, 영화, 애니메이션, 게임, 캐릭터, 공연, 전시
>
> **인포메이션 스토리텔링**
> 축제, 테마파크, 다큐, 에듀테인먼트, 데이터베이스, 인터넷 콘텐츠, 가상 현실
>
> **기타 스토리텔링**
> 광고, 브랜드, 상품, 디자인, 기업 경영

3) 원 소스 멀티 유즈(OSMU, one source multi-use)

윈도우효과(window effective)는 문화 산업의 영역 내에서 창조된 문화 상품이 그 본질적 요소는 그대로 유지한 채로 부분적 변화만을 거쳐 문화 산업 혹은 다른 산업의 상품으로 계속 활용되면서 점차 그 가치가 증가하게 되는 효과이다. 윈도우효과는 원 소스 멀티 유즈(OSMU, one source multi-use)라는 형태를 통하여 수익을 극대화시킬 수 있기 때문에 문화 산업에서 그 의미가 크다. 즉 원 소스 멀티 유즈는 하나의 문화 상품이 계속해서 지속적으로 활용되는 과정을 잘 보여준다. [16]

스토리텔링은 다른 매체로 옮겨 가면서 다양한 매체로 변주된다. 서사형식의 원형질인 이야기가 다양한 매체로 변주되면서 문화 상품을 양산하는 현상은 원소스 멀티 유즈의 대표적인 형태이다.

---

16) 김재범, 앞의 책, 14쪽.

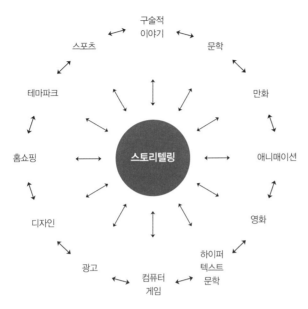

〈그림 26〉 스토리텔링의 OSMU 방식[17]

컨버전스 시대가 되면서 지금까지 다른 영역으로 치부되었던 각 장르가 디지털 매체를 통해 융합하는 양상을 띠고 있다. 문화콘텐츠는 텍스트 콘텐츠(출판 · 신문 · 잡지 · 출판문화), 비 텍스트콘텐츠(공예품 · 미술품 · 공연), 디지털 콘텐츠(애니메이션 · 게임 · 디지털 · 모바일) 로 나눌 수 있다. 이 중 스토리텔링은 문학 · 만화 · 애니메이션 · 영화 · 게임 · 광고 · 디자인 · 홈쇼핑 · 테마파크 · 스포츠 등의 이야기 장르를 아우르는 상위 범주라 할 수 있다.[18]

17) 최혜실, 『문화콘텐츠 스토리텔링을 만나다』, 삼성경제연구소, 2006, 105쪽.

18) 최혜실, 「왜 스토리텔링인가?」 『문화산업과 스토리텔링』, 다홀미디어, 2007, 11쪽.

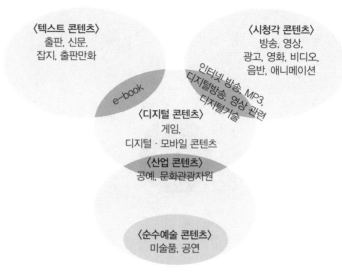

〈그림 27〉 문화산업의 컨버전스 현상

〈인포메이션 스토리텔링의 예〉[19]

> **'연오랑 세오녀' 이야기로 테마파크 만들기-포항 연오랑 세오녀 테마파크의 예**
>
> · 연오랑 세오녀 주제 찾기 :사랑, 생태, 문화영웅, 화합
> · 장소 분석하기
> · 주제의 공간화 작업

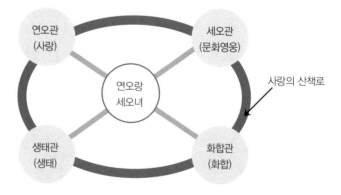

〈그림 28〉 연오랑 세오녀 테마파크 공간화

---

19) 이 내용은 저자가 연구원으로 참여했던 포항 '연오랑 세오녀 테마파크'의 스토리텔링 예이다.

03
한국어교육에서 스토리텔링의 이해와 활용 ✱

한국어교육 현장에서는 문학, 만화, 애니메이션, 영화, 광고, 동영상 등 다양한 자료를 사용할 수 있다. 또한 이들을 디지털 매체화하여 한국어 교실 현장에 적용할 수 있다. 여기서는 스토리텔링을 위한 한국 문화 교육의 자료로서 이야기에 대해 살펴보고자 한다.

가. 스토리텔링을 통한 한국어·문화 교육[20)]

1) 문화콘텐츠로서 이야기 활용하기

이야기는 민속자료이면서 현대에도 꾸준히 읽히면서 새로운 창작의 모티프가 되는 당대의 문학이다. 이야기는 다양한 관점에서 재해석되어 현대에도 영화나 드라마, 연극으로 각색되어 끊임없이 전승되고 있다. 이야기는 문화콘텐츠로서 OSMU의 대표적인 장르이다. 원소스 멀티 유즈로서 이야기의 활용은 디지털 스토리텔링 연구에서 주요한 논쟁점이 되었다.

20) 이 내용은 이성희,「설화를 통한 한국어·문화 교육 방안」,『한국어교육』, 국제한국어교육학회, 10-2, 1999, 257~271쪽을 수정·보완한 것이다.

판타지 소설인 톨킨(J. R. Tolkin)의 『반지의 제왕 The Lord of the Rings』
과 조앤 K. 롤링(J. K. Rowling)의 『해리포터 Harry Potter』시리즈 또한 북유
럽 이야기와 영국 이야기의 모티브와 화소를 원천 소스로 하여 만들어졌다.
이러한 시도는 이야기 제재가 현대적으로 언제든지 각색 가능한 생생한 고전
이라는 것의 반증이다.

당대성을 지니고 있으며 현대 문화와의 끊임없는 대화를 시도하는 이야기
자료는 앞으로도 계속해서 다양한 문화의 영역에서 현대 문명의 다양한 기술
과 조우하여 그 사명을 다 할 것이다.

2) 한국어를 통한 문학교육

이야기는 문학적으로 완결된 구조 속에 감동과 흥미를 주는 내용으로 이루
어져 있다. 이야기는 감수성을 훈련하고, 도덕성을 높이며, 문학을 교육하는
데 효과적으로 활용될 수 있다. 또한 이야기는 보편적인 내용과 흥미 있는 요
소를 가지고 있기 때문에 공감대를 형성하기 쉽다.

이야기를 통해서 배우는 한국어는 이야기 자체에 대한 교육을 할 수 있어
서 더욱 큰 매력이 있다. 다양한 국적을 가진 학습자들은 모두 자국에서 문학
에 대한 교육을 받은 경험이 있는 사람들이다. 이들의 문학 교육의 스키마를
활용하면 더 높은 단계로의 수준 높은 문학 교육이 가능하다.

한국의 이야기를 통해서 외국어로서의 한국어 학습자들이 문학을 향유하
고, 문학을 통해 감동을 받고, 이를 내면화하여 자기 성장을 꾀하는 문학 교
육이 가능하다.

3) 이야기의 힘(흥미)을 이용한 학습 효과

이야기의 흥미와 감동은 학습 효과를 증진시킨다.

"옛날에, 옛날에……"로 시작되는 이야기를 시작하면 많은 학습자들이 주의를 집중하고 경청한다. 특별히 이야기는 여기와는 다른 저기, 지금이 아닌 그때 그 시절, 나와 너가 아닌 누군가에 대해 말하므로 호기심과 관심을 유발할 수 있고, 갈등과 극복, 스릴과 서스펜스, 행복과 불행 등 인간 생활에서 겪는 다양한 관심사를 다루므로 흥미를 일깨우기에 적합하다. 흥미 있는 요소를 텍스트로 삼으면 학습효과는 더욱 높아질 것이다.

4) 한국인의 심성 · 관습 · 미덕 · 예의범절 이해

오랜 시간 동안 축적된 한국인의 꿈, 희망, 사상, 감정이 스며있는 한국 이야기는 문자 생성 이전부터 오랜 세월 동안 많은 사람들을 통해서 입에서 입으로 전승되어 왔기 때문에 한국인의 사상, 감정, 풍습, 세계관이 투영되어 있다.

또한 이야기에는 한국인의 전통적인 관습 및 가치관 등이 반영되어 있다. 그러므로 다른 장르보다 한국인들만의 특성, 가치관, 생활 습관 등을 배우기에 적합하다. 콜리와 슬레이터(Collie & Slater)는 언어교육에서 문학을 가르쳐야 하는 이유로, 문학이 일상생활에서 검증을 거친 언어로 된 믿을 만한 자료라는 것, 문화 · 언어적으로 풍요롭게 할 수 있음, 개인적인 향유 등을 들었다. 문화적으로 풍요롭게 할 수 있는 문학 작품의 사회적 성격을 들었는데, 이는 문학과 사회와의 긴밀한 연관관계를 통해 형성된다. 문학 작품은 많은 사회적 배경이 묘사되는 인물들이 등장하는 완벽하고도 생생한 컨텍스트이며, 독자들은 작품에서 해당 문화의 사상, 감정, 관습과 물건 구입, 신앙, 두려움, 즐기는 것, 말하는 방식, 개인적인 사생활 등을 발견할 수 있다. 문학 작품 속의 세계는 비록 실제 세계는 아니지만, 언어가 사용되는 곳의 '삶의 방식'을 보여줄 수 있다. '생생한 상상의 세계'를 통해 실제 세계의 세계관 및 생활 방식을 보여 줄 수 있다.[21]

한국인은 예의 범절이나 관습 등을 중요시하기 때문에 이를 지키지 않았을 때 사회적으로 적응을 하지 못하는 사람으로 치부하는 경향이 있다. 이러한 경향은 '바보'에 관한 이야기에서 잘 나타난다. 바보 이야기는 결혼, 가족 관계, 대인 관계 등에 적응하지 못한 사람들의 이야기다. 이를 통해서 흥미와 함께 한국인들이 중시했던 일반적인 관습과 예의 범절, 미덕에 관해서 자연스럽게 제시해줄 수 있다.

한국은 오랜 유교 전통이 남아 있다. 그 중 하나가 효사상(孝思想)과 웃어른에 대한 공경이다. 한국인은 웃어른에 대한 예절을 중시한다. 이러한 전통은 현대 사회에서도 버스나 지하철에서 웃어른께 자리 양보하기, 부모님을 보시고 사는 풍습 등으로 이어지고 있다. 또한 체계적인 존대법과 겸양법이 지켜지고 있다. '심청전' 등의 효 이야기를 통해서 한국인들의 효행 관념, 유교적 윤리, 도덕 관념을 효과적으로 이해시킬 수 있다.

5) 역사 · 문화 교육

야담집이나 기타 설화집에 전하는 이야기들은 역사적인 인물과 사건들을 기록하고 있다. 이러한 이야기를 학습한다면 이야기가 가지고 있는 흥미 있는 요소와 함께 역사적인 사건들, 인물에 대한 학습도 함께 할 수 있다. 해당 문화와 역사적 배경에 대한 이해는 언어 교육에서 단순히 언어만을 배우는 것보다 더 많은 학습효과를 나타낼 수 있다. 맥케이(Mackay)는 언어적 복합성과

21) Joanne Collie & Stephen Slater, *Literature in the Language Classroom*, Cambridge University Press, 1991, pp.3~6.

문화적 배경의 효과가 긴밀한 연관이 있으며, 문화에 대한 이해는 학습자들의 쓰기 활동에서 풍부한 상상력을 고양시킬 수 있다고 했다.[22] 우리나라의 최고(最古)의 설화집이며 역사서인 〈삼국유사〉는 고구려, 백제, 신라, 삼국의 역사뿐만 아니라 고조선, 기자 조선, 위만 조선을 비롯하여 가락국 등의 역사까지 폭넓게 다루고 있으며, 단군 신화를 비롯한 신화, 전설, 민담을 전하는 귀중한 자료이다. 이러한 자료를 다룬다면 이야기와 역사를 아우르는 수준 높은 자료를 제시할 수 있는 동시에 역사에 관한 기본적인 어휘들을 제시할 수 있을 것이다.

6) 관련 속담, 관용 어구를 통한 어휘 확장

이야기의 내용 이해 후 이야기에서 나온 어휘를 확장하여 학습할 수 있다. 현재 사용되는 어휘들은 적절한 문장을 함께 제시하여 설명할 수 있고, 현재 많이 사용되지 않지만 속담이나 관용 어구에서 전승되고 있는 어휘들은 관련 속담이나 어휘와 함께 제시할 수 있다. 이러한 활동은 속담이나 관용 어구를 자연스럽게 학습하고 응용할 수 있는 기회를 제공할 것이다.

7) 비교문화적 관점에서 이야기 학습

21세기는 지구촌 시대다. 세계 각국의 다양한 문화를 한 자리에서 접하게 되는 국제화 시대이며 또한 문화의 시대이다. 문화의 다양성이 강조되는 시점에서 우리문화를 알리는 작업과 함께 타문화에 대해 열린 시각으로 접하고 받아들이는 것 또한 중요한 과제로 떠오른다.

이야기는 인간의 보편적 정서에 호소하고, 인류의 영원한 이상인 진, 선, 미를 갖추고 있으며 인간의 무한한 꿈과 영혼, 위트, 기지, 지혜를 추구하고 있

22) Sandra MacKay, Literature in the ESL Classroom, *TESOL Quarterly*, Vol. 16, No. 4, Dec., 1986, pp. 192~193.

으므로 외국인 학습자들이 자국의 이야기와 비교하여 학습하기에 용이하다. 이를 통해 다양한 문화를 서로 비교하면서 수용할 수 있는 문화 교류, 문화 학습의 장을 마련할 수 있다. 비교를 바탕으로 한 활발한 토론이 가능하다. 중국, 일본, 동남아시아, 한국에서 함께 전승되는 선녀와 나무꾼 이야기를 비교 문화적 시각에서 연구했을 때, 같은 플롯을 갖는 이야기가 중국, 일본, 동남아시아에서 각기 다른 주제를 표출한다. 우리나라에서는 효 관념의 강조, 모성애의 강조라는 특징이 드러나게 된다.[23] 여러 나라에서 전승되는 이야기와 문화에 대해 토론하면서, 타문화와의 '비교'를 통해서 자문화의 독특성과 개성이 더욱 드러나는 문화적 경험은 학습자와 교사 모두에게 유익한 인문학적 성찰의 경험이 될 것이다.

나. 한국 스토리텔링 자료의 분류

1) 세계 공통 이야기

이야기를 가르칠 때 군이 한국적인 것만을 고집할 필요는 없다. 이야기 중에는 세계적으로 비슷한 유형의 이야기가 있다. 예를 들면, '임금님 귀는 당나귀 귀'는 그리스 신화 '마이더스왕' 이야기와 비슷하고, 한국의 '나무꾼과 선녀'는 중국의 호녀전설, 일본의 우의전설, 서구의 '백조처녀(Swan Maiden)'와 비슷하다. 또 한국의 '콩쥐 팥쥐'는 서구의 '신데렐라(Cinderella)'와, '해와 달이 된 오누이'는 '늑대와 새끼양들(The Wolf and the Kids)'과 공통점을 지니고 있다. 또한 토끼의 간, 호랑이와 곶감, 콩쥐팥쥐, 두더지 사위 고르기, 홍수 이야기, 장자못 전설 등 많은 이야기가 세계적으로 분포되어 있

23) 이성희, 「선녀와 나무꾼 다시 읽기」, 김진영 외, 『여성 문화의 새로운 시각 2』, 2000, 도서출판 월인, 267~292쪽.

다.[24] 이러한 이야기를 가르치면 양국 문화에 대한 자연스러운 비교와 상호 이해가 가능하다. 또한 세계 공통 이야기에서 자신이 이미 알고 있는 내용의 변이 양상을 추론하는 것이 가능하게 되고, 읽기 전(前) 단계로 줄거리 제시하기와 같은 효과를 볼 수 있다. 같은 구조의 이야기라도 나라와 민족에 따라서 그 민족의 생활양식과 문화적 배경에 따라 변이를 보이게 마련이다. 따라서 학생들은 이미 알고 있는 내용의 이야기를 한국에서 접하게 되므로 내용을 알고 있는 상태에서 한국적인 표현과 문화적 변이 요인을 파악할 수 있다.

2) 한국 사람에게 보편적인 이야기

한국어를 배우면서 한국인들이 기본적으로 알고 있는 이야기들을 모르는 경우, 한국인들이 공유하는 문화적인 배경을 놓칠 수가 있다. '흥부와 놀부', '콩쥐팥쥐', '심청전', '춘향전' 등은 한국인들은 어렸을 때부터 익히 들어오던 것들이다. 한국인에게는 흥부와 콩쥐는 착한 인물, 놀부와 팥쥐는 욕심 많고 이기적인 인물, 춘향은 사랑과 절개를 지킨 인물이라는 것이 공식처럼 내재화되어 있다. 이것은 아동기부터 귀로 듣고 책으로 읽어서 새겨진 것이다. 이렇게 굳어진 이미지나 생각은 한국어를 배우는 외국인의 경우에도 알아두어서 한국인의 심성을 이해할 필요가 있다.

3) 잘 알려지지 않았으나 흥미 있는 이야기

일반적으로 소화(笑話)로 분류되는 이야기들은 위트와 유머를 가지고 있으므로 흥미 있는 읽기 자료로 사용될 수 있다. 여기에 적절한 기능과 문형을 배치하여 학습자들의 학습 의욕을 고취시키면서 읽기와 쓰기, 듣기 등 다양한 영역에서 응용될 수 있다.

24) 최운식, 『한국설화연구』, 집문당, 1991, 57쪽; 최래옥, 『한국전래동화집 11』, 창작과 비평사, 1994, 42~44쪽 참조.

4) 수준 높은 문학적 완성도를 보이는 이야기

높은 문학적 완성도를 보이는 작품들이 있다. 이러한 작품들은 소설적인 구성과 인물에 대한 상세하고도 치밀한 묘사 등으로 수준 높은 문학적 형상화를 보인다. 이러한 작품들은 치밀한 읽기가 가능하고 또한 작품에서 포괄하고 있는 내용이 사랑과 명예 · 권력의 갈등, 신념의 갈등 등으로 주제가 광범위하고 포괄적이기 때문에 심도 있는 토론용 자료로 쓰일 수 있다. 이러한 이야기는 사랑과 미움, 예술과 인생, 희생과 봉사, 이상과 현실, 자아와 세계 등 문학에서 추구하는 일반적인 주제를 이끌어 낼 수 있고 학습자들의 가치관을 피력할 수 있으므로 활발한 토론 주제가 될 수 있다. 이러한 이야기에는 '도미와 개루왕', '불귀신이 된 지귀', '머리에 꽂은 석남(石藍)' 등 많은 이야기가 있다.

다. 한국어 교실에서 스토리텔링 자료의 활용 방안

일방적인 교사의 강의로는 원활한 의사소통을 진행할 수 없으므로 다양한 활동을 제시하여 실생활과 밀접한 학습 분위기를 조성해야 한다. 또한 학생들을 학습 과정에 능동적인 참여자가 되도록 고무하여 활발한 토론과 회화, 쓰기가 가능하도록 배려해야 한다. 따라서 듣기, 읽기, 말하기, 쓰기의 교과를 통합하여 구성할 필요가 있다. 학생들이 배운 지식을 적극 활용할 수 있도록 하면서 되도록 많은 상황을 제시하여 한국 문화에 친숙해지도록 이끌 수 있도록 해야 한다.

또한 이야기는 현재와 전통을 함께 아우르는 것이므로 현재의 한국 문화와 전통적인 한국 문화를 통합하여 제시하여 구성할 필요가 있다.

- 토론하기

: 이야기의 주제는 무엇인가/주인공이 왜 그렇게 행동하였나/주인공의
　생각과 자신의 생각이 다른 점은 무엇인가/등장인물과 같은 사람을
　알고 있는가/＿＿＿씨가 등장인물이라면 어떻게 행동하겠는가?
- 이야기에 나오는 인물이 되어 자신의 입장 설명하기
- 법정 상황으로 연출하기(판사, 검사, 변호사, 피고, 원고……)
- 작품과 다른 결말 내용을 창작해 보기
- 이야기를 잘라서 학생들에게 나누어 주고 순서 맞추어 보기
- 이야기의 몇 대목을 자르고 상상하여 구성하게 하기
- 결말 다음에 이어질 내용을 창작해 보기
- 역할놀이(roleplaying)
- 현대를 배경으로 새롭게 구성해보기(비슷한 사건을 현대의 인물,
　배경에서 새롭게 각색해 보기)
- 낭독하기(배역을 정해서, 감정을 넣어서)
- 연극/TV 드라마 대본으로 구성하기
- 감상문 쓰기
- 주인공에게 편지 쓰기
- 비슷한 주제, 모티프를 가진 자기 나라의 이야기하기
- 빈 칸 채우기−이야기의 중간 중간 빈 칸을 만들어 채워 넣기를 한다.
　또는 주인공들의 대화문으로 구성하여 빈 칸을 만드는 방법도 활용될
　수 있다.

이야기를 통한 한국어 교육을 통해서 한국어를 바르고 정확하게 배우는 것과 한국 문화와 문학에 대해 한 차원 더 높은 지식의 단계에 이르도록 해야 한다.

작품에 사용된 어휘, 문장의 길이, 복잡성 등 문형의 난이도는 학습자의 수준에 맞게(초급·중급·고급) 구성하되 내용은 학습자의 연령과 지적 수준, 현실적인 여건을 고려하여 선정한다. 초등학교 교과서 위주의 단순한 작품을 지양하고 청소년과 어른들에게도 신선한 감동을 줄 수 있는 문학성을 갖춘 작품을 선정한다.

이야기를 활용한 한국어 수업 시간은 교사와 학생, 학생과 학생 간의 원활한 의사소통이 끊임없이 일어나고 각 개인의 개성과 의욕이 마음껏 펼쳐지는 역동적인 시간이 되어야 한다. 이를 위해서 다양한 활동을 제시하여 교사가 학습자의 특성에 맞게 활동을 선택할 수 있도록 선택권을 주고, 통합적인 활동을 통하여 말하기·듣기·읽기·쓰기 영역을 고루 발달시킬 수 있도록 구성해야 할 것이다.

더읽을 거리

김영순 · 백승국 지음, 『문화산업과 에듀테인먼트 콘텐츠』, 한국 문화사, 2008.

김평수 · 윤홍균 · 장규수, 『문화콘텐츠 산업론』, 커뮤니케이션북스, 2007.

박장순, 『문화콘텐츠학 개론』, 커뮤니케이션북스, 2006.

류수열 외, 『스토리텔링의 이해』, 글누림, 2007.

크리스티앙 살몽 지음, 류은영 옮김, 『스토리텔링−이야기를 만들어 정신을 포맷하는
장치』, 현실문화, 2008.

제 7 장

한국어 교실에서
문화 수업 구성하기

01

문화 전달자로서의 교사 *

가. 문화 교수는 왜 어려울까?

한국어 교실에서 문화를 교육하는 것은 어렵다. 교과서에 나와 있는 문화 내용을 그대로 전달해 주는 것은 그런대로 괜찮지만, 정해져 있지 않은 내용을 교사가 구상하여 가르치는 일은 어렵다. 교수·학습 계획을 작성해야 하는 경우라면 그 어려움은 배가된다.

문화 교수가 어려운 점에 대해서 갤로웨이(Galloway)는 "많은 교사들이 빠듯한 수업 일정 중에 굳이 문화를 더 포함하여 교수하려 하지 않기 때문이며 많은 교사들이 문화는 문법이나 단어를 완전히 배운 후에 배우는 것이라고 생각하기 때문"이라고 지적했다.[1] 외국어를 가르쳐야 하는 외국어 교실에서 남은 시간을 쪼개어 문화를 함께 교수한다는 것이 교사에게는 큰 부담으로 다가온다. 문화는 언어에 비해 부차적인 것으로 인식하기 때문에 언어를 배우는 것을 일차적인 것으로 생각한다는 것이다. 강제성을 띤다면 모를까 그렇지 않은 경우라면 이러한 부담에서 벗어나고 싶은 것은 인지상정일 것

1) Omaggio Hadley, *Teaching Language in Context*, Heinle & Heinle Publishers Inc, 1993, p.357.

이다.

그러나 이러한 문제에 대해서 실리(Seelye)는 "'나중에'는 대부분의 학생들에게 해당되지 않는 단어"라고 지적한다. 목표 언어를 학습하는 것과 마찬가지로 목표 문화를 알아야 하는 것은 외국어를 배우는 학생들에게는 너무도 급박한 문제라는 것이다. 많은 교사들이 문화에 대해 충분히 알지 못한다고 생각하고 문화를 위협적이고, 모호하며, 손에 잡히지 않는 영역으로 생각하기 때문에 문화를 가르치는 것을 두려워한다. 그러나, 교사들의 지식이 한정적이라 할지라도 교사들은 학생들에게 사실을 전달하는 역할을 할 것이 아니라 학생들이 사실을 통해 지식을 획득하여 스스로 목표 문화를 발견할 수 있는 지식을 습득하도록 도와주는 역할을 해야 한다.[2]

교사는 자신의 지식에 의존하여 직관적으로 섣부른 문화적 비교를 하지 말고 엄선된 교재와 자료를 통해서 적합한 교수 방안을 마련해야 한다. 또한 교수 시에 상호문화적 태도를 견지해야 한다. 교사는 다양하고 넓은 문화를 끊임없이 배우고 연구하여 학생들에게 가장 효율적인 방법으로 전달하겠다는 자세를 가져야 한다. 이러한 자세를 갖춘다면 문화 교수는 교사와 학생이 함께 지식의 즐거움을 누리는 장이 될 것이다.

문화를 '사실' 위주로 다루지 말아야 할 이유[3]

'사실(facts)'은 상황이나 생활 방식과 관련하여 항상 유동적이다. 상세한 데이터들은 시간, 지역, 사회 계층에 따라 변한다.

'정보만(information-only)'의 접근은 스테레오 타입을 줄이지 못하고 오히려 가중시킬 뿐만 아니라 문화적 다양성도 드러내지 못한다.

축적된 정보만을 제공하는 것은 학생들로 하여금 예기치 못한 문화적 상황에 대처할 수 없게 한다. 문제해결적 접근(problem-solving contextually based approach) 없이는 학생들이 새로운 문화적 현상을 해석할 수 있는 방법을 얻을 수 없다.

2) Seelye, H. Ned. *Teaching Culture: Strategies for Intercultural Communication,* Lincolnwood, IL:National Textbook Company, 1974, 1984. in Omaggio Hadley, Ibid. pp.357~358.

3) Seelye, H. Ned, Ibid.

사실에 대한 지식보다 과정을 통해서 상호문화적 시각을 획득하는 것을 목표로 해야 한다.

나. 문화 교수 시 피해야 할 요소들

> **문화 수업에서 자민족중심주의와 편견을 부르는 몇 가지 잘못**[4]
>
> • 몇 가지 측면이나 특성을 과장하여 제시하는 고정 관념 (stereotyping)
> – 일반적 특성(common traits)인 유형(type)과 고정된 이미지(fixed images)인 고정관념(stereotyping)을 구별하는 것을 배워야 한다.
>
> • 문화의 다양성을 사소한 것(triviality)으로 만들어 버리는 것
> – 아찔할 정도의 문화적 다양성을 어이없고, 한물가고, 불합리한 것으로 평가 절하시키는 것
> – 맥락을 떠나서 단순한 의미로만 문화를 전락시키는 것
>
> • 정치적 · 성적 편견
> 의식적, 무의식적으로 문화 항목을 선택할 때 정치적 편견의 영향을 받는 것, 여성에 대한 왜곡된 시선

4) Patrikis, Language and Culture at the Crossroads, pp.13~24 in A. J. Singerman, ed., *Toward a New Integration of Language and Culture. Reports of The Northeast Conference on the Teaching of Foreign Language.* Middleburry, VT:Northeast Conference, 1988, Omaggio Hadley, Ibid.

우리 모두는 좋게든 나쁘게든 편견을 가지고 있다. 우리는 우리가 가지고 있는 지식과 경험 내에서 사물을 바라본다. 교육은 이러한 편견을 벗어버리고 무지로 이끄는 눈가리개에서 이해로 이끄는 역할을 해야 한다. 완전하게 객관적으로 된다는 것은 불가능하지만 문제에 대한 자각이 우리를 실질적인 객관화로 이끌 수 있다.

문화 수업에서 자민족중심주의, 고정관념, 편견은 문화에 대한 균형 감각

을 잃게 할 수 있다. 문화에 대한 가치 평가를 하기 이전에 객관적인 시각을 통해 문화 항목을 학습해야 한다. 한국 문화 교수 시에 교사는 한국 문화에 대한 자민족중심주의적 태도를 벗어나 학습자 문화에 대한 상호 존중적인 시각을 견지해야 한다. 또한 학습자들이 한국 문화에 대한 고정관념, 편견을 벗어나 총체적인 접근을 할 수 있도록 도와야 한다.

02 문화 수업 구성하기

가. 문화 수업 구성 방법[5]

5) Lafayette, Robert. Teaching Culture: Strategies and Techniques, *Language in Education: Theory and Practice Series, no.11.* Washington, DC: Center for Applied Linguistics, 1978; :Integrating the Teaching of Culture into the Foreign Language Classroom, pp.47~62 in A. J. Singerman, ed., *Toward a New Integration of Language and Culture. Reports of The Northeast Conference on the Teaching of Foreign Language.* Middleburry, VT:Northeast Conference, 1988, in Omaggio Hadley, Ibid, p.374.

1) 문화 수업은 언어 활동과 통합하여 세심하게 구성되어야 한다.

2) 현재의 문화와 연관하여 주제가 결합되어야 하며 가능한 한 문법 내용과 함께 제시되어야 한다. 언어 연습 활동을 위해서 개개의 문법 항목과 연관된 문화적 상황을 제시해야 한다.

3) 말하기, 듣기, 읽기, 쓰기를 포함한 다양한 교수 기술을 사용해야 하며, 강의나 소개하기로 문화 활동을 제한해서는 안 된다.

4) 교과서의 삽화와 사진을 많이 활용하고, 학생들이 사진과 실물 교재의 문화적 중요성을 묘사하고 분석하는 데 도움을 줄 수 있는 탐구 질문을 사용한다.

5) 단어 교수 시에 문화적 정보를 사용해야 한다. 새 단어의 함축적 의미를 가르쳐야 하고 문화적 연관이 있는 클러스터로 단어를 그룹화해야 한다.

6) 토론, 브레인스토밍, 역할극 등 문화 교수에 있어서 소그룹을 활용한다.

7) '사실만' 전달하는 것을 피하고 가능한 한 경험과 과정을 포함해서 가르
친다.

8) 문화 내용을 교수할 때 가능한 한 목표어를 사용한다.

9) 언어 평가와 마찬가지로 세심하게 문화 이해를 평가한다.

이 외에도 문화 숙달도 등급을 명시해야 하며, 인지적 영역뿐 아니라 정서
적 영역을 설정해야 하고, 문화 학습 내용을 학습자의 자문화와 연관시켜야
한다. 수업 진행에 있어서는 교사가 문화적 권위자가 되는 부담에서 벗어나
학습자 중심, 과정 중심 학습이 되도록 구성해야 한다.

나. 문화 수업 구성 시의 점검 사항

문화 수업 점검 항목[6]

1) 이 수업은 학습자 문화의 일부분으로 간주되는 관습과 믿음 체계를 중시
하고 있는가?

2) 이 수업은 학습자 문화를 포함한 모든 문화에 대해 그 가치를 떨어뜨리
는 고정 관념을 갖지 않도록 하는가?

3) 이 수업은 학습자의 모국어를 평가 절하하지 않도록 하는가?

4) 이 수업은 집단주의·개인주의와 권력 간격 등의 요인에 의해 학습자들
이 자유롭게 참여하려는 의지의 정도가 다름을 인식하고 있는가?

5) 이 수업은 학습자 자문화에 대한 불확실성 회피의 안전지대를 넘어야 할

6) 더글라스 브라운(H. Douglas Brown) 지음, 이흥수 외 옮김, 『외국어 학습·교수의 원리』, (주) 피어슨에듀케이션 코리아, 2010, 227~228쪽.

것을 요구할 때 이를 감정이입시켜 기술적으로 하는가?

6) 이 수업은 학습자 문화에서 인식되고 있는 남성과 여성의 역할에 대해 민감한가?

7) 이 수업은 특정한 언어 자질(문법 범주, 어휘, 담화 등)과 생각, 느낌, 행동의 문화적 방식을 충분히 연관 짓는가?

8) 이 수업은 다른 문화권 내에서의 경험을 포함하여 학생들의 풍부한 사전 경험을 어떤 방식으로든 이끌어내는가?

이 점검표의 8가지 범주는 언어 · 문화 연관성의 다양한 국면을 나타낸다. 각 항목이 현재 계획 중이거나 이미 사용된 수업 활동에 적용될 수 있다.

다. 문화 수업 구성하기

1) 설날에는 윷놀이를 해요.

설 민속놀이인 윷놀이 문화 수업을 구성해 보자. 이 수업은 한국 윷놀이에 대한 지식을 전달하는 것과 각 민족 설 민속을 비교하는 것을 목표로 한다. 설 민속놀이에는 제기차기, 연 날리기, 널뛰기 등이 있다. 그런데 현재 가장 활발하게 전승되고 있는 민속놀이는 윷놀이가 유일하다. 많은 민속놀이를 가르치면 좋겠지만, 외국어로서의 한국어 교실에서 문화를 교수할 때는 제한된 교수 · 학습 시간 안에 최대의 효과를 얻기 위해 한국인들이 현재 향유하고 있는 문화를 우선적으로 가르칠 필요가 있다. 따라서 '현재성'이라는 잣대가 매우 중요하다. 한국인들과의 의사소통을 위한 한국 문화 교육이라는 전제에서 현대 문화와 현재 전승되고 있는 민속 문화를 가르쳐야 한다. 윷놀이는 현재에도 전승되고 있으며 교실에서 가르치기 쉬운 문화다. 또한 윷놀이의 문화적 의미는 농경 사회로서 한국 사회의 특성을 포함하고 있어 한국인들의 의식과 사고방식을 이해하는 데도 도움을 줄 수 있다.

대상 : 한국어 초급(1~2급)

〈학습 목표〉

- 인지 영역
· 한국의 설날에 관한 정보를 안다.
· 현재 전승되는 한국 설날 민속인 윷놀이의 의미를 안다.
· 윷놀이 방법을 안다.

- 정서 영역
· 한국의 설날 민속과 자문화의 설날 민속을 비교할 수 있다.
· 한국 윷놀이를 즐기면서 문화 향유의 즐거움을 누릴 수 있다.

- 행위 영역
· 한국 윷놀이의 방법을 알고 실제로 체험해 볼 수 있다.

가) 도입
학습자 나라의 설날에 관해 묻는다.

(1) 설날이 언제예요?

(2) 설날에는 어떤 음식을 먹어요?

(3) 설날에는 어떤 놀이를 해요?

(4) 다음 그림을 연결해 봅시다.

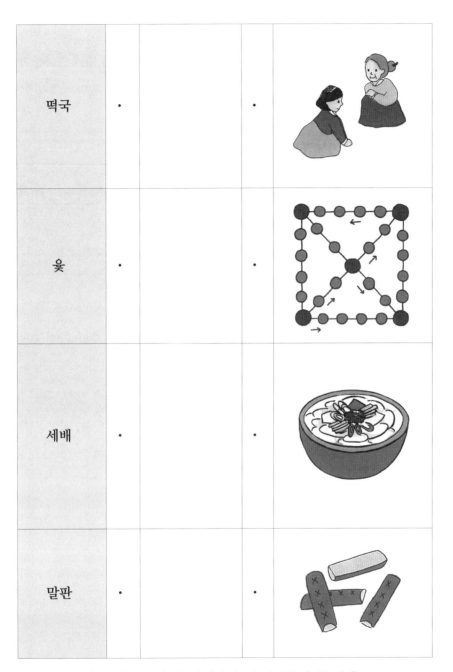

떡국	·	·	
윷	·	·	
세배	·	·	
말판	·	·	

〈그림 29〉 세배 · 〈그림 30〉 말판 · 〈그림 31〉 떡국 · 〈그림 32〉 윷

단어와 그림을 연결하면서 자연스럽게 설날에 관한 어휘를 익히도록 한다. 윷과 말판 실물 자료를 보여 준다. 윷가락이 4개로 되어 있다는 것을 알려 준다. 말판은 정중앙을 제외하고 28개의 동그라미가 있다는 것을 설명해 준다.

나) 제시

> 한국의 설날은 음력 1월 1일입니다. 설날은 새해의 첫날입니다. 설날에는 새 옷을 입고 돌아가신 조상들에게 차례를 지냅니다. 그리고 할아버지, 할머니, 부모님께 세배를 드립니다. 그리고 떡국을 먹습니다.
> 설날에는 온 가족이 모여 윷놀이를 합니다. 같이 윷놀이를 해 볼까요?

'음력'을 설명하면서 학생들에게 "올해 설날은 양력으로는 몇 월 며칠이에요?"라는 질문으로 양력과 음력을 비교하도록 지도한다. 한국 명절에는 설날, 추석 등이 있음을 알려 준다. 설날, 추석은 직계 가족이 모이는 날이다. 중급이나 고급 단계에서 가르칠 때는 '민족 대이동', '교통 체증' 등의 단어를 더 알려줄 수 있다. 학습자들에게 거주국 명절의 날짜, 모이는 사람들, 전통적인 음식, 게임 등에 대해 물어 상호 문화 비교가 이루어지도록 한다.

- 먼저 편을 나눕니다.
- '가편-나편'의 순서로 동그랗게 앉습니다. '가위-바위-보'로 순서를 정합니다. 진 편이 먼저 윷을 던집니다.
- 윷 1개가 뒤집어지면 '도', 2개가 뒤집어지면 '개', 3개가 뒤집어지면 '걸', 4개가 뒤집어지면 '윷', 모두 엎어지면 '모'입니다.
- 말판에서 도는 1칸, 개는 2칸, 걸은 3칸, 윷은 4칸, 모는 5칸 움직입니다. 윷이나 모가 나오면 1번 더 던질 수 있습니다.
- 출발점에 먼저 돌아온 편이 이깁니다.
- '도, 개, 걸, 윷, 모'는 무슨 뜻일까요? 도는 돼지, 개는 개, 걸은 양, 윷은 소, 모는 말을 상징해요. 돼지는 흔한 것이니 '도', 말판에서 1칸만 가요. 소는 비싸니까 4칸, 모는 가장 비싸니까 5칸을 가요.

'가위-바위-보'를 모르는 학생이 있을 수도 있으니 가르쳐 준다. '가위-바위-보'는 여러 나라에 공통적으로 있으므로 자연스러운 상호 문화 비교가 이루어지도록 한다.

윷놀이는 석전, 줄다리기 등과 마찬가지로 마을끼리의 대결로 한 해의 농사 풍흉을 예측해 보는 놀이였다. 말판은 농사의 풍흉과 직결되는 28숙의 별자리를 본 떠 만든 것이다. 말판을 빨리 돌아온 편이 이기는 놀이이다. 28숙의 별자리가 농사와 직결되니 먼저 갔다 온 편이 이기는 놀이가 된 것이다. 윷놀이는 설날부터 정월대보름까지 계속되던 것으로 본래 마을 차원의 놀이가 가정 단위로 축소된 것이다.

다) 연습

(1) 표를 보면서 답을 써 보세요.

	윷 모양	이동	동물 모양	상징 동물
도		1 칸	─	
개		2 칸	개	
걸		3 칸	─	
윷		4 칸	소	
모		5 칸	─	

〈표 43〉 윷놀이

'도, 개, 걸, 윷, 모'가 동물 상징으로 된 것도 농사와 관련이 있다. 동물의 가치 설명과 함께 동물들과 함께 살았던 한국 사람들의 옛 모습을 설명할 수 있다.

말판과 동물 상징을 통해 한국이 농경사회였음을 설명한다. 고급 학습자라면 벼농사와 별자리의 상관 관계를 설명한다. 또한 '쌀'이 영어에서 'RICE' 한 단어로 표현되는데 한국에서는 '모-벼- 쌀-밥'으로 다양하게 표현되는 것을 들어 벼농사의 중요성을 설명할 수 있다.

(2) 다음 단어를 빈 칸에 알맞게 써 넣으세요.

가위-바위-보　세배　말판　걸　말　4　떡국

- 설날 아침에는 _____을/를 먹어요.
- 설날 아침에는 어른들께 _____을/를 해요.
- 윷 던지는 순서를 정할 때는 _____을/를 해요.
- 윷놀이에서는 _____의 출발점에 먼저 돌아온 편이 이겨요.
- '도, 개, _____, 윷, 모'
- 윷이 나오면 _____칸을 가요.
- 모는 동물 중에서 _____을/를 상징해요.

라) 활용

(1) 함께 모여 윷놀이를 해 봅시다.

(2) 설날 하는 일을 비교해 보세요. 우리 집에서 하는 것은 뭐예요? 해 보고 싶은 것은 뭐예요?

한국	우리 집(나라 이름:)	해 보고 싶은 것
세배		
떡국		
윷놀이		

〈표 44〉 설날 하는 일

(3) 요즘 우리 반에서 유행하는 게임은 뭐예요? 재미있는 게임을 함께 해 봅시다.

2) 함께 속담을 배워요.

속담은 오랜 시간 동안 언어공동체를 통해 전승돼 오면서 그 언어공동체의 가치관과 생각을 담고 있다. 속담은 언어공동체가 존재해 온 자연 환경과 인문 환경을 다양하게 반영하면서 처세, 지혜, 인생의 의미를 담아낸다. 각 언어공동체에서 전승되는 속담은 표현과 의미가 같은 경우도 있고, 표현은 다르지만 의미가 같은 경우도 있다. 언어공동체에서 유사한 속담이 상당수 존재하기 때문에 각 언어공동체의 유사점을 비교하기 용이하다.

학습자들은 한국 속담을 배우면서 자문화의 속담을 자연스럽게 비교하게 된다. 한국어 수업 시간에 한국 속담을 가르쳐 보면 학습자들은 비슷한 자문화의 속담을 제시하는 경우를 많이 보게 된다. 속담 수업에서 교사는 학습자의 자발적인 의사 표현을 최대한 존중하면서 한국 속담과의 자연스러운 비교가 되도록 이끄는 것이 좋다. 속담 학습을 통하여 학습자들은 각 문화 간의 유사성, 사람살이의 유사성을 통해 자연스럽게 상호 문화적 감각을 얻을 수 있게 될 것이다.

대상 : 한국어 중급(3~4급)

〈학습 목표〉

• 인지 영역

  · 한국의 속담에 관해 안다.

  · 한국 속담을 통해 한국 사람들의 사고방식을 이해한다.

  · 한국 사람들이 많이 사용하는 대표적인 한국 속담을 암기할 수 있다.

• 정서 영역

  · 한국의 속담과 자문화의 속담을 비교할 수 있다.

  · 한국 속담의 의미를 즐기면서 비유와 상징의 즐거움을 누릴 수 있다.

• 행위 영역

  · 그림에 맞는 적절한 한국 속담을 제시할 수 있다.

가) 도입

학습자 나라의 속담에 관해 묻는다.

질문

(1) "시간이 약이다"는 어떤 뜻이에요?

(2) 여러분 나라에도 비슷한 속담이 있어요?

(3) 아는 속담을 말해 봅시다.

"시간이 약이다"는 영어 속담 "Time heals old wounds."와 의미가 상통한다. 알고 있는 속담을 말하게 하고, 속담의 특징을 언급한다.

나) 제시

(1) 속담의 특징

속담은 간결합니다.
한국 속담에는 한국 사람들의 생각이 담겨 있습니다.
속담은 대화에 포함되어 말의 뜻을 더욱 분명하게 합니다.

속담은 사회적 소산이다. 속담이 사람들의 공감을 얻지 못하면 전승되지 못한다. 사람들이 누구나 체험하고 느끼던 사실을 짧은 형식 속에 간결한 표현을 통해 전승해 오는 것이다. 속담은 부단한 시행착오를 거쳐 얻어진 일반화를 거쳐 만들어졌다. 그래서 속담은 더욱 실감 있게 느껴지고 직접적으로 이해된다. 속담에는 처세의 교훈이 있고, 신념이 있으면, 세태의 풍자가 있고, 인생관이 있다. 속담의 형식은 간결하다. 속담은 꽉 짜여져 있는 토막말로서 더할 수도 없고 덜할 수도 없는 말이다. 속담은 비유와 상징으로 쓰여 있어 언어 생활을 윤택하게 한다.[7]

속담은 각 언어공동체가 얻은 체험을 가장 간결한 형식으로 압축하여 비유와 상징을 통해 만들어졌다. 비유와 상징은 각 언어공동체의 사회적 약속이므로 각 언어공동체에서 속담이 의미하는 비유와 상징은 언어공동체의 성격에 따라 달라진다. 실제로 "사공이 많으면 배가 산으로 간다"는 한국 속담을 많은 외국인 화자들이 "사람들이 힘을 합치면 못 할 것이 없다"로 이해하는

7) 장덕순 외, 『구비문학개설』, 일조각, 2006, 250~261쪽.

것은 속담이 고도의 비유와 상징으로 이루어져 있고, 이것은 사회적 합의에 따른 것이라는 것을 말해 준다.

교사는 속담은 한국 사람들의 생각을 알기 위한 방법이라는 것, 오랫동안 내려온 한국 사람들의 지혜와 삶의 철학이 짧은 표현 속에 녹아 있다는 것을 학생들에게 알려준다.

(2) 다음 속담의 의미를 알아봅시다.

> ▶ 가는 말이 고와야 오는 말이 곱다.
> 남에게 좋은 말을 해야 자기도 좋은 말을 들을 수 있다.
> ▶ 가재는 게 편이다.
> 비슷한 사람끼리 어울리게 된다.
> ▶ 낫 놓고 'ㄱ'자도 모른다.
> 기역 자 모양으로 생긴 낫을 보고도 기역 자를 모른다는 뜻. 아주 무식함.
> ▶ 돌다리도 두드려 보고 건너라.
> 무슨 일이든 실수가 없도록 신중하게 해야 한다.
> ▶ 등잔 밑이 어둡다.
> 가까운 곳에서 생긴 일을 오히려 더 모를 수 있다.
> ▶ 모난 돌이 정 맞는다.
> 성격이 모난 사람은 다른 사람과 부딪치게 되고 미움을 사게 된다.
> ▶ 보기 좋은 떡이 먹기도 좋다.
> 겉이 아름다워야 속도 아름답다. 내용도 중요하지만 형식도 중요하다.
> ▶ 지렁이도 밟으면 꿈틀한다.
> 힘없는 사람이라고 지나치게 억울한 일을 당하면 항의한다.
> ▶콩 심은 데 콩 나고 팥 심은 데 팥 난다.
> 모든 일은 원인에 따른 결과가 있다.
> ▶ 하늘의 별 따기
> 어떤 일을 하는 것이 아주 어렵거나 불가능해 보일 때 쓰는 말

그림 카드를 활용하여 교사의 설명으로 진행한다. 그림의 상황을 먼저 설명해 주고 의미와 상징을 설명해 준다. 학생들을 주인공으로 간단한 상황을 만들어 진행하면 학생들의 흥미를 더욱 유발할 수 있다. 예를 들면, "가는 말이 고와야 오는 말이 곱다"를 설명할 때 먼저 그림 카드를 통해 상황을 보여 준다. 그 다음에 교실에 있는 학생들을 예를 들어 설명한다.

> 교사 : 리나 씨가 유키 씨에게 "유키 씨, 오늘 참 예뻐요"라고 했어요.
> 그러면 유키 씨는 리나 씨에게 뭐라고 말을 할까요?"
> 학생 : "유키 씨도 참 예뻐요."라고 할 것 같아요.
> 교사 : 그렇죠? 리나 씨가 유키 씨에게 예쁘다고 했는데, 유키 씨가 리나 씨에게 밉다고 하지는 않을 거예요. 이럴 때 "가는 말이 고와야 오는 말이 곱다"라는 속담을 써요.

설명을 할 때 학생들의 실명을 들면 학습자들의 태도가 더욱 적극적이 된다. 또한 교사가 간단한 그림을 그려서 설명을 할 수 있다. 속담은 비유와 상징을 통해 표현되기 때문에 표현이 간단한 만큼 상황을 설명하기 위한 설명과 그림 등이 더욱 많이 필요하다.

(3) 한국 속담과 표현도 같고 의미도 같은 영어 속담을 알아봅시다.

> ▶ 뿌린 대로 거둔다.
> As you sow so shall you reap.
> ▶ 좋은 약은 입에 쓰다.
> Good medicine is bitter in the mouth.
> ▶ 피는 물보다 진하다.
> Blood is thicker than water.
> ▶ 빈 수레가 요란하다.
> Empty vessels make the most sound.
> ▶ 시장이 반찬
> Hunger is the best sauce.

(4) 한국 속담과 표현은 다르지만 의미는 같은 영어 속담을 알아봅시다.

> ▶ 사공이 많으면 배가 산으로 간다.
> Too many cooks spoil the broth.(요리사가 많으면 국을 망친다.)
> ▶ 쥐구멍에도 볕 들 날이 있다.
> Every dog has his day.(모든 개들은 자신의 날을 갖는다.)
> ▶ 남의 밥그릇이 더 커 보인다.
> The grass is greener on the other side of the fence.
> (옆 집의 잔디가 더 푸르러 보인다.)
> ▶ 발 없는 말이 천리 간다.
> Words have wings and cannot be recalled.
> (말은 날개가 있어서 되돌릴 수 없다.)
> ▶ 실패는 성공의 어머니
> You must spoil before you spin well.
> (실패해 봐야 다음에 잘 할 수 있다.)

한국 속담과 학습자 자문화 속담의 비교를 통해서 문화 학습을 효과적으로 진행할 수 있다. 의미와 표현이 비슷한 경우, 의미가 비슷하지만 표현이 다른 경우, 표현이 비슷하지만 의미가 다른 경우, 자문화 속담에는 없지만 의미가 이해될 만한 경우, 자문화 속담에 없고 이해도 안 되는 경우 등으로 나누어 속담을 비교할 수 있다.[8]

위에서는 영어와 비교해서 예를 들었지만, 학습자의 나라에 맞게 다양한 속담을 비교하여 학습할 수 있다. 위에 제시한 다섯 가지 기준을 중심으로 교사가 각 나라의 상황에 맞게 속담을 비교하여 제시한다.

다) 연습

※ 다음 상황에 알맞은 속담을 써 보세요.

가는 말이 고와야 오는 말이 곱다.	돌다리도 두드려 보고 건너라.
하늘의 별 따기 시장이 반찬	사공이 많으면 배가 산으로 간다.
피는 물보다 진하다.	실패는 성공의 어머니

• 잘 하는 일도 조심스럽게 해야 돼요.

_____

• 처음부터 잘 하는 사람은 없어요. 자꾸 연습하다 보면 잘 하게 돼요.

_____

• 많은 사람들이 자기 주장을 하면 일이 잘 안 돼요.

_____

8) Alice Omagio Hadley, *Teaching Language in Context*, Heinle & Heinle, 1993, pp.394~406. 이 책 302쪽, '자. 속담활용하기'에 상세하게 서술했다.

- 아주 어려운 일 −

_____

- 배가 고플 때는 무엇을 먹어도 맛있어요. −

_____

　　교실 상황이나 학습자들의 수준에 따라 다양한 연습 문제를 만들 수 있다. 연습에서는 속담의 기본적인 의미를 익히는 것을 목표로 한다. 연습지에 쓰는 방법으로 할 수도 있지만, 교사가 전반부를 불러주고 학생들이 맞추는 형식으로 진행할 수도 있다. 익숙해지면 개인별 퀴즈 형식으로 진행할 수도 있다.

라) 활용

※ 그림을 보고 알맞은 속담을 찾아보세요.

앞 면에는 속담 그림, 뒷 면에는 속담의 내용이 있는 속담 카드를 활용한다.

난이도 − 초급 : 속담 그림 카드를 앞 면의 그림이 보이게 펼쳐 놓는다. 교사가 속담 내용을 불러 주면 학생들이 그림을 찾는다.

난이도 − 중급 : 교사가 그림을 보여 주면 학생들이 속담을 말한다.

난이도 − 고급 : 교사가 그림을 보여 주고 학생들이 개별적으로 손을 들어 속담을 말하는 스피드 게임으로 진행한다.

〈속담 카드〉

※ 앞 면에는 속담 그림, 뒷 면에는 속담의 내용이 있는 속담 카드

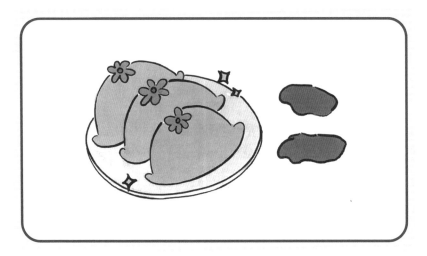

〈그림 33〉 보기 좋은 떡이 먹기도 좋다.

보기 좋은 떡이 먹기도 좋다.

〈그림 34〉 등잔 밑이 어둡다.

등잔 밑이 어둡다.

〈그림 35〉 낫 놓고 'ㄱ'자도 모른다.

낫 놓고 'ㄱ'자도 모른다.

〈그림 36〉 하늘의 별 따기

하늘의 별 따기

3) 사위의 실수

한국 이야기 자료인 '사위의 실수[9]'를 가지고 120분의 문화 수업 교안을 구성해 보자. 이 수업은 한국어 고급 학습자들이 목표 문화인 한국 문화와 자문화와의 비교를 통해 상호 문화 능력을 신장하는 것을 목표로 한다. 외국어로서의 한국어 교실에서 진행되는 문화 수업이므로 지식 위주의 문화 전달을 피하기 위해 문법 내용과 통합하고, 단순한 문화 소개를 피하기 위해 말하기·듣기·읽기·쓰기를 포함하여 구성할 것이다. 또한 갓, 뚝배기 등에 대한 그림을 제시하여 학습자들의 이해를 돕고 본문 이해에 대한 탐구 질문을 제시하여 상호 문화적 이해를 돕고자 한다.

외국어로서의 한국어를 배우는 학습자들은 한국어를 배우면서 한국 문화를 접하게 된다. 학습자들에게 한국 문화는 낯설다. 학습자들은 한국 문화를 배우면서 많은 '실수'를 하게 된다. 본 수업에서는 이러한 학습자들의 실수담을 효과적으로 이끌어내기 위해 한국 이야기 중에서 '실수'를 주제로 한 이야기를 선택했다. 혼인을 통해 새롭고 낯선 '처가살이'를 시작한 사위에게는 처가의 모든 것이 낯선 것이 될 수밖에 없다. 이러한 낯선 상황에 적응하는 과정에서 사위는 많은 실수를 하게 된다. 사위의 실수에 대한 이야기는 학습자들이 한국 문화에서 겪었던 자신들의 실수담을 이야기하는 데 어느 정도 부담을 덜어줄 수 있을 것이라 생각한다. 궁극적으로 이 수업은 문화 교수·학습에서 인지적 영역과 정서적 영역의 발달을 꾀하고자 한다. 인지적 영역은 학습자들이 한국의 결혼 문화, 결혼으로 인한 가족 관계를 아는 것이다. 정서적 영역은 자신의 문화충격 극복 경험을 다른 학생들과 공유하고 다른 학생들의 경험에 공감하는 공감 능력을 확대하는 것이다.

9) 손동인·이준연·최인학 엮음, 『남북 어린이가 함께 보는 전래동화』, 사계절, 1991.

교재 : 사위의 실수

대상 : 한국어 고급(5~6급)

[**학습목표**]

• 인지적 영역

· 한국의 결혼문화 중 하나인 데릴사위제도를 안다.

· 장인, 장모, 사위 등 결혼으로 인한 가족 관계를 안다.

· 뚝배기, 갓 등 한국 전통 문화를 안다. 뚝배기의 현재적 쓰임을 안다.

• 정서적 영역

· 장인, 장모와 사위, 며느리 등의 관계에 대한 자문화와 한국 문화를 비교할 수 있으며, 자문화와 타 문화(한국 문화 외의 타 문화)와도 비교할 수 있다.

· 한국 문화를 배우면서 자신이 한 실수와 이에 대한 대응을 함께 이야기하면서 문화충격 극복에 대해 말할 수 있다.

문법 :

· -(으)니 만큼

· -(으)을 테니

가) 도입

준비 단계로 학습자 나라의 결혼 이후의 가족 명칭을 묻는다. 또한 학습자가 알고 있는 한국의 그릇, 조선시대의 양반에 대한 지식을 확인한다. 그런 다음 실물자료(갓 그림, 뚝배기 그림)를 보여주고 설명한다.

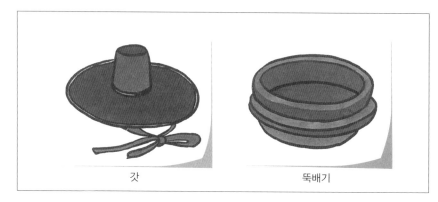

| 갓 | 뚝배기 |

〈그림 37〉 갓 · 〈그림 38〉 뚝배기

[질문]

- 갓 : 언제 사용합니까? / 본 적이 있습니까?/ 무엇으로 만들었습니까? / 한국 사람들이 가지고 있는 이미지는 어떤 것일까요?

- 뚝배기 : 언제 사용합니까? / 어디서 보았습니까?/ 무엇으로 만들었습니까? / 한국 사람들이 가지고 있는 이미지는 어떤 것일까요?

나) 제시

(1) 본문 제시

교재로 사용할 자료는 다음과 같다.

〈사위의 실수〉

옛날 어느 곳에 외동딸만 둔 부부가 살고 있었습니다. 이 부부는 아들을 낳지 못하였으므로 딸을 다른 집으로 시집보내지 않고 사윗감을 데려다가 데릴사위로 삼아 한 집에서 살기로 했습니다. 그러나 이 사위는 무슨 일을 시켜도 한 번 제대로 하는 일이 없었습니다. 가령, 물을 좀 떠오라고 하면 불을 가져오고, 문을 닫으라고 하면 문을 여는 수가 많았습니다. 항상 이런 식으로 행동하니 장인과 장모는 속이 상하고 화가 나서 사위를 내쫓으려고 했습니다.

하루는 장인이 사위를 불러서 돈을 주며 말했습니다.

"이 돈을 가지고 장에 가서 뚝배기 하나하고 갓 하나를 사 오너라."

사위는 돈을 받아 들고 자기 방으로 돌아왔습니다. 방에 있던 부인은 남편이 과연 장에 가서 물건을 제대로 사올 수 있을지 걱정이 태산 같았습니다.

그래서 부인은 남편에게 뚝배기와 갓을 살 때 주의해야 할 일들을 한 번 더 자세히 설명해 주었습니다.

"여보, 뚝배기는 구멍이 있는 것을 사면 안 되느니 만큼 잘 살펴보고 사야 해요. 사기 전에 뚝배기에다 물을 한 번 부어 보고 새지 않는 것을 골라 사야 돼요."

"알았어요. 그럼 갓은 어떻게 사면 되는 거예요?"

"갓은 탄탄하고, 머리에 꼭 맞아야 하는 거예요."

그러니까 한 번 써보고 사야 해요."

"내가 잘 사 올테니 염려 말아요 부인."

장에 온 사위는 우선 뚝배기 가게로 갔습니다. 그리고는 얼른 뚝배기 하나를 집어 들더니 안팎을 이리저리 살펴보았습니다. 그러나 사위는 부인이 그렇게 꼼꼼히 일러주던 말을 거꾸로 생각했습니다. 뚝배기를 머리에다 써 보라는 줄 알고 뚝배기를 머리에 뒤집어썼습니다. 그리고 그것이 맞나 안 맞나 하고 돌려가면서 만지작거리다가 그만 놓쳐서 깨뜨리고 말았습니다. 뚝배기는 산산조각이 나 버렸습니다.

그러자 가게 주인이 화를 냈습니다.

"아니, 이 양반이? 여보시오. 무엇 때문에 남의 뚝배기를 머리에 뒤집어쓰고 만지작거리다가 깨뜨리고 말았소? 자, 어서 뚝배기 값이나 물어주오. 참 나 원, 뚝배기 장사를 오래 했지만 별 사람을 다 보겠네."

사위는 할 수 없이 뚝배기 값을 물어주고 가게를 나섰습니다.

이번에는 갓을 파는 가게로 찾아갔습니다. 사위는 갓을 하나 들고 만지작거렸습니다.

"아까 잊어버리고 물을 부어 보지 못했기 때문에 그런 일이 생겼어. 이번에는 생각 난 김에 꼭 물을 부어 보아야겠어."

이렇게 생각한 사위는 물 한 바가지를 얻어다가 갓 속에다 부었습니다. 그러자 물이 주르르 새어 나왔습니다.

"응, 이 갓은 못 쓰겠는걸. 물이 새는데……."

이번에는 또 다른 갓을 집어 들고 물을 부어 보았습니다. 역시 그 갓도 마찬가지였습니다. 사위는 다시 다른 갓을 들고 물을 부으려고 했습니다. 그 때에 이 광경을 지켜보고 섰던 가게 주인이 화를 냈습니다.

"아니, 이 사람아! 남의 물건을 이렇게 못 쓰도록 망가뜨려 놓다니? 잔말 말고 어서 갓 값이나 물어내라. 나 원! 미쳐도 이렇게 미친 사람은 처음 보겠군 그래."

사위는 이번에도 망가뜨린 갓 값을 물어줄 수밖에 없었습니다.

사위는 빈손으로 집으로 돌아왔습니다. 사위가 아무 것도 안 사고 빈손으로 돌아오자 장인이 궁금해서 그 까닭을 물었습니다.

"여보게 어떻게 되었나? 왜 뚝배기와 갓은 사지 않고 맨손으로 돌아왔지?"

사위는 자기가 겪은 일을 그대로 말했습니다. 장인은 하도 기가 막혀서 '허허' 웃고 말았습니다.

제시 단계에서는 다양한 방법이 활용될 수 있다.

교사는 4~5명 정도로 그룹을 만든 뒤 위의 글을 4~5개로 요약한 자료를 준다. 학생들은 자신이 가지고 있는 정보를 말하고, 다른 학생들은 그것을 요약하면서 받아 적는다. 전체적으로 순서를 맞추어 하나의 완벽한 이야기로 재구성한다.

(2) 어휘 제시

외동딸, 가령, 걱정이 태산 같다, 이리 저리, 꼼꼼히, 일러주다, 만지작거리다, 산산조각, 물어주다, 주르르, 따귀, 힘껏, 맨손으로, 기가 막히다, -고 말았다.

(3) 문법 설명

(가) −(으)니 만큼

(나) −(으)ㄹ 테니

(4) 속담 설명

(가) 뚝배기

뚝배기보다 장맛/뚝배기 깨진 소리/뚝배기로 개 때리듯이

(나) 갓

갓 사러 갔다 망건 샀다/갓 쓰고 망신/갓 쓰고 자전거 탄다

뚝배기와 갓에 대한 속담을 설명 한 뒤 적절한 상황을 제시하여 알맞은 속담을 넣어서 말하는 연습을 한다. 속담을 구사함으로 한국어의 표현을 더욱 다양하고 수준 높게 할 수 있다.

(5) 읽기와 설명

(가) 탐구 질문을 제시한다.

① 내용 파악 질문

- 장인과 장모는 왜 사위를 내쫓으려고 했습니까?
- 부인은 남편에게 갓과 뚝배기를 어떻게 고르라고 했습니까?
- 사위는 갓과 뚝배기를 어떻게 골랐습니까?
- 갓과 뚝배기를 잘못 고른 사위의 마음은 어땠을까요?

② 상호 문화 능력 질문

- 여러분 나라에도 '데릴사위' 제도가 있었습니까?
- 장인, 장모와 사위의 관계는 어떻게 변화했습니까?
- 여러분 나라에도 사위, 며느리에 대한 이야기가 있습니까? 어떤 내용입니까?

다) 연습

(1) 문형 연습

4명 정도의 소그룹을 만든 뒤 A와 B의 카드를 나눠준다. 한 명이 A의 카드를 읽으면 나머지 학생들이 B의 카드 중에서 적합한 문장을 찾아서 '-(으)니 만큼', '-(으)ㄹ 테니'의 문형을 사용하여 문장을 완성한다.

(가) -(으)니 만큼

요즘 경제가 어려워요 한국은 교통이 복잡해요 한국에는 집 값이 비싸요 매출액이 늘었어요

특별 보너스를 주겠어요 지하철을 타는 것이 좋아요 절약해야겠어요 전세 사는 사람이 많아요

(나) -(으)ㄹ 테니

제가 운전할게요 곧 가을이 올 거예요 이 약이 처음에는 따끔따끔할 거예요 내년에 다시 올 거예요

섭섭해 하지 마세요. 마음 놓고 마시세요 조금만 참으세요 긴팔 옷을 사야겠어요

(2) 문장 만들기

후행절을 채워 넣은 연습을 한다.

(가) −(으)니 만큼

한국에 여행 온 만큼 _____.

이제 대학생이 된 만큼 _____.

(나) −(으)ㄹ 테니

항공권은 내가 예약해 놓을테니 _____.

모자라는 예산은 나중에 보충할테니 _____.

라) 활용

문법 수업에서 활용 단계는 실사용을 전제로 연습하는 단계다. 이 수업은 문화 수업으로 계획되었으므로 상호 문화 능력 신장을 위한 토론으로 구성해 보겠다. 위의 탐구질문 중 상호 문화 능력 질문을 확장하여 정서적 영역을 확장하도록 구성하겠다.

(1) 상호 문화 능력 신장 질문

(가) 한국 문화가 가장 낯설게 느껴졌던 것은 언제인가?

(나) 한국에서 한 실수는 무엇인가?

(다) 어떻게 실수를 극복했는가?

(2) 상호 문화 능력 신장 토론

(가) 한국 사람들과의 관계에 자신은 어떤 방식으로 적응했다고 생각하는가?

(나) 한국 사람들이 외국인에게 대하는 태도에 있어서 개선할 점은 무엇이
라 생각하는가?

이야기 '사위의 실수'를 가지고 고급 단계 120분 용 수업 모형을 제시했다.
이 수업은 문화와 듣기 · 읽기 · 말하기 · 쓰기를 통합한 수업이다.

교사의 일방적인 강의로는 원활한 의사소통을 진행할 수 없으므로 다양한
활동을 통하여 학생들을 참여시키고 활발한 토론과 말하기, 쓰기가 가능하
도록 배려했다. 학생들이 배운 지식을 적극 활용할 수 있도록 하면서, 되도록
많은 상황을 제시하여 한국 문화에 친숙해지도록 이끌 수 있도록 했다.

언어활동은 대부분 통합적으로 이루어지므로 문화 수업 또한 통합적으로
실시되어 학습자의 흥미를 고취시키고 실제적인 생활의 도움을 주어야 한다.

실제로 이야기가 한국어 수업에서 적극 활용되고 학습되려면 한국 이야기
와 한국어 교육에 관심 있는 연구자들의 끊임없는 애정과 노력이 필요하다.
이 두 가지 모두 방대한 자료 연구와 다양한 이론을 섭렵해야 하므로 어려운
작업이겠지만 그 성과 면에서는 많은 기대가 된다.

10) 이 내용은 이성희, "애
들아, 재미있는 이야기로
한국어 배우자", 미국 한국
학교협의회(NAKS, The
National Association for
Korean Schools) 주최 제
25회 학술대회(2007년)에
서 강의한 내용을 수정 ·
보완한 것이다.

4) 이야기로 배우는 한국어 [10]

이야기를 활용하여 간단한 활동을 제시할 수 있다. 여기서는 숨은 단어 찾
기, 의성어 · 의태어 연습, 주인공에게 편지 쓰기 등 이야기를 활용한 다양한
활동을 구성해보도록 하겠다.

가) 숨은 단어 찾기

대상 : 한국어 중급(3~4급)

활동 : 단어 이해 및 읽기 활동

어휘 활동은 학습자들이 텍스트에 친밀한 반응을 보일 수 있도록 하면서, 텍스트 이해에 유용한 도움을 줄 수 있는 방법이다. 이는 독립적으로 활용할 수도 있고, 읽기 전 단계에서 사용할 수도 있다. 단순한 단어 설명이 아니라 게임으로 진행하면서 학습자의 흥미를 유발할 수 있다.

• 이야기에 나오는 단어가 숨어 있어요. 찾아 동그라미 쳐 보세요.

아	우	장	님	사	라	교	민	말	마
자	돼	햇	볕	밀	격	내	일	만	치
다	효	녀	정	교	정	왕	비	팔	자
사	속	약	복	한	고	점	점	분	수
옴	표	혼	하	실	아	버	지	한	초
피	칠	따	자	실	봄	자	학	생	상
임	철	금	뜻	서	차	날	산	필	팔
연	치	을	며	한	해	끙	끙	지	잔
옥	날	짜	칠	옷	장	눈	집	그	희
금	실	토	학	선	물	교	만	무	창

찾을 단어 효녀 햇볕, 따뜻한, 봄날, 아버지, 혼자서, 며칠, 그만, 끙끙,

약속, 점점, 내일, 걱정, 눈물

• 이야기를 읽어 봅시다.

> **효녀 심청**
>
> 햇볕이 따뜻한 어느 봄날이었어. 앞을 못 보는 청이 아버지는 혼자서 밖으로 나
> 왔어. 그런데 이 일을 어쩌면 좋아? 청이 아버지가 그만 개울에 빠지고 말았어.
> 지나가던 스님이 청이 아버지를 구해주었어. 청이 아버지는 물에서 건져준 것이
> 고마워서 절에 쌀 삼 백석을 드리겠다고 약속했어. 며칠 후 청이 아버지는 그만
> 끙끙 앓아누웠어. 절에 쌀을 드리기로 약속한 날짜는 점점 다가오는데 집에는
> 먹을 쌀도 없었어.
> 청이는 걱정이 되어 아버지께 왜 그러시냐고 여쭤봤어. 아버지는 사실대로 말했
> 어. 아버지의 말씀을 다 들은 청이는 고개를 끄덕였어. 어떻게 해서든 아버지의
> 약속을 지켜드리고 싶었어.

나) 의성어, 의태어 연습

대상 : 한국어 중급(3~4급)

활동 : 의성어, 의태어 연습

　옛날이야기에는 다양하고 실감나는 의성어, 의태어 표현들이 많이 나온다.
의성어, 의태어는 훌륭한 우리말 표현이다. 이야기를 통해 이러한 표현을 재
미있게 익힐 수 있다.

노래하는 혹부리 영감

(1) "혹부리 영감 혹부리 따러 가세."

　　아무리 놀려도 마음씨 착한 혹부리 할아버지는 (하하하) 웃기만 했지.

(2) 어느 날 마음씨 착한 혹부리 할아버지가 산에 나무를 하러 갔대.

　　"뚝딱뚝딱 나무를 하자. (쓱싹쓱싹) 나무를 베자."

(3) 그러다 보니 어느새 깜깜한 밤이 되었지. 할아버지는 (허둥지둥) 산을 내려

　　오다가 그만 길을 잃고 말았어.

(4) "나무나무 뽕나무, 방귀 뀌는 뽕나무

　　나무나무 가시나무, 따끔따끔 가시나무."

　　도깨비들은 신이 나서 (덩실덩실) 춤을 추었어.

- (1)의 (　) 안에 알맞은 말을 찾아 써 보세요.

　① 하하하　② 호호호　③ 랄랄라　④ 짹짹짹

〈연습〉 내가 구두를 닦아드리자, 아버지께서 _____ 웃으십니다.

- (2)의 (　) 안에 알맞은 말을 찾아 써 보세요.

　① 벌컥벌컥　② 쓱싹쓱싹　③ 쪼로록　④ 빙그레

〈연습〉 나무를 벨 때는 _____ 소리가 나요.

- (3)의 ( ) 안에 알맞은 말을 찾아 써 보세요.

   ① 스르르 ② 허둥지둥 ③ 방긋방긋 ④ 방실방실

〈연습〉 성호는 아침에 늦잠을 잤어요. 그래서 _____ 옷을 입었어요.

- (4)의 ( ) 안에 알맞은 말을 찾아 써 보세요.

   ① 후루룩 ② 훌훌 ③ 덩실덩실 ④ 짝짝짝

〈연습〉 할머니는 기분이 좋아서 _____ 춤을 추셨어요.

다) 주인공에게 편지 쓰기

대상 : 한국어 중급(3~4급)

활동 : 읽기 텍스트를 활용한 문장 연습

(1) 이야기 들려주기

방법 1) 콩쥐팥쥐 동화책을 보여주면서 교사가 읽는다.

방법 2) 교사가 미리 책을 보고 연습하여 아이들에게 이야기를 들려준다.

콩쥐 팥쥐

새어머니에게는 팥쥐라는 딸이 있었어.
팥쥐는 얼굴도 못생겼지만 마음씨는 더욱 고약했지.
"이 신발도 내 거, 이 옷도 내 거. 콩쥐 것은 다 내 거야."
팥쥐는 콩쥐가 가진 것을 모두 빼앗아 버렸어.
아버지가 돌아가시자 새어머니는 콩쥐를 더욱 심하게 괴롭혔대.
콩쥐는 하루 종일 일만 했어.
잠시도 쉬지 않고 말이야.
"아, 맛있다."
욕심쟁이 팥쥐는 누룽지를 먹느라 정신이 없었지.
심술쟁이 새어머니는 드르렁 드르렁 낮잠만 잤어.
하지만 콩쥐는 새어머니와 팥쥐를 미워하지 않았대.

(2) 편지 쓰기

사용문형 연습

–(을) 수 있다, (을) 수 없다, –고 싶다, –(으)ㄴ/는데, –(이)ㄴ데, –아서/어서,
못 안 / 못 왜 –(으)ㄹ 거예요 –(으)ㄹ 거야

(가) 콩쥐에게, 팥쥐에게, 돌아가신 콩쥐 어머니에게, 팥쥐 어머니에게, 아버지에게, 원님의 아들에게, 편지 쓸 대상을 학습자 스스로 정하게 한다.

(나) 텍스트에 등장하는 빈도에 상관없이 자유롭게 대상을 정함으로 학습자의 상상력을 유발할 수 있고, 중심이 아닌 주변에까지 사고하는 폭넓은 인지작용을 북돋울 수 있다.

(다) 편지를 쓸 때는 브레인스토밍(Brainstorming), 개요 짜기 (Summarizing), 초고 쓰기(Drafting), 수정하기(Revising), 다듬기 (Polishing)의 과정을 거치게 한다.

- 누구에게 편지를 쓸 거예요? 왜 그렇게 정했어요?
- 편지를 쓰기 전에 꼭 쓰고 싶은 말을 정리해 보세요.

> _____에게 이 말을 꼭 하고 싶어요.
>
> 하나,
> 둘,
> 셋
> 넷

- 수업 시간에 선생님과 함께 배운 표현 중에서 어떤 표현을 쓸지 선택하세요.
- 선택한 문형을 사용하여 다음과 같이 편지를 써 보세요

> 예) 콩쥐에게.
>
> 마음씨 착한 콩쥐야. 슬픈 일이 많았을 텐데 어떻게 다 참았어? 나는 네가 너무 슬퍼 보여서 눈물이 나왔어. 만일 내가 너를 만나면, 꼭 안아줄거야. 이제 그만 울라고.
>
> 콩쥐에게
> _____(으)ㄴ 콩쥐야.
> _____(으)ㄹ 텐데 어떻게 _____?
> 나는 _____았/었어.
> 만일 내가 _____(으)ㄹ거야.

글쓰기에 익숙하지 않은 학습자들도 대상을 정하고 편지를 쓰면 자연스럽게 쓸 수 있다. 편지를 쓰면서 구어체 한국어를 연습할 수 있고, 높임말 · 반말 · 준말 등을 연습할 수 있다.

위에서 제시된 숨은 단어 찾기, 의성어 · 의태어 연습, 주인공에게 편지 쓰기 등은 교사가 교실 상황에 맞게 다양한 이야기에 적용하여 활용할 수 있을 것이다.

✦ 참 | 고 | 자 | 료

김자연, 한국동화문학연구, 서문당, 2000.

신헌재, "이야기 제재의 독서 지도", 독서교육의 이론과 방법, 서광 학술자료사, 1994.

이성희, 설화를 통한 한국어 문화 교육 방안, 국제 한국어 교육 학회, 제10권 2호, 1999.

이성희, 이야기를 통한 한국어 교육의 실제, 발표 논문집, 국제 한국어 교육 학회, 2000.

이종란, 학생들과 학부모들을 위한 전래동화 속의 철학, 철학과 현실사, 2001.

최운식 · 김기창, 전래동화 교육의 이론과 실제, 집문당, 1998.

손동인 · 이준연 · 최인학 엮음, 남북 어린이가 함께 보는 전래동화, 사계절, 1991.

이기문, 속담사전, 일조각, 1980.

일연 지음/ 이민수 옮김, 삼국유사, 제1권 기이 제1, 을유문화사, 1995.

임동권, 한국의 민담, 서문당, 1996.

임석재, 한국 구전설화 1~10, 평민사, 1996.

중앙교연 편, 명품교연 테마 명전동화, 중앙교연, 2003.

최내옥 엮음, 한국전래동화집 11, 창작과 비평사, 1985.

한국정신문화연구원, 한국 구비문학대계 1~82, 1986.

✦ 참 | 고 | 사 | 이 | 트

1) 한국문화
국립민속박물관 http://www.nfm.go.kr/folk/fo_bri.jsp
(박물관 가상 체험실, 동영상으로 보는 일생 의례)
한국민족문화 대백과 사전 http://www.encykorea.com
민족문화사전 http://www.koreandb.net/dictionaries

2) 이야기
부키의 동화나라 http://www.buki.co.kr
동화사랑연구소 http://www.donghwasarang.com
동화나라 http://www.dong-hwa-nara.com
동화방 http://www.donghwabang.com
오른발왼발 http://www.childweb.co.kr
옛날이야기 http://www.iwmu.com/kid/library/oldstory/old-list.htm
클릭! 어린이세상 http://www.click.childweb.co.kr
깨비키즈 http://www.kebikids.com
서울 독서연구회 http://www.readingchildren.com

라. 교과서의 한국 문화 수업 구성 살펴보기

1) 고급 단계 한국어 교재의 한국 문화 항목

한국어 교과서에서는 초급 · 중급 · 고급 각 과정에 적절한 문화 항목을 배치하고 있다. 초급에서 일반적인 것, 현대적인 문화를 다루고 급이 올라갈수록 세부적인 문화를 다루면서 전통 문화로 영역을 확대하는 것이 일반적이다. 여기서는 『한국어 고급1』(김중섭 · 방성원 · 김지형 · 이성희 지음, 경희대학교 출판부, 2003)의 고급 단계 한국어 교재의 한국 문화 항목을 살펴보고자 한다.

문화 요소	주제	내용
산물	문학	신화, 옛날이야기, 고전 소설, 수필, 시
	민속	새해 풍습, 한국의 결혼식, 음복, 산신제, 동제, 추석(송편 만들 때 바늘로 점치기), 반보기, "더도 말고 덜도 말고 한가위만 같아라", 설 풍습, 전통놀이, 태권도, 서당, 사물놀이, 판소리, 민요, 가야금
산물	예술	영화, 서예, 한국화, 도자기, 민화
	음악	대중가요, 난타
	역사	서울 올림픽, 월드컵, 각국의 철학자(율곡 이이), 이제마 사상의학
	지리	한국의 도시와 지방, 평양, 한국의 여행지, 한국의 계절, 공주, 부여, 경주
관념	신앙	불교
	가치	길조 동물, 한국의 속설, 남녀평등, 효와 노인 공경, 각국의 상징색, 한국인의 성격, 우리의식
	관습	집들이 선물, 덤 문화, 민간요법, 인사예절, 식사예절
	음악	대중가요, 난타
행동 양식	의식주	벼, 쌀, 두부, 비빔밥, 김치, 한복
	생활양식	동호회, 택시, 동대문 시장, 자동판매기 커피, 정보통신, 한국인의 여가 생활, 교통카드, TV프로그램, 실례되는 행동, 화폐, 직장 생활, 식이요법
	제도	교육, 선거와 투표, 각종 법조문, 면접

〈표 45〉 고급교과서의 한국 문화 항목

2) 한국 문화를 소개하는 단원 구성

가) 항목과 내용

한국어 교과서에서 한국 문화는 읽기나 듣기 본문 중 하나로 사용되기도 하고, 코너나 쉼터를 따로 두어 소개하기도 한다. 가장 적극적인 방법은 교재의 한 단원을 한국 문화를 주제로 하여 구성하는 것이다. 여기서는 한 단원 전체가 한국 문화를 주제로 구성된 예를 찾아 구성 방식과 내용을 살펴보고자 한다. 『한국어 고급1』(김중섭 · 방성원 · 김지형 · 이성희지음, 경희대학교 출판부, 2003)에서 '제 2과 민속과 삶' 단원의 한국 문화 구성을 살펴보자.

항목	내용
단원 명	민속과 삶
주제	명절 풍속, 상상의 동물, 결혼의 절차, 집들이 선물
도입	집들이에 대한 상호 문화적 질문, 설 · 추석 어휘 제시, 각국 명절 비교
문법	가정 표현, 상황에 맞는 인사 표현(축하, 위로, 조문)
어휘/발음	설날과 추석 관련 어휘, 'ㅐ'와 'ㅔ'의 구별
듣기	용의 상징에 대한 대화, 한국의 결혼 절차에 대한 설명
읽기	집들이 선물, 추석 풍속
쓰기	단어 연상하기, 생각 메모하기, 주어진 주제에 따라 글쓰기 생각 보완하기
말하기	의견 조율하기, 상황에 맞는 인사하기, 정해진 시간 내에 말하기, 각국의 설날 풍습 비교하기

〈표 46〉 고급 교과서의 한국 문화 내용

이 교과서는 말하기 · 듣기 · 읽기 · 쓰기 4영역의 통합 교재이다. 단원 명이 '민속과 삶'으로 내용에 있어 민속에 초점을 두고 있다. 주제는 명절 풍속, 상상의 동물인 용에 대한 서양과 동양의 시각 차이, 한국 결혼의 절차에 대한 소개와 각국 결혼 절차의 비교, 한국 집들이 선물에 대한 의미 소개 등이다. 문법은 민속과 관련 있는 축하, 위로, 조문의 표현이다. 쓰기에서는 민속에서 특별한 날을 강조하는 것에 바탕을 두고 '내 인생에서 가장 멋진 날'이라는 주제로 한 과정중심 글쓰기를 제시하고 있다. 말하기에서는 상황에 맞는 인사법을 연습하는 것과 자기 나라의 설날 풍습을 비교하는 활동을 제시하고 있다.

한국의 설날을 중심으로 문화 항목을 제시하면서 상호 비교적인 질문을 두어 학습자들이 자문화를 소개할 수 있도록 구성했다. 그래서 한국 문화 소개가 한국의 자민족중심주의적인 시각을 벗어나 학습자의 상호 문화적 이해를 도울 수 있는 견인차 역할을 할 수 있도록 배려하고 있다.

나) 한국 문화 구성 살펴보기

위에서 제시한 교과서의 한국 문화 구성 내용을 살펴보자.

(1) 도입

도입에서는 집들이에 대한 상호 문화적 질문, 설·추석 어휘, 각국 명절을 비교하는 질문을 제시하고 있다.

도 입

● 한국에서는 결혼을 하면 가까운 친구들이나 직장 동료들, 친척들을 집에 초대해서 함께 식사를 합니다. 이것을 '집들이' 라고 합니다. 여러분 나라에도 이와 같은 풍습이 있습니까?

● 다음 단어들은 무엇에 관한 내용입니까? 답을 쓰고 자신의 경험에 대하여 이야기해 보십시오.

<table>
<tr><td>세배　세뱃돈
설빔　덕담　만두 빚기
떡국　윷놀이
도 개 걸 윷 모
말판　널뛰기
까치 설날은 어저께</td><td>차례　연휴
교통 대란　귀성객
열차표 예매</td><td>성묘　송편
한가위　중추절
햇곡식과 햇과일
쟁반같이 둥근 달
더도 말고 덜도 말고 늘 한가
위만 같아라</td></tr>
</table>

● 여러분 나라에서 가장 성대하게 치러지는 민속 명절은 무엇입니까? 명절 음식과 놀이에 대해 이야기해 보십시오.

〈그림 39〉 '제 2과 민속과 삶' 도입 부분[11]

　　도입 질문은 듣기, 읽기 본문에 대한 선수학습으로 제시되었다. '집들이'는 읽기 1에 제시된 주제다. 학습자들에게 낯선 '집들이'라는 어휘를 미리 제시하면서 학습자들의 자문화에서 집들이와 유사한 민속을 말하도록 하고 있다. 실제로 이 단원을 수업 시간에 학습할 때 학습자들은 각 나라마다 다른 형태이기는 하지만 결혼이나 이사 등을 할 때 집들이와 유사한 민속이 있다고 대답한다. 영미 문화권에서는 베이비샤워 등의 민속을 거론하기도 한다.

11) 이성희 외, 「한국어고급1」, 경희대 출판부, 2003, 28쪽

(2) 듣기 2

 듣기 2

🌐 여러분 나라에서는 결혼식을 어떻게 치릅니까? 독특한 결혼식 절차에 대하여 이야기해 봅시다.

	결혼식 전	결혼식	결혼식 후	독특한 점
나				

🌐 잘 듣고 질문에 답하십시오.

1. 들은 순서대로 번호를 쓰십시오.

2. 들은 내용과 같은 것을 고르십시오.
   ① 함은 결혼식 전에 신랑이 지고 갑니다.
   ② 성혼 선언문은 부부가 된 것을 알리는 것입니다.
   ③ 신랑과 신부 부모님께 폐백을 올립니다.
   ④ 한국에서는 신혼 여행에 친구들이 동행합니다.

🌐 여러분 나라와 다른 점에 대해 이야기해 보십시오.

   왕영 : 중국에서는 피로연이 화려해요. 보통 호텔이나 대형 연회장에서 하는데 신랑, 신부가 피로연장 앞
   　　　에서 하객을 맞는 것으로 시작해서 모든 하객에게 술을 따라 주는 것으로 끝나요.

🌐 결혼식을 새롭게 구성한다면 어떤 순서를 넣고 싶습니까? 새롭게 넣은 절차에 알맞은 이름을 붙여 보십시오.

〈그림 40〉 '제 2과 민속과 삶', 듣기2[12]

12) 이성희 외, 위의 책, 31쪽.

듣기는 한국의 결혼식 절차에 대한 것이다. 결혼식 절차는 '함 팔기−신랑 ·
신부 입장−성혼선언문 낭독−예물 교환−기념 촬영−폐백−신혼 여행−집들
이' 순으로 제시되었다. 본문에 들어가기 전에 질문에서 학습자들의 결혼식 절
차를 설명하는 상호 문화 질문을 제시했다. 본문에서 한국의 결혼식 절차에
대한 듣기를 하고 학습자 나라의 결혼식 절차와 다른 점을 비교하는 상호 문
화 질문을 제시했다. 그리고 개인화된 질문으로 자신이 결혼식을 구성한다면
어떻게 하고 싶은지 새로운 절차를 구성하는 질문을 제시했다. 학습자들은 이
본문을 학습하면서 한국의 결혼 문화에 대한 학습, 자기 나라 결혼식과 한국
과의 비교, 다른 나라 학습자들의 결혼식에 대한 비교 문화적 시각을 획득하
게 된다.

(3) 읽기 1

읽기 1

◐ 지금까지 받은 선물 중에서 가장 기억에 남는 선물은 무엇입니까?

◐ 여러분 나라에서 특별한 날 주는 선물에는 어떤 것이 있습니까? 또 피해야 하는 선물에는 어떤 것이 있습니까?

◐ 다음 글을 읽고 질문에 답하십시오.

집들이 선물

한국 사람들은 다른 사람의 집을 방문할 때 선물을 가지고 가는 것이 보통입니다. 작은 것이라도 성의 있게 준비한 물건이나 음식을 가지고 가요. 정성스런 선물은 서로 간의 '정(情)'을 확인하게 해 줍니다.

새로 꾸민 신혼집이나 이사한 집에 친구나 친척 등을 초대하는 것을 '집들이'라고 합니다. '처음으로 집에 들어오게 한다'는 의미겠지요. 집들이에 갈 때에는 평소보다 좀 더 특별한 선물을 준비합니다. 집들이 때는 어떤 것을 가지고 갈까요? 한국에서 다른 사람의 집들이에 가 보셨나요? 어떤 선물을 가지고 가셨어요?

집들이 선물로는 뭐니 뭐니 해도 세제나 화장지가 제일이지요. 한국 사람들은 집들이에 초대 받았을 때 대개 세제나 두루마리 휴지 등을 가지고 갑니다. 물론 신혼집에 갈 경우에는 신부가 미처 준비하지 못한 가전제품이나 가재도구를 사 가는 경우도 있지만요.

세제는 슈퍼에 '집들이 세트'라는 이름으로 판매되고 있을 정도로 일반적인 선물입니다. 왜 세제를 사 갈까요? 빨래를 열심히 하라고요? 세제를 사 가는 데에는 나름대로의 이유가 있답니다. 세제의 원래 기능인 '더러움 제거'와는 별개로 세제의 다른 특성과 관련이 있습니다. 세제를 쓸 때 거품이 많이 나지요? 세제는 문지를수록 더 많은 양으로 불어납니다. 바로 여기에 세제의 수수께끼가 있습니다. 지금보다 훨씬 많은 돈을 모으고, 많은 자녀를 낳고, 기타 등등 좋은 일이 많이 생기라는 바람이 세제 선물 속에 담겨 있는 의미입니다.

두루마리 화장지도 마찬가지입니다. 두루마리 화장지가 끊임없이 계속 나오듯이 좋은 일이 많이 생기라는 의미입니다. 재미있는 것은 이 두 가지가 단순히 '의미'에서 끝나지 않고 '실용성'을 함께 갖추고 있다는 겁니다. 세제와 화장지는 의미도 좋지만 일상 생활에서 계속 사용되는 것이니 실용적이어서 주는 사람이나 받는 사람 모두에게 기분 좋은 것이지요. 좋은 의미로 주니 좋고, 받는 사람은 실용적으로 쓰니 좋고. 누이 좋고 매부 좋고 아니겠어요? 게다가 아무리 쌓아 놓아도 상하지 않잖아요. 난로를 많이 쓰던 시절에는 성냥이나 초를 선물했습니다. 난로를 쓰니 성냥이 꼭 필요했는데, 성냥의 의미는 '불처럼 확 일어나라', '살림이나 사업이 크게 번창하라'는 의미였지요. 초도 마찬가지입니다.

여러분 나라에서는 어떤 선물을 합니까? 특별한 의미가 있습니까?

1. '한국인과 선물'에 대한 내용 중 맞는 것을 모두 고르십시오.
   ① 한국인은 특별한 날에만 선물을 한다.
   ② 다른 사람의 집에 갈 때에는 선물을 하는 것이 일반적이다.
   ③ 다른 사람의 집에 음식을 가져갈 때도 있다.
   ④ 좀 비싼 것을 하는 것이 일반적이다.

2. 집들이 때 세제나 화장지를 선물하는 이유를 모두 고르십시오.
   ① 신부가 미처 준비하지 못했기 때문에
   ② 의미도 좋지만 실용성이 있어서
   ③ 오랫동안 쓸 수 있으므로
   ④ 좋은 일이 많이 생기라고

3. '누이 좋고 매부 좋고'와 같은 의미인 것을 모두 고르십시오.
   ① 꿩 먹고 알 먹고
   ② 일석이조(一石二鳥)
   ③ 까마귀 날자 배 떨어진다.
   ④ 고운 사람 미운 데 없고 미운 사람 고운 데 없다.

 의미와 실용성을 고려한 선물을 생각해 봅시다.

〈보기〉   생신 선물
         고향에 계신 어머니의 생신입니다. 어머니의 생신은 쌀쌀한 바람이 부는 초겨울입니다. 언
         제나 어머니를 생각하는 제 마음을 기억하며 겨울을 지내시라고 포근한 스웨터를 선물하려
         고 합니다.

   ■ 승진   ■ 결혼   ■ 입학   ■ 정년 퇴임

   집들이   성의   정성스럽다   정   세제   화장지   미처   가재도구   별개로   문지르다

         수수께끼   바람   두루마리   끊임없이   실용성   누이 좋고 매부 좋고   상하다   번창하다

• -(으)니 -(으)니 해도 / -느니 -느니 해도
  좋으니 안 좋으니 해도 구관이 명관이더라고요.
  뭐니 뭐니 해도 오래된 친구가 제일이지요.
  혼자 사는 게 속 편하다느니 결혼하면 고생이라느니 해도 결혼하면 다 행복해 하더라고요.

• -(으)로는 -이/가 제일이다
  양식이니 뷔페니 해도 피로연 음식으로는 역시 갈비탕이 제일이에요.
  설악산이니 경포대니 해도 수학여행지로는 제주도가 제일이죠.

13) 이성희 외, 위의 책, 34쪽.

〈그림 41〉 '제 2과 민속과 삶', 읽기1[13]

읽기 주제는 '집들이 선물'이다. 집들이는 앞의 듣기 2에서 결혼식 후에 신랑·신부가 치르는 행사로 제시되었다. 질문에서는 학습자들에게 개인화된 질문으로 '가장 기억에 남는 선물'을 통해 주제에 대해 환기시킨다. 또 자기 나라에서 특별한 날 주는 선물과 피해야 되는 선물을 말하면서 상호 문화 이해의 지평을 확대할 수 있다.

본문에서는 한국 사람들이 집들이 선물에 부여하는 의미를 설명하고 있다. 집들이 선물에서 세제나 화장지를 선물하는 이유가 '의미'와 '실용성'을 고려한 것이며 선물을 받는 사람에게 좋은 일이 많이 생기라는 바람이 담겨 있다는 내용이다. 이는 민속학적인 설명이 담겨 있는 내용인데 민속적인 의미는 나라마다 비슷하다. 따라서 학습자들은 이 본문을 읽고 자기 나라 민속의 의미에 대해 설명할 수 있다.

(4) 말하기

🌙 오늘은 12월 31일입니다. 올해의 마지막 날입니다. 이제 두 시간만 있으면 새해가 시작됩니다. 앞에는 딱 1분 동안만 불을 밝히는 촛불이 켜져 있습니다. 1분 동안 새해의 소망을 말해 보십시오.

 여러 나라의 새해 풍습을 알아보십시오.

	한국
양력 / 음력	음력
명칭	설날
전날에는	청소, 목욕, 음식 준비
의상	한복
아침 인사	"새해 복 많이 받으세요."
아침에 하는 특별한 행사	차례, 새배
음식	떡국
놀이	윷놀이, 널뛰기, 연날리기

1. 설 전날 재미있는 행사를 하는 나라가 있습니까? 어떤 행사를 합니까?

2. 각 나라의 독특한 아침 인사가 있습니까? 어떤 인사가 재미있습니까?

3. 설 전날이나 설날 아침에 하는 특별한 행사에 대해서 말해 봅시다.

4. 여러분 나라의 재미있는 놀이를 소개해 보십시오. 다른 나라와 비슷한 놀이가 있는지 비교해 봅시다.

14) 이성희 외, 위의 책, 34쪽.

〈그림 42〉'제 2과 민속과 삶', 말하기[14]

말하기의 내용은 자기 나라의 새해 민속을 말해보는 것이다. 새해 풍습은 간단한 것 같지만 각 나라별로 소개하다보면 생각보다 많은 항목에서 다양한 내용이 도출된다. 특히 새해 민속은 설 당일보다 설 전 행사가 많은 점에 주목하여 설 전 행사를 문제화시켜야 한다. 또한 인사, 행사, 음식, 놀이 등 다양한 항목을 생각할 수 있도록 해야 한다.

위의 한국어 교재에서는 상호 문화 질문을 제시하고 있다. 이는 한국 문화에 대한 주제가 단순히 한국 문화를 전달하는 데서 끝나지 않고 학습자들의 상호 문화 능력을 신장시키기 위한 주제가 될 수 있게 하기 위한 노력으로 볼 수 있다.

또한 문제를 개인화하고 있다. 이는 '개인화된 질문이 가장 효과적인 학습 결과를 가져올 수 있다'는 학습자 중심 교수 · 학습 방법의 일환이라 할 수 있다. 문화 학습을 통해서 최종적으로 학습자들의 개인 성장을 돕기 위한 것이다.

현재 한국어 과정에는 다양한 국적의 학습자들이 있다. 특히 중국이나 일본 등 동양권 학습자들이 많다. 상호 문화적인 토론을 할 때는 여러 나라 학습자들이 비슷한 비중으로 말할 수 있도록 배려해야 한다. 특히 현재 소수를 차지하는 영 · 미 문화권, 중 · 남미 문화권, 유럽, 몽골이나 러시아 등의 학습자들이 자기 나라의 독특한 문화를 소개할 수 있도록 이들에게 발언권을 주는 것은 상호 문화 토론에서 교사가 담당해야 할 중요한 역할이라 할 수 있다.

문화를 통한 상호 문화 이해 수업은 학습자와 교사가 서로 자문화와 타문화를 비교하며 탐색해 나가는 소통의 장이다. 특히 한국어 교실은 한국어를 통해 세계 여러 나라의 학습자와 교사가 한국 문화를 소통의 끈으로 하여 세계 여러 나라의 문화를 배우는 곳이다. 생각해보면 문화를 알아가는 일에 대한 경탄과 흥미가 한국어 교실만큼 다양하고 지속적으로 일어나는 곳도 많지 않다. 한 교실에 모여 있는 세계 여러 나라의 문화를 한국어를 통해서 만나고 소통할 수 있다는 것 자체가 경이로운 일이다.

세계 여러 나라의 언어가 다양한 만큼 다양한 문화가 존재한다. 다른 언어, 다른 문화를 가지고 살아가는 세계 여러 나라의 다양한 사람들을 만난다는 것은 참으로 신기하고 재미있는 일이다. 우리가 한국어 선생으로서 세계 여러 나라의 학습자들을 만나 우리의 모국어인 한국어를 가르치고, 한국 문화를 소개한다는 것은 참으로 보람 있는 일이다. 우리가 그들의 언어를 다 알지 못하지만 그들이 한국어를 배워 그들의 문화를 우리에게 알려주고 우리와, 또 다른 문화권의 학습자들과 소통한다는 것은 참으로 고마운 일이다.

문화를 가르치는 것은 어려운 것이고, 문화의 다양성이 한국어 교사에게 압박으로 다가올 때도 있다. 그러나 한국어 교사로서 문화의 다양성, 상대성에 대해 열린 시각을 갖고, 한국 문화에 대해서 하나씩 알아가는 길에서 우리는 보람을 선물로 받는다. 이러한 태도를 견지할 때 문화의 다양성은 우리에게 압박이 아니라 즐거움으로 다가올 것이다. 서로 다른 문화를 나누는 한국어 교실이 다양성에서 비롯된 축제의 장이 되도록 만드는 것은 바로 한국어 교사의 몫이다.

마. 교과서를 활용한 문화 수업의 재구성

외국어로서의 한국어 교육의 저변이 확대되면서 다양한 한국어 교재가 출간되었다. 한국어 교재에는 다양한 한국 문화가 소개되어 있다. 교과서에 있는 문화 항목을 해당 수업 시간에 교수할 수 있다. 하지만 각 기관의 사정이나 일정에 따라 교과서에 있는 내용을 교사의 재량에 따라 재구성해야 될 때도 있다. 여기서는 교과서 내용을 재구성할 때의 원칙이나 방법에 대해 살펴보기로 하겠다. 경희대 고급 교재에 소개된 한국 이야기 '선녀와 나무꾼' 읽기를 살펴보면서, 이를 교실에서 활용하는 방안에 대해 살펴보고자 한다. 먼저, 다양한 한국어 교육 현장의 상황에 맞추어 교재를 활용하여 문화 수업을 구성하는 방법에 대해 살펴보기로 하겠다.

1) 단원 재구성의 필요성과 방법[15]

가) 과정의 재구성

(1) 가르칠 교과서 순서를 단원 목표에 따라 바꿀 수 있다. 교육 과정의 유사 항목과 지도서의 '관련 단원'을 살펴보고, 교육 내용의 위계성과 계열성에 따라 그 순서를 재구성할 수 있다.

(2) 수업 특성에 따라 한 시간씩 따로 편성하지 않고 두 시간을 묶어 편성할 수 있다.

(3) 교수 학습 모형이나 방법을 재구성할 수 있다. 교육 환경이나 수업의 흐름에 따라 '설명하기–시범 보이기–질문하기–활동하기'의 순서를 자유롭게 재구성하는 것이 수업의 효과를 촉진할 수도 있다.

나) 자료의 재구성

(1) 다양한 보충 자료를 동원하여 교과서를 창의적이고 비판적으로 보는 수업이 이루어지도록 자료를 재구성할 필요가 있다.

(2) 교과서에 제시된 담화 및 그래픽 자료의 추가나 생략, 재조직이나 대치 등을 통해 자료를 재구성할 필요가 있다.

15) 최지현 외, 『국어과 교수 학습 방법』, 도서출판 역락, 2007, 117~118쪽.

다) 단원 재구성 시 유의점

(1) 교사의 자율성, 학습 구성원의 수준과 특성 등을 최대한 보장하는 방향
으로 단원을 재구성하되 교육 과정의 범위를 벗어나지 말아야 한다.

(2) 텍스트의 장르적 특성 역시 교과서를 제작하면서 학생들이 배워야 할
장르를 안배한 것이므로 임의로 삭제하거나 개작하여 변형된 텍스트를
교육 내용인 것처럼 가르쳐서는 안 된다.

한국어 교육 현장은 매우 다양하다. 한국어 교육 현장은 한국일 수도 있지
만 먼 외국의 어떤 나라일 수도 있다. 학습자의 수준, 연령, 관심사도 다양하
며 수업의 목표와 방법도 다양하다. 교과서는 한국어 교육 현장을 위해 고안
된 가장 안전한 텍스트이다. 하지만 다양한 교육 현장에서 이를 활용하는 것
은 교사의 몫이다. 특히 좀 더 적극적인 문화 수업을 진행하려고 할 때는 '문
화 수업'의 목표에 적합하도록 교과서를 활용할 수 있다. 위에서 살펴본 바와
같이 문화 수업을 위해 가르칠 순서, 시간 안배, 교수 학습 모형 등을 변화시
키거나 재구성할 수 있다. 또한 시시각각 변하는 세태의 흐름에 맞춰 신선하
고 다양한 동영상, 그림, 사진, 그래픽 등의 자료를 추가할 수 있다. 현대 문
화는 매우 빠르게 변화하고 있으므로 교사가 교과서의 내용에 맞춰 최신의
자료를 덧붙이는 것은 교수·학습 진행에 있어 매우 고무적인 방법이라 할
수 있다.

단원을 재구성할 때는 재구성의 내용이 교육 과정의 범위를 벗어나서는 안
되며 교사 임의대로 삭제하거나 개작해서는 안 된다. 교재 편찬자의 의도를
존중하는 차원에서 교재 재구성이 이루어져야 할 것이다.

2) 단원 재구성의 실제

경희대학교『한국어 고급 2』8과 읽기에 실린 '선녀와 나무꾼'을 재구성해 보자. 상호 문화적 시각 확장을 위한 상호 문화 질문을 덧붙였고, 선녀와 나무꾼에 대한 동영상 자료 보기, 선녀와 나무꾼 이야기의 배경이 되는 옛날 가옥 사진 보기, 옛날 이야기책 보기, 그림 카드 보기 등을 통해 자료를 보강했다.

가) 읽기 전 활동

(1) 질문

- 여러분 나라에서 하늘나라나 바다에서 온 여성과 땅 위에 사는 남성 간의 사랑을 다룬 이야기가 있나요?
- 여러분 나라에서 어떤 남성들이 결혼하기 힘든가요? 과거와 현재를 비교해서 말해 보세요.
- 여러분 나라에서 '결혼'은 어떤 의미입니까? 꼭 해야 하는 것입니까? 아니면 선택의 문제입니까?

(2) 그림이나 동영상 보기

- 선녀와 나무꾼에 대한 동영상 보기
- 선녀와 나무꾼의 배경이 되는 옛날 가옥 등을 보기
- 선녀와 나무꾼 이야기가 나오는 옛날 이야기책, 그림 카드, 전시물 등의 사진을 통해 한국 사람들에게 선녀와 나무꾼이 매우 친숙한 이야기임을 주지시키기

나) 읽기[16]

(1) 본문 상세히 읽기

다음 글을 읽고 질문에 답하십시오.

선녀와 나무꾼

옛날 금강산 깊은 골에 한 나무꾼이 홀어머니를 모시고 살고 있었는데, 어느 날 나무를 하는데 노루 한 마리가 헐떡거리며 달려오더니 자기를 좀 숨겨 달라고 했어. 사냥꾼한테 쫓기는 노루였어.

나무꾼은 노루를 나뭇단 속에 숨겨 주고 뒤쫓아온 사냥꾼을 다른 곳으로 빼돌렸지. 목숨을 건진 노루가 예쁜 아내를 얻는 법을 일러 주었어.

"어디 어디로 가면 하늘의 선녀들이 내려와 목욕을 하는 곳이 있으니 가만 숨었다가 선녀들이 벗어 놓은 날개옷 한 벌을 감춰 두면 좋은 일이 생길 것이오. 그런데 선녀와 결혼하게 되더라도 아이를 셋 낳을 때까지는 날개옷 감춘 데를 일러 주면 안 되오"

나무꾼은 노총각으로 혼자 사는 것에 지칠 대로 지친 마당에 체면이고 뭐고 따질 겨를이 없었단다. 그래서 노루가 시킨 대로 날개옷을 숨겼지. 한 선녀만이 옷이 없어서 올라가지 못하고 울고 있었어. 나무꾼은 다가가 이왕 이렇게 되었으니 혼인하자고 했어. 선녀는 할 수 없이 나무꾼과 살면서 아이를 둘 낳았어.

나중에 선녀가 남편에게 날개옷이 어디 있냐고 틈만 나면 묻고, 하루는 하도 졸라대는 통에 노루가 일러 준 말을 깜빡 잊어버리고, 아이를 둘 낳았으니 이제 와서 무슨 일이 있으랴 싶어서 날개옷 있는 데를 일러 주었단다. 그러자 아내는 아이를 양 옆구리에 끼고 천장을 뚫고 하늘로 올라가고 말았어.

나무꾼이 너무도 허망하여 울고 있으니 노루가 다시 나타났어.

노루는 두레박을 타고 하늘나라에 가는 방법을 알려 주었어. 두레박을 타고 하늘에 올라간 나무꾼은 아내와 자식들을 만나 행복한 나날을 보냈단다.

16) 김중섭 · 방성원 · 김지형 · 이성희, 『한국어 고급2』, 경희대학교 출판부, 2003, 123~124쪽.

• 단어

> 노루   나무단   빼돌리다   체면   겨를   깜빡   옆구리   허망하다   두레박   천마
> 호박죽   목덜미   그만   영영   수탉

(2) 질문을 통해 본문 파악하기

1. 선녀를 만나기 전에 나무꾼은 어떤 처지였습니까? 선녀를 만난 후와 비교하여
   말해 봅시다.

2. 다음 중 위의 내용과 같은 것을 모두 고르십시오.
① 나무꾼은 사냥꾼에게 쫓기는 노루를 숨겨 주었다.
② 사냥꾼은 노루를 다른 곳에 숨겨 주었다.
③ 노루는 나무꾼에게 선녀와 결혼하는 방법을 알려 주었다.
④ 나무꾼은 혼자 사는 것에 너무 지쳐서 결혼할 엄두가 나지 않았다.

■ 노루가 '아이 셋을 낳을 때까지 날개옷을 돌려주지 말라'고 한 이유는 무엇입
  니까? 만약 나무꾼이 이 금기를 지켰다면 이야기는 어떻게 달라졌을까요?

(3) 문법 연습

■ –(으)ㄴ/는 마당에
• 어떤 일이 이루어지는 상황이나 처지. 소극적이거나 부정적인 표현이 많이 온
  다.
• 이제 함께 일할 날도 얼마 남지 않은 마당에 굳이 듣기 싫은 소리를 할 이유가
  없었다.
• 어차피 그르친 일이 되고 만 마당에 네 탓 내 탓을 할 기분이 아니었다.
• 떠나는 마당에 구차하게 변명할 필요가 있겠어요?

(4) 읽기 후 활동

• 이야기 결말 상상하기

다음은 '선녀와 나무꾼'의 뒷 이야기입니다. 이러한 결말에 대해 여러분은 어떻
게 생각합니까?

나무꾼은 하늘나라에 가서 아내와 자식을 만나 살게 되었지만 마음이 즐겁지만은 않았단다. 두고 온 홀어머니 때문이었지. 날이면 날마다 홀어머니 걱정을 하니 아내가 하루는 천마 한 마리를 얻어 주며 땅에 다녀오라고 했어. 그러나 몸이 조금이라도 땅에 닿으면 다시는 올라올 수 없으니 절대로 천마에서 내리지 말라고 했지.

나무꾼은 천마를 타고 아래로 내려와 어머니를 만났단다. 어머니는 아들에게 호박죽이라도 먹고 가라고 했어. 나무꾼은 호박죽을 먹다가 너무 뜨거워 말 목덜미에 흘리고 말았어. 그러자 천마는 혼자 하늘로 돌아가 버렸단다. 이제 사랑하는 아내와 아이들을 영영 볼 수 없게 된 나무꾼은 괴로워서 죽을 지경이었지. 결국 나무꾼은 인간 세상에 남아 죽을 때까지 하늘만 바라보며 울다가 지쳐 숨이 지고 말았단다. 나무꾼은 죽어 수탉이 되었지. 그래서 지금도 수탉은 하늘에 두고 온 아내와 자식이 그리워서 지붕에 올라가 하늘을 보고 운단다.

* 두레박: 줄을 길게 배어 우물물을 긷는 데 쓰는 그릇

• 장면 선택하여 역할극 구성하기

■ 말하기
• 인물의 성격 분석하기
• 장면을 선택하여 역할극 구성하기
• 옛날이야기 각색하기

'선녀와 나무꾼'의 내용을 역할극으로 꾸며 봅시다. 인물의 성격을 분석한 후, 한 장면을 선택하여 만들어 보십시오.

■ **인물의 성격 분석하기**

① 나무꾼   ② 선녀   ③ 어머니   ④ 노루

보기

우유부단하다/성실하다/이기적이다/독선적이다/의리가 있다/헌신적이다/치밀하다/주도면밀하다/어리석다/정이 많다/친절하다/결단력이 있다/욕심이 많다

■ 장면 선택하기

〈그림 43〉 선녀와 나무꾼

■ 이야기 각색하기

'선녀와 나무꾼'이야기를 각색해 봅시다.

1. 반 친구들 중 나무꾼을 한 명 정하십시오.
2. 이 사람이 나무꾼이 되었다면 이야기는 어떻게 될까요? 위의 장면 중 하나를 선택하여
   역할극을 다시 만들어 보십시오.
3. 새로 만든 역할극과 본래 이야기의 차이는 무엇입니까? 왜 그런 차이가 생겼을까요?

(5) 읽기 후 문화 활동

'선녀와 나무꾼'과 비슷한 이야기가 여러분 나라에도 있습니까? 아래의
표를 완성하여 비교해 봅시다.

	한국	우리나라( )
제목	'선녀와 나무꾼'	
주인공 이름	없음/선녀?^^ 나무꾼?^^	
남자가 하고 있던 일/직업		
어떻게 여자를 만나게 되었나?		
만남 이후의 이야기		
내 생각		

〈표 47〉 읽기 후 문화 활동

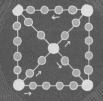

제 8 장

자료를 활용한 한국 문화 교육

한국어 교육 현장에서는 다양한 문화 교육 자료가 활용될 수 있다. 이 장에서는 신문, 영화, 문화, 교실 활동, 문화 간 의사소통 방법, 강의 등 다양한 방법을 통한 문화 교육 방법에 대해 살펴보고자 한다.

01

신문을 통한 한국 문화 교육 *

가. 신문 활용의 교육적 의의[1]

1) 자연스러운 교육이 가능하다.

모국어 화자들은 신문을 다 읽지 않고 관심이 있거나 주의를 끄는 일부 기사를 훑어 읽거나 필요한 정보만 찾아서 읽는다. 그리고 읽은 내용에 대해 다른 사람에게 전달하거나 함께 이야기를 나누기도 한다. 이러한 과정을 신문 활용 수업에 적용해 자연스러운 신문 읽기 활동을 할 수 있다.

목표 언어로 된 신문을 읽으면서 학습자는 자신감을 갖게 되고 신문에 대한 친밀감을 가지게 되고, 교실 외부에서도 스스로 신문을 읽게 될 수 있다.

2) 한국 사회와 문화에 대해 교육할 수 있다.

문화는 사람, 장소, 단체, 관습, 전통에 대한 언급을 통해 언어에 침투하며, 더 심층적으로 문화와 관련된 어휘, 공유된 경험, 지식, 가치, 믿음, 정서, 필자의 태도 등을 통해 언어에 침투하기도 한다.[2] 신문에는 문화가 언어 자료의

1) 최은규, 「신문을 활용한 한국어 교육 방법 연구」, 『한국어교육』, 15권 1호, 2004, 209~231쪽.

2) Sanderson, P., *Using Newspapers in the Classroom*, Cambridge University Press, pp.1~18. 최은규, 위의 논문 211쪽에서 재인용.

형태로 다양하고 풍부하게 구현되어 있으므로 학습자는 신문을 통해 한국 사회와 문화에 대한 지식을 획득하고 이해할 수 있다.

3) 풍부한 정보를 담은 실제 자료를 활용할 수 있다.

신문은 무한한 실제 자료의 원천이며 풍부한 정보원이다. 특히, 거주나 취업, 학업 목적 학습자에게 신문 읽기는 그 사회를 이해할 수 있는 중요한 통로 역할을 할 수 있다. 신문 기사는 시사성을 지니고 있으므로 학습자에게 '지금-여기'에서 일어나는 일에 대한 정보를 제공하고 흥미를 유발하는 기능을 하게 된다.

4) 학습자의 흥미에 기초한 내적인 동기 유발에 용이하다.

신문은 실생활의 사건을 보도함으로써 우리와 주변의 세계에 대한 자연스러운 호기심을 불러일으킨다. 신문은 다방면에 걸친 풍부하고 다양한 자료를 포함하고 있으므로 학습자들이 관심있는 주제를 선택하여 내적 동기를 유발할 수 있다.

5) 읽기 전략을 연습할 수 있는 유용한 자료이다.

신문을 통해 '찾아 읽기'와 '훑어 읽기' 등 중요한 읽기 전략을 연습할 수 있다. 신문 기사에서 정보, 즉 이름, 장소, 날짜, 가격, 개념의 정의 등을 찾아 읽기를 연습할 수 있다. 또한 짧은 제한 시간 내에 묵독하게 한 후에 읽은 내용을 점검하는 훑어 읽기 훈련을 할 수 있다. 이를 통해 학습자의 읽기 속도를 빠르게 하고 유창성을 향상시킬 수 있다.

6) 통합적인 언어 교육이 가능하다.

신문을 바탕으로 듣기, 말하기, 쓰기를 연계하는 활동을 통해 통합 교육을 실시할 수 있다.

7) 주제 중심적 어휘 학습에 효과적이다.

신문 읽기는 주제별 어휘 확장을 도모함으로써 특정 분야에 대한 어휘 부족으로 겪는 어려움을 감소시킬 수 있다. 이는 특히 고급 단계에서 효과적이다.

나. 기사 선정과 활용상 유의 사항[3]

신문 기사 선정에 적용할 만한 읽기 자료의 선택 기준을 살펴보면 다음과 같다.

3) 최은규, 위의 논문, 215~220쪽.

4) Nuttal, C., *Teaching Reading Skills in a Foreign Language,* Oxford: Heinemann, pp. 5~30.

읽기 자료 선택의 기준[4]
- 내용의 적합성 : 학습자가 자신의 목표를 달성하기 위해 재미있고 해 볼 만하며 적합하다고 생각할 만한 자료
- 활용 가능성 : 언어와 내용 목표의 달성을 촉진하고 지도 업무와 기술을 위해 이용 가능하며 다른 기술(듣기, 말하기, 쓰기)과 통합 가능한 것
- 가독성 : 어휘와 구조의 어려움이 학습자를 당황하게 하지 않고 학습자의 능력을 시험하는 것

1) 전체 신문을 살펴보고 기사를 선정한다.

뉴스의 흐름을 따라 시사성을 포착하고, 뉴스의 비중을 고려하여 적절한 기사를 선정한다.

2) 학습자의 언어와 지식 능력에 맞춰 학습자의 흥미를 끌 수 있는 기사를 선정한다.

학습자가 동기와 흥미를 잃지 않도록 학습자의 언어 능력을 고려한다. 진정한 의미의 신문 읽기는 중급 단계 이상에서 이루어진다.

3) 길이가 너무 길지 않은 것을 선정한다.

언어의 복잡성, 정보의 밀도, 주제와 내용, 수업 시간 등을 함께 고려하여 기사를 선정한다.

4) 한국 사회와 문화를 이해하는 데 도움이 되는 것을 선정한다.

한국에 대해 한 쪽으로 치우치지 않는 시각을 갖도록 자료 선정에 유의한다.

5) 신문 기사의 유형과 내용을 다양하게 선정한다.

일반 보도 기사뿐만 아니라 이야기나 화젯거리 등 흥미 제공을 목적으로 하는 피처기사(feature article), 사설, 시론, 독자 투고문, 만평 및 시사 만화, 광고, 사진 및 그래픽 자료 등을 다양하게 다룬다. 내용 면에서도 정치, 경제, 사회, 문화, 국제 등에 걸쳐 다양한 기사를 선정한다.

6) 가능하면 최근의 기사를 선정한다.

신문의 시사성은 학습자에게 생생한 실제 자료 역할을 하여 흥미와 호기심을 불러일으키게 하는 효과가 있으므로 가능하면 최근의 기사를 다룬다.

7) 신문 활용 시 유의점

- 만화, 사진, 광고 등 흥미를 느낄 수 있는 짧은 기사부터 시작한다.
- 전체 신문을 시사성과 화제의 흐름을 파악하는 정도로 훑어보고 한 두 개의 기사를 집중적으로 다룬다.
- 중점적으로 다룰 기사를 학습자들에게 미리 알려 주고, 주제 관련성이 있는 새 단어 목록을 제공한다.
- 읽기뿐 아니라 다른 영역과 통합적으로 구성하여 학습자 중심의 참여적인 수업으로 이끈다.
- 기사의 유형에 따라 읽기 방법을 달리한다. 사설은 필자의 관점을 파악하고 자신의 생각과 비교하면서 읽는다. 보도 기사는 육하원칙을 찾으면서 읽는다.

다. 통합적 수업 운영 방안

1) 읽기와 쓰기

가) 기사 읽고 논평 쓰기

나) 기사 읽고 생활 기사문 쓰기

다) 모집 광고 읽고 입사지원서 쓰기

라) 기사 읽고 제목 쓰기

마) 쟁점 기사 읽고 의견 올리기

2) 읽기와 말하기

가) 기사 읽고 요약하기

나) 기사 읽고 비교하기

다) 기사 읽고 토론이나 역할극하기

라) 모집 광고 읽고 면접하기

마) 기사 읽고 보도하기

3) 읽기와 듣기

읽기 전 활동으로 인터넷에서 VOD, AOD 통해 기사 듣기

4) 읽기, 말하기, 쓰기

가) 인물 기사 읽고 인터뷰하기

나) 기사 읽고 토론 후 토론문 쓰기

다) 프로젝트 활동하기

02

영화를 통한 한국 문화 교육 ＊

가. 영화를 통한 학습의 효과[5]

1) 실제적인 한국어를 소개

영화는 보통 사람들이 말하는 속도와 억양으로 이루어지며, 현재 통용되고 있는 실제적인 한국어를 보여준다.

2) 문화에 대한 실제적인 모습을 보여줌

한국인의 가치관, 관습, 의식주, 사고방식, 서로 간의 상호 작용을 보면서 문화에 대한 인식을 높일 수 있다.

5) 김경지, 『중급학습자를 위한 한국어교육연구-영화와 노래를 중심으로 한 수업 활동』, 경희대학교 대학원 석사학위 논문, 2001.

3) 학습자를 자극

영화는 동기유발에 용이하다.

4) 듣기 능력을 신장시킴

5) 다양한 통합적 활동이 가능하다.

나. 영화 선정과 활용의 유의사항[6]

1) 영화의 장면들은 학습 동기를 유발시킬 수 있어야 한다.

2) 배경 · 등장인물 · 학습 주제 등은 현실적이며, 신뢰성이 있어야 하고, 교육적으로 유익하며 가능하면 즐겁고 유머러스한 내용이어야 한다.

3) 1회 시청할 수 있는 길이가 30분을 넘지 않아야 하므로 영화 한 편을 네 부분 정도로 나눠서 교육할 수 있는 것이어야 한다.

4) 학습 내용은 이해하기 쉽고 간단해야 한다.

5) 학습자의 어학 기능을 증진시키기 위해 토론할 만한 내용을 제공하는 것 이어야 한다.

6) 모든 문장을 일일이 번역해주지 않더라도 그 제재의 주제나 내용을 학습 자가 파악할 수 있는 것이어야 한다.

7) 너무 폭력적이거나 선정적인 것, 자극적인 것, 지방색이 드러난 것, 특정 종교를 부각시키는 영화는 피한다.

다. 영화 수업의 구성

1) 시각과 청각을 동시에 활용하는 문화 자원인 영화를 통하여 학습자들의

6) 이정희, 「영화를 통한 한국어 수업 방안 연구」, 『한국어교육』 10-1, 국제 한국어교육학회, 1999. 226~228쪽.

동기 유발에 도움이 되도록 한다.

2) 영화를 보면서 영화의 내용을 이해하도록 하고, 안 들리는 부분에 대한 추론을 유도한다.

3) 귀납적이고 연역적인 두 가지 방식의 수업을 적용해 학습자들에게 효과적으로 제시한다.

4) 영화를 보기 전에 일차적인 읽기 자료로서 요약된 대본을 제시해 주어 영화의 이해를 돕고, 영화를 보고 난 후 중요 표현 등에 대한 설명을 제시해 영화에 대한 전반적 이해가 가능하도록 지도한다.

5) 학습자들이 자문화와 한국 문화를 비교할 수 있는 문제를 제시하여 문화적 감수성을 키울 수 있도록 한다.

6) 영화와 연관된 한국 문화 자료를 제공하여 한국 문화 이해의 지평을 넓힌다. 여기에는 한국인의 가족관, 연애관, 경제, 휴가, 명절, 교육, 도시 생활, 한류 등 다양한 문화적 자원이 활용될 수 있다.

라. 영화 수업의 실제[7]

1) 상향식 과정의 교수·학습 활동

상향식 과정은 언어 정보의 이해 과정이 외부 자원, 즉, 입력되는 언어 자료 자체의 소리를 인식하여 단어, 문법적 관계, 어휘적 의미 등을 토대로 하나 하나 전달하고자 하는 의미를 해독하는 과정이다. 상향식 과정의 단점은 배경지식이 부족해질 수 있고 전체 상황에 대한 이해가 없어서 이해 과정의 장애를 일으킬 수 있다는 점이다.

7) 상향식, 하향식, 상호 작용식 읽기 과정을 적용했다. 최연희 외, 『영어 읽기 교육론−원리와 적용』, 한국 문화사, 2006, 55~65쪽 참조.

가) 익숙한 어휘를 찾기 위해 듣기 자료를 대충 듣기

나) 들려오는 말을 구성 요소로 나누기

다) 발화에서 정보의 초점을 찾기 위해 음운론적 단서를 이용하기

라) 듣기 자료를 구성 요소로 조직하기 위해 문법적인 단서를 이용하기

마) 강세를 받은 음절 찾기

바) 담화 속에서 연관되어 있는 단어들을 기억하기

2) 하향식 과정의 교수 · 학습 활동

하향식 과정은 언어 정보의 이해 과정이 내부 자원 즉 담화가 일어나는 상황, 문맥, 주제와 배경 등에 대한 청자가 갖고 있는 언어 외적인 사전 지식을 이용한 총체적 예측 활동을 통해 이해하는 과정이다. 하향식 과정의 단점은 지도 방식이 무척 까다롭고 효과에 대한 통계적인 자료가 거의 없다는 점이다.

가) 장르 및 목적 이해하기

나) 장소, 대화자 및 사건을 연결하기

다) 원인과 결과의 관계 형성하기

라) 결과 예상하기

마) 담화의 주제 추론하기

바) 사건 순서 추론하기

사) 잘 듣지 못한 세부 내용 추론하기

3) 상호작용식 과정의 교수 · 학습 활동

상호작용식 과정은 자료에 대한 예상, 내용에 대한 친숙도의 정도, 배경 지식 등을 이용하는 하향식 과정과 소리, 어휘, 어구 등을 통해 내용을 이해해 보려는 상향식 과정이 동시에 일어난다는 전제에서 출발한 것이다.

가) 관련된 단어들을 가지고 의미적 연결망 만들기
나) 친숙한 단어들을 찾아서 하나의 범주에 연결하기
다) 생략된 발화에서 언어 지식을 이용하여 발화의 의미를 알아내기
라) 구문의 정확한 이해를 위해 문화적인 배경 지식과 감각적인 자료 이용하기
마) 부족한 정보를 메우기 위해 구문과 문맥의 정보를 활용하기
바) 내용에 대한 예측의 정확도를 높이기 위해 주어진 정보 이용하기
사) 잘 듣지 못한 세부 내용 추론하기

03

문학을 통한 한국 문화 교육 *

가. 한국어 교육과 문학 교육

1) 한국어 교육에서 문학 교육의 위상

한국어 교육 현장에서는 다양한 문학 작품이 활용되고 있다. 한국 문학 작품은 한국어의 다양한 쓰임을 이해하기에 적합하며, 한국인들의 정서를 반영하고 있어 한국의 문화를 이해하는 데 매우 유용한 자료다. 여기서는 기존에 연구된 성과들을 중심으로 문학 교육의 위상을 살펴보도록 하겠다.

가) 문학 교육의 의의

국어교육에서 언어 교육은 궁극적으로 언어의 본질에 입각한 활동과 탐구이며, 이 같은 언어의 본질에 대한 탐구는 문학능력을 통한 인간다움의 성취라는 문학교육의 목표와 밀접한 관련이 있다. 즉 문학 작품은 언어 활동의 구체적인 실현체이자 살아있는 언어 자료로서의 역할을 하고 있기 때문에 문학 교육은 곧 언어 교육 자체라 할 수 있다. 또한 문학의 언어는 일상의 언어에

가장 가깝기 때문에 문학의 언어는 언어 학습에 유용한 자료가 된다.[8]

외국어로서의 한국어 교육에서도 문학 교육은 문학을 통해 한국어를 학습할 수 있다. 외국인들이 한국문학을 언어 자료로서 학습할 때는 한국어 학습 단계에 맞는 문학 작품 수준을 세심하게 선정해야 한다. '문학이 일상의 언어에 가깝다'라는 것은 모든 문학 작품에 해당하는 것은 아니다. 시, 희곡 등 상징과 은유적 표현이 사용된 문학 장르들은 일상 언어와는 상당한 거리가 있다. 또한 소설이나 수필 등에서 사용된 언어도 일상에서 구어체로 발현되는 언어와는 거리가 있다. 따라서 외국인을 위한 한국어 교육에서 문학 교육은 한국어 학습 수준, 빈도수, 활용성 등을 고려해서 선정되어야 한다. 이러한 점을 유의한다면 문학 작품은 한국어 교육현장에서 매우 매력적인 한국문화 교육 자료다.

나) 문학 능력과 인간다움의 성취

문학 능력이란 문학의 사실, 개념, 방법, 태도에 대한 앎을 내용으로 하고 그것이 신체적, 인지적, 심미적, 기능적, 정서적, 사회적, 도덕적 등 삶의 전 영역에 걸치는 것을 이상으로 한다. 문학 능력은 문학에 대한 정보, 문학의 명제, 사실 또는 개념에 대한 지식, 사상 등을 말한다. 문학 능력이란 단순히 무엇을 할 줄 아는 기능에 머물지 않고 문학을 체질화하는 수준으로 습득하여 문학과 함께 생각하고 문학적으로 살아가는 태도의 문제이자 문학에 동참하고 공유하고 문학을 창달하는 문학적 능력의 문제로 확대된다.[9]

문학 교육은 단순히 문학을 통해 지식을 확장하는 데서 끝나지 않고 삶의 총체적 영역에 영향을 미치는 문학 능력 신장을 목표로 한다. 문학 능력은 기능에서 끝나는 것이 아니라 문학적으로 사고하고 이를 행동으로 옮기는 전인

8) 김대행 외, 『문학교육 원론』, 서울대학교 출판문 화원, 1999, 6쪽.

9) 김대행 외, 위의 책, 34 쪽.

격적 변화를 내포하는 것이다. 한국어 교육에서 문학 자료를 활용할 때 한국어 능력을 신장한다는 목표도 중요하지만, 자기 나라에서 일정한 문학 교육을 통해 문학적 감수성이 있는 학습자들을 대상으로 한국 문학 작품을 향유하고 즐길 수 있도록 해야 한다. 또한 문학이 그들의 감수성과 인격에 영향을 미쳐 개인 성장을 이루도록 도와야 한다. 문학은 피상적인 것이 아니라 한 인간의 감정과 정서에 호소하는 것이며 인격에 작용하는 것이기 때문이다.

2) 한국어 교육에서 문학 교육의 필요성
가) 산드라 맥케이(Sandra McKay)

문학 작품을 통해 언어 구조에 대한 학습자의 읽기 능력이 증진된다. 문학 작품은 특정한 문화적 관점을 반영하기 때문에 문화적 차이에 대한 관용성을 갖게 된다. 학습자는 창조력과 상상력을 증대시킬 수 있다.[10]

문학 작품의 가장 큰 장점 중 하나는 읽기 능력을 신장시킨다는 것이다. 한국 문학 작품은 한국어로 쓰여진 다양한 장르의 읽기 텍스트로 이루어져 있다. 다양한 텍스트를 읽는 것은 한국어 이해에 긍정적 영향을 미친다. 또한 한국 문학 작품에는 한국의 문화가 매우 뚜렷하게 반영되어 있다.

문학은 일상 대화적 담화, 과학적 · 기술적 · 정치적 담화, 개인적 담화 등과 마찬가지로 외국어 학습자가 필수적으로 노출되는 문화적 담화의 한 종류다. 더 나아가 문학은 주어진 문화의 산물이어서 외국 독자가 읽을 때 상호 문화적인 소통 면에서 도전을 던지며, 탁월하고 심도 있는 상호 문화 교육을 가능하게 한다.[11]

10) Sandra McKay, Literature in the ESL Classroom, *TESOL Quarterly, Vol. 16, No. 4*(Dec., 1982), pp. 529~536.

11) Claire Kramsch, Culture in Language Learning: A View From the United States, *Foreign Language Research in Cross-Cultural Perspective*, Kees De Bot, Ralph B. Ginsberg, Claire Kramsch(Eds.), John Benjamins Publishing Company, 1991, p. 236.

나) 스캇과 헌팅턴(Scott, V. M., & Huntington, J. A.)

문학은 정서적인 면에 호소하여 효과적인 문화 교육을 가능하게 한다. 스캇과 헌팅턴(Scott, V. M., & Huntington, J. A.)은 학습자들을 두 그룹으로 나누어 프랑스에 식민 통치를 받았던 '코트디브아르(Côte D'Ivoire)'에 대해 교수했다.[12] 한 그룹에서는 식민 지배의 역사적 사실에 대해서만 교수했고, 다른 그룹에서는 식민 지배에 대한 울분과 서러움이 담긴 시에 대해서 교수했다. 역사적 사실에 대해서만 배운 그룹은 매우 적은 정보만 알게 되었는데 반해, 시를 통해 배운 그룹은 코트디브아르의 역사에 대한 깊이 공감하는 역량을 갖추게 되었다.[13] 식민 지배에 대한 사실만 배우는 것은 학습자의 지적 측면에만 작용하는 것이다. 하지만 시를 통해 식민 지배를 배우게 되면 학습자의 감수성에 호소하여 더 많은 사실을 알고 싶은 학습 동기를 끌어낼 수 있다. 한국 문학 교육은 이처럼 학습자의 정서에 호소하면서 학습 의욕을 끌어내고 학습 동기를 신장시킨다.

한국 문학은 한국인들의 집단주의적 정서, 감상주의적 특성, 애상성 등을 두루 반영한다. 한국 문학의 특징은 주제 선정, 소재 선택, 주제 구현 방식 등에서 다른 나라 문학과 차별성을 갖는다. 학습자들은 한국 문학 작품을 학습하면서 간접적이고 정서적인 방식으로 한국 문화를 학습하게 될 것이다. 한국 문화를 배우는 방법은 다양하지만 정서적 기능에 호소하는 문학 작품을 통한 한국 문학 이해는 학습자들의 문화 학습에 기여하는 바가 크다.

다) 콜리(J. Colie)와 슬레이터(S. Slater)

문학 작품은 가치 있고 실제적인 자료(valuable authentic material)이다. 초급 단계의 학습이 끝나면 고급스러운 문장을 학습해야 하는데 묘사하기, 서

12) 코트디부아르는 서부 아프리카 남서부에 있는 나라로, 1893년 프랑스 식민지가 되었고, 1946년 프랑스연합을 구성하는 프랑스령 서아프리카에 편입되었다. 1957년 자치정부를 수립하였으며, 이듬해 프랑스공동체의 일원으로 자치공화국이 되었고, 1960년 완전히 독립하였다. 위키피디아(http://ko.wikipedia.org/wiki/%EC%BD%94%ED%8A%B8EB%94%94%EB%B6%80%EC%95%84%EB%A5%B4)

13) Scott, V. M., & Huntington, J. A. Reading Culture; Using Literature to Develop C2 Competence. in *Foreign Language Annals, 35(6)*, 2002 pp. 622~631.

사하기, 풍자하기, 비유하기 등의 고급스러운 언어 능력을 문학작품을 통해서 익힐 수 있다. 문학 작품은 문화적 풍요화(cultural enrichment)를 보여준다. 문학 작품 속에 담긴 문화 맥락은 문화 이해에 유익하다. 문학 작품은 언어적 풍요화(language enrichment)를 보여준다. 문학 작품 속에는 언어 자료가 풍부하다. 어휘, 표현, 문체 등이 다양하여 학습 대상 언어의 세계를 확장하는 데 유익하다. 문학 작품은 개인적 연관(personal involvement)을 확장시킨다. 문학 작품을 읽으면서 학습자는 대상 언어를 통해서 상상력의 세계를 넓혀 고급스러운 언어 능력을 기를 수 있다.[14]

라) 라자르(Gillian Lazar)

모국어를 통해 문학에 익숙한 학습자들은 외국 문학에 흥미가 있으며 생각을 자극하여 비교할 점을 제공할 수 있는 동기 부여가 가능하다. 문학을 통해 목표 언어와 관련된 문화에 접근할 수 있다. 언어 습득을 촉진할 수 있다. 수업에서 문학 작품의 사용은 토론이나 그룹 활동에서 자신의 감정과 의견을 나누는 활동에 효과적인 방법이다. 문학 작품을 통해 목표 언어의 전반적인 특징에 더욱 민감해지기 때문에, 독특한 문체적 효과도 학습하는 등 학생들의 언어 지식을 확장시킬 수 있다. 독해를 통해 의미를 유추하고 해석하는 능력을 개발하여 문학 텍스트가 지닌 복합적인 의미를 이해할 수 있다. 상상력을 자극하고, 비평 능력과 감성적인 인식을 개발하여 텍스트와 언어를 통해 자신이 속한 사회의 가치와 전통과 연관시키는 능력을 갖게 되는 전인교육의 측면이 있다.[15]

한국어 교육에서 문학 교육의 필요성은 다음과 같이 정리할 수 있다. 작가

14) Joanne Collie & Stephen Slater, *Literature in the Language Classroom*, Cambridge University Press, 2000, pp. 3~6.

15) Gillian Lazar, Using Literature in the Language Classroom:The issues, *in Literature and Language Teaching - A Guide for Teachers and Trainers*, Cambridge Teacher Training and Development, 1993, pp. 14~21.

의 손을 거쳐 엄선된 문학 작품의 문장들을 통하여 품위 있는 한국어를 배울 수 있다. 외국인에게 낯선 비유, 상징, 관용어, 속담 등을 맥락과 함께 배울 수 있다. 문학을 배태한 시대적 배경을 통하여 사회, 문화적인 맥락을 학습할 수 있으며 작품 내에 설정된 사회 관계 등을 통하여 한국 사회의 실제적 모습을 배울 수 있다. 문학은 인간의 지적·의지적·정서적인 면에 다각적으로 작용하는 측면이 있으므로 다각적인 접근이 가능하다. 또한 개인의 정서적 성장에도 유용하다. 이는 장기적으로 보았을 때, 한 개인의 삶의 질과 관련되는 것이므로 한국어 교육에서 간과해서는 안 되는 중요한 문제라 할 수 있다.

3) 한국어 교육에서 문학 교육의 내용 및 접근
가) 리틀우드 (William T. Littlewood)

리틀우드(William T. Littlewood)는 학습자의 외국어 학습 능력을 5단계로 나누고 등급에 따라 문학을 보는 관점과 문학 학습의 의의가 달라진다고 했다. 이를 간략하게 정리하면 다음과 같다.[16]

단계	문학 학습의 내용
1단계	문학이 의사소통을 달성하기 위해 제한된 언어학적 구조를 가진 자료로 인식됨
2단계	문체적 다양성을 나타내는 자료로 인식됨
3단계	문학이 광범위한 의미에서 외국 문화에 접할 수 있는 다양한 방법 중 하나의 역할을 함
4단계	작가의 가치관과 세계관을 상징적으로 드러내는 자료
5단계	문학사의 한 부분으로 인식됨

〈표 48〉 문학 학습의 내용

16) William T. Littlewood, Literature in the School Foreign-Language Course, in C. J. Brumfit & R. A. Carter, *Literature and Language Teaching*, Oxford University press, 1984, pp. 177~183.

1단계에서는 언어학적 구조가 강조되고, 2단계에서는 문체적 다양성을 파악하는 수준에 이른다. '문화' 학습의 역할을 담당하는 것은 3단계이고, 4 · 5단계에 이르러서는 목표 언어 학습자들과 같이 문학 자체에 대한 심미적 이해와 향유가 가능해진다.

나) 라자르(Gillian Lazar)

라자르는 문학 텍스트를 언어적 접근, 문학적 접근, 개인성장을 위한 접근으로 나누어 장 · 단점을 살폈다.[17]

	언어 기반의 문학 교육	내용으로서의 문학 교육	개인적 풍부함으로서의 문학 교육
방법론	• 언어 교수는 언어와 문학 교수 요목을 통합함 • 언어를 분석함 • 학습자의 목표어에 대한 일반적인 지각과 이해가 증가함	• 문학사조, 정치 · 사회적인 배경, 문학 장르와 수사법, 정전과 그에 관한 비평이 중요함 • 모국어 사용 가능함, 번역이 필요함	• 학습자가 경험, 감정의 의견을 나타내는 도구가 문학임 • 학습자는 지적 · 감정적으로 학습에 참여하여 목표어를 습득함
자료 선정과 조직	• 언어의 문체적 자질을 예시해야 함 • 문학적 특징이 중요함	• 문학 정전이나 전통에서 중요한 것이어야 함	• 학생의 관심과 주제에 의해 조직됨 • 유사한 주제의 비문학 자료도 다룸
장점	• 언어학적 증거를 통해 학습자가 반응함 • 텍스트 분석 도구가 있음 • 언어 지식이 늘어남	• 텍스트를 문학, 역사 맥락 안에 있게 함 • 학습자가 실제 자료에 광범위하게 노출됨	• 학습자를 전인으로 생각함 • 학습자에게 동기부여가 잘 됨
단점	• 기계적인 수업이 되기 쉽고, 학습자의 동기 유발이 안 됨	• 자료의 언어가 어렵고 학습자의 동기 유발이 안 됨	• 경험과 다르면 반응할 수 없음 • 개인적 감정에 대한 논의를 싫어할 수 있음

〈표 49〉 라자르의 문학 교육 내용

17) Gillian Lazar, Approaches to Using Literature with the Language Learner, in *Literature and Language Teaching - A Guide for Teachers and Trainers*, Cambridge Teacher Training and Development, 1993, pp. 22~42.

언어 기반의 문학 교육은 문학 작품의 언어에 대한 학습을 목표로 한다. 언어학적 지식의 확장을 꾀할 수 있지만 교사 중심의 학습을 벗어나기 어려워 학습자들의 관심을 저하시킬 우려가 있다. 내용으로서의 문학 교육은 문학 자체에 대한 학습을 목표로 한다. 실제 자료를 넓게 익힌다는 점에서 유익하지만 어려운 어휘가 많이 나오고, 시대 상황 및 한국 정서 등을 학습하는 데 있어 많은 시간과 노력이 들고 학습자들의 동기 유발에 비효율적일 수 있다. 개인적 풍부함으로서의 문학 교육은 학습자의 지적, 정서적 성장을 목표로 하며 학습자 중심의 교육 방법론을 활용하는 방법이다. 이 방법은 학습자들이 비슷한 수준의 한국어 실력과 문학적 감수성, 열린 자세가 있을 때 가장 큰 효과를 거둘 수 있다. 만일 학습자들이 자신의 감정에 대한 언급을 꺼리며 자신의 감상을 적극적으로 다른 학습자들과 나누려 하지 않으면 활발한 수업 분위기를 만들어낼 수 없다.

위의 세 가지 방법은 문학 교육에서 일반적으로 많이 활용되고 있는 방법이다. 교수자는 학급의 수준, 학습자들의 참여 정도, 문학적 민감성 등을 고려하여 세 가지 방법을 적절하게 혼용하여 사용할 수 있다. 하지만 문학 텍스트를 사용하는 한국어 교실에서 문학 작품은 그 자체로 인간의 감수성에 호소하며 인간의 정신적 성장을 꾀하는 바가 있기 때문에 '개인적 풍부함으로서의 문학 교육'의 영역을 고려하여 학습자들의 개인 성장에 도움을 줄 수 있도록 구성해야 한다.

4) 문학 작품의 선정 기준
가) 라자르(Gillian Lazar)[18]
(1) 코스의 유형

18) Gillian Lazar, Selecting and Evaluating Materials, in *Literature and Language Teaching - A Guide for Teachers and Trainers,* Cambridge Teacher Training and Development, 1993, pp. 48~55.

(가) 학습자의 수준

(나) 목표 언어를 배우는 이유

(다) 요구되는 목표 언어의 종류

(라) 코스의 길이와 수업의 집중도

(2) 학습자 유형

(가) 나이

(나) 지적 성숙도

(다) 감성적 이해도

(라) 흥미 · 취미

(마) 문화적 배경

(바) 언어 숙달도

(사) 문학적 배경

(3) 텍스트와 관련된 요소들

(가) 텍스트의 유용성

(나) 텍스트의 길이

(다) 텍스트의 활용 · 추출 가능성

(라) 교수 요목과의 조화

나) 리틀우드(Little Wood)[19]

(1) 언어구조학적 적합성

학습자의 언어 능력과 관련하여 작품 속에 나타난 언어의 난이도를 고려해야
한다.

(2) 문체적 적절성

19) William T. Littlewood, Literature in the School Foreign-Language Course, in C. J. Brumfit & R. A. Carter, *Literature and Language Teaching*, Oxford University press, 1984, pp. 178~190.

구조 언어학적 능력을 향상시키고자 하는 학생들을 대상으로 할 경우에 고
어체나 형식적인 언어학적 변인은 피하고 일상적인 언어 생활과의 관련성을
제시할 수 있는 문체를 지닌 자료를 선정해야 한다.

(3) 표면적 주제 제시

문학 작품은 학습자의 흥미와 일상 생활과 관련성이 있어야 하며, 학습자들은
문학 작품을 감상하기 위한 문화적 배경에 대한 적절한 지식을 가지고 있어야
한다.

(4) 심층적 주제 이해

텍스트의 영역과 학습자 자신의 경험의 영역이 서로 연관되어 학습자가 피
상적인 주제뿐만 아니라 심층적 의미까지 이해할 수 있도록 해야 한다.

(5) 문학적 능력

작품 자체에서 벗어나 문학사의 한 맥락에서 자료를 다루는 것으로 고급
단계에만 해당되는 선택 기준이다. 만약 작품의 문학사적 위치나 문학적, 지
적 활동 때문에 작품을 의미 있게 다루고자 한다면 학습자는 그 개별 작품뿐
만 아니라 그것이 잉태된 문맥까지 포함한 광범위한 문학적 경험을 가지고 있
어야 한다.

5) 문학 교육의 방법

카터와 롱(Ronald A. Carter & Michael N. Long)은 문학 교육의 세 가지
모형을 제안했다. 문학 교육의 목적을 어디에 두느냐에 따라 문화 모형, 언어
모형, 개인 성장 모형으로 구분할 수 있다.[20]

....
20) Ronald A. Carter,
Michael N. Long,
Teaching Literature,
Longman Pub., 1991,
pp.2~3.

가) 문화 모형(The Cultural Model)

(1) 문학은 인간의 중요한 사상과 감수성을 표현하고 보편적인 가치와 타당성을 지닌 광범위한 표현에 접촉할 수 있는 수단이다.

(2) 문학은 역사적 사고와 정서를 가지고 있으므로 문학을 공부함으로써 시간과 공간을 초월하여 다른 세대, 다른 지역의 문화 개념과 이념을 이해할 수 있다.

(3) 이 모형을 적용한 수업에서는 시 · 공간이 다른 문화를 반영하는 전통 사상, 정서, 그리고 예술적인 형식을 이해하게 하지만 교사 중심적이며, 텍스트 자체보다 문학에 '관한' 연구에 치중하는 단점이 있다.

나) 언어 모형(The Language Model)

(1) 학습자에게 문학을 가르침으로써 언어발달을 더욱 증진시킬 수 있다. 이것은 문학이 특별한 어휘, 구문, 언어 조작 기술 등과 연관되어 있기 때문이다. 언어는 문학의 매개체이므로 학습자는 문학작품을 읽고 문학적인 용어를 사용함으로써 언어 능력을 향상시킬 수 있다.

(2) 교사는 학생들이 미묘하고 다양한 언어를 창의적으로 사용하도록 도와주고, 학생들은 스스로 텍스트를 탐구하면서 언어 형태와 문학적 의미 관계에서 행간의 의미를 이해하는 활동 중심의 모형이다.

다) 개인 성장 모형(The Personal Growth Model)

(1) 학습자가 효과적으로 문학 작품을 읽을 수 있도록 지도함으로써 교실을 벗어난 일상생활에서도 문학을 즐기고 평생 동안 문학을 사랑하는 마음을 가질 수 있게 하는 것이 목표다. 좀 더 효과적으로 문학 작품을 읽도록

교사가 유도하면 학습자는 사람들과의 관계 및 주위 현상에 대하여 깊은 성찰을 할 수 있게 되고, 이러한 활동을 통해서 개인적 성장을 이루게 된다.

(2) 문학 텍스트를 읽는 데 몰입할 수 있는 다양한 활동은 학습자 중심적이어서, 이 모형을 적용하는 수업에서 학생은 문학 텍스트의 주제를 개인적 경험과 밀접하게 연결시키게 된다. 이 모형에서는 문학의 역할이 제도나 인간 관계, 개인의 성장을 돕는 데 있다고 보며, 분석적인 방법이나 정보 및 결과 중심의 교수 방법을 지양한다.

(3) 교사는 학생들의 참여와 응답에 적합한 문학 교재를 선정해야 하며 문학 자체의 지도에 충실해야 한다.

6) 한국어 교육에서 문학 교육의 어려움

더프와 말리(Duff & Maley)는 외국어 교육에서 문학 교육의 어려움을 다음과 같이 정리했다.[21]

가) 통사적인 복합성, 어휘의 비중이나 담화 조직과 관련된 언어적인 어려움이 있다.

나) 과제의 이해와 수행을 지속적으로 방해하는 어휘의 어려움이 있다.

다) 맥락에서의 도움이나 반복 없이 짧은 텍스트를 학습할 시 더욱 많은 문제가 파생되는 텍스트 길이 상의 어려움이 있다.

라) 목표 언어의 문화적 요소 범위에서 오는 어려움이 있다.

마) 주해(note)없이 깊이 있게 감상할 수 없는 작품의 경우 필요한 참고 자료가 무엇이며 얼마만큼 필요한가 하는 '범위'의 어려움이 있다.

21) Duff & Maley, Literature, in C. J. Brumfit & R. A. Carter, *Literature and Language Teaching*, Oxford University press, 1984, pp.289.

바) 간결하고 명쾌한 언어로 표현할 때 텍스트가 전달하는 개념 상의 어려움, 특정한 텍스트 유형이나 작가에 대한 경험으로 특정한 작품이나 현학적인 글 따위에 대해 거의 직관적으로 부정적인 반응을 보이는 용인(acceptance)의 어려움이 있다.

한국 문학 작품들은 한국인들의 심미적 기준과 감수성을 충족시키기 위한 통사 구조, 어휘, 담화 조직으로 구성되어 있다. 또한 다양한 뉘앙스를 가지고 있는 어휘를 외국인들이 파악하는 것은 쉽지 않다. 짧은 텍스트가 주는 미묘한 분위기, 난해한 맥락 등도 어려움을 배가시키는 요소이고, 문화와 역사적 맥락에 대한 이해 없이는 독해가 불가능한 부분들도 상당수 존재한다. 또한 참고문헌 선택에 있어서 어디까지를 살펴야 하는지에 관한 것도 어려운 문제 중 하나이다. 학습자들이 '어려운 한국 문학 작품'에 대해 난색을 표하고 효율성을 근거로 학습을 부담스러워하는 것은 가장 큰 어려움이라 할 수 있다.

'한국 문학을 교수하는 것이 어렵다'라는 것을 아는 것은 한국어 교사들이 현장에서 문학 작품을 고를 때 반면교사가 될 수 있다. 교사들은 학습자들에게 한국 문학 작품 학습에 대한 동기 부여를 위해서 학습자들의 개인적 문제와 관련되어 동기를 유발할 수 있는 작품을 선정하고, 학습자의 한국어 수준을 고려하여 어휘, 담화, 통사 등의 방해를 최소화해야 한다. 필요한 경우 약간의 수정도 가능하다. 물론 이럴 경우에는 가능한 한 원 단어를 각주로 표시해 주는 것이 좋다. 만약 이야기나 소설이라면 학습자들의 수준을 고려하여 윤색하였음을 밝히면 될 것이다.

문화적 요소들은 교사의 설명이나 동영상, 사진, 실제 자료 등을 통해 학습자들에게 따로 설명해 주어야 한다. 교사는 수업을 위해 다양한 참고 자료들을 연구하고 이 중 학습자들에게 실제적인 도움을 줄 수 있는 것들을 선별하여 제공해야 한다. 이때에는 교수·학습 시간, 학습자들의 학습 의욕, 한국어 수준 등이 고려되어야 한다. 학습자들의 개인적 문제와 관련된 것들을 다루게 된다면 위의 '용인'의 어려움을 피할 수 있을 것이다.

문학 작품을 한국어 교육 현장에서 다루는 일은 쉽지 않은 일이다. 그러나 한국어 교육 현장에서 문학 작품을 포기하기에는 문학 작품이 가지고 있는 매력이 참 많다. 문학 작품의 활용에 대해서는 지속적인 연구와 현장 적용이 필요하리라 본다.

나. 문학을 통한 한국 문화 교육의 실제

1) 시를 통한 한국 문화 교육
가) 한국어 교실에서 시를 가르치기 어려운 이유[22]

  (1) 한국어 문법을 가르치고자 하는 입장에서 볼 때, 구조적인 복잡함, 생략과 도치 등이 빈번하게 나타남

  (2) 어휘 교육의 차원에서 볼 때, 시에 나타나는 사투리, 언어 조탁의 결과 시인이 창조해낸 말, 사용 빈도가 높지 않은 어휘의 사용이 많음

  (3) 한국 문학을 전공하려는 극소수의 학습자를 제외하면 시는 학습자들에게 실제적으로 기여하지 못함

  (4) 외국인에게는 낯설 수밖에 없는 독특한 문화가 담겨 있기 때문에 학습자에게 어렵고 낯섦

22) 김정우, 「시를 통한 한국 문화 교육의 가능성과 방법」, 『선청 어문』 29권 0호, 서울대 국어교육과, 2001, 167~168쪽.

(5) 시는 대개의 경우 여러 가지로 해석될 수 있는 가능성이 있기 때문에 학습자들에게 정확한 의미를 제시할 수 없고 혼란을 가져올 수 있음

(6) 언어의 네 가지 기능을 고려해 볼 때, 시는 '읽기' 능력을 향상시키는 데는 도움이 될지 몰라도, 말하기, 듣기, 쓰기와는 거리가 멂

나) 한국어 교실에서 시를 가르쳐야 할 이유

그간 외국어 교육은 다분히 '실용주의'로 흐른 경향이 있다. 그러나 담화능력(discourse competence)의 향상을 위해 특정한 '담화상황'에서 단순히 '정보'를 전달하는 것이 아니라, '의도한 의미'를 정확하고 적절하게 전달할 수 있는 능력, 상대방의 생각이나 믿음, 감정, 태도까지 파악하고 다시 상대방의 태도, 감정, 행동 등에 영향을 미치는 담화능력을 향상시키려면 사회에 대한 총체적인 이해를 가능케 하는 문맥으로서의 문화를 이해할 필요가 있고, 문학은 이에 대한 좋은 대안이 될 수 있다.[23]

한국어 학습자들은 이미 자국 문학 학습 스키마를 형성하고 있다. 문학은 인간의 정서에 호소하는 측면이 크므로 학습자의 개인적 관심, 한국어 수준, 한국 문화에 대한 관심을 고려하여 학습자의 동기를 유발할 수 있는 작품을 선정하여 가르친다면 학습자의 한국어와 한국 문화 교육에 기여하는 바가 클 것이다.

다) 시를 통한 한국 문화 교수 · 학습 모형

(1) 교수 · 학습 계획 단계

교육 목표 설정, 교육 내용 설정

(2) 교수 · 학습 단계

---

23) Alice Omagio Hadley, *Teaching Language in Context*, Heinle & Heinle, 1993, pp.394~406.

(가) 읽기 전 단계

시와 관계된 역사, 문화적 현상, 시대적 상황 설명하기

시에 나오는 중요한 어휘 설명하기

시가 쓰여진 상황 설명하기

해당 시와 비슷한 상황에서 쓰여진 시 읽기

(나) 읽기 단계

시를 문맥적, 상황적으로 이해하기

중요 표현 이해하기

문화 내용을 나타내는 표현 이해하기

(다) 읽은 후 단계

이해한 어휘, 맥락 내용 정리하기

문화 내용 정리하기

자기 나라 문화와 연관하여 이야기하기

다른 활동과 연관하기

(라) 교수 · 학습 평가 단계

교수 · 학습 활동 평가, 후속 교수 · 학습에 반영하기

2) 소설을 통한 한국 문화 교육

운문으로 된 시에 비해 산문인 소설은 길이가 길고 다양한 인물이 등장하고 갈등과 해결을 통해 인생의 다양한 문제를 제기한다. 소설을 통해 사회적인 배경, 맥락 등을 심도 있게 이해할 수 있으며 한국 문화에 대한 다각적인 교육이 가능하다. 예를 들면 '사랑 손님과 어머니'는 재가가 어려웠던 당시 사회의 풍속을 반영한다. 소설은 허구이면서 실생활의 모습을 반영하기 때문에 인생의 진솔한 모습과 인간 군상의 묘사가 다른 어떤 장르보다도 세밀하며 구체적이다. 시, 희곡, 연극 등에서는 비유와 상징을 통한 함축적인 언어가 사용되는 데 비해 소설에서는

일상 생활에서 한국인들이 사용하는 언어가 쓰이므로 한국어에 대한 접근을 더욱 용이하게 하는 장점이 있다. 소설을 통한 한국 문화 교육은 위의 '다) 시를 통한 한국 문화 교수 · 학습 모형'을 활용할 수 있다.

04 교실 활동을 통한 한국 문화 교육 *

아래 교실 활동 내용은 오매기오 해들리가 정리한 내용을 참고하였다.[24]

가. 문화 캡슐(Culture Capsule)

문화 캡슐은 자국 문화와 목표 문화의 차이를 보여주는 한 두 문단의 짧은 서술문이다. 사진·그림이나 실물 교재와 함께 제시하는데, 학생이나 교사가 제작할 수도 있고 판매되고 있는 것을 살 수도 있다. 자습, 그룹 활동, 교실 전체 활동에서 활용될 수 있다.

단계	내용
1	교과서와 관련된 문화 내용 중에서 문화적 대비를 보여주는 것을 선택한다.
2	비교의 관점에서 자문화와 목표 문화의 차이점과 유사점을 서술한다.
3	대상에 대해 정의한다.
4	특별한 내용에 대해 구조화하고 요약하여 말한다.
5	사용할 학습자의 수준(숙달도)에 맞추어 요약(capsule)을 적는다.
6	요약의 내용과 표현의 정확성을 모국어 화자와 다른 동료들과 함께 점검한다.
7	필요에 따라 다시 쓴다.

24) Alice Omagio Hadley, *Teaching Language in Context*, Heinle & Heinle, 1993, pp.394~406.

단계	내용
8	적절한 멀티미디어 자료를 준비한다. (사진, 영화, 비디오 테이프, 슬라이드, 신문 스크랩, 실물 자료 등)

〈표 50〉 문화 캡슐 제작 단계

교사는 캡슐을 녹음하거나 읽는다. 그룹에서 분량을 나누어 읽으며 듣기와 말하기 연습을 할 수 있다.

번호	내용
1	교사가 제시하는 캡슐을 바탕으로 역할극을 한다.
2	캡슐을 바탕으로 역할극 대본을 작성한다.
3	그룹별로 캡슐과 관계되는 문화 클러스터를 작성한다.
4	흥미 있는 주제와 관련하여 자료를 조사하여 발표한다.
5	캡슐의 내용을 말하기 · 듣기 · 읽기 · 쓰기 등의 언어 학습과 관련시킬 수 있다. 특히 쓰기에 있어서는 받아쓰기, 다시 쓰기, 단문 작문, 이력서 쓰기 등과 연관하여 지도할 수 있다.

〈표 51〉 병행 가능 활동

문화 캡슐은 선명한 문화적 대비를 보여주는 사례 제시를 통해 문화 비교를 꾀하는 활동이다. 학습자들은 자문화만 알고 있을 때 보지 못했던 자문화와 목표 문화의 차이를 발견하게 된다. 예를 들면 다음과 같이 한국 가정 문화와 중국 가정 문화의 차이를 통해 문화 캡슐을 구성할 수 있다.

중국 남편들은 대체로 가사를 분담한다. 중국 남편들은 집에서 요리, 설거지, 청소, 육아 등을 아내와 분담한다.
한국에서 가사는 전통적으로 여성의 영역이었다. 최근 들어 맞벌이 가족이 많아지면서 남성들도 가사를 분담하고 있지만 아직도 여성들이 가사의 많은 부분을 담당한다.

〈표 52〉 문화캡슐 - 중국과 한국의 가사 분담

중국과 한국의 가사 분담에 대한 위 캡슐을 바탕으로 역할극, 문화 클러스터를 제작할 수 있다. 더욱 확장한다면 각국의 가사 분담에 대한 잡지, 책, 논문 등의 자료를 찾아 발표할 수 있다. 위의 내용을 바탕으로 토론, 쓰기 등을 통해 학습자들의 문화적 인식을 확장할 수 있다.

나. 문화 클러스터(Culture Cluster)

문화 클러스터는 미디(Meade)와 모레인(Morain)에 의해 개발되었다. 문화 클러스터는 서로 연관된 세 개의 그림 문화 캡슐을 연관하여 스킷이나 역할극을 통해 드라마화한 30분짜리 시뮬레이션으로 구성되어 있다.

인사, 초대, 저녁 식사 방문 등의 장면 등을 포함한 문화 클러스터의 예이다.

번호	내용
1	인사 방식
2	초대장 보내기
3	테이블 세팅
4	손님으로서의 에티켓

〈표 53〉 문화 클러스터 – 손님 초대

다. 문화 동화자(Culture Assimilators)

문화 동화자는 사회 심리학자들에 의해 개발되어 여러 문화 활동 중 가장 먼저 프로그램으로 정착되었다. 자문화와 목표 문화 구성원 사이에서 발생하는 갈등이나 오해에서 비롯된 75개에서 100개의 '결정적 사건(critical incidents)'이나 삽화들로 구성된다.

번호	내용
1	자문화와 목표 문화 구성원의 잘못된 의사 전달이 묘사된 결정적인 사건이 발생한다.
2	학습자들에게 네 개의 가능한 원인 설명을 제시한다.
3	학습자들이 한 개의 설명을 선택하면, 그들의 선택의 진위를 판단할 수 있는 피드백 문단을 준다. 피드백 문단은 결정적 사건이 구성된 문화적 핵심을 파악할 수 있는 정보를 포함하고 있다. 답이 아닌 항목들은 문화에 대해 스테레오 타입이나 자민족 중심주의를 갖고 있는 학생들이 선택할 수 있는 요소를 포함하고 있어야 한다.

〈표 54〉 문화 동화자

라. 문화 드라마(Culture Minidramas)

문화 드라마는 문화 동화자와 마찬가지로 문화 갈등이나 오해에서 비롯된 3~5개의 에피소드로 구성된다. 학습자들은 교사의 지도 아래 각 에피소드에서 의사소통 실패의 원인이 무엇인지 토론을 통해 설명하도록 시도한다. 최종적인 결론은 마지막 장면에서 내리도록 한다. 이러한 시도는 불확실성을 통하여 각 문화가 만났을 때 일어나는 일상의 사건들과 실제 생활에서 벌어지는 상호 문화적인 의사소통의 불확실성을 체험하게 하는 것이다. 학습자들은 자문화 중심적인 사고에서 비롯된 행동들이 어떻게 잘못된 결론으로 이끌 수 있는지를 배울 수 있다.

마. 문화적 함축 이끌어내기(Deriving Cultural Connotations)

1) 단어 연관(Word Association)

단어에 함축된 뜻을 나열함으로써 학습자들은 자신이 개별적 개성을 가진 존재이면서 문화적으로 구속된 존재라는 것을 알 수 있다.

단계	내용
1	교사가 학습자들에게 교과서에 나온 단어 중 하나를 주고 연관된 단어를 적게 한다.
2	만약에 '집'이라면 큰, 층, 벽돌, 창문, 가정 잔디, 창고 등을 적을 수 있다.
3	그룹별로 가장 많이 나온 단어부터 순서를 매긴다.
4	교사는 목표 언어 학습자들의 순위와 학습자들의 순위를 비교한다.

| 5 | 토론 결과를 통해 유사점과 상이점을 비교하면서 목표 문화를 온전하게 이해하기 위해서는 한 언어가 다른 언어로 일 대 일 번역이 안 되고 문화적 맥락을 고려하여 번역해야 함을 이해하게 된다. |

〈표 55〉 단어 연관

단어 연관은 한국어 교실에서 가장 용이하게 활용할 수 있는 방법이다. 위의 예처럼 '집'이라는 단어에 대해서 학습자들은 자신들의 문화와 연관하여 각기 다른 단어를 나열하게 된다. 이 활동을 통해서 학습자들은 자신들에게 익숙한 자문화가 타문화와 얼마나 다른지, 얼마나 다양한 문화가 존재하는지 알게 된다.

2) 의미론적 맵핑(Semantic Mapping)

죤슨(Johnson)과 피어슨(Pearson, 1978)이 읽기 지도 시에 어린이들에게 단어를 가르치기 위해 개발했다. 중심 단어, 생각, 개념 등과 결합된 그림을 만드는 것이다. 헤이그(Hague, 1987)는 외국어 교수에서 의미론적 맵핑 활용을 다음과 같이 여섯 단계로 구분한다.

단계	내용
1	중심 단어나 중심 개념을 칠판에 쓴다.
2	학습자들에게 연관되는 단어를 가능한 한 많이 말하게 한다.
3	단어들을 항목별로 다발지어(categorical clusters) 중심 단어나 중심 개념 주변에 쓴다.
4	학습자들에게 항목의 이름을 짓게 한다.
5	단어와 각 항목의 연관성에 대해 토론한다.
6	단어의 다양한 의미와 뉘앙스에 대해서 토론한 뒤 수정한다.

〈표 56〉 의미론적 맵핑

맵핑은 일반적으로 브레인스토밍 다음 단계에서 많이 활용되고 있는 방법이다. 문화 교육에서 활용할 때는 문화적 연관성을 고려하여 학습자들의 문화적 스키마를 끌어낼 수 있도록 지도한다.

3) 콜라주(Collages)

콜라주는 잡지, 신문, 사진 등에서 흥미 있는 단어를 선택하여 이를 토대로 문화에 관한 토론을 하는 것이다. 예를 들면 잡지에서 '여성'에 관한 사진을 모아서 사회적 계급, 나이, 그리고 인디언과 아프리카의 사고방식이 남아메리카 여성의 모습에 투영되었는지를 발견할 수 있다. 이를 통해 학습자들은 자문화와 목표 문화에서 '미적 기준'이 어떻게 다른지를 토론할 수 있다.

바. 가설 정교화(Hypothesis Refinement)

죠스타드(Jostard)는 학습자들이 가설을 세우고 이를 수정하고 정교화하여 결론을 내리는 과정을 7단계로 정리했다.

단계	내용
1	자료, 교사 설명, 기타 사항 등을 고려하여 가설을 세움 예) 영화나 광고 등을 통하여 독일 십대들은 차보다 자전거, 오토바이 등을 더 자주 탄다.
2	위의 가설을 통해 진술문을 작성함 예) 독일 십대들은 차보다 자전거, 오토바이 등을 더 자주 이용한다.

3	신문, 영화, 슬라이드, 책과 다른 매체, 실물, 목표 언어 화자들을 통해 위의 가설에 부합하는 자료를 모음 예) 학습자들은 광고, 교과서 그림, 잡지, 논문 등에서 젊은이들이 자전거, 오토바이 등을 타는 것을 봄 독일은 미국보다 기름 값이 세 배에서 네 배 비싸다는 내용이 있는 뉴스를 읽음 펜팔 친구나 지인이 독일 가족은 대체로 차 한 대를 가지고 있으며, 젊은이들은 버스나 오토바이를 타거나 걸어 다닌다고 말해 줌
4	출판, 통계, 청중과 목적 등 잠재적 영역을 염두에 두고 자료에 대해 질문하고 비교함. 결과를 서술, 비교, 발표함
5	3~4의 내용을 참고하여 2의 내용을 수정하고 정교화 함
6	자문화에서 위의 내용에 부합할 만한 문화 자료에 관해 조사
7	정리한 가설을 자문화와 목표 문화에 대입시켜 보고 유사점과 상이점에 관해 서술함

〈표 57〉 가설 정교화

가설 정교화는 가설을 세우고 이를 귀납적으로 증명하는 것이다. 가설을 세우는 것은 과학적 추론을 바탕으로 한다. 학습자들은 자신들의 문화적 배경 지식을 활용하여 가설을 세울 수 있다. 이 가설을 정교화하는 과정에서 신문, 영화, 실물, 인터뷰 등을 활용해야 하는데, 이 과정 또한 문화 학습에 상당한 영향을 끼칠 수 있다. 가설을 검증하는 과정을 통해서 학습자들은 문화 해석 과정을 연습해 볼 수 있다. 타문화에 대해 가설을 세우고, 추론해 가는 과정에서 타문화를 더욱 적극적으로 학습할 수 있으므로 학습자들을 문화 해석의 주체로 세우는 데 효과적인 방법이다.

사. 공예품 학습(Artifact Study)

공예품 학습을 통해 목표 문화의 낯선 물건의 문화적 중요성에 대해 인지할 수 있다. 교사는 해당 물건이나 사진, 그림을 교실에 가져와 학습자들에게 질문한다.

번호	내용
1	모양은 어떻습니까? 최대한 완벽하게 서술해 보세요.
2	어떻게 만들어졌을까요? 손으로 만들었을까요? 기계로 만들었을까요?
3	어디에 쓰이는 물건입니까?
4	장식품일까요?
5	이것은 목표 문화에서 어떤 역할을 할까요? 어떤 사회적인 의미가 있을까요? 사회적인 지위, 경제적 능력, 권력, 특권 등과 관련이 있을까요?
6	이것은 목표 문화에서 어떤 문화적 영향력을 가지고 있을까요?
7	당신이 이것을 가지고 있다면 이것으로 무엇을 하겠습니까?

〈표 58〉 공예품 학습

답변 후에 그룹 별로 결과를 발표한다. 교사는 제시한 공예품에 대해 명확하게 설명하고 학습자들의 가설이 얼마나 맞았는지 확인해 준다. 학습자들은 가설에 자신들의 문화적 편견이 가설에 어떤 방식으로 작용했는지 토론한다.

아. 고정 관념 버리기(Decreasing Stereotypic Perception)

단계	내용
1	고정관념을 버리기 위해 자문화에서 80개의 목록을 제공하여 범주화한다. 학습자들은 이 중 15~20개의 주제를 선택하여 목표 문화와 비교하여 토론한다.
2	자문화와 타문화의 가치에 대해 토론한다. 예) 자문화(미국 문화) 중 패스트푸드 문화는 편리함, 효율성, 청결성 등의 가치를 갖는다. 이에 비해 히스패닉이나 프랑스 식사 문화는 가족 화합, 가족 간의 상호 작용, 잘 차려진 식탁을 통해 휴식의 가치를 추구한다.

3	자문화의 가치에 대해 반대하고, 타문화의 가치를 옹호하는 논쟁을 펼친다. 이러한 과정을 통해 자문화에 대한 고정 관념을 살펴본다. 예) 학습자들은 외국인들이 자문화(미국 문화)를 바라볼 때, 시간과 청결에 전전긍긍한, '품위'가 결여된 겉보기만 그럴 듯한 문화로 인식할 수도 있음을 알게 된다.

〈표 59〉 고정관념 버리기

자. 속담 활용하기(Using Proverbs in Teaching Cultural Under-standing)

속담은 목표 문화를 이해하는 중요한 자료다. 자국 속담과 목표 문화 속담과의 비교를 통해 문화 학습을 효과적으로 진행할 수 있다. 리치몬드(Richmond)는 영어와 만딘카(Mandinka)족의 속담을 다음과 같이 다섯 가지로 비교했다.[25]

단계	내용
1	목표 문화의 속담의 의미와 표현이 자문화 속담과 비슷한 경우 영 어 : 사람들이 많이 다니는 길에서는 풀이 자라지 않는다. 만딘카 : 사람들이 많이 다니는 길에서는 풀이 자라지 않는다.
2	목표 문화의 속담의 의미가 비슷하지만, 표현이 자문화 속담과 다른 경우 영어 : 우유가 쏟아진 후에 울어 봐야 소용없다. 만딘카 : 쏟아진 물은 주워 담을 수 없다.
3	목표 문화의 속담의 표현이 자문화의 속담과 비슷하지만, 의미가 다른 경우 영 어 : 말이 도망간 이후에 외양간을 잠그지 마라(예방이 상책이다). 만딘카 : 뱀이 도망간 후에 뱀의 흔적을 따라가 봐야 소용없다. (잃어버린 기회, 부적절한 타이밍에 대한 암시)
4	자문화 속담에 없지만 의미가 이해될 만한 경우 영 어 : 없음 만딘카 : 앉아 있는 노인이 서 있는 아이보다 멀리 본다.

25) 만딘카(Mandinka)종족은 13세기에 말리로부터 독립하여 제국을 설립하고 서아프리카에 걸쳐 확장하여 세네갈, 감비아, 기니 비사우, 가나, 베닌 등에 퍼져 살고 있는 170만 인구의 종족이다. 아프리카계 미국인 중 상당수가 만딘카 종족의 후손이다. http://www.u3ps.com/xe/uupg/62909

| 5 | 자문화 속담에 없고, 의미도 이해 안 되는 경우
영 어 : 없음
만딘카 : 칼이 똑바로 서 있지도 않고, 누워 있지도 않다.
(요청과 관련된 몇 번의 기회를 거절함) |

〈표 60〉 속담 활용하기

차. 유머 활용하기(Humor as a Component of Culture : Exploring Cross-Cultural Difference)

단계	내용
1	만화, 유머, 웃기는 이야기 등을 등급에 맞게 제시한다.
2	어린 시절의 경험을 포함하여 문화적 요소를 덧붙인다.
3	목표 언어의 유머 전통에 관해 교수한다.
4	학습자들이 유머를 더욱 잘 분석하게 하기 위해서 만화와 유머의 각본이나 틀을 조사하도록 돕는다.
5	목표 언어의 유머를 공유할 수 있는 기회를 준다.

〈표 61〉 유머 활용하기

유머를 공부하는 것은 흥미를 북돋울 수 있을 뿐만 아니라, 목표 언어 화자들의 사회 생활 속으로 통합해 들어가는 유익을 제공할 수 있다.

05 현지 학습을 통한 한국 문화 교육 ✻

가. 현지 학습의 의의

현지 학습은 한국어 학습자들이 한국 문화의 현장을 방문하여 학습하는 것이다. 체험을 통한 학습이라는 점에 그 의의가 있다. 학습자들은 한국의 여러 장소를 방문하여 한국어가 사용되는 현장을 볼 수 있다.

현지 학습을 통하여 학습자들은 목표어인 한국어 학습의 당위성을 파악할 수 있으며 현장에서 한국어를 사용함으로써 한국어 학습의 의의를 실감할 수 있다.

나. 현지 학습의 절차

1) 방문 계획 세우기
- 학습자 요구 분석을 통해 학습자들의 한국어 학습 연한, 방문 경험, 한국

어 능력, 관심도, 국적 등을 고려하여 장소를 선정한다.

- 적절한 예산을 파악한다.
- 여행 프로그램을 선택한다.

2) 사전 답사, 조사 및 학습

- 사전 답사 및 조사를 통하여 학습자들에게 알려야 할 문화 항목 등을 숙지한다.
- 숙박, 식사, 차량 등을 점검한다.
- 주요 문화 항목을 학습자들에게 선수 학습 시킨다.

3) 현지 학습

- 현지 학습 또한 한국어 문화 학습이라는 것을 주지시키고, 활동 중에 중요한 내용을 메모하도록 한다. 단편적인 메모는 나중에 기행문을 쓸 때 도움을 줄 수 있다.
- 자문화와 한국 문화를 비교하는 시각을 견지하도록 한다.

4) 현지 학습 후 활동

- 현지 학습 활동 보고서, 기행문을 작성하고 사진 및 동영상을 중심으로 프레젠테이션을 실시한다.

다. 상호 문화 능력 신장을 위한 현지 학습 구성

1) 현지 학습 시 목격하는 한국인의 생활상을 통해 한국인에 대한 이해를 높인다.
2) 현지 학습 보고서 및 체험문 과제를 미리 내주어 여행 기간 동안 자문화와 한국 문화를 비교 문화적 시각에서 관찰하도록 지도한다.
3) 여행이 끝난 후 일괄적으로 체험문을 내게 하여 한국어 쓰기 능력신장과 연계한다.
4) 교사가 상호 문화적 질문을 제시하여 학습자들의 상호 문화 이해와 비교를 돕는다.
5) 사진 및 동영상을 중심으로 한 프레젠테이션과 체험문 발표를 통해 학습자들이 같은 기간, 같은 장소에서 보고 느낀 것이 어떻게 다르고 같은지 상호 비교하고 공유할 수 있는 시간을 마련한다.

라. 현지 학습 장소

1) 한국의 여행 명소
　　제주도, 설악산 및 동해, 온양, 전주, 서해, 남해, 강촌, 춘천, 남이섬 등
2) 역사 및 유물 중심 체험 장소
　　경주, 부여 등 역사 유적 도시
　　경복궁, 창경궁, 창덕궁 등의 궁궐
　　해인사, 낙산사, 부석사 등의 절
　　독립기념관, 서대문 형무소 등

3) 박물관

　　국립중앙박물관, 국립민속박물관, 역사박물관, 김치박물관, 떡박물관
4) 서울

　　남산, 명동, 남산 한옥마을, 북촌 마을, 종로, 인사동, 청계천 등
5) 놀이공원 및 민속 체험

　　에버랜드, 롯데월드, 서울랜드, 민속촌 등
6) 다문화 체험 장소

　　안산 국경 없는 마을, 혜화동 필리핀 거리, 이태원, 대림동 중국인 거리
7) 생태체험

　　농촌 체험, 어촌 체험, 유기농 마을 체험 등

마. 현지 학습의 일례

　　여행지 : 제주도 일대
　　여행일정 : ○○년 9월 23일 수요일 ~ 9월 25일 금요일

일자	시간	일정 및 행사	비고
제1일 9/23(수)	09:30	집결(○○역 개찰구 앞) −지하철로 김포 공항으로 이동	
	11:30	김포 공항 도착	공항 2층 편의점 앞

일자	시간	일정 및 행사	비고
제1일 9/23(수)	12:05/13:10	김포 출발/제주 도착	
	13:30	가이드 미팅/시내로 이동	
	14:00	점심식사	
	15:00	저지오름	
	18:00	용두암 및 용연구름다리	
	19:00	저녁식사	
	20:00	숙소로 이동/숙박 등록	
	21:00	휴식 및 취침	

〈표 62〉 현지 학습 제 1일

일자	시간	일정 및 행사	비고
제2일 9/24(목)	07:00	아침식사(조식 뷔페) 후 이동	호텔 내
	09:00	신비의 도로 및 소인국 테마파크	
	11:00	퍼시픽랜드(돌고래쇼)	
	13:00	점심식사	
	14:00	외돌괴, 정방폭포	
	16:00	김녕 미로공원	
	17:00	테디베어 박물관	
	19:00	저녁식사	
	20:00	숙소 도착/휴식 및 취침	

〈표 63〉 현지 학습 제 2일

일자	시간	일정 및 행사	비고
제3일 9/25(금)	07:00	아침식사(조식 뷔페)후 이동	호텔 내
	08:30	호텔에서 출발	
	09:00	기념품 쇼핑/해녀 박물관	
	11:00	태왕사신기 세트장/산굼부리	
	13:00	점심식사	
	14:00	승마체험	
	15:00	일출랜드/섭지코지	
	18:20	제주 출발	
	19:25	김포 도착	

〈표 64〉 현지 학습 제 3일

06
문화 간 의사소통 훈련 방법을 통한 한국 문화 교육[26)]

*

가. 사례연구 방법

사례연구 방법은 이문화 접촉으로 일어난 갈등 사례를 보고하고 분석하고 토론하는 것이다. 상황과 맥락이 반드시 들어가야 하고, 시간, 장소, 사회적 역할, 관계, 관심 등을 가능한 한 객관적으로 자세히 재구성한다.

자신이 직접 겪었거나 다른 사람에게 들은 사건을 특정 형식에 따라 서술하고 분석하면서 문화 간 차이와 갈등의 원인을 알아본다. 다른 문화권에서 온 두 사람 이상의 사람들이 관여된 시간적, 공간적으로 제한된 사건을 사례로 삼는다. 공식적, 비공식적, 직업적 또는 개인적인 다양한 영역에서 일어난 일을 다룬다.

26) Bhawuk, D. & Brinslin, R., Cross-Cultural Training: A Review. in *Applied Psychology: An International Review* 49/1, pp. 162~191.

사례 발표 – 읽기 – 왜 그런 일이 일어났는지 가설 세우기 – 설명 – 어떤 가설이 진실에 가장 가까운지 평가하기

나. 위기 상황의 서술

사례연구 방법의 한 가지로 사건을 좀 더 세분화하고 객관화하여 분석하는 것이다. 문화 간 갈등을 경험한 본인에게 더욱 객관적인 시각을 갖게 해 주고 그룹 내 다른 이들에게는 문화 간 갈등에 대한 새로운 시각을 제공하여 준다.

다. 문화 동화 장치

이 훈련 방법의 목적은 목표 문화에 그대로 동화되는 것이 아니라 문화적으로 다르다는 것을 일깨워주는 데 있다. 한 문화의 구성원과 다른 문화의 구성원이 만났을 때 일어나는 일련의 전형적인 사례들을 모아서 만든다.

사례 연구를 기반으로 하는데, 모든 상황마다 갈등의 원인 및 가설이 4~5개 주어진다. 갈등의 원인 및 가설을 미리 제작해 주고 이 안에서 정답을 선택할 수 있게 하기 때문에 훈련자들이 선호하는 방법이다.

인지적으로 접근하는 방법으로서 감정적인 측면은 고려하지 않은 것이 단점이다. 문화는 계속해서 변화하므로 시간이 지남에 따라 텍스트를 계속 개정해야 할 필요가 있다.

라. 화성인류학자

자신이 가장 익숙하다고 생각하는 것이 다른 사람의 시각에서 보았을 때 얼마나 낯설고, 다르게 해석될 수 있는지를 알게 하는 일종의 시각 교정 훈련방법이다.

각각의 훈련자들은 자신이 일상생활에서 주로 많이 가는 장소에 가서 특정 주제로 모든 것을 관찰하되 화성인의 시각에서 지구인들의 생활을 묘사하는 과제를 갖는다.

이것은 본인에게 익숙하고 당연하게 여겨지는 것들을 소외화시키는 과정을 통해서 다른 사람들의 눈에는 우리의 문화가 다르게 비춰지리라는 것을 의식화시키는 것이다.

주제는 훈련자가 임의대로 창조해낼 수 있다. 훈련의 참여자는 이 주제에 대해서 특히 공간구조, 사물, 시간, 역할, 행위, 행동양식, 위계 질서 등에 대해 중점적으로 연구한다. 각 팀은 바깥에 나가서 충분한 시간을 갖고 연구한 후에 정해진 시간에 돌아와서 보고서를 작성한다. 보고서 작성 후에는 전체 그룹 앞에서 보고한다.

마. 문화 간 의사소통 연습

시뮬레이션	다수 그룹을 대표하는 그룹과 소수 그룹을 대표하는 그룹으로 나누어 각각 다른 공간으로 가게 한 후, 상대방의 문화, 의사소통의 특징 등을 알지 못하게 한 상태에서 자신들 그룹의 문화, 의사소통의 특징을 교육한다. 예) 도시 출신의 다수 그룹과 땅을 많이 가진 시골 성향의 소수 그룹이 만나 땅을 경작한다.(직/간적접 의사소통 방식, 정직성/예의 바름, 남성 우위/양성 평등) 트라도스 땅을 사서 휴양지를 건설하려는 모디스라는 사람이 있다. 이 사람은 땅을 사기 위해 트라도스 사람들과 의사소통하면서 여러 가지 소통의 문제를 겪는다. 트라도스 사람들은 사람들을 만지고 지나간다. 만지지 않고 지나가면 "나는 너를 좋아하지 않아"를 의미한다. X자를 가슴에 만들어 인사한다. 그러나 악수는 불쾌하게 여긴다. 트라도스 사람들이 대화 중에 "예"라고 하는 것은 이해했다는 거지, 동의했다는 것이 아니다. 이러한 의사소통 방식을 모디스는 이해할 수 없다. 자기 나라와 반대되기 때문이다.
정식 의사소통 연습	평소에는 쓰지 않는 표현을 써서 언어에 대한 의식을 깨운다.
직 · 간접 의사소통 연습	특정 주제에 대해 서로 다른 의견을 갖고 진행 · 대도시 아파트에서 개를 키워야 할까? · 버스 요금을 올려야 할까? 한 그룹은 우회적으로 한 그룹은 직접적으로 의사소통 한다.
필름 분석 방법	필름을 보고 자신의 견해를 통해 분석
역할극	필름에 나온 것을 재현해 보기
인사 의식 게임	다양한 인사 방식을 체험해 보기
식사 문화 게임	나라마다 다른 음식 문화를 의식화시킴

〈표 65〉 문화 간 의사소통 연습

07

강의를 통한 한국 문화 교육 *

가. 강의[27]

강의는 교실에서 가장 일반적인 방법으로 사용되는 것이다. 강의가 효과적으로 수행되기 위해서는 몇 가지 지켜야 할 원칙들이 있다.

1) 강의의 원칙들

가) 간결하게 할 것

나) 영상 자료, 실물 자료, 개인적 경험 등을 통해 강의를 활기차게 할 것

다) 몇몇 특별한 문화적 경험에 초점을 맞출 것

라) 학습자들이 필기하게 할 것

마) 학습자들이 강의 중에 배운 새 단어, 구조, 상황을 문화적 상황에서 질문을 하거나 연습하기 위해서 활발하게 사용할 수 있도록 후속 연습을 제시할 것

27) Alice Omagio Hadley, *Teaching Language in Context*, Heinle & Heinle, 1993, pp.374~377.

2) 강의의 예

음식 단어 프레젠테이션

가) 목표

일반적인 상황에서의 전통적인 행동을 이해한다.

단어와 절의 문화적 함축을 안다.

나) 진행

(1) 시장에 대한 간단한 설명을 제시한다.

(2) 시장에 대한 다양한 슬라이드를 보여주거나 쇼윈도우의 사진들, 슈퍼
마켓의 사진을 보여주는 것도 좋다.

(3) 슬라이드를 보여준 후, 학습자들이 필기할 때 음식 이름을 말해준다.

(4) 짧은 시간이지만 이 시간을 통해서 미국 문화(여기서는 한국 문화)에
일반적이지 않은 음식이나 정의들에 관해 교사가 간결한 해설을 덧붙
인다.

(5) 학생들이 중요 단어들에 관해 필기하면 교사는 다음과 같은 다양한
활동을 전개할 수 있다.

활동 1 : 학생들이 좋아하고 싫어하는 음식에 관해 묻고 대답하기
활동 2 : 쇼핑 목록을 작성하거나 쇼핑하기, 좋아하는 음식에 관한 역할극

나. 원어민 초청 강의

원어민 초청 강의는 목표 문화의 현재적인 정보를 얻을 수 있는 원천이며

목표어 화자의 모델이 된다는 점에서 유익하다. 원어민은 개인적인 토론이나 특정 주제에 대한 인터뷰나 역할극에 참여할 수 있다.

1) 초청 전 단계

가) 초청할 사람의 명단을 작성하고 수시로 업데이트한다.

나) 어떤 식으로 사례할 것인지 결정한다. 교통 편도 생각해 둔다.

다) 수업 전에 대상자를 만난다. 학생들은 토론 질문을 준비한다.

라) 해당 국가의 지도를 준비하여 학습자들이 미리 공부하게 하고 원어민의 출신 지역에 관해 미리 공부하도록 한다.

2) 초청

가) 학습자들이 목표 언어로 질문하도록 독려한다. 학습자들이 목표어로 질문할 수 없으면 자국어로 질문할 수 있다. 그렇지만 원어민은 목표 언어로 대답하도록 한다.

나) 금기 시 되거나 부적절한 질문들을 제시해 주어 학습자들이 적절한 질문을 할 수 있도록 한다.

다) 원어민이 격식적인 설명을 할 것으로 기대해서는 안 된다. 사적인 질문과 대답이 오가는 것이 가장 이상적인 방법이다.

라) 원어민이 허락한다면 나중에 사용할 수 있도록 오디오나 비디오로 남긴다.

3) 초청 후

가) 원어민을 비롯해 이 활동에 도움을 준 사람들에게 감사 편지를 쓴다.

나) 후속 과제로 작문 과제를 주어 학습자들의 경험이 사고와 반응으로

연결되게 한다.

한국 문화
교수·학습의 실제

01

영어권 고급 학습자를 위한 한국 문학 교수·학습의 실제

– '상호 문화 능력 신장'과 '개인 성장'을 중심으로[1]

1) 이 논문은 이성희, 「영어권 고급 학습자를 위한 한국 문학 교수·학습의 실제– '상호 문화 능력 신장'과 '개인성장'을 중심으로」, 『한국어교육』제21권 4호, 국제한국어교육학회, 2010, 153~182쪽에 실린 것을 수정·보완한 것임.

2) 상호 문화 교수법(inter-cultural pedagogy)의 영역은, 정확한 사실과 문화적으로 적합한 행동을 가르치는 것에서, 더 나아가 넓은 의미에서 비교문화적(cross-cultural) 네트워크에서 현재 당면한 문화적 현상의 의미를 배태한 사회적, 역사적 정황을 가르치는 것으로 변화하고 있다. Kramsch, C., Intercultural Communication, In Carter, R and Nunan, D. (ed.), *The Cambridge Guide to Teaching English to Speakers of Other Languages*, Cambridge: Cambridge University Press, 2004, p.204.

가. 서론

한국어 문화 교육 연구에서는 구체적 교수·학습 방안 연구의 필요성이 지속적으로 제기되어 왔다. 하지만 아직까지 다른 영역에 비해서 연구의 축적이 미약한 편이다. 한국어 문화 교육 연구는 교육 과정, 교수법, 교수요목 등의 구체적인 교육 방법 및 실제적인 교수·학습 모형 논의가 필요한 시점이라 할 수 있다.

이 연구에서는 영어권 학습자를 대상으로 한국 문학 교수·학습의 실제적인 방법을 제시하고자 한다. 특별히 이 연구에서는 학습자들이 한국 문학 작품을 통해 자문화와 한국 문화를 비교하고 공감함으로써, 상호 문화 능력(intercultural competence)[2]을 신장하고, 문학 작품의 주제를 개인화하여 개인성장을 이루는 문학 교수·학습 방안을 제시해 보고자 한다.

외국어로서의 한국어 교육에서 문학 교육에 관한 논의는 크게 두 흐름으로 요약될 수 있다. 하나는 문학을 통한 한국어 교육이고, 다른 하나는 문학 자체에 대한 교육이다.[3] 한국어 교육에서 문학 교육은 언어 숙달을 위한 문학 교육이라는 측면과 문학 자료의 풍부함을 통한 문학 자체에 대한 교육이라는 문제가 논의의 쟁점이 되었다.[4] 문학을 통한 한국어 교육 논의들도 문학을 단순히 한국어 교육에 이용했다고 볼 수는 없다. 대부분의 논문들이 문학을 통한 한국어 교육이라는 목표 아래, 문학 자체 교육에 대한 논의도 함께 진행하고 있음을 볼 수 있다. 이러한 혼선은 한국어 교육 내에서 문학 교육의 좌표 설정이 그리 단순한 문제가 아니었음을 보여주는 것이라고 할 수 있다. 이러한 어려움은 오히려 한국어 교육에서 문학 교육 영역 설정에 관한 논의가 앞으로 더욱 역동적으로 전개될 수 있을 것이라는 기대를 갖게 한다. 두 논의가 다 의미 있는 것이지만, 여기서는 문학을 통해서 한국어와 문화를 교육한다는 입장에서 한걸음 더 나아가 문학 교육 본연의 목적을 달성하는 가운데 외국인 학습자에게 차별적으로 적용되어야 할 것은 무엇인가에 초점을 맞추기로 하겠다.

본 연구는 미국 인디애나 대학 동아시아 언어·문화학과 한국어 프로그램 2008년 봄학기 K302(한국어 고급 2 과정)에서 실시되었다.[5] 학습자들은 한국어 수업 중에 다양한 한국 이야기를 접한 상태였고, 문학 수업에 관해서도

3) 문학을 통한 한국어 교육에 대한 논의는 다음의 논문 참조. 이성희, 「설화를 통한 한국어 문화 교육방안」, 『한국어교육』 제10권 2호. 국제한국어교육학회, 1999; 윤영, 『외국인을 위한 한국소설교육 방안』, 이화여대 대학원 한국학과 석사논문. 1999; 문학 자체에 대한 교육에 대한 논의는 다음의 논문 참조. 황인교, 「외국인을 위한 문학교육론」, 『이화어문논집』 제16집, 1999.

4) 황인교, 문학 교육의 연구사와 변천사, 『한국어 교육론 2』, 국제한국어교육학회 편, 2005, 284~286쪽.

5) 이 연구는 필자가 '2007·2008 한국학 중앙 연구원 해외 한국학 강의 파견교수'로, 미국 인디애나 대학 동아시아 언어·문화학과에서 3학년 수업을 하면서 진행되었다. 이 수업은 정규 프로그램에 포함되어 있지 않았으므로, 진도를 나가고 남는 시간 중 학생들의 동의를 얻어, 일주일에 한 시간씩 3회에 걸쳐 실시되었으며, 부족한 시간을 보충하기 위하여 과제와 텍스트는 수업 시작 2주 전에 제시되었다. 3시차라는 짧은 수업의 결과물인 점, 소수 수강생인 7명을 대상으로 한 점은 이 연구의 한계라 할 수 있다. 이러한 한계는 차후 연구를 통해서 극복되기를 바란다.

제9장 한국 문화 교수·학습의 실제 **385**

관심이 많은 편이었다.[6]

이 연구에서는 『삼국사기』 권48, 열전 제8에 수록된 〈백결선생〉의 내용을 읽기·토론·쓰기 통합 수업으로 구성한 내용을 정리하였다. 한국 문학 교육과 한국어 교육을 함께 실시하기 위하여 한국어로 된 텍스트를 선정하였다.

나. 한국어 교실에서의 한국 문학 교육

1) 한국 문학 교육과 상호 문화 능력 신장

자국민 대상의 문학 교육은 집단적 가치와 정서, 민족 문화의 전승과 창조, 민족적 정체성과 문학사를 통해 문화적 맥락을 교수하는 것을 목표로 한다.[7]

자국민 대상 문학 교육에서도 '문학적 맥락' 교수는 중요한 항목이다.

인지주의, 구성주의 맥락에서 외국어 교육의 목표는 의사소통 능력(communicative competence)을 신장시키는 것이다. 의사소통 능력은 말하기 능력뿐만이 아니라, 담화공동체(speech community)의 기준에 맞게 담화와 행동을 이해하여 행동하는 능력이다.[8] 또한 텍스트에 대한 '의미협상 과정(negotiating meaning for themselves)'이다.

의사소통 능력을 신장시키기 위해서는 사회언어학적 능력(sociolinguistic competence) 신장이 요구된다. 사회언어학적 능력은 성공적인 의사소통의 관건이 되는데, 여기에는 배경지식과 공유된 가정(shared assumption)이 담화 이해의 결정적 요소로 요구된다.[9] 바이럼(Byram)은 사회언어학의 필요성을 강조하면서, 교사들이 문법능력 이상의 것을 학습자에게 주고자 의사소통 능력 신장을 목표로 삼으면, 언어의 사회적 특성에 주목하게 되고, 이러한 사

6) 인디애나 대학 동아시아 언어·문화학과 한국어 프로그램의 K302는 김남길(김남길 2000, University of Hawaii Press)의 『Modern Korean: an Intermediate Reader』로 수업했으며, 2주당 한 과를 배웠다. 이 교과서 지문에는 한국 문화 내용이 많이 수록되어 있어 평소에 학생들이 한국 문화에 대한 관심이 많았다. 특별히, 총 24과의 본문 중 '황희 정승', '한석봉과 어머니', '효자 호랑이', '소가 된 게으름뱅이', '단군신화' 등 다양한 이야기가 있었다.

7) 김대행 외, 『문학교육원론』, 서울대학교 출판부, 2000, 277~306쪽.

8) Hall, G., *Literature in Language Education*, N.Y.:Palgrave Macmillan, 2005, p.51.

9) Kramsch, C., *Culture in Language Learning: A View From the United States*, In Kees De Bot, Ralph B. Ginsberg, Claire Kramsch(Eds.), *Foreign Language Research in Cross-Cultural Perspective*, John Benjamins Publishing Company, 1991, p. 217.

회 언어학적 분석을 통해 '문화'의 가치에 눈을 돌리게 된다고 했다.[10] 또한 문화 능력(cultural competence)과 문식 능력(literacy competence)의 신장이 요구된다.[11]

의사소통 중심 교수법에서 학습자로 하여금 상황에 맞는 의사소통을 가능하게 하려면, 문법적 지식 외에 다양한 상황에 맞게 타인과 소통할 수 있는 상호 문화 능력이 전제되어야 한다. 상호 문화 능력은 심리적으로 외국인에 대한 개방성, 낯선 것에 대한 열린 마음, 상대의 의사소통 스타일에 의연하게 대처하는 능력이다.[12] 목표 언어 화자와 다양한 맥락에서 적합하게 목표어를 사용하는 능력을 의사소통 능력이라 한다면, 의사소통 능력은 맥락으로서의 문화를 이해하고 이에 맞게 행동할 수 있는 상호 문화 능력을 전제한다. 상호 문화 능력은 다민족, 다문화를 표방하며, 샐러드볼 정책을 추구하는 미국에서 한국어를 배우는 학습자들에게는 더욱 유용성을 갖는다고 할 수 있다.

2) 상호 문화 능력 신장을 위한 문학 교육의 필요성

문화를 표층적이고, 단순한 항목으로 가르치지 않기 위해서는 문화를 맥락 속에서 제시하는 것이 효과적이다. 문화의 맥락화는 다양한 방법이 있지만, 당대의 사회적·문화적 상황을 반영하며, 심미적 향유를 가능케 하며, 미적 체험을 가능케 하는 문학은 문화를 맥락화하여 교육하는 데 유용하다.

앞으로 우리가 맞게 될 다문화 사회는 자민족 중심주의(ethnocentrism)을 벗어나 여러 민족, 여러 국가 구성원들이 서로의 문화를 이해하고 공유하는 상호문화적(intercultural)이해의 틀을 기반으로 하여 소통, 이해, 협력해야 하는 사회이다. 성공적인 상호 문화 능력 신장을 위해서는 지식, 기능, 가치·태도 면에서 상호 존중, 다양한 가치의 이해와 공유, 다양한 문화적 배

10) Byram, M., *Cultural Studies in Foreign Language Education*, Clevedon: Multilingual Matters, 1989, p. 42.

11) Kramsch, C., Op. cit. p. 218.

12) 유수연, 『문화 간 의사소통의 이해』, 한국 문화사, 2008, 103~105쪽.

경을 가진 사람들과의 소통·협상·협력 등 다양한 목표와 과제를 설정할 수 있다. 상호 문화 능력 신장을 위한 여러 영역 중, 특히 지식 교육 영역에서 "서로 다른 집단의 이야기(내러티브)와 기억에 관하여 학습한다"는 과제가 설정되어 있다.[13] 한 민족의 문학을 이해하는 것은 상호 문화 능력을 신장하는 중요한 방법이다. 에스닉적 전통이 다른 나라의 문화를 이해하기 위해서는 그 문화의 근간이 되는 이야기에 대한 학습이 필요하다.

다문화시대 한국어 교육 현장에서 문화 교육은 목표 문화의 수용 및 동화를 넘어서서 학습자가 문화 간 소통을 경험하며 다양한 문화로 짜인 세계 내 존재인 스스로를 발견하게 해야 하는데, 이런 경우 문학은 매우 유용한 자료이다. 문학 텍스트는 중층적이고 다성적이며 열린 텍스트로서 다양한 독법이 가능하기 때문이다. 또한 이러한 현장은 한국 문학을 타자의 시선으로 볼 수 있는 현장이 될 수 있다.[14]

미국에서는 전반적으로 한국학에 대한 관심이 깊어졌을 뿐만 아니라, 한국 문학에 대한 관심이 커졌고, 한국 문학에 대한 전망이 비교적 밝다. 미국에서는 한국 문학, 영화, 역사 등의 한국학 과목이 더 이상 이국적인 학문으로 치부되지 않고 있다.[15] 이러한 흐름에 맞춰 한국 문학을 교수하는 것은 학습자의 만족도에도 기여하는 바가 크리라 기대한다.

이야기 장르는 감수성 함양, 인간적 이해, 문화의 공통점과 차이점 파악에 유용하고, 감정 이입을 통한 대화와 소통의 기회를 확장하는 데 유용하다. 풍부한 상상력과 체험의 기회를 제공함으로, 이야기의 맥락에 내재된 한국인의 삶의 정황, 사고와 생각에 대한 비판적 견해를 통해 지식을 확장할 수 있다.[16]

3) 한국 문학 교육과 학습자의 개인 성장

13) Georgi, V. Citizenship and Diversity, Georgi, V. (ed.), *The Making of Citizens in Europe: New Perspectives on Citizenship Education* (Bonn: Bundeszentrale Fuer Politisdhe Bildung, 2008), 84쪽. 허영식, 정창화(2009), 「다문화사회에서 간문화 교육의 현장 착근 방향—유럽과 독일의 동향을 중심으로—」, 『한독사회과학논총』, 제 19권 제3호, 2009, 47쪽에서 재인용.

14) 황인교, 「문학 교육의 연구사와 변천사」, 『한국어 교육론 2』, 국제한국어교육학회 편, 2005, 298쪽.

15) 유영미, 「미국의 한국 문학 교육」, 『한국어교육론 2』, 국제한국어교육학회 편, 2005, 333~339쪽.

16) 이성희, 「설화를 통한 한국어 문화 교육방안」, 『한국어교육』 제10권 2호, 국제한국어교육학회, 1999, 259~267쪽.

가) 자국민 대상 문학 교육에서의 '개인 성장'

한국인 대상 문학 교육의 목표는 대체적으로 (ㄱ) 개인의 성장 촉진 (personal growth), (ㄴ) 성인적 필요성 대비(adults needs), (ㄷ) 범교과적 도구 기능 습득(cross−curricular), (ㄹ) 문화적 정체성 확립(cultural heritage), (ㅁ) 문화 분석력 함양(cultural analysis) 등으로 표방된다.[17]

문학을 통한 개인 성장은 다음과 같이 네 부분으로 정리될 수 있다. 첫째, 삶의 표현으로서의 문학을 접하여 개인성장을 이룬다. 둘째, 문학의 구체성 · 부분성 · 개별성 · 사실성은 다양한 정신적 체험을 가능하게 하므로 체험의 확대 · 심화를 가능하게 한다. 셋째, 포괄적 안목과 개인적 관점의 수립을 통해 총체적 안목이 배양될 수 있으며, 넷째, 문학적 행동 습관화와 가치관 안정의 두 방향에서 인격의 성장으로 발전하게 된다.[18]

'개인 성장'이라는 문학 교육의 목표는 한국어 교육 현장에서 매우 중요하다. 한 개인이 작품을 읽기 전과 읽은 후 변화하는 부분, 삶을 바라보는 총체적 시각과 자세에서 변화하는 부분이 있다는 전제가 문학 교육의 목표이며, 개인 성장이라는 측면이다. 한국어 교육에서도 외국인 학습자들이 한국 문학을 통해 개인 성장을 이룰 수 있도록 지도해야 할 것이다.

나) 외국인 대상 문학 교육에서의 '개인 성장'

외국어 교육 논의에서 문학 교육의 목표로서 '개인 성장'을 찾는 것은 어렵지 않다. 이에 대해서는 기왕의 성과들을 참고할 수 있다.

카터와 롱(Carter, R. and Long, M. N.)은 문학 교육의 효용성을 문화모형 (The cultural model), 언어모형(The language model), 개인 성장 모형(The personal growth model)으로 항목화했다. 개인 성장 모형은 학습자들이 문학

17) 김대행 외, 앞의 책, 서울대학교 출판부, 2000, 120쪽.

18) 김대행 외, 위의 책, 44~49쪽.

을 즐기고 사랑하여 문학을 즐길 수 있게 되는 단계로 이를 통하여 학습자의 개인 성장이 이루어지는 것을 목표로 한다. [19)]

길리언 라자르(Gillian Lazar)는 외국어 교실에서 문학을 활용하는 의의를 ① 동기 유발 자료(motivating material) ② 문화적인 배경에의 접근 (access to cultural background) ③ 언어 습득의 촉진(encouraging language acquisition) ④ 학습자의 언어적 자각의 확대(expanding students' language awareness) ⑤ 해석 능력의 신장(developing students' interpretative abilities) ⑥ 전인교육(educating the whole person)으로 정리했다. 라자르는 전인교육 항목에서 문학이 언어적 유익 외에 광범위한 교육적 기능을 갖는다고 하고, 문학이 학생들의 상상력을 북돋워서 비판적 능력을 향상시키고 감성적 자각을 증대시킨다고 했다. 그리고 문학이 학습자 자문화의 가치와 전통과 연관하여 파악하게 하는 능력을 강화시킨다고 하였다. [20)]

콜리와 슬레이터(Joanne Collie & Stephen Slater)는 문학작품을 교육해야 하는 이유로 ① 가치 있는 실제적(authentic) 자료 ② 문화적 풍부함 ③ 언어적 풍부함 ④ 개인적 연관(personal involvement) 등을 들었다. [21)] 이중 개인 성장과 직접적으로 관련되는 것은 '개인적 연관'이다. 언어 교육에서는 '규칙이 지배하는 체계'와 '사회 – 의미론적 체계'가 있는데, 상상을 통한 문학에의 연관('사회 – 의미론적 체계')은 외국어의 기계적인 측면('규칙이 지배하는 체계')을 뛰어넘게 한다고 했다. 소설 · 연극 · 이야기는 시대를 뛰어넘어 공감을 준다. 따라서 학습자는 작품에 빠져들게 되고, 단어나 구보다 전체적인 이야기 전개에 집중하게 된다. 이야기의 결말을 궁금해 하게 되고 작중 인물들을 친밀하게 느끼게 되며 그들의 감정적 반응을 공유하게 된다. 이를 통해 언어는 '명백한'(transparent) 것이 되는데 – 이는 이야기가 전 인격(whole

19) Carter, R. and Long, M. N. *Teaching Literature: Longman Handbooks for Language Teachers*, Harlow: Longman, 1990, pp. 2~3.

20) Lazar, G., *Literature and Language Teaching:A Guide for Teachers and Trainers*, Cambridge: Cambridge University Press, 1993, pp.17~20.

21) Collie, J. and Slater, S. *Literature in the Language Classroom: A Resource Book of Ideas and Activities*, Cambridge: Cambridge University Press, 1991, pp.3~6.

person)을 이야기의 세계로 불러들이기 때문이다. 즉, 개인적 연관, 작품으로 빠져들어 감정적 반응을 보이는 체험이 언어 학습 전반에 영향을 미친다고 본 것이다.

위의 내용을 종합해 보면, 외국어 교육에서 문학 교수 · 학습은 단순히 언어와 표현을 학습하는 데 있지 않고, 문학 작품 향유가 학습자의 감성과 지성에 작용하여 상상력과 비판적 능력을 신장시키고, 문학 자체에 빠져들게 됨으로써 언어 학습 과정 전체에 긍정적 영향을 미치는 광범위한 것으로 집약될 수 있다. 이 연구에서는 상호 문화 능력 신장과 개인 성장이라는 두 가지 교수 · 학습 목표를 달성하기 위한 수업 계획 및 실시 결과를 서술하도록 하겠다.

다. '백결 선생' 교수 · 학습의 실제

1) 교수자 · 학습자 변인 분석[22]

교수자는 한국 고전문학 전공자로, 한국 문화와 이야기 교수에 필요한 배경지식을 가지고 있으며, 교수 시에 의사소통 중심 교수 및 토론식 수업을 시행하였다. 교수자의 관심 영역과 토론 위주의 학급 분위기는 이 수업에 긍정적인 영향을 미쳤다고 본다.

학습자는 1, 2, 3 학년 학생으로 미국 인디애나 대학 동아시아 언어 · 문화학과 한국어 프로그램에서 360 시간(강의와 연습 포함) 이상 수업하였거나, 그에 준하는 한국어 실력이 있는 학생들이다. 국적은 모두 미국인데, 미국계 미국인 1명, 한국계 미국인 4명, 일본계 미국인 2명으로 모두 7명이었다. 이

22) 이 항목은 서혁의 기준을 참고하였다. 이에 따른 교수자의 변인은 배경지식, 관심 정도, 교수 스타일 등이고, 학습자의 변인은 한국어 능력, 선수 학습 정도, 관심과 흥미, 학습 스타일 등이다. 서혁, 「국어과 수업 설계와 교수 · 학습 모형 적용의 원리」, 『국어 교육학 연구』제 26집, 국어교육학회, 2006, 209쪽.

들의 한국어 능력은 각종 시험에서 평균을 웃도는 수준이었고, 말하기 능력 또한 상당한 수준이었다. 이들 중 6명은 2007년 가을학기 K301(한국어 고급 Ⅰ과정)을 수강한 학생들로, K301 수업 중 '한국 문화와 미국 문화의 비교', '한국에 대한 경험' 등 한국 문화에 대한 다양한 주제의 쓰기 활동을 통해 한국 문화에 대한 비교문화적 시각이 형성된 학생들이다. 이들은 한국의 문화에 관심이 많으며, 이 중 미국계 미국인 1명과 일본계 미국인 1명은 각각 2년, 1년 동안 한국에 거주한 경험이 있다. 이들의 한국 문화 체험 기회는 매우 긍정적으로 작용하여, 한국 사람과 한국 문화에 대해 호감을 가지고 있었다.

학습자들의 학습 스타일은 토론을 선호하며, 수업 중 자신들의 의견을 말하는 데 주저하지 않았다. 또한 한국 문화에 대한 비판적 이해를 통한 자기 의견 표출에 능숙해서 교수자도 수업 중에 이들을 통하여 다양한 문화적 경험을 하는 기회가 되었다.

2) 학습자 요구 분석

학습자들의 의견을 토대로 학습 내용 및 방법을 정하는 학습자 요구분석은 학습자 중심 수업의 중요한 단계 중 하나다.[23] 의미 있는 학습이 되기 위해서는 학습자의 필요에 부합하는 내용을 선정하고, 적절한 교수 – 학습 방법을 마련하는 것이 중요한데, 이를 위해서는 학습자들의 요구가 거부없이 받아들여질 것이라는 신뢰를 줄 필요가 있다. 이를 위해서 본 연구자가 학습자들을 대상으로 진행한 학습자 요구 분석 결과는 다음과 같다.

23) 누난((Nunan)은 "교사가 가장 잘 알고 있다"는 편견에서 벗어나서, 학습자의 요구, 희망, 정서적인 필요에 부합하는 교수 – 학습 내용을 협상해 나가야 의사소통중심 학습을 성공적으로 이루어 낼 수 있다고 강조한다. Nunan, D. *The Learner-Centered Curriculum*, Cambridge: Cambridge University Press, 1996, pp.4~9.

번호	교수자 질문	학습자 의견
1	한국 문화 중 알고 싶은 것	한국 사람들의 삶, 옛날이야기, 남자와 여자의 차이, 예술, 노래, 음악, 드라마, 영화, 옛날 것과 현재의 것을 같이 알고 싶다. 교과서에 없는 것…….
2	옛날이야기라면 어떤 이야기를 알고 싶은가?	콩쥐팥쥐 · 선녀와 나무꾼 같은 것이 아니라, 좀 더 어른스러운(?) 내용을 알고 싶다(7명). 요즘 이야기(1명) – 중복 응답.
3	어떤 방법의 수업을 원하는가?	선생님 설명 (1명), 토론(2명), 학생들이 토론하고, 필요한 때 선생님의 도움을 받으면 좋겠다(2명), 상관없다(2명)
4	말하기 · 듣기 · 읽기 · 쓰기 중 어떤 영역을 학습하고 싶은가?	말하기(2명), 말하기 · 읽기 · 쓰기(3명), 상관없다(2명)

〈표 66〉 학습자 요구 분석

학습자들은 한국 현대 문화에 관심이 많으며, 남녀 관계, 드라마, 영화 등에 관심이 많았다. 이들은 20~23세의 연령에 맞는 자연스러운 관심을 드러내었다. 이러한 결과는 현재의 사안, 일상 문화에 관심이 많은 미국 학습자들의 취향이 드러난 것으로 볼 수 있다.

학습자들의 요구 분석을 통해, 연구자는 옛날을 배경으로 하는 이야기를 다루더라도 현재와의 연관 속에서 학습자들의 요구와 흥미에 맞게 다루어야 최대의 학습 효과를 거둘 수 있다고 판단하였다.

3) 교수 · 학습 과정 설계

가) 교수 · 학습 방법

이 수업은 한국어 · 문화 통합 교육의 방법으로서, 한국어 영역별 통합, 콘텐츠 활용을 통한 문화의 맥락화, 과정 중심·학습자 중심 접근, 비교문화적 방법론을 적용한 문화 교수 방안이라는 큰 틀을 지향하면서 구성했다.[24]

여기에 몇 가지를 더 보충했는데, 이를 정리하면 다음과 같다.

첫째, 학습자 중심 수업은 학습자들의 자유로운 의사 표현을 허용하여 개인적인 사고나 감상을 존중한다는 장점이 있지만 자칫 무정부주의적으로 흘러서 '무차별적 해석의 다양함'을 허용할 수 있다.[25] 이러한 약점을 보완하기 위해 실체 중심 교수법과 대화중심 교수법을 병행하였다.

실체 중심 교수법은 대상에 대한 정확한 이해를 위해서 정확한 정보를 설명하는 것이다. 학습자들이 근거 있는 해석과 비판을 하기 위해서 선행되어야 할 항목이다. 당대의 사회적 성격과 문화적 배경을 아는 실체 중심의 지식을 먼저 획득해야 그것을 기반으로 하여 창조적 상상력이 활성화될 수 있다.[26]

또한 이상적 독자로서의 교수자의 역할을 적극적으로 부각시켜, 토론이나 쓰기를 위한 질문을 통해서 작품의 주제를 제시하는 대화 중심 문학 교수법을 적용하였다. 교사에 의해 신중하게 설정된 '주제'를 질문으로 제시하여 논의의 틀을 잡고 진행하는 것이 토론의 효율성을 높일 수 있을 것으로 판단하였다.

둘째, 한국어 영역별 통합 교육과 함께 개인화를 위한 쓰기 영역을 확대했다. 학습자를 텍스트에 좀 더 친밀하게 접근하게 하는 전략으로 개인화(personalising), 설명해 주기, 질문하기, 문화 비교 항목 제시, 배경 지식 제시 등이 있다.[27] 쓰기는 내면화된 자신만의 생각을 다른 사람의 간섭이나 방해 없이 서술할 수 있는 활동이기 때문에 개인화를 통한 개인 성장에 가장 직접적인 영향을 미칠 수 있다고 판단하였다.

특히 이 연구에서는 '학습자 개개인의 필요와 흥미에 맞을 때'에 교수·학

24) 이성희, 「한국어·문화 통합 교육의 원리와 방향」, 『국어국문학』 150호, 국어국문학회, 2008, 540~559쪽.

25) 최지현 외, 「문학 교수·학습 방법」, 『국어과 교수·학습 방법』, 도서출판 역락, 2000, 286~287, 292~294쪽.

26) 김대행 외, 앞의 책, 11쪽.

27) Lazar, G., *Literature and Language Teaching: A Guide for Teachers and Trainers*, Cambridge: Cambridge University Press, 1997, pp. 67~70.

습의 효과가 극대화된다는 사실에 주목하여 주제를 '지금–여기'에 맞게 설정하고, 학습자들의 필요와 관심을 이끌어내고자 노력하였다.[28] 교육이란 교사와 학습자의 인격적 만남이며, 학습자는 지적인 존재인 동시에 감정적 존재이다. 따라서 학습 이전에 학습 내용에 대해 동기화시키고, 필요와 흥미를 진작시키는 활동이 무엇보다 중요하다. 이러한 개인화는 본 연구의 목표인 학습자의 개인 성장에 가장 직접적인 영향을 미칠 수 있다고 판단하였다.

나) 교수 · 학습 내용

한국어 교실에서 한복, 한국 음식, 드라마나 영화 등 구체적인 대상, 물건이나 사실을 단순히 소개하는 것으로는 의사소통 능력 향상을 위한 문화 학습에 효과적으로 기여할 수 없다. 크람쉬는 외국어 교실에서 문화 항목이 지나치게 축소되어 big C로서 걸작을, little c 로서 4F: 음식, 축제, 민속, 통계자료(foods, fairs, folklore, and statistical facts)만이 제시되는 것을 우려했다.[29] 또한, 자문화의 모순과 딜레마를 발견하고 도전을 주어, 자문화와 타문화의 상호영향을 다루는 제3의 공간('third place')을 형성하도록 하는 것이 외국어교육에서 비교문화적 방법론의 핵심이라고 했다.[30]

상호 문화 능력은 자문화와의 연관에서 목표 문화를 이해하는 것을 목표로 하는데, 이는 비교문화적 방법론을 통해 획득될 수 있다. 비교 문화적 방법에서 중요한 것은 '개체의 실재성은 의미를 통하여 구현된다'는 것이다. 또한 이 때 필요한 것은 '맥락을 고려한 비교(comparison with context)'이다.[31] 문화 비교는 어떤 대상이나 실재에 대한 이해를 전제로 하는 것이다. 비교 문화 방법론을 적용하기 위해서는, 구체적인 제도 · 전통의 산물들을 나타내는 '물질 · 관습 차원의 문화'의 바탕이 되는 의미 · 사고방식 · 삶의 방식 등을 나타

28) Nunan, D., Op. cit. pp. 4~9.

29) Kramsch, C., Culture in Language Learning: A View From the United States, In Kees De Bot, Ralph B. Ginsberg, Claire Kramsch(Eds.), *Foreign Language Research in Cross-Cultural Perspective*, John Benjamins Publishing Company, 1991, p. 218.

30) Kramsch, C., *Context and Culture in Language Teaching*, Oxford University Press, 1993, pp. 205, 255~257.

31) 전경수, 『문화의 이해』, 일지사, 1994, 84~100쪽.

내는 '가치관 · 세계관 차원의 문화' 등을 함께 교수하여, 학습자로 하여금 비교 문화적 방법에서 공통점과 차이점, 보편성과 특수성을 기준으로 자문화와 타문화를 이해하도록 해야 한다.

현재 활발하게 전승되지 않고 있는 한국의 옛 문화를 교수하는 것에 대한 교수자의 고민이 있었다. 한국어 교육의 효용성이라는 측면에서 빈도수와 유용성은 매우 중요한 항목인데, 거문고, 방아, 절구 등 현재 많이 사용되지 않고 있는 단어에 대해서는 어떤 식으로 교수할 것인가가 문제가 되었다. 여기에 대해서는 일단, 이 부분은 한국어의 교수라는 언어적 측면보다 '과거와 현재 문화의 비교' · '자문화와 타문화의 비교'에 초점을 맞추기로 하였다. 이렇게 해서 아래 〈표 60〉에서 보는 바와 같이 '과거/현재 비교를 위한 한국 문화 비교 항목' · '공통점/차이점 비교를 위한 미국 문화 비교 항목'으로 나누어 비교를 통한 공감과 이해가 가능하도록 구성하였다. 특별히 한국의 과거 문화로서 거문고, 방아, 절구가 존재한다면 미국의 과거 문화로서 과거 · 현대의 악기, 전통 마을의 방아 등이 존재한다. 이렇게 '과거'라는 잣대를 통하여 문화를 비교함으로써 자문화, 현재 문화를 비교의 대상이 되도록 구성했다.

〈백결선생〉의 문화 항목 교수 내용을 '물질 · 관습 차원의 문화'와 '가치관 · 세계관 차원의 문화'를 중심으로, 다음과 같이 설정했다.

번호	교수내용	번호	〈백결선생〉 문화항목	과거/현재 비교를 위한 한국 문화 비교항목	공통점/차이점 비교를 위한 미국문화 비교항목	현재성	공통점	차이점
(1)	물질 · 관습 차원의 문화 (음식, 축제, 민속, 예술 등)	①	거문고, 방아, 절구, 곡식(떡)	과거 · 현대의 한국 악기들, 방아, 절구, 곡식	과거 · 현대의 악기들 전통마을의 방아, 케이크	●	●	●
		②	신라	대한민국	과거 · 문명 이전의 삶			●
		③	설(명절)	추석, 설 등의 명절 풍습	추수감사절, 크리스마스의 풍습	●	●	●
		④	방아노래	요즘 노래의 내용	요즘 노래의 내용		●	●
(2)	가치관·세계관 차원의 문화 (삶의방식 · 철학적배경 등)	⑤	이상과 현실의 차이	이상과 현실의 차이	이상과 현실의 차이	●	●	●
		⑥	남녀관계	남녀관계	남녀관계	●	●	●
		⑦	예술가의 삶	예술가의 삶	예술가의 삶	●	●	●

〈표 67〉 〈백결선생〉의 문화항목 교수 내용

  (1)의 항목에서는 현재성이나 공통점이 없는 것도 있지만, (2)의 항목에서는 현재성, 공통점, 차이점이 있다. '가치관 · 세계관 차원의 문화'는 한국 문화와 미국 문화를 비교 문화적 시각으로 이해하고 해석하는 데 통찰력을 제공해 줄 수 있다. 이를 통해 학습자는 인류 보편성과 자문화와 목표 문화의 변별성을 파악할 수 있다. 또한 자문화를 '타자'로 보는 경험을 통해, 궁극적인 자문화 이해에 도달할 수 있다. 이렇게 학습된 한국의 가치관 · 세계관 · 삶의 방식의 이해는 학습자에게 내면화되어 한국어가 사용되는 현장에서 한국의 물질 · 관습 차원의 문화를 이해하고 해석하는 데 도움을 줄 수 있다.

한국 문화 교수에 있어서 주의해야 할 점은 지나친 '자민족 중심주의'에 빠지는 것이다. 교수자가 한국 문화를 지나치게 미화하거나, '신기한 것', '호기심을 불러일으키는 것'을 중심으로 설명하는 오류를 피해야 한다. 그러한 오류를 피하기 위해서는 한국 문화를 다른 많은 문화들과의 관계 속에서, 공통점과 차이점을 갖는 것으로 구분하여 교수할 필요가 있다. 이에 위의 현재성 · 공통점 · 차이점을 기준으로 삼았다. 예를 들면, 이 연구에서는 항목 중 (1)의 '① 곡식(떡)'은 한국의 독특한 음식문화이다. 떡은 설 명절을 맞아 먹는 일종의 축하 음식이다. 이러한 경우 '축하 음식'이라는 공통점을 매개로 하여 미국에서 추수감사절에 먹는 칠면조, 크리스마스에 먹는 각종 케이크 등과 비교할 수 있다. 학습자들은 한국 문화 항목을 자문화와 비교하여 학습할 수 있다. 또한 "백결선생이 설에 먹을 곡식이 없었다"라는 문장은 미국인이 추수감사절이나 크리스마스에 칠면조나 선물 교환 없이 쓸쓸하게 보내야 하는 상황과 접목시켜 사고할 수 있다.

다) 교수 · 학습 단계

이 연구에서는 활동 중심 문학 교수 · 학습 절차로 제시된 '1. 반응 · 기술하기, 2. 비교 · 확장하기, 3. 분석 · 심화하기, 4. 대화 · 자기화하기'와 블룸(B. Bloom)의 학습 위계 피라밋인 '1. 지식(Knowledge), 2. 이해(Comprehension), 3. 적용(Application), 4. 분석(Analysis), 5. 종합(Synthesis), 6. 평가(Evaluation)'의 항목들을 각 교수 · 학습 단계에 분산 적용하였다.[32]

32) 김대행, 『문학교육 틀짜기』, 도서출판 역락, 2000, 164, 427~450쪽 참조.

〈1단계〉 읽기 전 활동(쓰기 1) – 개인화를 통한 주제 접근 활동
↓
〈2단계〉 발표 1 · 토론 1 – 상호 문화 능력 신장을 위한 비교 문화 활동
↓
〈3단계〉 읽기 · 읽기 후 활동(토론 2) – 비판적 사고를 표출하는 활동
〈4단계〉 쓰기 2 – 제한된 쓰기
↓
〈5단계〉 쓰기 3 – 개인화를 위한 자유글쓰기

〈그림 44〉 〈백결선생〉의 교수 · 학습 단계

〈1단계〉 읽기 전 활동(쓰기 1) – 개인화를 통한 주제 접근 활동

　문학 교육이 학습자들의 동기를 이끌어 내기 위해서는 이를 과거의 것이 아닌 현재의 문제로, 다른 사람의 문제가 아닌 자신의 문제로 고민하고, 배경 지식을 이끌어낼 수 있는 방법이 필요하다. 그래야 진정한 의미에서의 개인 화가 가능해진다.

　본 연구에서는 개인화를 통한 주제의 맥락화를 위해 '(2) 가치관 · 세계관 차원의 문화' 중 '⑤ 이상과 현실의 차이'와 '⑦ 예술가의 삶'에 관한 쓰기 과제 를 읽기 전 활동으로 제시했다. 이는 설명적 · 지식적 차원의 접근을 피하고, 텍스트에 반영된 삶의 문제 · 철학적 문제를 자신의 것으로 고민하게 하기 위 한 귀납적 방법이었다.

〈2단계〉 발표 1 · 토론 1 – 상호 문화 능력 신장을 위한 비교 문화 활동

작품의 맥락을 파악하기 위해 위의 '(1) 물질·관습 차원의 문화'를 학습자의 발표로 진행하였다.

'(2) 가치관·세계관 차원의 문화'는 많은 문학 작품의 주제가 된다. 주인공이 직면하는 삶의 문제에 대한 고민을 통하여 개인적 체험을 내면화할 수 있다. 이 항목을 개인화된 질문을 유도할 수 있도록 구성하여 활발한 토론이 가능하도록 했다.

초급 학습자들은 목표 언어로 된 작품을 읽는 것이 어렵지만, 고급 학습자들은 실제 작품의 플롯과 인물에 빠져들어 작품을 읽어내는 것이 가능하다. 토론을 통하여 한국 문학의 배경이 되는 문화에 대한 이해, 자기 삶과 타인의 삶에 대한 공감과 차이의 이해를 목적으로 하는 비교 문화 인식의 지평을 확장할 수 있다. 문학 작품은 다층적 차원을 갖고 있기 때문에 학습자들이 토론이나 그룹 활동에서 자신의 감정과 의견을 나누기에 적합하다. 학습자들이 자신의 의견을 피력하는 것에 초점을 맞춘다면 언어 능력이 향상되는 것을 기대할 수 있다. 한국어가 인상적으로 쓰이는 장면에서 습득은 더욱 가속화될 수 있다.[33]

〈3 단계〉 읽기·읽기 후 활동(토론 2) – 비판적 사고를 표출하는 활동

자국 문학에 대한 학습 경험이 있는 학습자들은, 자신들의 스키마를 활용하여 한국 문학을 비판적으로 이해하고 개념화할 수 있다. 한국 문학에 대한 학습자의 의견을 존중하는 토론이 이루어질 때, 의미있는 문학 교육이 이루어질 수 있다.

이를 위해서는 적절한 질문을 통해 문제의 핵심에 다가갈 수 있도록 배려

33) Lazar, Op. cit., pp. 17~18참조.

하는 과정이 필요하다.

〈4단계〉 쓰기2 − 제한된 쓰기

같은 텍스트에 대한 반응이 개인에 따라서 모두 다르다는 독자 반응 비평 34) Hall, G. Op. cit., p. 49.
이나 후기구조주의이론은 의사소통 중심 한국 문학 수업에 적절하게 적용될
수 있다. 독자 반응 비평의 핵심은 다른 배경−젠더, 인종, 국적 등등−을 가
진 독자들이 텍스트에 대해 필연적으로 다른 반응을 보인다는 것이다.[34] 이는
한국 문화 교실에서 학습자의 다양성을 인정하여 학습된 내용을 자신의 것으
로 만들어가는 내재화 단계에 활용할 수 있다.

본 연구에서는 〈백결선생〉을 통해 학습한 내용을 개인적 인지적 체험 및
심미적 체험의 확대로 연결하기 위해 단계적인 쓰기 항목을 설정하였다. 먼
저, '다른 사람의 의견에 동의하기'의 쓰기 기능을 통하여, 학습자의 생각을
정리할 수 있도록 도왔다. '예술과 현실의 조화를 꾀하는 창배'의 입장, '현실
을 우선시하는 영수'의 입장, '아내의 입장에서 현실을 우선시하는 미란'의 입
장, 그리고 '자유 항목'을 설정하여 위의 '이상과 현실의 차이', '예술가의 삶'
이라는 주제에 접근할 수 있도록 했다.

〈5단계〉 쓰기 3 − 개인화를 위한 자유 글쓰기

능동적이고 주체적인 문학 능력을 지닌 학습자가 자신의 개인 성장을 이루
기 위해서는 작품 감상 후 학습자 스스로 작품을 생산하는 과정이 필요하다.
생산하는 과정을 통하여 학습자는 작품에 관한 감상 내용을 개인화할 수 있

으며, 자신의 현재 문제와 연관하여 생각할 수 있고, 작품에 관한 자신만의 창조적 견해를 피력할 수 있다.

학습자들의 개인화된 문학 감상 능력 표출을 위하여 마지막 과제는 자유 글쓰기로 제시하였다.

4) 교수 · 학습의 실제

가) 읽기 전 활동(쓰기 1) – 개인화를 통한 주제 접근 활동

> **읽기 전 활동** [35]
>
> ※ 우리는 한국의 이야기 〈백결선생〉을 공부할 것입니다. 이 이야기의 중요한 주제는 '이상과 현실의 차이' · '예술가의 삶'입니다. 여러분이 알고 있는 사람 중 이상과 현실의 차이때문에 갈등을 겪은 사람이나, 예술과 현실의 갈등을 겪은 사람에 대한 이야기를 써 보세요.

이 쓰기 과제에 대해서 학습자들은 베토벤(Beethoven), 워렌 버핏(Warren Edward Buffet), 마크 쿠벤(Mark Cuban), 톰 요크(Thom Yorke), 에드워드 드가(Edward Degas), 토마스 에디슨(Thomas Edison) 등에 관한 이야기를 적고, 자신이 왜 좋아하는지에 대한 설명을 덧붙였다. 이들의 공통점은 신체적 장애, 가난 등 삶의 질곡을 겪었다는 것이다. 학습자들은 쓰기 과제로 이들을 택한 이유에 대해 돈보다는 자신이 좋아하는 일을 택한 점(톰 요크), 어려운 환경에도 굴하지 않고 끝까지 예술을 완성한 점(베토벤), 자신이 좋아하는 발명을 위해 모든 것을 바친 점(토마스 에디슨) 등을 들었다. 이러한 작업은 〈백결선생〉의 주제를 논하는 데 배경 지식 및 선수 학습의 역할을 할 수 있었다.

35) 이렇게 본문 제시 이전에 귀납적 문제를 제시해 주는 것은 '3) 가)'에서 언급한 바와 같이 학습자 중심 수업이 갖는 약점을 보완하기 위함이다.

이상과 현실의 차이를 잘 극복한 자신의 외삼촌의 이야기를 쓴 학생도 있었다.

왜삼촌의 꿈[36]

나의 왜삼촌은 아주 똑똑한 사람이다. 고등학교 때 공부를 잘해서 장학금을 받고 ○○대학교를 참석했다. ○○대학교에서 기술설계를 공부했다. 나의 왜삼촌은 젊을 때 세계로 여행하는기 꿈이었다. 그런대 부모님와 형제들 위하여 실제 정공(전공)을 공부했다. ○○대학교 졸헙하고 회사에 치직했다. 오랫동안 △△항공에 일했다. 엔지니어와 회사 매니지 이였다. 가족 위하여 열심히 회사를 다녔다. 저 생각에는 감심한 것이다. △△항공에서 은퇴할 때 공짜로 세계로 여행하는 은퇴포장을 선택했다. 이것으로, 아내와 여행을 많이 했다. 현재로, 프랑스, 영국, 브라질, 호주, 캐나다, 일본을 방문했다. 삼촌에 말에서 아직도 가바야 된 나라들이 많다. 왜삼촌이 가족을 위해 희생하는 능력 때문에 제가 왜삼촌을 종경하다. 이 이유 때문에 왜삼촌데에서 수필을 쓰었다.

조 데이비드 (한국계 미국인)

학습자들이 무엇을 생각하고 있는지, 이들의 고민과 관심이 무엇인지 아는 것은 쉽지 않다. 또한 그것들을 바탕으로 학습자들에게 필요한 학습이 무엇인지 파악하는 것도 쉽지 않다. 그러나 목표 문화 항목에 대한 학습에 앞서 주제를 개인화함으로써 학습자들의 개인적인 생각과 고민에 다가갈 수 있다고 생각한다.

나) 발표 1 · 토론 1 – 상호 문화 능력 신장을 위한 비교 문화 활동

본 연구에서는 '(1)물질 · 관습 차원의 문화'를 파악하기 위해 발표로 진행했다. 한 학생이 '거문고, 방아, 곡식(떡), 신라, 설(명절), 방아노래' 등에 관하여 조사하여 그림과 함께 제시하고, 다른 학생들의 질문을 받는 형식으로

36) 학생이 쓴 글의 표현은 수정 없이 그대로 적도록 하겠다. 또한 성명은 가명으로 처리하였다.

진행했다. 특별히 이 발표에서는 신라 시대의 국제 정세에 관한 자세한 발표가 있었고, 고구려·백제·신라의 정치적 관계와, 신라의 삼국 통일 등에 관한 질문과 토론이 이어졌다.

거문고와 가야금의 차이, 미국에서 볼 수 있는 하프와의 비교, 방아와 절구의 차이, 미국의 민속마을에서 볼 수 있는 방아와의 비교, 명절에 왜 떡을 먹는지, 미국의 명절에 먹는 칠면조나 케이크와의 비교 등의 토론이 이어졌다. 아쉬운 점은 거문고를 직접 보여주는 핸즈온(Hands-on) 교육을 실시할 수 없었다는 것과 방아노래를 들려줄 수 없었다는 것이다.

다) 읽기·읽기 후 활동(토론 2) – 비판적 사고를 표출하는 활동

본문 읽기 ※ 다음 글을 읽어 봅시다.

백결 선생

신라 백결 선생은 신라 자비왕 때 사람으로, 낭산(지금 경주의 낭산) 아래에 살았다. 집이 아주 가난하여 옷을 백번 기운 옷을 입어서 마치 메추리를 매단 것 같았다. 그래서 사람들이 그를 동쪽 마을의 '백결(百結) 선생'이라 불렀다.

일찍이 영계기의 됨됨이를 사모하다 거문고를 항상 가지고 다니며, 기쁘고 화나고 슬프고 즐거운 인간의 모든 감정과 불만스러운 일들을 거문고로써 풀었다.

한 해가 저물려고 할 때 (연말이 되자) 그 아내가 이웃집의 절구 소리를 듣고 말하기를 "사람들은 다 곡식을 찧거늘 우리는 없으니 어떻게 새해를 맞이할까요?" 했다. 선생이 하늘을 우러러 탄식하기를 "죽고 사는 것은 운명에 달렸고, 부하고 귀함도 하늘의 뜻에 있어요. 그것이 오는 것을 막을 수 없고 가는 것을 좇을 수 없는데, 왜 슬퍼하지요? 내가 당신을 위해서 방아 소리를 만들어서 위로하지요."라고 말했다. 백결 선생이 거문고로 절구(방아소리)를 만드니 세상에 전하여져서 그 이름을 '대악(방아노래)'이라 하였다.

김부식 지음, 『삼국사기』권 48. 열전 제 8[37]

---

37) 김부식 지음, 신호열 옮김,『삼국사기』권 48, 열전 제8, 동서문화사, 2007, 840·847쪽.

읽기 및 이해 과정은 학습자의 발표와 교수자의 보충 설명으로 이루어졌다. 먼저, 위의 텍스트와 함께 중요 단어와 모르는 단어를 수업 2주 전에 배부하여 예습이 이루어지게 했다. 읽기의 상세한 과정은 지면 관계 상 생략한다.

읽기 후 활동 ※ 생각해 봅시다.

1) 아는 예술가 중에 백결 선생처럼 가난한 생활을 하면서 계속 예술을 하는 사람이 있나요? 있다면 소개해 주세요.
2) 백결 선생의 예술관에 대해서 생각해 봅시다.
   백결 선생은 거문고 연주에 대해서 어떤 생각을 가지고 있었을까요?
3) 예술가와 생활의 문제(먹고 사는 문제)에 대해서 생각해 봅시다.
   예술 때문에 생활이 어렵다면, 예술과 생활 중 어떤 것을 포기하겠어요?
   가난한 예술가들이 현실적인 문제를 어떻게 해결하는지에 대해 아는 것이 있어요?
4) 혹시, 현실적인 문제 때문에 자신이 좋아하는 것을 포기해 본 경험이 있나요?
5) _____씨가 백결 선생이었다면 이런 경우에 어떻게 했겠어요?
6) _____씨가 백결 선생의 아내였다면 이런 경우에 어떻게 했겠어요?
7) 다른 친구들과 더 얘기하고 싶은 것이 있으면 질문을 해 주세요.

---

1)의 질문은 주제에 대한 개인적 접근을 꾀하는 것이다. 학습자의 스키마를 활성화시키기 위한 것이다. 4), 5), 6) 또한 백결선생이 처했던 그 때, 그곳에서의 사건과, '지금 · 여기'의 나의 상황을 접목하는 이해 활동이다.

학습자는 교사가 던진 질문들에 스스로 답변을 찾아 가는데, 이 과정에서 내면의 또 다른 자아가 제시하는 의견에 대해 수긍하거나 머뭇거리는 것, 그리고 다른 관점이나 가치관을 수용하는 과정은 곧 내적 대화를 통해 읽기를 수행하는 과정이다.[38]

38) 최지현 외, 앞의 책, 314쪽.

저는, 저번 겨울 방학 뉴욕에서 있었던 일인데, 제가 만난 아티스트는 벽에 스프레이로 그림을 그리는 예술하는 예술가였어요. 그들은 이런 예술을 '그라피티'라고 한대요. 그 사람들은 평소에는 파트 타임 잡을 하면서 한 끼씩 때우고, 여유 시간에는 벽에 예술을 한대요. 그들이 말하기를 뉴욕은 정말 예술가들의 천국이라고 했어요. 왜냐하면 다른 도시에서는 벽에 이런 예술을 하는 것이 도시 환경을 더럽힌다고 하지만 뉴욕 주에서는 이런 예술을 더욱 더 이끌어준대요. 그 사람들은 돈이 없음에도 불구하고 자신들이 정말 원하는, 그리고 또 행복해 하는 일을 하기 때문에 …… 저에게는 더욱 더 멋있었어요.

정현주 (한국계 미국인)

밑줄 친 부분은 학습자가 텍스트의 주제에 비추어 자신의 스키마를 활성화한 예이다. 학습자는 백결선생의 주제인 예술과 인생에 대한 문제를 현재, 자신의 문제로 끌어들이게 되어 적극적인 학습 태도를 갖게 되었다.

6)의 질문은 '(2) 가치관·세계관 차원의 문화' 중 '⑥ 남녀관계'에 대한 질문이다. 이 질문을 통해서 한국과 미국의 부부 관계, 남녀 관계에 대한 토론이 진행됐다. 이 질문에는 학습자들의 토론이 다른 항목에서보다 더욱 활발해졌는데, 남녀 관계의 문제야말로 20~23세인 이들에게 중요한 관심사이기 때문이다.[39] "백결선생 아내의 순정이 아름답다", "왜 백결선생 아내는 남편의 행동에 반대하지 않았냐", "내가 백결선생 아내라면 집을 나갔을 것이다" 등의 의견이 있었다. 또한 지금도 여전히 남아 있는 한국의 유교사상, '남자는 하늘, 여자는 땅'이라는 관념에 대해 문제를 제기한 학생도 있었다.

학습자들은 자국어를 통해서 교양 있는 대학생으로서의 문학 교육을 받는 사람들이고 자신만의 인지적 세계를 소유하고 있는 성인이다. 이들은 한국어로 추상적인 표현이나 감정적인 표현을 하는 데에 어려움을 느낄 수 있지만, 인지적인 측면에서는 한국 대학생 수준의 토론이 가능하고 충분히 '개인 성

39) 학습자 요구 분석에서도 드러난 바와 같이, 외국인 학습자의 경우에도 학습자의 연령과 지적 수준에 맞는 텍스트를 선정하는 일이 중요하다. 성인 학습자들에게 '콩쥐팥쥐', '해와 달이 된 오누이' 등 동화 류의 이야기를 제시할 경우, 수업의 방향을 자문화와의 비교 등으로 넓게 확대하지 않고 단순한 감상에 그치게 할 경우, 언어적 수준과는 다른 인지적 수준의 차이 때문에 학습 의욕을 경감시킬 수 있다.

장'이라고 하는 문학의 목표를 충족시킨다고 여겨진다. 또한 학습자들이 주체가 된 토론 과정은 교수자에게도 타문화와 자문화를 비교할 수 있는 흥미진진한 경험이 되었다.

7)은 학습자들의 자발적인 발화를 요구하는 열린 질문이었는데, 이에 대해 다양한 관점의 질문들이 도출되었다.

* 살면서 어느 한 가지에 미쳐본 적 있으세요? 백결선생처럼 평생 그것을
  사랑할 수 있을 거라고 생각해 봤습니까?   정현주(한국계 미국인)
* 지금도 한국에서 경제적인 문제를 포기하고 예술을 하는 예술가들이
  많은가요? 미국은 어떤가요?   신쟈쉬(한국계 미국인)
* 한국 여자들은 백결선생 부인처럼 남편 말을 무조건 따르나요?

                                            스즈키 치카(일본계 미국인)

위와 같이 '현재, 한국의 문화'에 대한 질문과 '미국에서의 예술가들의 삶'을 비교하는 질문을 바탕으로 토론이 이어졌다. 열린 질문은 학습자들의 능동적인 참여를 이끌어낼 수 있고, 자신들의 관심에 맞는 토론을 이끌어낼 수 있다는 점에서 효과적이다.

토론을 통해 공감과 차이를 통한 이해의 확대를 통해 자신의 의견을 정리할 수 있고, 타인의 시선에서 진정한 자기를 발견할 수 있는 객관적 거리도 확보하게 된다. 토론 학습이 비교 문화적 시각을 통해 문학교육에 효과적인 것은 자신의 견해를 더욱 명료하게 할 수 있기 때문이다.

토론의 진행은 학생이 맡았다. 이는 교사의 역할을 최소화하여 학습자 중심의 수업이 되게 하려는 의도였다. 토론을 맡은 학생은 각 질문에 해당하는

질문을 작성하였고, 다양한 상황의 예를 준비하여 활발한 토론이 가능하였다.[40]

교수자는 토론 시 정리를 돕는 역할, 문화적 보편성과 특수성의 구분을 돕는 역할, 객관적 정보 제공자로서의 역할, 학습자에게 '과거'와 '외국'으로서의 한국의 고전의 거리 조정 역할, 토론이 원활하게 진행되지 않고 휴지가 길어질 때 동화자로서의 역할을 했다.

라) 쓰기 2 – 제한된 쓰기

창배의 입장에 3명, 영수의 입장에 2명, 미란의 입장에 2명이 동의했다. 창배의 입장에 동의하는 의견은 예술과 삶의 조화, 영수의 입장에 동의하는 의견은 옳다고 생각하는 것은 끝까지 포기하지 않는 열정, 미란의 입장에 동의하는 의견은 현실적인 삶의 문제가 더 중요하다는 것이었다.

> 저는 창배 씨의 입장에 동의합니다. 왜냐하면 자기 하고 사랑하는 것이 중요하다고 생각하지만 가족이 제일 중요하다고 생각합니다. 그리고 삶에서 그냥 한 것에만 집중하면 안 되고 많은 중요한 일을 해야 됩니다. 제가 고등학교 때 Winesburg, OH라는 소설을 읽었습니다. 그 책의 내용은 한 도시의 시민들에 대한 이야기들이었습니다. 그 사람들이 다 좋은 것 하나만에 너무 많이 집중해서 그 좋은 것을 나쁜 것으로 바꿨습니다. 백결선생도 좋은 열정이 있었는데, 너무 많이 그것에 집중해서 그의 가족이 명절 때 먹을 떡도 없었답니다. 음악과 예술이 아주 좋은것입니다만 다른 것에 신경 안 쓰니까 백결선생은 좀 그러네요. ……. 제가 아는 사람들 중에 재즈를 하는 사람이 있습니다. 그분은 거의 주말마다 어디 가서 연주합니다. 하지만 주중에 직장 다니며 가족 생활을 합니다. 그 가족은 아주 잘 사는 가족이 아니지만 백결선생과 같은 못 사는 가족도 아닙니다. 그분이 사랑하는 것도 할 수 있고 가족 그리고 현실적인 것을 할 수 있습니다. …….
>
> 토마스 에드워드 (미국인)

[40] 학생이 주도하는 토론학습은 K302 과정의 '읽기 후 토론' 과정에서 지속적으로 응용했던 방법이다. 학생들은 토론 참여와 진행에 익숙해져 있었다. 이러한 경험은 이후에 이들이 한국어로 진행되는 회의나 토론, 수업, 발표 등에 참여할 때 도움이 되리라 생각한다.

위에서 밑줄 친 부분들은 학습자 스스로 비교문화적 시각을 적용해 보려는 시도이다. 이러한 방법으로 '이상과 현실의 차이', '예술가의 삶'이라는 주제는 한국과 미국이라는 맥락에서 비교문화적 시각으로 인식되고 구체화될 수 있다.

마) 쓰기 3 – 개인화를 위한 자유 글쓰기

※ 〈백결선생〉을 통해 한국 문화를 배우고 나서 느낀 점을 자유롭게 써 보세요.

학습자들이 제출한 자유글쓰기의 제목
- 내가 백결선생의 딸이었다면 …….
- 백결선생, 그 후 …….
- 백결선생의 부인의 생각과 역사: 방아노래 이후
- 백결선생과 내 마음
- 백결선생(2명)
- 백결선생과 그의 아내

쓰기 과정에서는 교수자의 개입을 점진적으로 배제했다. 학습자들은 쓰기에 상당한 부담을 가지고 있었지만, '제한된 글쓰기 – 자유글쓰기'로 점진적인 과정이 주어지면, 자신만의 사고를 쓰기를 통해 표출하는 것을 볼 수 있었다. 마지막 글쓰기 과제에서 학습자들은 '쓰기1'보다 깊은 사고력과 표현력을 보였다. 이는 말하기·읽기·쓰기를 통하여 텍스트의 주제를 개인화한 결과로 볼 수 있으며, 이 수업을 통하여 향상된 한국어 능력을 점검할 수 있는 계기가 되었다. 이 과정에서 연구자 또한 학생들의 잠재적 능력에 대해 다시 한

번 생각하는 계기가 되었다. 이해를 돕기 위해 그 중 하나를 부록으로 제시한다.

라. 결론

이 연구에서는 영어권 학습자를 대상으로 한국 문학 교수 · 학습의 실제적인 방법을 제시했다. 상호 문화 능력 신장과 개인 성장을 목표로 한국어를 외국어로 학습하는 학습자들이 한국 문학 작품을 비교문화적 시각에서 문화적 · 역사적 상황과 함께 이해하고, 이를 개인화하여 개인 성장을 꾀하는 문학 교수 · 학습 방안을 제시했다

〈백결선생〉을 대상으로 '물질 · 관습 차원의 문화'와 '가치관 · 세계관 차원의 문화'를 나누어 문화 항목의 교수 내용을 설정하여 읽기, 토론, 쓰기 영역을 통합하여, 학습자 중심의 수업을 구성하였다. 시간과 공간을 뛰어넘는 한국 고전 문학 작품을 이해하는 가운데, 학습자는 한국 문화와 미국 문화를 비교 문화적 시각으로 이해하고 해석하는 데 통찰력을 제공받을 수 있으며, 자문화와 목표 문화의 변별성을 파악할 수 있다. 한국의 가치관 · 세계관 · 삶의 방식의 이해는 학습자에게 내면화되어, 학습자 스스로 한국의 물질 · 관습 차원의 문화를 이해하고 해석하는 데 도움을 줄 수 있다.

과정중심 수업을 위해서 수업의 과정을, 〈1단계〉 읽기 전 활동(쓰기 1) − 개인화를 통한 주제 접근 활동, 〈2단계〉 발표 1 · 토론 1 − 상호 문화 능력 신장을 위한 비교 문화 활동, 〈3단계〉 읽기 · 읽기 후 활동(토론 2) − 비판적 사고를 표출하는 활동, 〈4단계〉 쓰기 2 − 제한된 쓰기, 〈5단계〉 쓰기 3 − 개인

화를 위한 자유 글쓰기로 구성하였다. 또한 각 과정에 토론을 위한 읽기를 포함시켜 말하기 · 읽기 · 쓰기의 통합 수업으로 구성하였다. 본 수업에서는 '쓰기'를 단계적으로 구성하여 읽기를 통한 작품 감상 및 수용에서 쓰기를 통한 생산까지의 전 과정에 능동적으로 참여할 수 있도록 설계했다.

이 글은 현장 연구가 부족한 한국 문화 연구의 현 시점에서 현장에서의 교수 · 학습 내용의 구성으로서의 의의를 갖는다.

[부록]

백결선생과 내 마음

"죽고 사는 것은 운명에 달렸고, 부하고 귀함도 하늘의 뜻에 있어요. 그것이 오는 것을 막을 수 없고 가는 것을 쫓을 수 없는데, 왜 슬퍼하지요?"

이 말은 백결 선생이 아내한테 했던 말이다. 처음에 내가 이것을 읽었을 때, 그 말에 감동했다. 그 말 안에 어떤 의미가 있는지 생각해 봤고, 나 나름대로 의미를 해석을 해 보았다. 백결선생은 집이 아주 가난하여 옷을 백번이나 기워 입었지만 아직까지 많은 사람들에게 알려져 있어 대단하다고 생각한다. 아마 백결선생은 마음이 넓고 정신적으로 강한 사람이었을 것이라고 생각한다. 그것은 백결선생에게는 사는 보람을 느껴지는 것이 있었기 때문이다. 그리고 확실히 생활은 아주 가난했지만, 백결선생의 마음은 가난하지 않았을 것이라고 생각한다. 오는 것은 사람뿐만 아니라, 자기에게 덮치는 다양한 것이고 요컨대 어떤 때도 내일을 생각해 살아가는 것이라고 생각한다. 그리고 가는 것은 지난 것으로, 과거는 신경쓰지 않고 앞만 보며 걸으라고 나아가라는 의미라고 생각한다. 그것은 나에게 볼 수 있는 행복을 소중히 하는 것과 같고, 백결 선생도 자기의 운명을 있을 그대로 받아들이고, 눈에 보이는 현실을 행복하게 보낼 수 있는 사람이었다고 생각한다. 하지만, 인생을 행복하게 보내기 위해서 희생하지 않으면 안 되는 것이 몇 가지 있다. 혹시, 그것이 백결 선생에게 있어서는 '가족'이었는지도 모른다.

백결 선생의 이야기에는 백결 선생이 기쁘고 화나고 슬프고 즐거운 인간의 모든 감정과 불만스러운 일들을 거문고로써 풀었다고 쓰여 있는데 백결 선생의 아내는 그런 백결 선생님을 어떻게 생각한 것일까? 나는 인간은 모두 제멋대로 인 생물이라고 생각한다. 적어도 나는 제멋대로인 인간이다. 왜냐하면, 만약에 내가 정말로 하고 싶은 것이 있으면, 무엇인가를 희생해서라도 붙잡고 싶다고 생각하기 때문이다. 또한, 나는 인생이라는 것이 살아가며 잃기만 하는 것이라 어떠한 희생이 따르더라도 새로운 것을 찾아내는 것이 인생이라고 생각한다. 백결선생처럼 그의 '거문고'로 한 사람이 아니라 많은 사람들의 마음을 풀 수 있는 것은 정말로 대단한 것이다. 나는 물론 백결 선생의 거문고를 들어본 적이 없지만, 훌륭한 음색이었을 거라고 생각한다. 왜냐하면, 마음이 없으면 훌륭한 음색을 연주할 수 없기 때문이다. 그래서 백결선생은 거문고뿐만 아니라 사람들의 마음을 풀 수 있는 뭔가가 있었던 것이라고 생각한다. 아무리 돈이 있어도 행복하지 않은 사람도 있으며 억만장자도 병이 들어 버리면 행복하지 않다. 그래도 돈이 없어도 행복하게 살고 있는 사람도 있다. 아마 그런 사람들은 돈을 행복의 잣대로 여기는 것이 아니라 진정한 행복을 알고 있는 사람이라고 생각한다.

백결 선생이 말했던 '죽고 사는 것은 운명에 달렸고, 부하고 귀함도 하늘의 뜻에 있어요. 그것이 오는 것을 막을 수 없고 가는 것을 쫓을 수 없는데, 왜 슬퍼하지요?'라는 말에는 백결선생의 따뜻한 마음이 있고, 바로 백결선생의 살아가는 모습이라고 생각한다. 나도 앞으로 백결선생처럼 마음이 풍족하고 언제나 자신 앞에 있는 것을 생각하고 발전적인 인생관을 가지고 살고 싶다. 그리고 언젠가 내가 썼던 말로 누군가의 마음을 풀 수 있는 책을 출판하고 싶다. 그것이 내가 기쁘고 화나고 슬프고 즐거운 인간의 모든 감정과 불만스러운 일들을 풀 수 있는 방법이라고 생각하고 있으니까……

나카지마 나오코 (일본계 미국인)

02

'단군신화'의 한국어 교재 수용 양상 고찰 및 수록 기준 모색

—원전 수용 방식을 중심으로[41]

가. 서론

외국어 교육에서 문학 작품은 한국어의 습득뿐만 아니라 한국 문화에 대한 이해를 돕고 학습자의 정서적·지적 능력 신장 등을 도모할 수 있다는 점에서 유용한 자료다.[42] 외국어로서의 한국어 교육에서 문학 작품은 다양하고 풍부한 언어 자료이며 학습자 중심의 교수·학습자의 요구 충족이 가능하다는 점에서 비중 있는 자료이다. 문학적 언어는 다양한 맥락에서의 쓰임을 통해 자연스럽게 언어를 익힐 수 있으며, 문학의 다층적인 성격은 다양한 문화적 가치를 함축하여 한 사회를 심층적으로 반영하므로 목표어

41) 이 논문은 이성희, 「'단군신화'의 한국어 교재 수용 양상 고찰 및 수록 기준 모색―원전 수용 방식을 중심으로」, 『정신문화연구』제 33권 제 4호(통권 121호), 한국학중앙연구원, 2010, 262~289쪽에 실린 것을 수정·보완한 것임.

42) 외국어 교육에서 문학 교육의 의의 및 목표에 대해서는 기왕의 훌륭한 성과들을 참고할 수 있다. 길리언 라자르(Gillian Lazar)는 외국어 교실에서 문학을 활용하는 의의를 ① 동기 유발 자료(Motivating Material) ② 문화적인 배경에의 접근(Access to Cultural Background) ③ 언어 습득의 촉진(Encouraging Language Acquisition) ④ 학습자의 언어적 자각의 확대(Expanding Students' Language Awareness) ⑤ 해석 능력의 신장(Developing Students' Interpretative Abilities) ⑥ 전인교육(Educating The Whole Person)으로 정리했다. Gillian Lazar, Why we use literature in the language classroom? *Literature and Language Teaching - A Guide for Teachers and Trainers*, Cambridge Teacher Training and Development, 1993, pp. 17~20; 콜리와 슬레이터(Joanne Collie & Stephen Slater)는 문학작품을 교육해야 하는 이유로 ① 가치있는 실제적(authentic) 자료 ② 문화적 풍부함 ③ 언어적 풍부함 ④ 인간적 참여 등을 들었다. Joanne Collie & Stephen Slater, *Literature in the Language Classroom*, Cambridge University Press, 2000, pp. 3~6.

43) 황인교, 「외국인을 위한 한국 문학 교육 – 기초 단계의 문학 작품 읽기를 중심으로–」, 『이화어문논집』 16, 이화어문학회, 1998, 213~234쪽 참고.

44) 이성희는 설화가 구전되면서 민중의 사상, 감정, 풍습, 세계관을 풍부하게 담고 있기 때문에 한국어와 문화 교육에 매우 유용하게 활용될 수 있음을 지적하였다. 설화를 통하여 한국인의 심성 이해, 역사ㆍ문화적 어휘 이해, 관습, 미덕, 예의범절에 대한 이해, 속담ㆍ수수께끼 등으로의 확장, 설화의 흥미 요소를 통한 학습 의욕 극대화, 효율적으로 한국 문화 알리기 등을 시행할 수 있다고 지적하였다. 이성희, 「설화를 통한 한국어 문화 교육 방안」, 『한국어 교육』 제 10권 2호, 1999, 국제 한국어 교육학회, 261~265쪽.

45) 양민정, 「동아시아권 한국어 학습자를 위한 신화 활용의 문학교육 연구」, 『국제 지역 연구』 제11권 제 4호, 한국 외국어대 외국학 종합 연구센터, 2008, 149쪽.

46) 황인교, 「문학 교육의 연구사와 변천사」, 『한국어 교육론 2』, 국제한국어교육학회 편, 2005, 287~300쪽.

47) 황인교, 위의 논문, 287~288쪽.

사회에 대한 깊이 있는 이해를 가능하게 한다. [43] 한국 고전 문학 작품은 한국인의 보편적 민족적 정서를 내포함과 동시에 한국의 역사적 내용을 담고 있어 시간과 공간을 초월하여 현재에도 여전히 한국의 언어와 문화에 영향을 끼치고 있다. [44] 한국 고전문학 작품은 전통적 가치관, 삶의 방식, 정신, 민속 등을 포함하고 있어 문화 교육의 내용인 일상문화, 생활 문화, 성취 문화 등의 내용과 정신의 근간을 이루는 한국적인 삶의 이해와 표본이 된다. [45]

한국어 교육에서 문학 교수의 타당성 입증 및 교수 방법 등에 대한 많은 논의가 있었다. 그간 문학 텍스트 선정 문제, 교수 모형, 장르별 연구, 수업 관련 연구 등이 활발하게 이루어졌다. 그러나 현장 기반 연구가 부족하여 연구의 실제성이 부족한 실정이다. [46] 본 연구에서 주목하고자 하는 것은 한국 문학 작품을 한국어 교재에 제시하는 방식과 기준에 관한 것이다. 이 연구의 필요성에 대해서는 다음의 논의를 참고할 수 있다.

교육 자료로서 문학 텍스트 연구는 선정만이 아니라, "자료의 재구성, 수업과 연계된 활용 방안을 마련하는 것이 필요하다"는 인식에 이르고 있다. 즉, 이런 목록을 마련함과 동시에 학습자 및 교수 현장을 고려하여 문학 작품의 적극적인 재구성, 문학 작품의 발췌 및 수정, 요약 등이 이루어지는 방안을 모색해야 함을 주장하고 있는데, 이는 교수 현장 관련 연구가 필요함을 드러낸다. ……. 재구성의 기준과 근거 등 텍스트 재구성은 교수 현장과 직결되는 문제이므로 연구가 필요하다. [47]

현재 한국어 교재에는 다양한 한국 문학 작품이 수록되었다. 그러나 아직 한국 문학 작품을 소개하는 적절한 규정이나 기준이 마련되지 못한 실정이다. 문학 작품 교수의 당위성을 주장하는 동안 많은 한국어 교재에 문학 작품이 수록되었고, 일정한 기준이 없었기에 교재 편찬자들 간의 합의가 도출되지 못했다. 한국 문학 작품을 통해 한국어와 문화를 교육하자는 의도는 매우 지당하지만, 일정한 기준 없는 문학 작품 제시는 한국 문학 작품을 오도할 가능성이 있다. 앞으로 지속될 한국 문학 작품의 수록 방향에 대한 적절한 기준을 고민해 보고 모색해 보는 일이야말로 문학 교육 영역에서 매우 시급한 과제라 할 수 있다.

이 글에서는 한국어 교재에서 고전 문학 작품의 원전 수용 방식에 대해서 고찰해 보고자 한다. 이를 위해서 한국어 교재에서 '단군신화' 제시 시의 재구성 및 요약, 수정 등의 양상을 살펴보고 이에 대한 기준을 모색해 볼 것이다. 각 교재가 수록하고 있는 '단군신화'의 원전을 찾아보고, 이를 어떤 방식으로 재구성·요약·수정하여 싣고 있는지, 그 과정에서 일어나는 변개 및 첨가 양상은 어떤지 살펴보고자 한다. 이러한 작업을 통하여 한국어 교재에서 고전문학 작품을 수록할 때 점검해야 하는 기준을 살펴보는 것이 이 글의 최종적인 목표이다.

나. 한국어 교육에서의 '단군신화'

1) 한국어 교육에서의 '단군신화' 연구
한국어 교육에서 '단군신화' 연구를 살펴보면 다음과 같다.

48) 양민정, 「외국인을 위한 한국 문화 교육 방안 연구—한국 고전문학을 중심으로—」, 『국제 지역 연구』제 9권 제4호, 한국외국어대학교 외국학종합연구센터, 2006, 101~125쪽.

49) 김민희, 『설화를 활용한 한국 언어·문화 교육 방안 연구』, 한국 외국어대학교 석사 학위논문, 2007, 32~35쪽.

50) 최광석, 「〈홍길동전〉의 교과서 수용 양상과 목표 학습 활동의 재구성」, 『어문학』제 108집, 한국어문학회, 2010, 133~162쪽; 임치균, 「고전소설의 이해 확산을 위한 교육 방안」, 한국 고소설학회, 『고전소설 교육의 과제와 방향』, 월인, 2005, 63~86쪽.

51) 최광석, 위의 글, 142~145쪽.

52) 임치균, 앞의 글, 63~86쪽.

양민정은 단군신화를 통해서 한국어 학습자들에게 한국의 천신숭배 사상, 인간 긍정 사상, 숫자 3의 길수 인식, 조화와 생성, 밝음 사상 등의 한국 문화의 원형을 교수해야 한다고 주장했다.[48]

김민희는 천신 숭배사상, 천부지모 사상 등을 '단군신화'에 드러난 종교와 사상으로 지목했고, '단군신화'를 통한 실제적인 수업 모형을 제시했다.[49]

교재에서의 고전 문학 작품 수용에 관한 연구를 살펴보기 위해서는 국어 교육의 성과를 참고할 수 있다.[50] 최광석은 '단군신화'의 원전 수용 방식에 있어서, 축약과 첨가가 학습자들이 스스로 생각하며 여백을 메울 여지를 없앰으로써 사고를 막아 버리거나 원전의 서술을 변형하여 원전의 의경(意境)을 훼손하기 때문에 적절하지 않다고 지적하고 있다.[51] 또한 임치균은 학년이 올라갈수록 원전에 가깝게 수록해야 하며, 원전을 그대로 수용하는 것은 적절하지 않지만 원전을 훼손하는 것도 곤란하다고 지적하고, 작품의 정조나 분위기를 살려서 현대어로 읽을 수 있도록 배려해야 한다고 지적했다.[52]

위의 두 연구는 국어 교육 연구지만, 원전의 교과서 수용 양상에 있어서 의미 있는 시사점이 있다. 먼저, 교재에 문학 작품을 제시할 때, 원전에 대한 축약과 첨가가 매우 조심스럽게 이루어져야 한다는 점이고, 현대어로 바꿀 때는 작품의 정조나 분위기를 살려야 한다는 점이다. 특히 고전 문학이 시대를 넘어 설득력을 가지려면 언어 장벽을 넘어야 하는데, 이럴 경우 오늘·우리에게 의미 있는 작품이 되게 하기 위해서 교과서 집필자의 세심한 배려가 필요하다. 이러한 문제는 국어 교육에서 고전 문학 작품 수용에 관련된 결론이지만, 한국어 교육에서는 여기에 더 많은 기준들이 첨가되어야 한다. 고전문학을 배우는 내국인 학습자들은 '시간'이라는 장벽을 뛰어넘어 고전문학 작품을 향수하는 것이 문제가 되지만, 외국인 학습자들의 경우에는 '시간' 외에도 국적과 문화적 배경, 언어의 장벽을 함께 뛰어넘어야 하는 어려움이 있기 때문이다.

고전문학의 교재 수록에 관한 문제를 살펴보기 위해서 한국어 교재에 시를 수록하는 기준에 관한 연구를 참고할 수 있다. 윤여탁은 교재에 수록된 한국 문학 작품이 한국어 학습자들의 특수성을 고려하지 않고 한국 문학사를 중심으로 선정되고 있음을 지적했다. 이러한 지적과 함께 한국어 어법을 잘 보여 주는 작품, 한국의 사회 문화를 이해하는 데 도움이 되는 작품, 한국인의 사고 체계를 잘 보여 주는 작품 등을 제시해야 한다고 주장했다.[53] 따라서 한국 문화와 한국인의 사고 체계를 알려 줄 수 있는 고전 작품이 제시되어야 할 것이다.

이 글에서는 위의 연구 성과들에 힘입어 한국어를 배우는 외국인 학습자들의 고전 텍스트 수용 문제를 점검해 보고자 한다.

2) 한국어 교육에서 '단군신화' 교육의 의의

신화는 인간의 원초적 감성을 다루며 인간의 본질에 직접 다가가기 때문에 문학적 공감을 얻기 쉽다.[54] 신화는 민족 고유의 삶과 정서가 고스란히 녹아 있기에 그 민족을 가장 바르게 이해할 수 있는 자료가 된다.[55] 신화는 민족 공동체의 집단적 경험을 통하여 그 집단의 사고 체계 즉 정신문화와 사회현실을 고스란히 반영한다. 신화를 통하여 한 민족의 역사적 풍토와 민족 문화의

53) 윤여탁, 「한국어 교육에서 문학 교육 방법—현대시를 중심으로」, 『국어교육』 111, 2003, 한국 국어교육학회, 519쪽.

54) 신화의 이러한 특징은 세계적인 보편성과 함께 민족적 특수성을 가지며, 상징 언어로 되어 있다는 점에서 시의 특성과 상통하는 부분이 있다. 멀리와 뒤프(A. Maley & A. Duff)는 외국어 교육에서 시 활용의 장점으로 세계성(universality), 평범하지 않음(non-triviality), 동기화(motivation), 전승(hands on), 애매성과 상호작용(ambiguity and interaction), 반응과 개인적 관련(reaction and personal relevance), 기억하기 쉬움(memorability), 리듬(rhythm), 연행(performance), 적합성(compactness) 등을 들고 있다. Maley, A. & Duff, A, The Inward Ear—Poetry in the Language Classroom, Cambridge University Press, 1989, 윤여탁, 위의 글, 515~516에서 재인용.

55) 서대석, 『한국 신화의 연구』, 집문당, 2001, 3~8쪽.

56) 최남선, 『육당 최남선 집 V 5』, 을유문화사, 1973, 16쪽.

57) 카터와 롱(Carter, R. & Long, M. N.)은 문학 교육 모형을 언어 모형·문화 모형·개인 성장 모형으로 구분 하였다. 언어 모형은 언어 학습자료로서 문학 텍스트를 가르치는 것으로 언어 형태와 문학적 의미를 이해하는 것이다. 문화 모형은 문학 텍스트의 외적인 맥락을 가르치는 것으로 시간과 공간이 다른 문화를 반영하는 전통 사상, 정서, 예술적인 형식을 이해하게 하는 것이다. 개인 성장 모형은 학습자 중심의 활동을 통하여 문학 텍스트의 주제를 학습자의 개인적 경험과 연관하여 개인의 성장을 돕는 데에 초점을 둔다. Carter, R. & Long, M. N., *Teaching Literature*, Longman, 1991, pp.1~10.

성격 내지 이념의 방향을 추출해 낼 수 있으며 민족 정신문화의 원형을 파악할 수 있다.[56]

건국 신화의 전승 주체는 민족으로 제한되기 때문에, 민족 구성원의 인생관과 세계관을 담고 있어 그 민족을 대표하는 가장 원형적인 문학작품이다. 건국 신화는 민족의 이상적인 국가관을 제시하고 있기 때문에 시간이 지나도 변하지 않으며 현재까지도 자국민의 의식 저변에서 집단적 무의식을 형성하면서 지속적인 영향력을 미치는 문화적 지표가 된다.

한국 건국 신화는 언어와 문화, 역사적 요소를 두루 갖추고 있으므로 외국어로서 한국어를 학습하는 학습자들이 한국 문화를 이해하는 데 매우 유용하다. 이는 카터와 롱(Carter, R. & Long, M. N.)이 제시한 문학 교육의 세 가지 모형인 언어 모형, 문화 모형, 개인 성장 모형에 적용하기에 적합하다. 건국 신화는 풍부한 언어 자료를 가지고 있으며 한국 문화와 역사에 대한 실제적 지식을 제공할 수 있고, 다양한 상징과 의미를 개인적 체험과 연관하여 자신과 세계에 대한 인식을 확장할 수 있는 텍스트다.[57]

건국 신화는 교수의 대상에 따라서 교육적 성격이 달라질 수 있다. 건국 신화를 자국민에게 교수할 때는 자국민으로서의 자긍심과 긍지 등을 교수할 수 있지만, 외국어로서 한국어를 배우는 학습자들에게 해당 국가의 건국 신화에서 자긍심과 긍지 등을 환기시키는 것은 자칫 자민족중심주의(ethnocentrism)

로 비쳐질 수 있다.[58] 한국어 학습자에게 한국의 건국신화를 교수할 때는 한민족의 우월성이나 자긍심이 아닌 다른 문제에 초점을 맞춰야 한다.

어느 나라든 자기 나라의 신화를 가지고 있고, 이러한 신화는 신화로서의 보편성과 함께 자국만의 특수성을 가지고 있다.[59] 이러한 보편성과 특수성은 한국어 교실에서 유용한 토론 주제가 될 수 있고, 상호 문화 이해의 토양이 된다. 세계 신화의 보편성을 토대로 한국 신화의 특수성에 접근할 때, 학습자들은 신화의 보편성을 이해하게 되고, 나아가 한국만의 특수성을 이해하게 된다. 신화를 통한 문화 간의 차이에 대한 이해와 공감 능력은 상호 문화 능력 신장에 유용한 방법이 될 수 있다.

'단군신화' 학습은 한국어 학습자들이 타문화인 한국 문화를 단편적으로 학습시키는 것을 넘어서, 한국인의 집단적 무의식을 이해하고, 현재까지 이어지는 한국인의 정서를 이해하는 데 도움을 줄 수 있다. 이러한 이해는 한국인과 의사소통하는 한국어 사용 현장에서 화용론적 인식을 북돋움으로써 효과적인 의사소통 능력 신장을 도모할 수 있다.

'단군신화'는 짧은 분량 안에 압축적인 내용이 서술되어 있다. 전문을 싣기에 적합하기 때문에 완성도 있는 텍스트로 기능할 수 있다.[60] 고전 문학 작품 중에서도 분량이 긴 설화나 고소설, 소설이나 수필 등의 현대 문학 작품 등은 한국어 교재에서 임의로 삭제하거나 생략해야 하는 단점이 있는데 반하여, '단군신화'는 비교적 짧은 분량이므로 텍스트의 임의 삭제 없이 전문을 수록할 수 있다.

58) 최운식은 그간의 단군신화에 대한 오랜 연구 성과를 정리하여 한국인을 대상으로 한 단군신화의 교육적 성격에 관한 몇 가지 항목을 제시했다. 여기에는 한민족의 우월성과 유구한 역사, 제정일치 시대의 사제, 왕, 민족 지향의 이념(신 국가 건설의 이상, 지상천국 건설의 현세주의 이념, 홍익인간 이념), 한국 문화의 원형 등이 해당된다. 최운식, 「단군신화의 교육적 성격과 의미」, 『국어교육』79호, 한국어교육학회, 369~393쪽.

59) 조셉 캠벨 저, 이윤기 옮김, 『세계의 영웅 신화 – 아폴로, 신농 씨 그리고 개구리 왕자까지』, 대원사, 1991, 10~33쪽.

60) 문학 작품의 선별 기준에서 작품의 길이는 중요한 요소 중의 하나이다. 지현숙은 실제성과 재미를 중시하는 한국어 학습자의 최근 성향을 고려하여 문학 작품의 선별 기준으로 '장르, 현대성과 언어 및 내용적 난이도, 작품의 길이' 등을 들었다. 지현숙, 「한국어교육학에서 제재를 중심으로 한 연구 동향과 향후 과제」, 『시학과 언어학』제 18호, 시학과 언어학회, 2010, 25쪽.

61) 조항록,「한국어 교재 개발을 위한 기초적 논의 — 교재 유형론적 관점에서 본 교재 개발의 현황과 주요 쟁점」,『한국어 교육』 14-1, 2003, 국제한국어 교육학회, 249~278쪽.

62) 본고에서는 '교과서'라는 용어 대신, '교재'라는 용어를 사용하고자 한다. 원칙적으로 한국어 수업에서 사용되는 것은 교과서라 할 수 있지만, 본고에서는 교과서를 포함하여 정규 수업에 활용되지 않고 특별 수업에 활용되는 교재와 자습용 교재까지를 포함하여, 교과서를 포함한 광의의 개념으로 교재라는 용어를 사용하고자 한다.

63) 이러한 문제의식은 필자가 한국어 교육 현장에서 '단군신화'에 대한 학습자들의 선행 지식을 확인하는 과정에서 제기되었다. 다양한 기관에서 한국어를 배우고 온 학습자들은 원전에 나오지 않는 내용들을 외워서 서술했다. 한국어 교재에서 제시되는 본문의 내용은 학습자들에게는 절대적인 것으로 받아들여진다. 따라서 원전에 나오는 내용과 원전에 나오지 않는 내용을 명확히 구분하는 일은 매우 중요한 문제라 할 수 있다.

다. 한국어 교재에서의 '단군신화'

교과서는 교수 · 학습의 내용을 규정지어주며, 학습 목표를 구체화하고, 교수 전략 및 학습 전략의 기초가 되며, 평가의 대상 및 자료 제공의 기능을 한다.[61] 교과서를 포함한 한국어 교재는 한국어 수업을 계획하게 해 주며, 한국어 수업의 현장에서 구심점 역할을 한다는 점에서, 교수자와 학습자를 매개하는 역할을 한다는 점에서, 학습의 주된 내용이 된다는 점에서, 결과적으로 평가의 목표 내용물이 된다는 점에서 한국어 수업의 핵심이라 할 만하다.[62] 따라서 한국어 교재를 살피는 일은 정량적으로 파악해 볼 수 없는 다양한 방식의 한국어 수업에 대해 대략적인 밑그림을 그릴 수 있게 하는 방법이다. 지난 몇 년간 수준 높은 한국어 교재들이 출판되었다. 또한 많은 교재에서 다양한 문학 작품이 제시되고 있다. 이러한 교재 출판의 성장세를 감안한다면, 항목별로 분석하여 교재 수록 시의 일정한 기준을 만드는 연구가 필요하다.

한국어 교재는 일반적으로 초급, 중급, 고급이나 1급에서 6급 등으로 제시된다. 그런데, 이렇게 급수에 맞추어 풀어 쓰는 과정에서 명확한 기준이 제시되지 못한 채 수록자 임의의 생략이나 첨가가 발생하여 원전을 훼손하는 경우가 발생하고 있다. 이러한 문제는 학습자들이 원전을 보게 되거나, 심도 있는 학습을 하게 될 때 방해 요소로 작용할 수 있다. 또한 무엇보다 한국 문학 작품을 바르게 알려야 한다는 점에서 개선이 요구된다.[63]

교재에 문학 작품을 싣는 경우, 원전과 작가가 분명한 경우라면 이를 밝히는 것이 마땅하다. 개작을 시도할 경우, 원전과 원 작가를 밝혀 주고 개작했음을 밝혀야 한다. '단군신화'는 책을 통해서 접하는 경우가 많아 원전을 밝혀야 하는데도 이를 밝히지 않고 개작하여서 원전과의 거리가 발

생하게 된다.[64]

이 연구에서는 원전과 수록 작품과의 이질성을 극복하고 이를 개선하기 위한 방안에 초점을 맞추고자 한다. 대학 기관에서 사용하고 있는 교재와 문화교재를 대상으로 하여 단군신화의 각 단락을 비교해 보고, 내용 상의 차이를 분석할 것이다.[65] '단군신화'의 원전을 각 교재가 어떤 방식으로 재구성, 요약, 수정하여 싣고 있는지, 그 과정에서 일어나는 변개 및 첨가의 양상은 살펴 보고자 한다. 이를 위해서 원전을 단락별로 제시하고, 각 교재를 단락별로 나누어 첨가·탈락·변개의 양상을 정리해 볼 것이다. 또한 이의 원인을 분석하고 일정한 기준을 모색해 볼 것이다.

1) '단군신화'의 내용

'단군신화'는 다양한 이본이 있다. 대표적 이본은 『삼국유사』, 『제왕운기』, 『세종실록지리지』, 『동국여지승람』 등이다. 이 이본들은 크게 '널리 세상을 이롭게 하다'라는 '홍익인간'의 이념이 포함되어 있느냐와 '곰이 여자가 되느냐', '손녀에게 약을 먹여 사람이 되게 하느냐'하는 모티브의 유무에 따라 큰 차이를 보인다. 이러한 차이점을 대별하여 각 이본을 간략하게 살펴보면 다음과 같다.[66]

64) 구전으로 전승되는 경우라 하더라도 직접 채록한 경우 채록자, 장소, 화자 등을 밝혀주는 것이 당연한 일이고 구비문학대계 등에 실린 경우, 책의 서지 사항을 통해 원전을 밝혀주어야 한다. 하물며 원전이 분명히 존재하는 '단군신화'의 경우 이러한 작업이 이루어지지 않으면 변개 양상은 걷잡을 수 없게 된다.

65) 경희대학교, 고려대학교, 서강대학교, 서울대학교, 연세대학교, 이화여자대학교 교재와 문화 교육용 교재를 대상으로 삼았다. 교재의 상세한 사항을 참고문헌에서 밝혔다.

66) 여기서는 다음 논문에 제시된 자료를 참고하여 주된 단락을 중심으로 표로 정리하였다. 김정학, 「檀君神話와 토테미즘」, 이은봉 엮음, 『檀君神話研究』, 온누리, 1986, 63~89쪽; 이정재, 「단군신화 이본연구 Ⅱ-천상계와 지상계의 신을 중심으로-」, 『한국 문화 연구』3집, 경희대 민속학연구소, 137~157쪽.

	비교 대목	『삼국유사』	『제왕운기』	『세종실록지리지』	『동국여지승람』
1	환인 명칭	환인(桓因):위제석야(謂帝釋也)	상제환인(上帝桓因)–제석(帝釋)	상제환인(上帝桓因)	상제환인(上帝桓因)
2	환웅 명칭	환웅천왕(桓雄天王)	단웅천왕(檀雄天王)	단웅천왕(檀雄天王)	환웅천왕(桓雄天王)
3	지상에 오게 된 동기	삼위 태백을 내려다보니 인간들을 널리 이롭게 해 줄 만했다.	삼위태백을 내려다보고 인간을 이롭게 하고 싶었다.	내려가 인간이 되고 싶었다.	내려가 인간이 되고 싶었다.
4	가지고 온 것	천부인(天符印) 세 개	천부인(天符印) 세 개	천삼인(天三印)	천삼인(天三印)
5	사람이 된 경위	웅녀가 단수 아래에서 아이를 갖고자 해서 환웅이 인간으로 화하여 아이를 낳았다.	손녀로 하여금 약을 먹고 사람이 되게 하여 단수신과 혼인하여 아들을 낳았다.	손녀로 하여금 약을 먹고 사람이 되게 하여 단수신과 혼인하여 아들을 낳았다.	웅녀가 단수 아래에서 아이를 갖고자 해서 환웅이 인간으로 화하여 아이를 낳았다.
6	단군 명칭	단군(壇君)	단군(檀君)	단군(檀君)	단군(檀君)

〈표 68〉 '단군신화'의 이본별 비교

67) 최운식, 앞의 논문, 371쪽.

68) 7차 교육 과정에서 사용되고 있는 12종(한문 고전 포함)의 고등학교 한문 교과서 가운데서 '단군신화'가 수록되어 있는 것은 모두 7종인데, 이 7종의 교과서가 모두 『삼국유사』소재 '단군신화'를 인용하고 있다. 이종문, 『삼국유사』소재 단군신화의 원전에 관한 한 가지 의문』, 『한문교육연구』제22집, 2003, 349~351쪽.

『삼국유사』 소재 '단군신화'는 가장 오래된 최고(最古)의 기록이면서, 신화로서의 짜임새를 지니고 있는 한편, 우리 민족의 기원과 역사ㆍ문화와 사상 등을 폭넓게 담고 있다.[67] 위의 표에서 제시된 바와 같이『제왕운기』와『세종실록지리지』에서는 '환웅의 손녀가 약을 먹고 여자가 되었다'고 기록되고 있어『삼국유사』와 차이를 보인다. 또한『세종실록지리지』ㆍ『동국여지승람』에는 '홍익인간'의 서술이 없다. '곰이 여자가 되다'라는 서술과 '홍익인간'의 서술이 있는『삼국유사』소재 '단군신화'는 학교교육을 통하여 한국인의 상식으로 확고하게 정착되었다.[68] '단군신화'는 '홍익인간(弘益人間)'의 이념을 포함

하고 있어서 한국의 교육법 제 1조의 내용의 근간이 된다.[69]

　이 연구에서 살피고 있는 8종의 한국어 교재들도 '홍익인간'의 이념과 '곰이 여자가 되다'라는 서술을 포함하고 있어『삼국유사』소재 '단군신화'를 원전으로 삼고 있음을 알 수 있다. 따라서 면밀한 분석을 위해서『삼국유사』소재 '단군신화'를 단락별로 정리하여 한국어 교재에 실린 내용들과의 정밀 분석을 위한 토대로 삼도록 하겠다.

2) '단군신화'의 단락별 구성

『삼국유사』의 내용을 단락별로 나누어 검토해 보면 다음과 같다.[70]

A. 환인(제석)의 서자 환웅이 자주 천하를 차지할 뜻을 두어 사람이 사는 세상을 탐내고 있었다.

B. 그 아버지가 아들의 뜻을 알고 삼위 태백을 내려다보니 인간들을 널리 이롭게 해줄 만했다.

C. 이에 환인은 천부인 세 개를 환웅에게 주어 인간의 세계를 다스리게 했다.

D. 환웅은 무리 3,000명을 거느리고 태백산(太白山) 마루턱 (곧 태백산은 지금의 묘향산)에 있는 신단수(神檀樹) 밑에 내려 왔다. 이곳을 신시(神市)라 하고 이 분을 환웅 천왕이라고 이른다.

E. 환웅은 풍백(風伯)·우사(雨師)·운사(雲師)를 거느리고 곡식·수명·질병·형벌·선악 등을 주관하고, 모든 인간의 360여 가지 일을 주관하여 세상을 다스리고 교화했다.

F. 이 때 범 한 마리와 곰 한 마리가 같은 굴속에서 살고 있었는데 그들은

69) 최운식, 앞의 논문, 387~389쪽.

70) 여기서는 다음의 해석을 따랐다. 일연(一然) 지음, 이민수 옮김, 『삼국유사(三國遺事)』, 을유문화사, 1995, 51~53쪽.

항상 신웅(神雄) 즉 환웅에게 빌어 사람이 되기를 원했다.

G. 이 때 신웅이 신령스러운 쑥 한 줌과 마늘 20개를 주면서 "너희들이 이
것을 먹고 백일 동안 햇빛을 보지 않으면 곧 사람이 될 것이다"라고 했
다.

H. 이에 곰과 범이 이것을 받아서 먹고 삼칠일(21일) 동안 조심했더니 곰은
여자의 몸으로 변했으나 범은 조심하지 못해서 사람의 몸으로 변하지
못했다.

I. 웅녀는 혼인해서 같이 살 사람이 없으므로 날마다 단수 밑에서 아기 배
기를 축원했다.

J. 환웅이 잠시 거짓 변하여 그와 혼인했더니 이내 잉태해서 아들을 낳았
다. 그 아기의 이름을 단군 왕검(壇君王儉)이라 하였다.

K. 단군 왕검은 경인년에 평양성에 도읍하여 비로소 조선이라고 불렀다.

L. 또 도읍을 아사달로 옮기더니 궁홀산이라고도 하고 금미달이라고도 했
다. 1,500년 동안 여기서 나라를 다스렸다.

M.주나라 호왕이 즉위한 기묘년에 기자를 조선에 봉했다.

N.   이에 단군은 장당경으로 옮겼다가 뒤에 돌아와서 아사달에 숨어서
산신이 되니, 나이는 1,908세였다고 한다.

3) 각 교재의 단군신화 수록 비교

여기서는 대학기관에서 사용하고 있는 교재와 문화 교재를 대상으로 하여
단군신화의 단락을 비교해 보고, 내용상의 차이를 분석해 보겠다. 총체적 논
의를 위하여 단락별 분석을 토대로 하여 첨가·탈락·변개로 크게 구별하여
정리해 보고, 여기서 드러나는 문제점들을 귀납적으로 정리하여 개선 방향을

모색하도록 하겠다.

분석 대상 교재의 각 단원을 정리해 보면 다음과 같다.

연번	기관명/저자	교재명	교재 분류	단원	제시 방식
(1)	경희대학교	『한국어 중급2』	교과서	'8. 옛날 이야기'	소설로 개작
(2)	고려대학교	『한국어 3』	교과서	'18. 설마 곰이 사람이 됐을까?'	아버지와 아들의 대화
(3)	서강대학교	『서강 한국어 4B』	교과서	'5. 서술하고, 추측하기'(읽고 말하기)	소설로 개작
(4)	서울대학교	『한국어 4』	교과서	'2. 단군이 조선을 세웠어요.'	신화 요약
(5)	연세대학교	『생각하는 한국어 읽기 4』	교과서	'9. 옛 이야기, 옛 노래를 찾아서'	소설로 개작
(6)	연세대학교	『100시간 한국어4』	교과서	'15. 한국의 신화'	신화 요약
(7)	이화여자 대학교	『말이 트이는 한국어 Ⅴ』	워크북	'3. 역사를 바라보는 시각'	설명문
(8)	전미순	『문화 속 한국어』	문화 교재	'25. 단군이야기'	연극 대본

〈표 69〉 분석 대상 교재의 '단군신화' 수록 현황

위의 교재를 대상으로 첨가 부분 · 탈락 부분 · 변개 부분을 나누어 정리해 보고, 이의 원인을 분석해 보고자 한다.

가) 첨가 부분

번호	단락 번호[71]	첨가 내용
(1)	A	환웅은 땅에서 힘들게 살아가는 사람들을 위해 인간세계로 가서 사람들을 도와주기로 했다.
	D	사람들은 태백산에 있는 신단수에서 환웅에게 제사했다.
	H	곰은 사람들과 함께 살고 싶었으나 사람들은 그녀를 웅녀라 부르면서 어울리지 않았다.
(2)	K	"지금으로부터 5000년 전의 일이란다."
(3)	C	환인은 환웅에게 거울과 칼과 방울을 주며 이렇게 말했다. "거울은 태양이고, 칼은 힘이고, 방울은 왕의 말이다."
	K	고조선의 세 가지 법 소개
(5)	A	환인은 하늘나라가 좋은 줄 모르고 땅만 바라보고 있는 아들이 답답했다. 여러 번 타일러 보았으나 환웅의 마음은 요지부동이었다.
	B	환인은 환웅이 무질서한 인간 세상을 평화롭게 만들 수 있을지도 모른다는 생각이 들어 땅에 내려 보내기로 하였다.
	H	일 주일도 안 돼 굴을 뛰쳐나왔고
(8)	A	환웅은 자신이 서자이기 때문에 하늘나라에서 왕이 될 수 없다는 사실을 깨닫고 땅으로 내려오고 싶어 했습니다.
	A	저기 보이는 동쪽 나라의 사람들은 착하고 순하지만 지혜가 부족하여 고생하고 있습니다. 제가 땅으로 내려가서 저 나라 사람들의 왕이 되고 싶습니다.
	C	너에게 천부인 세 개(거울, 방울, 칼)와 비, 구름, 바람을 다스리는 부하 3000명을 주도록 하겠다.
	H	동굴 생활이 갑갑하다는 곰과 호랑이의 대화

〈표 70〉 분석 대상 교재의 '단군신화' 첨가 부분

A · B · H 단락에서는 환웅이 지상에 내려오고 싶어 하는 이유와 환웅이 지상에 내려가고 싶어 하는 이유에 대한 환인의 견해, 사람이 된 웅녀에 대한 사람들의 편견에 대해서 다분히 허구적인 내용을 첨가하였다. 이러한 첨가는

학습자들의 흥미를 고려하여 딱딱한 신화의 원문을 풍부하게 제시하고자 한 노력으로 보인다. 하지만 지나친 첨가는 원문에 대한 올바른 이해를 방해할 수 있다. 첨가는 학습자들이 스스로 생각하며 여백을 메울 여지를 없애버림으로써 사고를 막아 버리거나, 원전의 의경을 훼손할 수 있다. 이렇게 허구적 첨가를 할 경우에는, 자료 말미에 원전을 밝혀 두고 원전을 참고로 개작하였다는 것을 명시하여 주어야 학습자들을 오도할 가능성을 배제할 수 있을 것이다.

K 단락에서는 기원전 2,333년을 5,000년 전이라고 명시했다. 이 또한 학습자에 대한 배려라 생각된다.

C 단락에서 첨가가 일어나는 부분은 천부인에 대한 해석이다. (3)과 (8)에서 천부인을 거울, 칼, 방울이라고 제시하고 있다. 그러나 천부인은『삼국유사』소재 '단군신화'에서는 천부인으로만 표기하고 있지, 이것이 뚜렷하게 무엇이라고 표기하고 있지 않다. 천부인에 대해서는 '단군신화'를 번역하여 싣고 있는 책에서도 명확하게 결론 짓지 않는 신중한 태도를 보여준다. 천부인에 대한 주요 해석을 살펴보면 다음과 같다.

- 신의 위력과 영험을 나타내는 물건[72]
- 신의 위력과 영험한 표상이 되는 부인(符印). 이것을 가지고 인간 세계를 다스리게 된다. 그 물체가 무엇인지에 대해서는 전하는 기록이 없으나 보배로운 물건이었음을 미루어 알 만하다'[73]
- 하늘이 임금 될 자에게 준다는 표적[74]

다만 민속학적 입장에서 '단군신화'를 고찰한 논문에서 이를 구체적으로 밝혀보려는 연구성과들이 있다. 임기중의 연구에 따르면 천부인 다음과 같이

72) 김태곤 · 최운식 · 김진영, 『한국의 신화』, 시인사, 1991, 32쪽.

73) 일연 지음, 이민수 옮김, 『삼국유사』, 을유문화사, 1995, 51쪽.

74) 일연 지음, 리상호 옮김, 강운구 사진, 『사진과 함께 읽는 삼국유사』, 까치, 1999, 51쪽.

정리될 수 있다.[75]

첫째, 무구(巫具)인 신령(神鈴)·신모(神帽)·신검(神劍)이다. (최남선)

둘째, 신·대자연·인간의 삼계를 말한다. (장덕순)

셋째, 하늘·땅·저승을 지배하는 신기(神器)이다. (유동식)

넷째, tjurunga와 같은 성구(聖具)이다. (황패강)

장주근은 이를 거울, 검, 방울이라고 결론을 내렸다.[76] 그러나 이러한 결론은 학문적 입장에서 고증을 통한 견해일 뿐이다. 따라서 본문에서 천부인을 거울, 검, 방울이라고 제시하기 보다는 원문 밖에서나 교사용 지침서 등에서 설명을 제시하는 신중한 태도가 필요할 것으로 보인다. 학문적 논쟁이 끝나지 않은 부분에 대해서 어느 한 입장을 사실인 것처럼 못박아 버리면 원전에 대한 올바른 이해를 저해할 수 있다.

학문의 제 분야는 긴밀한 상호 연관 속에 존재한다. 한 분야의 연구는 타 분야에서 연구된 성과를 참고하여 완결성을 추구할 수 있다. 한국어 교육이나 교재 편찬 과정에서도 기왕에 연구된 국문학 연구의 성과들을 참고한다면 완성도 면에서 만족스러운 결과를 낼 수 있을 것이다.

75) 임기중, 「천부인에 대하여」, 『강한영 교수 고희 기념 논문집』, 1983, 383쪽, 장주근, 「단군신화의 민속학적 연구」, 『한국신화의 민속학적 연구』, 집문당, 1995, 22쪽에서 재인용.

76) 장주근, 위의 책, 22쪽.

나) 탈락 부분

번호	단락 번호	탈락 내용
(1)	B	'홍익인간'
	C	'천부인'
		L · M · N 단락 생략
(2)	C	'천부인'
	D	'태백산' · '신단수'
		I · K · L · M · N 단락 전체
(3)	B	'홍익인간'
	G	'100일 동안 금기를 지키라'
	H	'삼칠일 동안 금기를 지켰다'
	I	'기도했다'
		D · L · M 단락 생략
(4)	B	'홍익인간'
	I	'기도했다'
		C · L · M · N 단락 생략
(5)	D	'무리 3,000' · '신단수'
		L · M · N 단락
(6)		M · N 단락 생략
(7)	A	단락 전체
	B	단락 전체 – '홍익인간' 생략
	C	단락 전체 – '천부인' 생략
	D	단락 전체 – '무리 3,000' · '신단수' 생략
	E	단락 전체
		I · J · L · M · N 단락
(8)	B	'홍익인간'
		L · M · N 단락

〈표 71〉 분석 대상 교재의 '단군신화' 탈락 부분

탈락이 일어난 부분은 B. '홍익인간', C. '천부인', D. '태백산' · '무리 삼천' · '신단수', G. '100일 동안 금기를 지키라', H. '삼칠일 동안 금기를 지켰다' 등이다. B. 홍익인간의 경우 (1)과 (3)에서 '사람들을 도와주려고'의 의미로 바꾸어 썼으나, 이것이 '널리 인간(세계)을 이롭게 하다'라고 하는 홍익인간의 적확한 의미를 살리고 있는지는 확실하지 않다. 앞에서도 제시한 바와 같이 '홍익인간'이 한국의 교육법 제 1조로서 현재 한국 문화에 지속적으로 영향을 미치는 중요한 이념이다. 따라서 본문에서 이와 같은 의경을 살려 주는 것이 적절할 것이다.

C. '천부인', D. '태백산'·'무리 삼천'·'신단수' 등은 교재의 분량에 맞춰 많은 설명을 덧붙여야 하고, 생략해도 서사 진행에 방해가 되지 않기 때문에 생략한 것이 아닌가 한다.

또한 G. '100일 동안 금기를 지키라'와 H. '삼칠일 동안 금기를 지켰다'가 생략된 경우는 위와는 다른 원인으로 보인다. 100일 동안 금기를 지키라고 했는데, 삼칠일(21일) 동안 금기를 지켜 사람이 되어 당착이 생기는 부분을 본문에서 생략한 것이 아닌가 한다. 이러한 생략은 서사 진행에도 영향을 준다. 기한의 명시 없이 '동굴에서 지내라'하는 금기는 구체성이 없어서 명확한 의미가 드러나기 어렵다. 이렇게 100일과 삼칠일의 당착에 대해서는 '다)항'에서 상세하게 서술하도록 하겠다.

또한 L·M·N 단락은 많은 교재에서 생략되어 있는데, 이는 고조선 건국 이후에 도읍 이전, 기자를 조선에 봉한 것, 단군이 산신이 된 일 등이 위의 단락 등과 서사적 연결이 뚜렷하지 않은 사건들이어서 많은 교재에서 생략되었다고 판단된다.

원문의 상당 부분이 탈락되고 있다. 이러한 탈락은 한국어 교재의 분량 상의 문제, 학습자들의 한국어 수준 문제, 집필자의 의도 문제 등 다양한 양상이 얽혀 있는 것으로 보인다. 그러나 탈락이 일어나는 경우 생기는 원문과의 거리는 문제가 된다. 이러한 문제를 해결하기 위해서는 되도록 원문의 의미를 살리는 방향으로 수록하는 것이 가장 이상적일 것이다. 어쩔 수 없이 탈락이 일어날 경우, 원전의 출처를 밝혀서 원전과의 차이를 분명하게 하는 노력이 필요하다. 이는 외국어로서 한국어를 배우는 학습자들이 '단군신화'를 비롯한 한국 문학 작품에 대해서 더 심도 있는 학습을 하고자 할 때, '단군신화'의 선행지식이 학습을 방해하게 하지 않도록 하기 위함이다.

다) 변개 부분

번호	단락 번호	변개 내용
(2)	H	100일이 지났을 때 곰이 아주 예쁜 여자로 변함
(4)	H	곰은 백 일 동안 참아 아름다운 여자가 되었다.
(7)	H	100일이 되어 곰이 아름다운 여자로 변함
(8)	H	100일이 되어 곰이 사람으로 변함

〈표 72〉 분석 대상 교재의 '단군신화' 변개 부분

흥미로운 사실은 변개를 보이는 부분은 H. 단락만이라는 것이다. 이러한 변개는 100일과 삼칠일에 대한 당착에서 비롯된 것이라 할 수 있다. 위에서 제시한 바와 같이 (3)은 100일과 삼칠일에 대한 내용을 생략해 버렸다. H. 단락의 내용을 원문과 동일하게 서술하고 있는 교재는 다음의 세 교재다.

(1) H. 호랑이는 견디지 못하고 뛰쳐나갔고, 곰은 21일째 되는 날 자신이 처녀로 변했다는 사실을 알았다.

(5) H. 호랑이는 일주일도 안 돼 굴을 뛰쳐나왔고 삼칠일 아침 곰은 인간이 되었다.

(6) H. 곰은 이를 지켜 삼칠 일만에 여자가 되었으나 호랑이는 견디지 못하여 사람이 되지 못했다.

위의 세 교재들을 100일 동안 지켜야 하는 금기가 21일로 바뀐 사실에 대해서 원문의 내용을 살려 기록하고 있다.

100일과 삼칠일의 당착에 대해서는 그간의 신화 연구 성과를 참고할 수 있다. 신화에서 100일과 삼칠일은 상징에 있어서 같은 의미다. 웅녀가 동굴에서 삼칠일을 지내는 것은 종교적 상징이다. 동굴 속에 있다가 다시 빛을 보게 되었다는 것은 일단 죽어서 창조 이전의 모태로 들어갔다가 다시 창조되어 재생한다는 종교적 이니시에이션(initiation)을 표현한 것이다. 곰에서 인간으로 질적 변화를 일으킨 재생 상징이라 볼 수 있다.[77] 또한 백 일 동안 햇빛을 보지 말라는 금기와 함께 그 의의가 포착되어야 한다. 격리의 제의에 임하는 여성에게 일정한 음식물 외에는 먹지 말라는 금기가 가해지는 것이 인류학적인 통례다. 이 사실을 떠나서 마늘과 쑥이 정력제니 보혈제니 아니면 고난의 상징이니 하는 것은 의의가 없다.[78] 또한 100일이나 삼칠일은 민간신앙에 남아 있는 것으로 이것은 조선의 고유 민속을 표기한 것이다. 마늘, 쑥 등의 주술적 식물을 먹고 100일 또는 삼칠일을 금기하는 절리(絶離)의 제의는 웅녀의 성숙제의 원리가 투영되어 있는 것이다.[79] 100일과 삼칠일은 신화적인 상징에 있어서 같은 의미다.

또한 삼칠일은 '단군신화' 전반에 나타나는 '3'이라는 숫자와 연관되어 신화적인 신성성을 획득한다. 천부인 3개, 풍백·우사·운사의 3신, 무리 3,000,

77) 유동식, 「시조신화의 구조」, 이은봉 엮음, 『단군신화 연구』, 온누리, 1986, 104쪽.

78) 김열규, 『한국인의 신화 – 저 너머, 저 속, 저 심연으로』, 일조각, 2005, 88쪽.

79) 장주근, 앞의 책, 35쪽.

삼백 육십 여개의 인간사 주관, 삼칠일 금기 등은 '3'이라는 수와 관련된다.[80] 100일 간 지켜야 하는 금기가 삼칠일로 바뀐 것에 대해서는 원문의 장르적 특성을 고려해야 한다. 원문은 신화다. 신화를 해석하는 원리는 다른 서사문학과 차별성을 갖는다. 곰이 100일 동안 기하면 사람이 된다고 했지만 삼칠일 만에 사람이 된 것은 일상의 상식을 뛰어 넘는 신화적 상징이며 신화적 문법이다. 이러한 서술은 신화를 신화로 이해하고 해석할 때 이해될 수 있다. 이것을 신화의 상징으로 해석할 때 비로소 신화의 뜻이 서며 의경이 서게 된다. 이것을 집필자의 의도에 따라 임의로 변개해 버리면 원작을 훼손하게 된다.[81] 탈락이나 변이의 원인은 신화를 신화로 잃지 않는 데서 출발한다. 따라서 교재에 실을 때에도 원문의 장르적 특성을 살려주어 작품의 개성을 해치지 않도록 해야 한다.

또한 100일이 삼칠 일로 바뀌는 것은 신화에 대한 지식을 요구하는 부분이다. 이렇게 교재의 본문 외에 다른 지식이 필요할 경우를 위해서 교사용 지침서나 교사용 지도서에서의 설명이 필요하리라 본다.

라. '단군신화'를 통해 본 고전문학 작품 수록의 기준 모색

위에서 논의한 2장의 내용인 한국어 교육에서의 '단군신화' 교수의 의의와 '다.'의 교재 수록에서의 문제점을 중심으로 교재 수록의 기준을 정리해 보고자 한다.

1) 문학 내적 기준

80) 장덕순, 「단군신화의 문학적 시고」, 『한국설화문학연구』, 도서출판 박이정, 1995, 133쪽.

81) 한국어 교육에서 문학의 장르별 특징 및 이에 대한 교수법에 대해서는 윤여탁의 시 논의를 참고할 수 있다. 윤여탁은 한국어 교육에서 시적 언어가 일상의 언어와 다르고 함축적이고 다의적인 것이 장애로만 작용하는 것이 아니라고 지적한다. 시나 시어의 특성을 교육적 장애 요인으로 볼 것이 아니라 이에 적합한 활동을 구상하는 것이 교수자의 몫이라는 것이다. 외국어 학습자는 자국어 학습을 통해서 어느 정도 시에 대한 지식과 경험을 축적하고 있으며 이 지식이나 소양은 목표어의 문학이나 시를 배우는 데도 활용될 수 있음을 지적했다. 이러한 지적은 신화에서도 마찬가지로 적용된다. 학습자들은 자국의 학습에서 문학 장르에 대한 이해를 하고 있으며 이러한 이해는 한국 문학 교육에서도 상당히 유용한 스키마로 작용한다. 윤여탁, 앞의 글, 516쪽 참조.

여기서는 제시되는 작품 자체에 관한 기준을 문학 내적 기준으로 삼고 제시해 보겠다.

가) 외국어로서의 한국어 교육에서의 문학 교육이라는 점을 명확히 했는가? 한국어 교육을 위한 문학 작품 수록이라는 기준을 명확히 인식했는가?

82) 리틀우드(William T. Littlewood)는 학습자의 단계에 따라 문학을 학습하는 이유도 달라져야 한다고 보고 다음과 같이 단계별 학습 내용을 구성하였다. ① 문학이 언어 구조의 실례가 되는 관점 ② 문학이 언어적 다양성을 구현하는 관점 ③ 사건이나 장면과 관련되어 주제를 구현하는 것으로 목표 문화를 접할 수 있는 다양한 방법 중 하나로 인식되는 관점 ④ 작가의 가치관과 세계관을 드러내는 상징적인 자료로 문학을 바라보는 관점 ⑤ 상황과 연관하여 보게 되는 관점으로 문학사 전체에서 작품의 의의 파악하기, 목표 문화의 언어학적·사회적·지적 성장의 측면에서 바라보게 되는 관점이다. William T. Littlewood, Literature in the School Foreign-Languae Course, in C. J. Brumfit, R. A. Carter(Ed), *Literature and Language Teaching*, Oxford University Press, pp. 178~180.

• 학습자의 수준을 고려하여 구성되었는가?[82]
• 한국어 급별 난이도 기준을 적용하였는가?
• 어휘와 표현이 한국어 화자들이 사용하는 빈도수에 합당한가?
• 어휘와 표현이 한국어 화자들과의 대화에서 유용성이 있는가?

나) 믿을 만한 텍스트를 원전으로 삼았는가?

다) 원전을 밝혔는가?

위의 교재들 중 원전을 밝히고 있는 것은 (6)의 교재뿐이다. 여기서는 '위의 글은『삼국유사』에 실린 내용을 간략하게 옮겨 놓은 것이다.'라고 하여 원전을 밝히고 있다. 이렇게 원전을 밝힘으로 말미암아 학습자들은 자발적인 학습을 할 수 있는 여건을 제공받게 된다. 흥미로운 사실은 한국어 교재에 현대문학 작품을 싣는 경우에는 작가와 원전를 밝혀주는 데 반해서 고전문학 작품의 경우 이를 가볍게 여기는 경향이 있다는 것이다. 고전문학 작품도 작가를 밝혀주는 것이 문학 작품을 온당하게 대하는 태도가 아닌가 한다.

위의 탈락 부분에서 보듯이 생략되는 부분은 서사 진행에 영향을 주지 않는 것들이다. 이러한 탈락은 원문에 대한 오해를 가져올 수 있는 부분이다.

따라서 본문에서 원문의 원전을 밝혀 주어서 학습자들에게 효율적인 학습 환경을 제공해야 할 것이다. 또한 글의 성격을 달리 해서 개작한 경우에도 원전을 명확히 제시하여 심화 학습이 가능하게 해야 할 것이다.

라) 원작에 편집자의 주관적 견해를 첨가하지 않았는가?

한국어 교재는 한국학 학습의 기초가 된다. 학습자들은 한국어 교재에 실린 문학 작품을 통해서 한국 문학 학습을 시작하게 된다. '단군신화'의 경우, 신화인 원작을 소설로 개작하겠다는 설명 없이 교재 편찬자의 의도에 따라서 개작을 하거나 주관적 견해를 첨가하여 변개시킨다면 학습자들에게 혼동을 줄 수 있다.

마) 학술적으로 검증되지 않은 내용을 싣지는 않았는가?

위에서 제시된 바와 같이 학자 간의 의견이 분분한 '천부인 3개'와 같은 경우, 이를 구체적으로 명시하는 것은 좀 더 신중한 검토가 필요한 부분이다. 학문적으로 논쟁이 진행 중인 부분에 대해서 어느 한 입장을 사실인 것처럼 못박아 버리면 원전에 대한 올바른 이해를 저해할 수 있다. 이는 그간의 고전 문학 연구성과를 참조하면서 신중을 기해야 하는 부분이다.

바) 원작의 내용을 훼손하지 않았는가?

'단군신화'에서 곰이 100일 동안 기하면 사람이 된다고 했지만 삼칠일 만에 사람이 된 것은 일상에서의 상식을 뛰어넘는 내용이다. 정확한 고증 없이 삼칠일을 100일로 바꾸어 버리면, 원전의 내용을 훼손하는 것이 된다.

사) 심화 학습이 가능하도록 안내하고 있는가? 만일 그것이 불가능하다면 다른 자료를 통해서라도 보충할 수 있는가?

아) 글의 장르적 성격을 명확히 했는가?

본문에 문학 작품을 제시할 때 글의 성격을 명시해야 할 것이다. 원전을 따를 것인지, 다른 장르로 변용할 것인지에 대해 명시하고 장르를 명확히 한다면 문학 학습에 있어서 불필요한 혼돈을 막을 수 있다.

'단군신화'의 경우 100간의 금기가 삼칠일로 바뀌는 것은 소설에서라면 당착이지만 신화에서는 용납될 수 있는 사항이 된다. 시나 신화의 경우 은유와 상징을 사용한다. 자국에서 시의 특질과 신화의 상징성에 대한 교육을 받은 학습자라면 시나 신화 등의 장르적 특징을 알고 있다. 학습자들이 이미 가지고 있는 스키마를 적극 활용하려는 노력이 필요하다.

자) 작품의 내용이 한국 문학의 특수성뿐 아니라 세계문학으로서의 보편성을 획득하고 있는가?

2) 문학 외적 기준

작품을 제시할 때 구성할 수 있는 질문, 활동 등과 교재 외의 교사용 지침서 등을 문학 외적 기준으로 규정하여 살펴보도록 하겠다.

가) 상호 문화적 이해가 가능하도록 구성되었는가?

타문화를 배우는 것은 타문화에 대한 암기적 지식이 아니라 자문화와의 비교를 통해 자국 사회의 가치와 전통에 연관시켜 이해하는 것이 최종적 목표다.[83] '단군신화'를 가르치는 목적은 '단군신화'에 대한 암기적 지식이 아니라 자국 신화와의 연관과 비교를 통해 학습자들의 인식의 지평을 확장하는 것에 초점을 맞춰야 할 것이다.

나) 자민족중심주의를 극복하기 위한 토론 질문이나 활동이 고안되었는 가?

다) 문화 간 의사소통능력 신장을 위한 질문이나 활동이 제시되었는가?

라) 학습자들의 개인 성장을 위한 적용 질문이 제시되었는가?

외국어 학습의 목표는 단순히 기능적으로 외국어를 배우는 것에서 그치지 않는다. 모든 교육이 그러한 것처럼 외국어 학습에서도 학습자들의 개인 성장이 최종적 목표이다. 카터와 롱(Carter & Long)은 문학 교육 모형 중 개인 성장 모형은 문학 텍스트의 주제를 학습자의 개인적 경험과 연관하여 개인의 성장을 돕는 데에 초점을 맞추는 것이라 했다.[84] 또한 라자르(Gillian Lazar)는 문학 활용 의의 중 여섯 번째로 전인교육을 들면서 문학작품이 상상력과 비판적 감수성 함양에 공헌한다고 하였다.[85] 또한 콜리와 슬레이터(Joanne Collie & Stephen Slater)는 문학작품을 교육해야 하는 이유 중 네 번째로 인간적인 참여를 들어 학습자들의 개인 성장과의 연관성을 밝혔다.

마) 교사용 지침을 제시했는가?

교재와 함께 갖추어야 할 것이 교사용 지침서다. 교재를 갖추는 것만도 많은 시간과 비용이 드는 일이며 교사용 지침서를 갖추는 것은 어려운 일이다.

83) Lazar, Op. cit, p.19.

84) Carter & Long, Op. cit, pp.8~10.

85) Gillian Lazar, Op. cit, p.6.

각 기관마다 기관 홈페이지에 교사용 카페나 자료실 등을 운영하면서 수업에 관한 정보를 제공하는 경우가 많다. 따라서 교사용 지침서가 없는 경우 차선책으로 교사용 카페나 자료실 등에 교과서에 대한 설명을 제시하면 좋을 것이다.

일반적으로 한국어 교사들은 상당한 교양과 한국 문화에 대한 소양을 갖추고 있는 분들이다. 그러나 모든 부분에 대해 균질적인 지식을 공유하고 있다는 가정은 불가능하다. 따라서 각 교과서 내용에 대해 관련 전공자들이 정보를 제공해 놓는다면 시너지 효과를 창출할 수 있으리라 기대한다. 이러한 지식의 공유는 서로에게 긍정적인 영향력으로 작용할 수 있을 것이다.

마. 결론

이 글에서는 한국어 교재에서의 '단군신화' 수록 현황을 분석하여 고전 문학 작품 수록 시의 기준을 마련하는 것을 목표로 하였다.

교육법 제1조인 '홍익인간'의 이념을 포함하고 있는 '단군신화'는 한국의 건국신화로서 한국인이 추구하는 이상과 세계관, 이상적인 국가관과 한국인의 심층적 정서를 내포하고 있다. 따라서 한국인의 문화를 이해할 때 매우 유용하며, 학습자가 자문화와 목표 문화인 한국 문화를 비교하여 학습할 수 있어 문화 간 의사소통 능력 신장을 위한 유용한 교수·학습 자료이다.

본 연구에서는 한국어 교재에서 원전으로 삼고 있는 '단군신화'가『삼국유사』소재임을 밝히고,『삼국유사』소재 '단군신화'를 단락별로 나누어 교재 분석의 틀을 마련했다. 8종의 한국어 교재 분석 결과 첨가, 탈락, 변개의 양상이 다양하게 나타났다. 특히 삼칠일 동안 지킨 금기 내용을 100일로 바꾸는 변개 현상이 두드러졌는데, 이는 신화를 신화로 읽지 않고 집필자의 의도에 따라 임의적인 해석을 가한 결과다. 이를 해결하기 위해서는 신화의 장르적 특성을 인정하고 이를 살리는 방향으로 교재에 제시해야 하며, 원문에 제시할 수 없을 경우에는 교사용 지도서와 기관 홈페이지 등의 교사용 카페나 자료실 등을 통해 지식을 공유해야 한다. 한국어 교재와 한국어 교실에서 제시되는 본문의 내용은 학습자들에게는 절대적인 것으로 받아들여진다. 따라서 교재에 있어서 원문과 원문이 아닌 것에 대한 구분을 명확히 하는 일은 매우 시급한 문제라 할 수 있다.

한국어 교재에 문학 작품 제시 시, 문학 내적으로는 작품에 대한 온전한 이해를 도모해야 할 것이며, 문학 외적으로는 학습자들의 개인 성장은 물론이거니와 문화 간 의사소통 능력을 신장시킬 수 있도록 고안되어야 할 것이다. 이 두 가지가 함께 갈 때, 외국어 교육에서 문학 작품에 대한 온전한 이해가 가능해질 것이다.

문학 작품은 그 자체로 생생하게 살아 있는 유기체이다. 학습자들에게 원작의 은유와 상징, 발랄한 상상력을 그대로 전해주는 것이 문학 교육의 또 하나의 즐거움이 되지 않을까 한다.

03

다문화사회에서 상호 문화 능력 신장을 위한 한국 민속 교육의 설계

−'같음' · '다름'의 이해와 수용을 위한 PBL적 접근[86]

86) 본 논문은 이성희, 「다문화사회에서 상호 문화 능력 신장을 위한 한국 민속 교육의 설계 −'같음' · '다름'의 이해와 수용을 위한 PBL적 접근」, 『한국 민족 문화』43, 2012, 391~417쪽에 실린 것을 수정 · 보완한 것임.

87) '세계화'는 '국제화'와 구별되어 쓰인다. 전통적인 의미에서 '국제화(internationalization)'는 정치, 경제 등 다양한 측면에서 국가들 간의 국경을 인정하며, 자국을 토대로 타 국가들과 일정한 관계 속에서 교류 활동을 펼쳐가는 것을 의미한다. 반면에 '세계화'란 주권적 국민국가의 국경 장벽을 뛰어 넘어 지구촌 전체를 하나의 경제 활동 단위로 재편하는 것을 의미한다. 세계화 현상을 개념적으로 정리한 헬드와 맥그루에 의하면 세계화는 첫째, 먼 곳의 행동이 영향을 미치는 것, 둘째, 시간과 공간의 축약, 셋째, 상호 의존의 심화, 넷째, 세계의 축소, 다섯째, 전 지구적 통합과 지역 간 권력구조의 재편 등으로 개념 규정이 가능하다. (David Held & Anthony Mcgrew, 2002, 3쪽; 장명학, 「지구화시대 한국의 공화민주주의」, 『신자유주의적 세계화와 참여적 공화민주주의를 중심으로』, 사회과학 연구, 경희대학교 사회과학 연구원, 제 35권 제2호, 2009, 22쪽에서 재인용.

가. 서론

전 세계가 하나의 지구촌으로 엮이고, 경제 · 정치 · 문화적 상호 영향을 주고받는 세계화 추세가 가속적으로 진행되고 있다.[87] 세계화 추세로 인해 '이주'가 두드러지게 되면서 한국도 다문화적 양상이 가속화되고 있다. 다국적 기업의 진입, 인터넷을 통한 전 세계적 정보의 빠른 공유, 값싼 노동력 도입의 필요성, 한국인 남성과의 결혼으로 인한 이주 여성의 증가, 국내 유학생의 증가 등으로 인해 한국 사회는 빠른 속도로 본격적인 다문화사회로 돌입했다. 전 세계적으로 이주민이 2.5% 이상이며, 한국 또한 2009년 9월 법무부 자료에 의하면 2.5%를 넘어서서 실제적인 다문화 사회가 되었다.[88] 이제 다문화적 상황은 한국 문화와 세계 문화를 이해하는 중요한 코드가 되었다. 이에, 대학에서의 한국 민속 교육 또한 세계화와 다문화 추세에 발맞추어 더 넓은 지평으로 확대되어야 하는 상황이 되었다.

현재 한국 대학에서 유학하고 있는 외국인 수는 해마다 증가하는 추세에 있다. 2007년에 56,006명이었던 외국인 유학생 수는 2011년 6월 현재 96,971명으로 약 30,000명인 86% 정도가 증가한 추세다.[89] 지속적인 외국인 유학생의 증가는 한국 대학의 교수·학습 양상에도 영향을 미치게 될 것이다. 유학생이 한국에 와서 겪게 되는 문화적 영향뿐만 아니라, 한국 학생들이 겪게 되는 문화적 영향 또한 배제할 수 없다. 다른 어떤 곳보다도 한국 대학에서 다문화적 상황이 계속적으로 진행되고 있기에 민속 교육 또한 이에 맞는 적절한 교수·학습 방법을 개발해야 할 중요한 시점에 와 있다.

대학 졸업 이후 사회 구성원으로서 사회 각처에서 다양한 외국인들과 만나 성공적인 상호 문화 의사소통을 해야 하는 대학생들에게 무엇보다 시급한 것이 상호 문화 능력이다.[90] 다문화 사회에서 한국 문화를 이해하는 것과 마찬가지로 타문화에 대한 공감 능력을 키워서 다문화인들과의 성공적인 소통과 협력을 꾀할 수 있는 능력을 배양해야 한다. 모든 사람들이 다문화인으로 살아가야만 하는 다문화시대에 자신의 역량을 최대한 펼칠 수 있는 국제적 지식과 능력을 겸비한 세계인으로서 기능하기 위해서 상호 문화 능력(Intercultural Competence) 배양이 필수적이다. 다문화사회에서 요구되는 성공적인 상호 문화 능력을 획득하기 위해서는 민족 간 상호 문화 이해의 근간이 되는 민속 교육에 있어서의 교수·학습 방안에 대한 설계가 필요하다.

88) 이주민 동향 중 결혼 이민자의 경우를 살펴보면 다음과 같다. 국제결혼 이민자는 2011년 6월 현재 14만 4,058명이다. 혼인 추이는 2002년도에 5%, 2003년 8.2%, 2004년 11.2%, 2005년에 13.5%를 거쳐 2011년도에는 11% 증가했다(법무부 출입국 외국인 정책본부,「국적별 결혼 이민자(국민의 배우자) 체류현황」, www.immigration.go.kr, 2011. 6. 30).

89) 법무부 출입국 외국인 정책 본부,「연도별 외국인 유학생 체류현황」, www.immigration.go.kr, 2011. 6. 30.

90) 지식 기반 사회에서의 성공을 위한 필수적인 기술들에는 비판적 사고와 행동, 창의성, 협동, 문화 간 이해, 의사소통, 컴퓨터 능력, 직업과 학습에서의 자기의존성 등이 포함된다. 이 중 문화 간 이해(Cross-Cultural Understanding)는 다양한 민족, 지식, 조직 문화에 대한 이해를 포함하는데, 상호 문화 능력 신장은 바로 이 문화간 이해를 위해 필요한 요건이다. Thom Markham & John Larmer & Jason Ravitz 지음, 노선숙 외 옮김, 『프로젝트기반학습 입문서』, 교육과학사, 2006, 51쪽.

타문화를 이해하고 진정성 있는 소통을 이루기 위해서는 타 민족의 민속을 자기 민족의 민속과 비교하여 이해할 수 있는 틀을 구비하는 것이 바람직하고, 이러한 교수 · 학습은 대학의 민속 교육에서 시도해야 할 바다. 사회 진출을 앞두고 있는 대학생들은 지식 기반 사회에서 필요한 기술들을 대학에서 얻는 것이 이상적이다.

본고에서는 대학의 민속학 교수 · 학습에 있어서 다문화 사회에 필요한 상호문화 능력을 신장시킬 수 있는 학습자 중심 교육 방안을 설계해 보고자 한다. 대학생들이 민속 지식을 구성적으로 이해하며 실제 직업 세계에서의 문제 해결력을 기르고, 다문화 시대 세계인과 효율적으로 의사소통을 하면서 업무를 진행할 수 있는 능력을 신장할 수 있도록 PBL(Problem-Based Learning)의 교육공학적 방법을 적용한 수업을 설계해 보고자 한다.

나. 연구사 검토

민속학 연구에서 다문화적 시각의 연구는 많지 않다. 그러나 일찍이 한국 민속과 외래 문화와의 교섭 양상을 포착해 내고 이에 대한 의미를 추출해 낸 연구 성과들이 있다.[91] 이 연구들에서는 외래 문화와 민속 문화의 만남을 주제로 의식주 등의 생활 분야와 종교, 예술 등 다양한 분야를 다루고 있다. 이들 논의에서는 토박이 문화와 외래 문화가 서로 충돌하기도 하고 포섭되거나 동화되기도 하는 양상을 보여 주고 있다. 이를 통하여 한국 민속이 외래 문화와의 교섭을 통하여 문화적 다양성을 만들어낸다는 문화 변동의 원리를 구체적 민속 현상을 통하여 입증하였다.

한국의 다문화주의의 형성, 영향, 대책 등에 관한 연구는 결혼이민자와 이주노동자의 증가로 한국이 급속하게 다문화사회로 진입하자 이에 대응하기 위한 국가적 제도와 정책의 마련을 위해 단기간에 이루어졌다.[92] 이러한 연구에는 유럽이나 신자유주의 국가들을 중심으로 한 다문화주의 이론이나 정책에 대한 연구, 정부나 지방자치단체의 다문화사업에 관한 연구, 현재 시행되고 있는 다문화 정책에 관한 연구 등이 있는데, 이는 주로 정책이나 사업 위주로 수행되었다.

다문화 교육에 관한 연구로는 다국적 의사소통 훈련, 이문화간 의사소통훈련 등을 통한 상호 문화 능력을 강조해 온 연구들이 있다.[93] 상호 문화 능력은 문화적 감지력 가지기, 선입관 없애기, 비판적인 관용정신 가지기 등을 목표로 한다.

한국의 다문화 교육에서 대표적인 논의로는 한국교육 과정평가원에서 3차에 걸쳐 집대성한『다문화 교육을 위한 교수학습 지원 방안 연구

91) 실천민속학회 편, 배영동 외, 『민속문화가 외래문화를 만나다』, 집문당, 2003; 임재해 외, 『민속문화의 전통과 외래문화』, 집문당, 2002.

92) 국회입법조사처, 「다문화정책의 추진실태와 개선방향」, 『정책보고서』 Vol.2, 2010. 1. 5. 1~2쪽.

93) 김미승, 「독일어 수업에서의 이문화간 학습 – Stuttgarter 구상안을 중심으로」, 『독어교육』 제32집, 2005, 29~57쪽; 김미연, 「이문화간 의사소통 교육 방안」, 『독일어문학』 제34집, 2006, 355~377쪽; 민춘기, 「상호문화 소통능력 수업 모형 개발을 위한 기초 연구」, 『독일어문학』 제 46집, 2009, 365~388쪽; 유수연・김순임, 「문화간 의사소통 연구 동향과 나아갈 길 – 독일의 사례를 중심으로」, 『독일어문학』 제29집, 2005, 373~394쪽.

94) 오은순 · 강창동 · 진의남 · 김선혜 · 정진웅, 『다문화 교육을 위한 교수학습 지원 방안 연구(1)』, 한국교육 과정평가원 연구보고 RRI 2007-2, 2007; 오은순 · 홍선주 · 김민정 · 모경환 · 김선혜, 『다문화 교육을 위한 교수학습 지원 방안 연구(2) -사회과 교수 · 학습 프로그램 개발을 중심으로』, 한국교육 과정평가원 연구보고 RRI 2008-5, 2008; 오은순 · 김정숙 외, 『다문화 교육을 위한 교수학습 지원 방안 연구(3) - 한국어 교육 』, 한국교육 과정평가원 연구보고 RRI 2008-2, 2008.

95) 조정호, 『강신무의 교육 과정에 관한 교육학적 연구』, 한국 정신문화 연구원 박사학위 논문, 1999.

96) 김명자, 「세시풍속의 교육적 의의와 실천화」, 『세시풍속 8』, 도서출판 우리마당 터, 2005, 171~204쪽.

『(1) · (2) · (3)』이 있다.[94] 여기서는 다문화 실태 분석 및 지원 방안, 사회과 교수 · 학습 프로그램의 개발과 활용 지침 개발, 이중 언어 교육 이론에 관한 내용들이 주를 이루었다. 이들 연구는 뚜렷한 다문화 교육을 위한 지침이 없는 현시점에서 다문화 교육 프로그램의 모델을 제시해 준다.

민속 교육에 관한 연구로는 한국 문화 교육의 일환으로서 강신무 교육에 관한 연구가 있다.[95] 또한 세시풍속이 교육에 미치는 영향과 역할에 주목하면서 민속 교육에 관한 폭넓은 관점을 제시한 연구가 있어 민속 교육에 있어서 중요한 시사점을 제공받을 수 있다.[96] 이 연구에서는 '어설픈 해석보다는 성실한 자료보고서'가 선행되어야 함을 강조하면서, 세시풍속의 내용을 통해 교육적인 의의를 밝혀보는 것과 세시풍속의 실천화를 위한 교육적 방안을 모색해 보는 두 가지 접근이 유기적인 상관성 속에서 이루어져야 함을 역설했다. 민속 교육에 있어서 이 두 가지는 어느 하나도 소홀히 할 수 없음을 인정할 수밖에 없다.

에스닉적 전통, 집단주의적 경험 이해의 가장 근본이 되는 '민속학' 영역에서 다문화 시대 상호 문화 능력 신장을 위한 한국 민속 교육의 설계에 관한 연구가 이루어져야 하는 시점이 되었다. 그동안 다문화 교육 연구는 초 · 중 · 고등학생을 대상으로 이루어져 왔다. 이제 대학생을 대상으로 한 연구가 필요한 상황이다.

다. 상호 문화 능력 신장을 위한 민속 교육의 설계

1) 다문화 사회에서의 상호 문화 능력 신장

1980년대부터 유네스코는 각국 정부의 공식문건에서 동화(assimilation)라는 용어 대신 통합(integration) 혹은 결합(incorporation)을 사용하기를 장려하고 있다. '동화'가 일방적인 동화를 의미한다면, '통합'이나 '결합'은 이민자 혹은 소수자의 문화적 고유성을 인정하는 쌍방향적인 통합이라고 할 수 있다. 다문화주의가 새로운 소수자 통합의 국제적 기준이 되고 있으며, 이러한 맥락에서 '모두가 다문화주의자'라는 주장이 나오고 있다.[97]

문화와 문화가 접촉하는 경우 문화의 영향은 어느 한쪽에서 다른 쪽으로만 가는 것이 아니라 상호적인 연관을 맺게 된다. 포스트콜로니얼 비평가 가운데 하나인 바바(Homi K. Bhabha)는 심리학적 접근을 통해 식민지 담론의 양면성을 분석한다. 모든 사회·집단·문화 안에서 작용하는 힘의 역학은 일방적인 것이 아니라 양가적으로 이해되어야 한다는 것이다. 식민 지배자와 피지배자의 접촉은 상호 변형과 상호 침투 가능성을 지니고 있는 것이다. 주변과 중심, 자아와 타자, 식민 지배자와 피지배자 등은 일방적으로 영향을 주거나 받는 것이 아니라 상호 침투한다.[98]

'한 핏줄, 한 민족, 한 언어, 한 문화'로 요약되는 한국의 순혈주의적인 단일민족 신화는 정부와 시민사회 모두에 강력한 영향력을 가진다. 앞으로 우리가 맞게 될 다문화 사회는 자민족 중심주의(Ethnocentrism)를 벗어나 여러 민족, 여러 국가 구성원들이 서로의 문화를 이해하고 공유하는 상호 문화(Intercultural)이해의 틀을 기반으로 하여 소통, 이해, 협력할 수 있는 것을 목표로 해야 한다. 상호 문화 능력(Intercultural Competence)은 "다른 문화의 대표적

97) 네이선 글레이저, 『우리는 이제 모두 다문화인이다』, 미래를 소유한 사람들, 2009.

98) 박흥순, 『포스트콜로니얼 성서해석』, 예영 비앤피, 2006, 121쪽.

인 행동, 태도, 기대를 만났을 때 충분히 유연한 방식으로 행동하는 사람의 능력(Meyer, 1991)"이다.[99] 또한 심리적으로 외국인에 대한 개방성, 낯선 것에 대한 열린 마음, 상대의 의사소통 스타일에 의연하게 대처하는 능력이다.[100] 다문화 사회에서 요구되는 상호문화 소통 능력은 서로 다른 관점의 이질성을 받아들이고 존중하며, 다양성을 인정하고, 이를 즐기는 차원에까지 나아가 그 풍부함을 누리는 것이다.

베넷(Bennett, 1993)의 상호문화 감수성의 발달모형에서는 자민족 중심주의적 단계들과 민족 상대주의적 단계들을 구분한다.[101] 상호 문화 교육은 자민족 중심주의적 단계들인 부정(Denial), 고립(Isolation), 분리(Seperation), 방어(Defense), 우월주의(Superiority)를 극복하고, 수용(Acceptance), 행동적 차이 존중(Behavioral Difference), 가치 차이 존중(Value Difference), 복수주의(Puralism), 통합(Integration)으로 나아가는 것을 목표로 한다.

상호 문화 능력 신장을 위한 민속 교육의 목표는 문화의 기저가 되는 민속의 차이와 같음을 의식하는 것이고, 서로의 민속에 대한 지식을 확장하여 상호 문화적 이해를 도모하는 것이다. 문화와 민속의 상대성과 다양성을 수용하는 훈련, 같음–다름 인식하기 등을 통하여 상호 문화 능력 신장을 꾀할 수 있다. 다문화 시대를 맞아 대학의 민속학 수업 또한 자민족 중심주의를 극복하고, 민족 상대주의적 관점을 획득하도록 설계되어야 한다. 이로써 학생들은 상호문화적 패러다임을 확보할 수 있게 될 것이다.

2) 상호 문화 능력 신장을 위한 민속학적 접근의 필요성

우리 사회가 다문화사회로 진입하면서 겪고 있는 여러 가지 문제들은 다양한 국가와 민족 출신의 다문화인들의 문화에 대한 이해의 폭이 좁다는 데서

99) Hinkel, E. (ed.), Culture in Second Language Teaching and Learning, Cambridge University Press, 1999. 198쪽.

100) 유수연,『문화간 의사소통의 이해』, 한국 문화사, 2008, 103~105쪽.

101) Bennett, M./Hammer, M.(1998), The Development Model of Intercultural Sensitivity. 29. 민춘기, 「상호문화 소통능력 수업 모형 개발을 위한 기초연구」,『독일어문학』제46집, 377~378 참조.

기인한다. 상호 문화 능력은 다문화 시대를 맞아 다양한 외국인들과 함께 소통해야 하는 한국인에게 필요한 능력일 뿐만 아니라, 한국인과 함께 소통해야 하는 외국인들에게도 필요한 능력이다. 한국 사회에 들어온 외국인들도 한국인들의 표면적인 행동이나 말을 이해하는 데 그쳐서는 한국인에 대한 깊이 있는 이해에 이르기 어렵다. 한국인들의 개별적 행동은 단순히 하나의 행동에서 끝나는 것이 아니고, 일정한 패턴을 가진 '행동 양식'으로 나타난다. 이러한 행동 양식은 하루아침에 이루어진 것이 아니고, 오랜 시간 동안 '한국인'으로 살아오면서 지속적으로 전승된 것이다. 이것은 현재 한국인들의 윗세대, 또 그 윗 세대를 통해서 오랜 시간 동안 형성되어 온 집단주의적 경험이며, 민속이다. 민속은 한 민족의 뿌리를 대변해 주는 것이며, 문화의 원류이며, 대를 이어 전승되는 것이며 집단 무의식을 형성하는 것이다. 상호 문화 능력은 다양한 에스닉적 전통을 가진 다문화 구성원들의 표면적 문화뿐 아니라, '뿌리'에 해당하는 이면적 문화, 즉 '민속'을 연구함으로써 가장 이상적으로 실현될 수 있다.

어떤 언어를 사용하는 개인은 그 언어를 사용하는 공동체가 오랜 시간 동안 향유해 온 문화를 의식적, 무의식적으로 체득하고 있다. 어떤 언어권이든 외국어를 사용해서 의사소통을 진행할 때는 문화적 전제 안에서 언어를 통한 의사소통을 진행하게 된다. 개인은 누구나 다 고유의 양식으로 행동한다. 일반적으로 개인의 인성, 퍼스낼리티(Personality)를 결정하는 요인은 크게 4가지로 분류된다. 생물학적 요인, 자연환경, 개인 고유의 경험, 문화적인 요인 등이다. 이중 개인의 퍼스낼리티에 가장 많은 영향을 주는 것은 문화적 요인이다. 문화적 요인들은 한 사회의 구성원들의 행위 유형을 제공해 주고, 한계를 정해 준다. 문화는 마치 미로의 설계 도면처럼 인간이 어떻게 생각하고,

느끼고, 행동해야 할지에 대한 지침서를 제공해 준다. 사회 집단 또는 문화에 따라 각기 성원들의 퍼스낼리티에 고도의 규칙성이 나타난다. 개인들이 아무리 독특한 체질적인 특성을 가지고 있고, 고유의 경험을 한다고 하더라도, 그들은 각기 일상 생활에서 접하고 있는 문화에 따라 반응하며, 그에 기초하여 개인들의 퍼스낼리티가 형성된다.[102]

개인은 자기 언어와 문화에서 형성된 '개인적인 인지모델'과 타 민족에서 이미 '역사적으로 형성되었고 종속되어진 집단주의적 경험'들이 함께 작용하여 다국적 의사소통 능력을 함양한다.[103] 다국적 의사소통 능력, 상호 문화 능력은 자문화에 대한 이해와 함께 타민족의 집단주의적 경험을 효과적으로 이해할 때만 획득될 수 있다. '집단주의적 경험'은, 한 민족이 오랜 시간 동안 살아오면서 형성한 정신적, 물리적 경험의 집합체로서 대를 이어 전승되는 민속을 말한다. 집단주의적 경험이라는 것은 통시적으로 누적되어 온 것이기에 단순한 몇 가지 행동이나 특징으로 설명되기 어려운 복잡다단한 실체이다. 이를 탐구하기 위해서는 한 민족의 현재 상황뿐만 아니고, 그 민족의 민족성과 정신적 특성을 살펴야 하며, 역사적 굴곡을 통해 형성되어 온 민족 경험의 씨줄과 날줄을 함께 살펴야 한다. 흥미로운 사실은 이러한 집단주의적 경험을 통해 형성된 민족적 특징은 국제화시대, 다문화 시대가 진행되어도 흐려지거나 변질되지 않고 지속적으로 전승된다는 것이다. 에스닉적 전통과 민족적 특징은 거주 공간이 바뀐 이후에도 오랫동안 계속된다.

102) 한상복 외, 『문화인류학 개론』, 서울대출판부, 1985, 311~313쪽.

103) 김미승, 「독일어 수업에서의 이문화간 학습」, 『독어교육』, 제32집, 42쪽. '다국적 의사소통 능력'과 '개인적 인지 모델'이라는 용어는 다음을 재인용 함. Baumgratz, G., Die Funktion der Landeskunde im Französischunterricht, in: Praxis des neusprachlichen Unterrichts 29 (1982), Nr. 2, S. pp.178~183.

각 민족별로 차별화되는 '집단주의/개인주의, 권력 차이의 큼/작음, 불확실성 회피의 높음/낮음, 남성성/여성성'등의 특징은 공간과 시간이 변화한 이후에도 지속되는 특징이 있다.[104]

다문화 사회에서 한 민족의 집단주의적 경험으로서의 '민속'은 타 민족 구성원이 함께 어울려 소통하고 살기 위해서 반드시 이해해야만 하는 것이기 때문에 이를 탐구하기 위해서는 섬세하게 계획된 교수 · 학습 설계가 요구된다. 삶의 뿌리를 대변해 주는 '민속'에 대한 교육은 현 다문화 연구에 더 심도 있는 접근을 가능하게 할 것이다. 이는 계량적이고 집합적인 정치, 경제적, 사회학적 연구에서 접근할 수 없는 민속적 연구로 우리 사회의 다문화 구성원에 대한 깊이 있는 이해를 가능하게 할 수 있다.

104) 네덜란드의 경영학자인 호프스테드(G. Hofstede)는 세계 각처에서 일하고 있는 IBM 직원 1만 6,000명을 대상으로 한 연구를 통해 그들이 가지고 있는 가치관이 집단주의/개인주의, 권력 차이의 큼/작음, 불확실성 회피의 높음/낮음, 남성성/여성성의 네 가지 기준으로 구분된다고 정리하였다. 이 중 '집단주의와 개인주의'의 구별은 호프스테드뿐 아니라 많은 사회학자와 문화인류학자들이 문화를 구분하는 중요한 잣대이다. 호프스테드의 연구 결과, 개인주의 가치관이 높은 나라는 미국, 호주, 영국, 캐나다, 네덜란드, 뉴질랜드, 이탈리아 등이며, 집단주의 성향이 높은 나라는 베네수엘라, 콜롬비아, 일본, 홍콩, 한국 등이다. 김숙현 외, 『한국인과 문화간 커뮤니케이션』, 커뮤니케이션북스, 2001, 64~96쪽; 유수연, 『문화간 의사소통의 이해』, 한국 문화사, 2008, 15~30쪽.

105) 유엔의 산하 기관인 유네스코에서 2006년에 발간한 상호 문화 교육 가이드라인에서는 다음과 같은 교육 방법을 제시하는 교육 방법은 다음과 같다. (1) 전통적인 교육학과 스토리텔링, 드라마, 시, 노래 등과 같은 전통적인 형식의 미디어 사용의 통합 (2) 현장과 유적지로의 수학여행이나 방문, 공동체의 사회적, 문화적, 경제적 요구와 연결된 생산적인 활동 (3) 학습자가 교육 과정에 적극적으로 참여하도록 촉진하는 방법 (4) 공식적인 교육 방법과 비공식적, 전통적, 현대적 교육 방법들의 통합 (5) 적극적인 학습 환경을 조장하기 위해 구체적인 프로젝트를 수행하는 방법. UNESCO(2006): Guidelines on Intercultural Education. Paris. 민춘기, 앞의 논문 378~379쪽에서 재인용.

106) 구성주의의 모델 간의 상세한 비교에 관해서는 강인애 외, 『왜 구성주의인가?-정보화시대와 학습자 중심의 교육환경』, 문음사, 1997, 83~108쪽, 221~265쪽 참조. 문제중심학습-PBL(Problem-Based Learning)은 이하 PBL로 칭함. 또한 PBL의 진행 방법 및 자료에 대해서는 다음의 연구를 참고하였다. 강인애 외, 『PBL 수업을 위한 길라잡이- PBL의 실천적 이해』, 문음사, 2007; 최정임 · 장경원 공저, 『PBL로 수업하기』, 학지사, 2010; Thom Markham & John Larmer & Jason Ravitz, Ph.D. 지음, 노선숙 · 김민경 · 임해미 공역, 『프로젝트기반학습 입문서』, 교육과학사, 2006.

라. 다문화 사회 민속 교육의 PBL적 적용

본고에서는 다문화 사회에서 상호 문화 능력 신장을 위한 민속학 수업을 위해서 한국 학생과 외국 학생으로 구성된 팀별 과제를 진행하고자 한다.[105] 상호 문화 능력 교수 · 학습 방안으로 '적극적인 학습 환경을 조성하기 위해 구체적인 프로젝트를 수행하는 방법'을 적용할 것이다. 이를 위해 구성주의의 모델인 문제중심학습-PBL(Problem-Based Learning)적 접근을 활용하여 연구를 진행하고자 한다.[106] 외국인과 한국인 학습자가 함께 문제를 해결하여 가는 중에, 한국 민속과 외국 민속을 비교 · 고찰하면서 상호 문화적인 패러다임을 획득할 수 있는 방안을 구성할 것이다. 현재 중국인 유학생은 한국 유학생 수의 75%를 차지하고 있다. 다양한 국가를 포함하면 좋겠지만 여기서는 우선 가장 많은 숫자를 차지하고 있는 중국 학생을 대상으로 논의를 진행해 보고자 한다.[107] 이 연구에서는 양국의 학습자와 또 다른 외국 학습자들이 양국의 '단오(端午)' 민속에 대해서 객관적인 정보를 찾고, 주어진 문제에 합리적인 해결 방안을 모색해 가면서 상호 문화 능력을 신장할 수 있도록 구성할 것이다.[108] 이러한 학습은 대학 졸업 이후 직업 세계에서 부정, 고립, 분리, 방어, 우월주의를 극복하고, 수용, 행동적 차이 존중, 가치 차이 존중, 복수주의, 통합으로 나아가는 데 일조하리라 생각한다.

1) PBL을 통한 상호 문화 능력 신장

구성주의에 따르면, '절대적 지식' 혹은 '절대적 진리'란 존재하지 않으며 지식이란 개인의 사회적 경험에 의거하여 구축되어지는 인지적 작용의 결과이며 개인이 사회적 참여를 통하여 지속적으로 구성과 재구성을 반복해 나간다고 본다.[109] 구성주의에서는 지식을 인지하는 주체가 특정 사회 구성원으로서의 자신의 경험의 장 안에서 내리는 주관적 해석과 의미라고 전제한다. 복잡하고 예측 불허의 현실은 단지 규칙과 원칙들의 습득만으로는 이해될 수 없으며 또한 탈상황적(decontextualized)으로 단순화 혹은 추상화될 수 있는 것도 아니다. 오히려 끊임없이 "추측하고, 탐구하고, 수수께끼를 풀어야 하고, 또 예상해야 하는 노력"을 필요로 하고 있다. 결국 이렇듯 복잡하고 불확실한 현실에서 필요한 것은 단순하고 정형화된 지식의 습득보다는 "계속적으로 외부 상황에 적응할 수 있는 내적 기능의 형성"이다. 다시 말해, 이는 좀 더 적극적으로 그리고 자율적으로 자신의 학습을 관리하고 책임질 수 있는 학습자의 역할을 의미

107) 현재 한국에서 유학하고 있는 외국인 유학생 수는 86,971명인데, 이 중 중국 유학생은65,203명으로 75%로 1위를 차지하고 있다. 2위인 몽골이 5.3%인데 이는 1위인 중국 유학생 수에 비하면 현저히 적다. 다음으로 베트남 3.5%, 일본 2.5%, 미국 1.1%, 우즈베키스탄 0.8% 순이다.「국적별 외국인 유학생 체류 현황」·「외국인 유학생 국적별 구성 현황」, 법무부 출입국 외국인 정책본부, www.immigration.go.kr 2011.6.30. 참조

108) 양국의 민속을 비교하기 위해서는 '설', '생일', '결혼' 등 양국 간의 공통분모를 가지면서 이벤트적 성격을 가진 민속을 비교하는 것이 학습자들의 흥미를 이끌어내는 데 도움이 될 것이다. 그러나 본고에서는 가장 민감한 부분부터 점검해 보자는 의도로 양국에서 뜨거운 감자가 되고 있는 '단오'부터 시작하기로 한다. 그리고 더 많은 연구자들의 후속 연구가 '설', '생일', '결혼' 등으로 확대되기를 기대한다.

109) 강인애,『왜 구성주의인가?-정보화시대와 학습자중심의 교육환경』, 문음사, 1997, 63쪽.

한다.[110]

다문화적 상황은 하루가 다르게 빨리 변화하고 있고, 이에 대한 지식도 유동적으로 변하고 있다. 사람살이의 양상을 공시적, 통시적으로 다루고 있는 민속학의 경우 삶의 현장을 도외시한 연구는 유효성을 갖기 어렵다. 특히 민속학은 삶의 다양한 양상에 대한 고찰이 필요한데, 이러한 경우 구성주의적 방법을 적용하여 학습자 스스로 가설을 세우고, 이를 탐구하여 종합해 보는 실천적 방법을 제시할 필요가 있다.

이 연구에서는 다음과 같은 PBL 학습을 진행하고자 한다. 첫째, 체험학습이다. 이는 학습자 주도적으로 학습을 계획, 실행, 평가에 참여하는 것이며, 지식을 구성하고 공유하는 것이다. 둘째, 자기 성찰적 학습, 셋째, 협동학습, 넷째, 실제적(authentic) 성격의 과제 제시, 다섯째, 과정 중심적 평가이다.[111] 이러한 학습 환경은 평생 학습에 대한 훈련을 경험할 수 있고, 직업 세계와 유사한 준거에 의해 평가하므로 학생들의 책무성, 목표 설정, 향상된 수행 능력을 장려할 수 있을 것으로 기대한다.[112]

2) 한국과 중국의 단오 민속 이해를 위한 PBL 학습

한국과 중국은 단오에 대한 이견 때문에 마찰을 가져 왔다. 문제는 한국과 중국에서 단오라는 공동 명칭을 사용하는 데서 출발했다. 단오라는 공동 명칭 때문에 중국에서는 본래 중국의 단오를 한국에서 한국의 것으로 사용하고

110) 강인애, 위의 책, 66~67쪽.

111) 강인애 외, 『PBL 수업을 위한 길라잡이- PBL의 실천적 이해』, 문음사, 2007, 25쪽.

112) Thom Markham & John Larmer & Jason Ravitz, Ph.D 지음, 노선숙 · 김민경 · 임해미 공역, 『프로젝트기반학습 입문서』, 교육과학사, 2006, 24~26쪽 참조.

있다고 주장하여 논란이 불거졌다.[113]

한국 민속 교육에 있어서 단오에 대한 '사실'만을 찾는 단편적 학습을 넘어서서 한국과 중국 양국 문화에 대한 상호 문화 이해 능력을 신장할 수 있도록 지식을 구성하는 작업이 필요하다. 이러한 지식을 바탕으로 서로 다른 문화적 전통에 있는 사람들과 감정적 낭비 없이 효율적이고 의미 있는 의사소통을 할 수 있는 기능을 신장시키는 능력이 다문화 시대에 요구되는 능력이다. 이를 위해서 본 PBL 과제는 문화적 차이를 갖는 한국과 중국의 학습자들이 단오에 대한 객관적 지식을 주체적으로 구성하도록 설계할 것이다. 실제적인 직업 세계에서 문화적 차이를 갖는 타인들과 의미 있는 의사소통 능력을 신장시킬 수 있는 상호 문화 능력을 신장할 수 있도록 설계하고자 한다.

가) 프로젝트 진행

- 과목명 : 한국의 민속(교양)
- 진행 기간 : 학기 중 3주(수업 중 9시간 및 과제 제시)
- 예상 인원 : 전공 구분 없이 60명
- 조별 구성 : 외국인과 한국인의 비율 조정, 단 각 조에는 한국인과 중국인이 들어가도록 편성한다. 현재 한국 대학에서 유학하고 있는 다양한 국적의 외국 학습자들을 한국 학습자들과 한 팀으로 구성하여 과제를 해결하도록 구성한다. 한 팀에서 같은 한국의 민속에 대해서 자문화의 시각(Culture1, C1)과 타문화의 시각(Culture2, C2, C3……)을 비교함으로써 자연스럽게 다문화적 시각을 확보할 수 있을 것으로 기대한다.

113) 단오에 관한 문제는 실제로 단오에 관한 지식을 갖기 전에는 많은 오해를 불러일으킬 만하다. 중국의 단오는 굴원의 고사와 관련하여 '쫑즈'를 먹는 풍습이 있다. 한국의 단오는 창포로 머리감기, 그네뛰기 등의 행사가 있었으나 현재 적극적으로 전승되지는 않고 있다. 다만, 강릉 지역에서 '강릉단오제'를 축제로 전승시키면서 단오에 관한 민속을 이에 포함시키고 있다. 하지만 유네스코에 한국의 강릉 단오제가 등재되면서 명칭이 같다는 이유로 중국 측에서 단오가 중국의 민속이라는 주장을 들고 나왔다. 문제는 '단오'라는 명칭이 같기 때문에 벌어진 일이지만, 이와 같이 문화 간 마찰이 있는 사안에 대해서 학습자들이 감정적인 대립으로 맞설 것이 아니라 정확한 사실에 근거하여 논리적인 주장을 하는 것이 상호 문화이해를 위해서 필요하다고 생각된다. 또한 이러한 과정을 통해서 학습자들은 자민족중심주의에서 벗어나서 타문화와 자문화를 이해할 수 있는 상호 문화 능력을 얻을 수 있게 될 것이다.

	수업 내용	과제
1주차	오리엔테이션 · 조 편성 · 과제 제시	
	한 · 중 단오 체험 여행 계획 가설 수립	가설 점검을 위한 과제 찾기
	단오에 대해 알고 있는/알아야 할 내용 정리	'알아야 할 내용'에 관한 자료 찾기
2주차	'알아야 할 내용'에 관해 찾은 자료를 팀별로 공유하기/토론을 통해 보충하기	'알아야 할 내용' 보충 및 발표 연습 자기 평가 및 동료 평가
3주차	다른 팀들에게 발표하기	자기 평가 및 동료 평가
	교수자 평가 및 관련 기관 제출 의뢰	

〈표 73〉 PBL 프로젝트 진행 일정

나) 활동의 목표

다문화 사회 한국 민속 교육을 위해서 단오에 대한 단편적 소개를 지양하고, 한국과 중국 단오의 공통점과 차이점, 보편성과 특수성에 입각하여, 현재적 의미를 도출해 내고 이를 실제 직업 세계와 연관하여 작업하는 것을 목표로 한다. 특히 양국 단오를 비교하는 과정에서 단오에 대한 지식뿐만 아니라, 다른 문화권 사람들과의 소통 · 협상 · 중재할 수 있는 다문화적 의사 소통 능력을 신장시킬 수 있다. 또한 타문화에 대해 존중하는 자세와 공감능력을 기르는 다문화적 가치 · 태도를 향상시킬 수 있다.

지식	중국 단오와 한국 단오의 공통점과 차이점에 대해서 배운다.
	서로 다른 양국 단오의 가치와 그 기원에 대해 배운다.
	현재 전승되고 있는 양국 단오의 양상, 현재적 의의에 대해서 배운다.
기능	서로 다른 민속에 대해서 이해하며 이를 수용할 수 있다.
	다른 문화적 전통에 있는 구성원들과 소통 · 협상 · 협력할 수 있다.
	차이에서 발생할 수 있는 갈등을 성찰 · 중재 · 해결할 수 있다.
	단오를 경제적, 문화적 다른 제반 지식과 연계하여 현대적으로 적용할 수 있다.
가치 · 태도	서로 다른 단오 민속에 대해서 존중할 수 있는 다문화적 역량을 기른다.
	타국 민속에 대한 공감 능력을 기른다.
	자국 단오의 현재적 가치를 명료화하고 성찰한다.
	타국 단오의 현재적 가치와 그 기원에 대해 배운다.
	단오의 다양성의 긍정적인 면을 인정하고 평가하려는 태도를 기른다.

〈표 74〉 중국과 한국 '단오'민속 이해를 통한 상호 문화 능력 신장의 목표[114]

지식을 확장하는 작업을 통하여 양국 단오에 대한 객관적 인식을 획득하여 감정적인 논쟁에서 벗어나 상호 이해의 기반을 마련할 수 있을 것으로 기대한다. 또한 기능 및 가치 · 태도의 측면에서 서로 다른 문화에 대한 공감 능력을 통해 상호 문화 능력을 신장할 수 있을 것으로 기대한다.

다) 한 · 중 단오 체험 여행의 PBL 활동

학습자들이 PBL 활동을 통하여 한 · 중 양국의 단오에 대해 접근할 수 있도록 구성해 보고자 한다. PBL 문항 제시, 학습자들의 가설 수립, 알고 있는/알아야 할 내용 정리, 개인 조사, 협동학습, 결과물 제출 등의 순서로 진행할 것이다.[115] PBL 문항은 교수자가 일임하여 진행하는 것이므로 논자가 작성할 것이다. 나머지 항목들은 학습자들이 PBL활동을 통하여 작성하는 것인데 여기서는 기존의 단오에 대한 연구물을 토대로 하여 논자가 예를 들어 작성해

114) Georgi, V.의 「이문화 교육의 목표와 과제」를 수업 내용에 맞게 구성하였다. Georgi, V. Citizenship and Diversity, Georgi, V. (ed.), *The Making of Citizens in Europe: New Perspectives on Citizenship Education*, Bonn: Bundeszentrale fuer politisdhe Bildung, 2008, 84쪽 참조. 허영식, 정창화, 「다문화사회에서 간문화 교육의 현장착근방향—유럽과 독일의 동향을 중심으로—」, 『한독사회과학논총』, 제 19권 제3호, 2009, 47쪽에서 재인용.

115) 강인애 외, 『—PBL 수업을 위한 길라잡이—PBL의 실천적 이해』, 문음사, 2007, 161~192쪽.

보도록 하겠다.

1	PBL 과제명	한 · 중 단오 체험 여행 기획하기		모둠명	
2	가설/ 해결안(ideas)				
3	이미 알고 있는 사실들(facts)				
4	더 알아야 할 사항들 (learning issues)				
5	학습일정	일자		과제수행내용	
6	역할분담				
7	참고자료				

〈표 75〉 과제 수행 계획서 양식(예)

(1) 과제 제시

효과적인 PBL 과제 문항 제작을 위해서는 실제성(Authenticy), 학문적 엄밀성(Academic Rigor), 응용학습(Applied Learning), 능동적인 탐구(Active Exploration), 성인과의 연계(Adult Connections), 평가 실제(Assessment Practice) 등의 6A가 충족되어야 한다.[116] 이를 충족시키기 위하여 제작한 PBL 문항은 다음과 같다.

116) Thom Markham & John Larmer & Jason Ravitz, Ph.D. 지음, 노선숙 · 김민경 · 임해미 공역, 위의 책, 40쪽.

여러분은 한 · 중 협력 여행사의 직원입니다. 올 상반기 특별 프로젝트로 유럽과 미국에서 오는 관광객을 대상으로 '2012, 한국과 중국의 단오 체험하기'라는 여행 프로그램을 만들어야 합니다. 이 여행 프로그램은 음력 단오 명절에 맞춰 한시적으로 판매될 예정입니다. 관광객들은 동양의 문화적 전통에 많은 관심을 가지고 있으며 한국과 중국의 전통을 비교 체험하기 원합니다. 또한 다양한 단오 활동에 참여하기 원합니다.

이 여행에 소요되는 기간은 일 주일이며, 비용은 한화로 약 200만 원 정도(왕복 교통비 제외, 한국과 중국과의 항공료 제외)입니다. 이들에게 아름다운 추억을 선사할 수 있는 여행 상품을 만들어 보십시오.

위의 문항은 단오 민속이 한국과 중국에서 현재에도 행해지고 있으며 양국민 모두에게 의미 있는 민속이라는 점에서 실제성이 있다. 또한 프로젝트 진행 과정 중 단오에 관한 다양한 학술 서적을 참고하여 단오에 대한 객관적 지식을 확보할 수 있으므로 학문적 엄밀성을 획득할 수 있는 기회를 제공한다. 또한 이렇게 얻어진 정보를 한 · 중 협력 여행사의 직원의 입장에서 '한국과 중국의 단오 체험하기'라는 여행 프로그램을 만드는 과정에서 직업 세계에서 자신이 찾은 정보를 응용해 보는 응용학습, 능동적인 탐구를 진행할 수 있다. 또한 해당 기관과의 연관을 통한 성인과의 연계가 가능하며, 교수자의 지도 아래 실제적 평가를 도모할 수 있다.

(2) 가설 세우기

2	가설/해결안 (ideas)	• 한국과 중국의 단오에 대한 학술 서적을 찾아서 양국의 단오를 분석하면 단오에 대해 알 수 있다. • 여행사 홈페이지를 통하여 기존에 나와 있는 단오 여행 상품을 조사하여 아이디어를 얻을 수 있다. • 한국과 중국 학생들이 같이 일하면 갈등이 생기는 부분도 있을 것이다. 이를 위한 해결책이 필요하다.

(3) 알고 있는 / 알아야 할 내용

3	이미 알고 있는 사실들(facts)	• 한국의 강릉단오제는 1967년 중요 무형문화재 13호로 지정되었고, 2005년 유네스코 인류 구전 및 무형 유산 걸작으로 등록되었으며 2007년 사단 법인 강릉단오제 위원회를 구성하여 조직적인 운영을 하고 있다.[117] • 강릉단오제는 파종제로서의 제천의례적 성격, 물맞이 창포 머리감기와 씨름, 그네뛰기 등의 세시 풍속적 성격, 수로왕 제사에서 비롯된 조상신 숭배의 성격을 가지고 있다. 2011년의 경우 5월 7일 신주 빚기를 시작으로 6월 9일 송신제까지 34일 간 2만 여명이 참여하는 한국의 대표적 축제로 자리 잡았다. • 중국 단오는 용과 관련되어 있다.[118] • 5월 5일 멱라수에 빠져 죽은 굴원을 위로하기 위해 쫑즈(粽子)를 먹는다.[119]
4	더 알아야 할 사항들 (learning issues)	• 여행사 운영에 있어서 여행을 기획, 운영 단계에 적합한 효율적인 팀 운영 계획에 대해 알아본다.(기능) • 한국과 중국의 단오 풍속의 기원ㆍ전승ㆍ현황 등에 대한 박식한 지식이 있어야 관광객들에게 만족한 서비스를 제공할 수 있을 것이다. 서적을 참고하여 공부한다.(지식) • 현재까지 전승되고 있는 중국의 단오 풍속을 조사하여 관광객들을 참여시킬 수 있는 프로그램을 선별한다.(지식ㆍ기능) • 유럽과 미국 관광객들이 선호하는 민속 체험이 무엇인지 알아보고 그들의 취향을 고려하여 체험 상품을 개발한다. (지식ㆍ기능) • 한국과 중국의 양국 물가를 비교하여 한 나라에서 두 가지를 경험하는 것이 좋을지 양국을 오갈 수 있는지 실현 가능한 경제적 대안을 마련한다. (지식ㆍ기능) • 한국인과 중국인이 함께 일할 때 갈등을 유발할 수 있는 민족적 특성에 대해 알아보고 이를 효과적으로 극복할 수 있는 문화 간 의사소통 능력에 대해 학습한다.(태도)
4	더 알아야 할 사항들 (learning issues)	• 한국과 중국의 단오 풍속 중 관광객들이 관심을 가질 만한 것을 찾아내고 여행 상품으로 만들 수 있는 가능성을 타진한다.(지식ㆍ기능) • 한국의 강릉단오제 사이트를 방문하여 관광객들을 참여시킬 수 있는 프로그램을 선별한다. (지식ㆍ기능)

117) 장정룡 외, 『아시아의 단오민속 - 한국ㆍ중국ㆍ일본-』, 국학자료원, 2002, 10~11쪽.

118) 장정룡 외, 위의 책, 같은 쪽.

119) 장정룡 외, 위의 책, 같은 쪽.

〈표 76〉 알고 있는 / 알아야 할 내용

팀원들이 이미 알고 있는 사실들을 정리하면서 양국 단오에 관한 지식을 점검할 수 있다. 하지만 이것만으로는 부족하기 때문에 지식을 스캐폴딩(scaffolding)하는 작업을 통하여 단오에 대한 지식이 확장된다. 더 알아야 할 내용들은 많은 학술 서적들을 포함한다. 학습자들은 이 학술 서적들을 찾아 정리하고 팀원들에게 설명하고 토론하는 가운데 한국과 중국의 단오에 관한 지식을 구성해 나갈 수 있다. 또한 더 알아야 할 내용들은 단오에 대한 지식뿐 아니라 실제적인 차원에서 도움을 줄 수 있는 기능·가치·태도 등에 관한 연구도 병행하게 되어 실제 세계와 연관하여 자신의 지식을 활용하고 다른 사람과 더불어 일할 수 있는 능력을 신장하는 데 기여할 수 있게 될 것이다.

(4) 개인 조사

5	학습 일정	일자	과제 수행 내용

〈표 77〉 개인 조사

더 알아야 할 내용은 학습자들이 각각 역할을 분담하여 조사한다. 개인 조사에서는 자신이 학습한 내용에 대한 자기평가표를 작성해서 새롭게 알게된 사실을 적고 도움 받은 서적과 자료를 기록한다.

(5) 협동학습

6	역할 분담		

〈표 78〉 협동학습 역할 분담

협동학습에서는 개인 조사에서 이루어진 연구들을 팀원들과 공유한다. 위의 (3)알고 있는/알아야 할 내용 표의 '4. 더 알아야 할 사항들 항목'에 대한 개인 조사가 이루어졌다면 자신이 조사한 내용을 다른 팀원들에게 알려 주고 토론하면서 내용을 보충하는 과정을 반복한다. 활동이 끝나면 동료평가표를 작성한다.

(6) 결과물 제출 및 평가

PBL 활동은 실제 세계를 기반으로 한다. 학생들이 작업한 결과물이 실제 직업 세계에서 유용하게 적용될 수 있는지를 평가하기 위해서는 결과물을 각종 공모전이나 박물관, 지역 축제 담당자들에게도 보내 실제적인 유용성을 평가받을 수 있는 기회를 제공하는 것이 바람직하다.

마. 결론

본고에서는 대학의 민속학 교수 · 학습에 있어서 다문화 사회에 필요한 상호문화 능력을 신장시킬 수 있는 학습자 중심의 교육 방안을 설계해 보았다. 대학생들이 민속 지식을 구성적으로 이해하며 실제 직업 세계에서의 문제해결력을 기르고, 다문화 사회에서 세계인과 효율적으로 의사소통을 하면서 업무를 진행할 수 있는 능력을 신장할 수 있도록 PBL(Problem-Based Learning)의 교육 공학적 방법을 적용한 수업을 설계했다. 본고에서는 가장 많은 유학생들의 출신국인 중국과 한국의 민속을 상호 문화적 시각으로 이해하고, 실제 세계와 연관된 체험적 지식으로 이끌기 위해 양국의 단오 명절을 비교해 보고, 상호 이해할 수 있는 구성주의적 교수 방안을 설계했다.

본고에서는 학습자들이 여행사 직원이 되어 '한국과 중국의 단오 여행 상품'을 제작하는 PBL 문항을 제시했다. 이 문항을 해결하기 위해 학습자들은 기존에 자신들이 한국과 중국의 단오에 대해 '알고 있는 사실'에서 출발하여 '알아야 할 사실'을 파악할 수 있다. 알아야 할 사실들은 한국과 중국의 단오에 관한 다양한 자료와 서적을 참고하여 학습자 스스로 찾아내야 한다. 이러한 방식은 교수자의 개입을 최대한 줄이면서 필요한 정보를 학습자 스스로 찾을 수 있는 학습자 중심 수업으로 진행된다. 학습자들은 학술 서적들을 찾아 정리하여 팀원들에게 설명하고, 토론하면서 한국과 중국의 단오에 관한 지식을 구성해가는 능동적인 학습자가 될 수 있다.

본고에서는 자민족 중심주의를 벗어나서 자문화와 타문화를 비교하여 이해할 수 있는 상호 문화 능력을 신장하기 위한 교수 · 학습 방안을 구성했다. 자문화와 타문화의 갈등이 생길 때 감정적인 대립으로 치닫지 않고 비판적으로 검토하는 객관적인 자세를 유지하는 것은 타문화인과의 의사소통 과정에서 반드시 요구되는 부분이다.

한국에서 유학하고 있는 외국 학생들이 학교 외의 현장에서 한국인들과 심도 있는 만남을 가지기 어렵다. 하지만, 본 연구에서 고안된 한국 민속 PBL을 수행하는 중에 한국인들의 삶의 이면을 조망해 볼 수 있는 시각을 획득할 수 있을 것이다.

이 연구는 다양한 민속 지식 중의 하나인 '단오'에 한정하여 연구했지만, 앞으로 다양한 민속 지식에 관한 후속 연구들이 진행되길 바란다.

본 연구는 한국 대학생들과 외국 대학생들이 다문화적 상황에 능동적으로 대처할 수 있는 상호 문화 능력을 신장시키는 데 일조할 것으로 기대한다. 학습자들의 반응 및 결과물을 통해 교수 · 학습의 결과를 제시하는 것을 후속 과제로 남긴다.

04 '화성인류학자'를 활용한 예비 한국어 교사의 상호 문화 능력 교육 방안

-'정의적 능력'을 중심으로[120]

가. 서론

다문화 시대를 맞아 다양한 국적의 외국어 학습자들이 한국어를 학습하고 있는 상황에서 예비 한국어 교사들의 상호 문화 능력(Intercultural Competence, ICC)신장이 중요한 화두로 대두되고 있다. 한국어 교사는 최전선에서 한국어 학습자들을 만나기 때문에 가장 직접적인 영향력을 가진 한국 문화 전달자다. 예비 한국어 교사들은 한국어 학습자들의 다양한 문화적 차이를 인식하고 이에 의욕적으로 대처해 나갈 수 있는 상호 문화 능력을 신장시켜야 한다.

본 연구에서는 문화 간 소통 훈련의 일환인 '화성인류학자'를 활용하여 한국어 교사들이 미래에 가르치게 될 외국인 학습자의 입장이 되어 한국의 다양한 문화를 '낯선 것'으로 바라보는 활동을 실시했다. '화성인류학자'는 문화 연구의 방법론인 '낯설게 보기'를 효과적으로 적용할 수 있는 방안이다.[121] 이는 타 문화 접촉 상황을 체험하여 타문화에 대한 공감 능력을 배양하고, 편

120) 본 논문은 이성희, 「화성인류학자」를 활용한 예비 한국어 교사의 상호 문화 능력 교육 방안-'정의적 능력'을 중심으로」, 「한국언어문화학」10-2, 국제한국언어문화학회, 2013, 225~246쪽에 실린 것을 수정·보완한 것임.

121) 다른 문화 속으로 들어가면 그 문화는 자기에게 낯선 것이기 때문에 자신의 문화를 객관적으로 바라볼 수 있는 기회를 갖게 된다. 자기 자신은 자신의 얼굴을 직접 볼 수 없고, 거울을 통해서 볼 수 있는 것처럼 인간에게는 누구나 자신의 문화를 객관적으로 볼 수 있도록 하는 다른 문화에 대한 체험이 필요하다. 한국 문화인류학회 편, 「낯선 곳에서 나를 만나다」, 일조각, 1998, 5~9쪽; 전경수, 「문화의 이해」, 일지사, 1994, 55쪽 참조.

견·고정관념을 줄이고, 민감성·관용성을 제고하는 정의적 능력의 상호 문화 능력 신장을 위한 활동이다. '나.'에서는 선행 연구 검토, '다.'에서는 교수·학습 활동의 목표와 과정, '라.'에서는 실시 현황, '마.'에서는 활동 결과를 바탕으로 한 설문 조사 내용을 분석·정리하도록 하겠다.

나. 선행 연구 검토

외국어로서 한국어 교육에서 상호 문화 능력 신장의 중요성 및 방법에 관한 논의는 한국어와 문화 교육의 관계 양상을 되짚는 지점에서 시작되었다. 권오현과 이진숙은 한국어 교육에서 유의미한 의사소통과 상호 관계를 이룰 때 필요한 이해심과 능력을 습득하는 것이 중요하고 이를 위해서는 구체적인 교수·학습 방안이 필요하다고 역설했다.[122] 한상미는 한국어 사용자의 의사소통 장애가 문법적 오류보다 화용적 실패에서 기인하다고 보고 의사소통의 중요성, 상호 문화 능력의 중요성을 제기했다.[123] 또한 한상미는 문화 감지 도구, 문화 캡슐, 참여 관찰 등 다양한 문화 교육 방법을 제시했다.[124] 황인교는 실제 수업에서 구체적인 상호 문화 능력 신장 교수 방법 및 실천이 드러나지 않는 것이 문제라고 지적했다.[125] 이성희는 상호 문화 능력 신장을 위한 방법으로 한국어와 문화의 통합, 콘텐츠 활용을 통한 문화의 맥락화, 비교문화적 방법론을 적용한 교수 방안 개발의 필요성 등을 들었다.[126] 오지혜는 한국어와 문화 통합 교육의 당위성을 제기하면서, 문화 능력을 문화 이해력·문화 비판력·문화 적응력, 문화 적용력으로 분류하고, 이를 기준으로 문화

122) 권오현, 「의사소통중심 외국어교육에서의 '문화'-한국의 학교 외국어 교육을 중심으로」, 『국어교육』 제12집, 서울대학교 국어교육연구소, 2005, 247~274쪽; 이진숙, 「외국어로서의 한국어교육에서 문화를 통합시키기 위한 교육적 방안」, 『국어교육』 제12집, 서울대학교 국어교육연구소, 2005, 331~350쪽.

123) 한상미, 『한국어 학습자의 의사소통 문제 연구』, 커뮤니케이션북스, 2006, 251쪽.

124) 한상미, 『한국 문화 교육론, 한국어 교수법의 실제』, 연세대학교 출판부, 2007, 290~303쪽.

125) 황인교, 「한국어 교육과 문화 교육」, 『한국언어문화 교육』 31, 한국언어문화 교육학회, 2006, 212~213쪽.

126) 이성희, 「한국어·문화 통합 교육의 원리와 방향」, 『국어국문학』150, 국어국문학회, 2008, 537~564쪽.

교재를 분석했다.[127)]

　지금까지의 연구를 살펴보면, 상호 문화 능력 신장의 필요성 및 방법론은 충분한 논의를 거쳤다고 볼 수 있다. 그러나 일찍이 황인교가 지적한 것처럼, '구체적인 상호 문화 능력 신장 방안의 실천과 이에 대한 분석'은 아직도 미미하다고 할 수 있다. 이제 좀 더 명확하게 상호 문화 능력의 영역을 세분하여 구체적인 사례 중심 연구를 할 때가 되었다. 본고에서는 상호 문화 능력 중 정의적 능력을 신장시키기 위한 교수 · 학습 방안과 이의 실행 결과 분석에 관해 논하고자 한다.

다. 화성 인류학자를 통한 한국 문화 새롭게 보기 과제의 교수 · 학습 과정

1) 교수 · 학습 과정의 설계

　본 연구는 상호 문화 능력 중 정의적 능력 신장에 초점을 둔다. 상호 문화 능력에서 정의적 능력은 타문화와 접촉할 때 생기는 충격, 스트레스, 갈등 등에 대한 감정 조절 능력이다.[128)] 정의적 능력은 자문화와 타문화의 관계에 대한 인식과 이해 능력이며, 타문화와 접촉하고 이해하는 다양한 기술, 문화적 고정 관념을 극복하는 능력이다. 또한 타문화에 대한 관대함을 가지고 자문화와 타문화를 고찰하는 능력, 성급한 판단 없이 타문화의 가치관, 관점에서 생각하고 이해하는 능력이다.

　학습에 있어서 심리적, 정의적 영역의 발달은 매우 중요하다. 정의적 능력의 상호 문화 능력 신장은 인지적 능력과 행위적 능력을 신장시

127) 오지혜, 「문화 교육의 재개념화를 통한 한국어 문화 교육 내용 연구」, 『한국 언어 문화학』 제 10 권 제 1호, 국제한국언어문화학회, 2013, 75~97쪽.

128) 상호 문화 능력의 영역은 인지적 능력(cognitive competence), 정의적 능력(affective competence), 행위적 능력(behaviour competence)으로 구분될 수 있다. Klopf, *Intercultural Communication Encounters*, Pearson, 2007, pp. 225~226.

키는 견인차 역할을 한다. 정의적 능력의 상호 문화 능력은 대학 교육 과정에서 교수자의 적극적인 교수·학습 계획에 의해 지도돼야 한다. 왜냐하면 정의적 능력의 상호 문화 능력은 학습자들에게 '왜 상호 문화 능력을 가져야 하는가'하는 문제제기를 통해 상호 문화 능력의 필요성을 인지시키는 일에서부터 시작해야 되기 때문이다. 바이람(Byram) 또한 상호 문화 능력의 요소를 태도(attitude), 지식(knowledge), 해석하고 연관 짓는 기술(skills of interpreting and relating), 발견과 반응의 기술(skills of discovery and interaction), 비판적 인식(critical awareness)로 구분하면서 '태도'를 가장 앞서 서술하고 있다.[129] 본 연구에서는 정의적 능력의 상호 문화 능력을 신장시키기 위한 교수·학습을 계획할 것이다.

2) 교수·학습 개요

가) 대상

대학의 정규 과정(2012년 2학기)에 '외국어로서의 한국어 교육론' 영역에 3학년 대상 전공 과목으로 개설된 '한국 문화 교육론' 과목의 수강생 30명[130]

나) 목표

예비 한국어 교사가 자문화인 한국 문화를 새롭게 보는 활동을 통하여,

(1) 외국인 학습자가 한국 문화를 타문화로 접촉할 때 발생하는 충격, 스트레스, 갈등 등을 경험하게 한다.

(2) 외국인 학습자가 한국 문화를 학습할 때의 낯섦과 어려움을 체험해 보고 학습자의 입장을 공감할 수 있는 능력을 배양한다.

129) Byram, M., Assessing intercultural competence in language teaching, *Sprogforum*, 18(6), 2000, pp. 8~13.

130) 과목은 경희사이버대학 한국어문화학과에 개설되었으며, 총 2개 반이 수강하였다. 인원은 258명이었고, 과제 제출자는 230명이었다. 이 중 본 과제의 목표와 의도를 충실히 이행했다고 판단되는 30개의 과제를 대상으로 하였다.

(3) 외국인 학습자의 문화인 타문화에 대한 편견과 고정 관념을 줄이고 타문화에 대한 민감성과 관용성을 제고한다.

(4) 한국 문화 교수 시에 자민족 중심주의를 극복하고 한국 문화에 대한 객관적인 시각을 획득한다.

다) 교수 · 학습 과정

(1) 교수는 학습자들이 외국인의 입장이 되어 한국 문화를 '낯설게 보는' 활동을 실시하기 위한 활동지를 제작하고, 과제에 대해 안내한다.

(2) 학습자는 한국 문화 중 하나의 항목을 선택하여 화성인의 입장(외국인의 입장)에서 관찰하고 이를 기술한다.

(3) 교수는 (2)에 대한 피드백을 준다.

(4) 학습자는 교수의 피드백을 비판적으로 반영하여 자신의 활동지를 수정 · 재 기술한다.

라) 교수 · 학습의 초점

본 연구는 내면의 변화, 인식의 변화에 초점을 두어 지속적인 외부 상황에의 적응을 이끌기 위한 것이다. 문화 간 차이에 대한 시각교정 훈련을 통하여 타 문화에 대한 관대함을 가지고 고정관념 없이 자문화와 타문화의 관계에 대해 인식, 이해, 고찰할 수 있는 능력을 함양한다.

라. 실시 현황 및 분석

'다'에서 제시한 상호 문화 능력 신장 방안을 중심으로, 대학의 정규 과정 (2012년도 2학기)에 개설된 '한국 문화 교육론' 과목 수강생들의 과제를 분석하였다.

1) 과제 제시

1. 화성인류학자란?
자신이 가장 익숙하다고 생각하는 것이 다른 사람의 시각에서 보았을 때는 얼마나 낯설고 다르게 해석될 수 있는지를 알게 하는 일종의 시각 교정 훈련 방법이다. 훈련자들은 자신이 일상생활에서 주로 많이 가는 장소에 가서 특정 주제로 모든 것을 관찰하되 화성인의 시각에서 지구인들의 생활을 묘사한다. 본인에게 익숙하고 당연하게 여겨지는 것들을 소외화시키는 과정을 통해서 다른 사람들의 눈에는 한국 문화가 다르게 비춰지리라는 것을 의식화시키는 것이다.

2. 방법
자신이 화성인류학자라는 가정 하에 일상 생활에서 친숙한 장소에 간다. 이곳에서 소외화 작업을 통하여 평소에 당연하게 여겨지는 사물, 행동을 외부인의 관점에서 해석한다.

3. 내용
당신은 화성의 인류학자로서 지구의 문화를 연구하기 위해 지구에 파견되었습니다. 한국에 파견된 당신은 다음의 장소에서 생활 방식, 행위, 사회 구조를 관찰, 연구하여 보고서를 제출하여야 합니다. 당신의 보고는 이후에 화성정치위원회가 지구인과 의사소통을 준비할 때 매우 중요한 역할을 하게 되므로 열심히 하시기 바랍니다. 단, 아래에 있는 내용은 참고 내용에 불과하며, 연구하고자 하는 주제는 자유롭게 설정하면 됩니다.

〈연구 주제 예시〉[131]
• 대형 마트에 가서 여가 생활에 대해 연구하시오.
• 대형 마트에 가서 고객들의 동선 및 상품 구입 취향에 대해 연구하시오.
• 아파트 놀이터에 가서 가족 관계에 대해 연구하시오.

131) 세부적인 연구 주제 예시는 한국 현대 문화적 특징이 잘 드러날 수 있도록 하기 위해 한국 문화의 현재성, 관찰 가능성, 낯설게 보기 가능함 등의 기준을 중심으로 연구자가 구성하였다. 학습자들에게는 예시를 참고하여 자신이 처한 상황이나 관심에 맞게 자유로운 연구 주제를 정하도록 했다.

- 지하철역에 가서 직업과 옷차림에 대해 연구하시오.
- 카페에 가서 카페에 오는 손님들의 구성 및 메뉴 선택에 대해 연구하시오.
- 고속도로 휴게소에 가서 음식 조리 방법(사람들의 시선 처리, 동선)에 관해 연구하시오.
- 전통 시장에 가서 가족 관계(물건 흥정, 물건 고르는 방식……)에 대해 연구하시오.
- 명동에 가서 외국인과 한국인의 대화에 대해 연구하시오.
- 고궁에 가서 문화 생활에 대해 연구하시오.
- 각종 박물관에 가서 문화를 즐기는 방식에 대해 연구하시오.

- 서점에 가서 서적을 고르는 취향에 대해 연구하시오.
- 길에 나가서 연인들에 관해 연구하시오.
- 공항에 가서 음식 냄새에 관해 연구하시오.
- 대학에 가서 점심시간에 학생들의 이동 방향에 대해 연구하시오.

〈표 79〉 화성인류학자를 통한 한국 문화 새롭게 보기 활동 안내

2) 활동지 구성 및 과제 수행 절차

1. 한국 문화 새롭게 보기 계획안 / 2. 한국 문화 새롭게 보기 활동지					
학과		학번		이름	
제출일					
주제					
주제 선정이유					
결과					
장소					
진행 방법	가설 〈1〉진행방법: 가설 〈2〉진행방법: 가설 〈3〉진행방법:				
진행 세부 계획/ 내용	년 월 일				
	년 월 일				
	년 월 일				
3. 활동 결과(A4지 2~3매)					
〈가설1 관련 질문 및 답변〉					
4. 활용 방안(A4지 5매)					
5. 활동 진행 감상문 (A4지 1매)					

〈표 80〉 화성인류학자를 통한 한국 문화 새롭게 보기 활동지

'1. 한국 문화 새롭게 보기 계획안'에서는 가설을 포함한 진행 계획을 작성하였고, '2. 한국 문화 새롭게 보기 활동지'와 '3. 활동 결과'에서는 진행 결과를 작성하였다. 또한 '4. 활용 방안'은 위의 활동을 활용한 한국 문화 교수·학습 방안을 작성하였고, '5. 활동 진행 감상문'에서는 최종적으로 이 과제를 수행하면서 느낀 개인적인 견해 및 감상을 적도록 하여 자신의 활동을 객관화시키는 절차를 거치도록 하였다.

과제 수행 기간 및 방법은 먼저 '1. 한국 문화 새롭게 보기 계획안(양식은 별도 첨부하여 제시함)'을 작성하여 11월 11일 일요일 자정까지 과제 방에 올

리도록 했다. 이에 대한 피드백을 제공한 뒤 최종 과제인 '2. 한국 문화 새롭게 보기 활동지', '3. 활동 결과,' '4. 활용 방안', '5. 활동 진행 감상문'을 2012년 12월 20일 목요일 자정까지 과제 방에 올리도록 했다. '4. 활용 방안'은 화성인류학자를 통해 발견하게 된 사실을 한국 문화 수업 교안으로 작성하도록 했다. 과제 방에는 과제 진행을 위한 참고문헌을 올려 참고하도록 했다.[132]

3) 과제 분석

학습자들은 각기 2~3개의 가설을 세우고 이를 검증했으며, 4회에서 8회 정도의 관찰 기회를 가졌다. 사진을 포함하여 A4지 10매에서 20매 가량의 과제를 제출했다. 지면 관계 상 과제의 양상을 망라할 수는 없지만, 최대한 집약해서 과제의 현황을 분석하도록 하겠다. 학습자들이 연구한 30개 주제의 한국 문화 교수·학습 방안을 항목화하면 다음과 같다.

가) 한국 문화와 타문화의 비교

번호	제목
1	미국 도서관 프로그램과 YMCA를 통한 부모들의 육아 방식을 관찰하고 한국의 육아 방식과 교육 문화에 대한 이해를 돕는다.
2	한국인의 눈으로 본 프랑스 라니옹 일반 의료 서비스
3	〈중국의 '음식점 문화'를 통한 중국인들의 식당 문화 엿보기〉 한국 식당 '핑랑(韓國飯店, 平壤)'—중국 산동성 위해시 환취 소재—
4	한일 문화 비교. 가설 : 한국인의 의식 구조에는 권위주의적인 가족주의, 집단주의가 내재되어 있다.
5	카페에 가서 일본인의 대화를 관찰하고 원활한 의사소통에 있어서의 비언어적 요소에 관해 연구한다.

〈표 81〉 한국 문화와 타문화의 비교

132) 본 과제는 기말고사 대체 과제로 제시되었기 때문에 절차가 많고 학습자들이 학습해야 하는 내용도 많다. 학습 내용이 많고 기간이 긴 것을 감안하여 교수자는 중간 점검인 피드백을 통하여 학습자들이 교수·학습의 목표 및 방향을 상실하지 않도록 했다.

133) 네덜란드의 경영학자인 호프스테드(G. Hofstede)는 세계 각처에서 일하고 있는 IBM 직원 1만 6,000명을 대상으로 한 연구를 통해 그들이 가지고 있는 가치관이 집단주의/개인주의, 권력 차이의 큼/작음, 불확실성 회피의 높음/낮음, 남성성/여성성의 네 가지 기준으로 구분된다고 정리하였다. 이 중 '집단주의와 개인주의'의 구별은 호프스테드뿐 아니라 많은 사회학자와 문화인류학자들이 문화를 구분하는 중요한 잣대이다. 호프스테드의 연구 결과, 개인주의 가치관이 높은 나라는 미국, 호주, 영국, 캐나다, 네덜란드, 뉴질랜드, 이탈리아 등이며, 집단주의 성향이 높은 나라는 베네수엘라, 콜롬비아, 일본, 홍콩, 한국 등이다. 본 한국 문화교육론 학습자들은 네덜란드 학자인 호프스테드의 문화 간 차이에 대한 4가지 구분을 수업 중에 숙지하였으며, 과제에서도 이를 기준으로 분석하도록 했다. 김숙현 외 『한국인과 문화간 커뮤니케이션』, 커뮤니케이션북스, 2001, 64~96쪽; 유수연 『문화 간 의사소통의 이해』, 한국 문화사, 2000, 15~30쪽 참조.

외국에 거주하는 학습자들은 거주국의 문화를 화성인(외부자) 입장에서 관찰했다. 본 연구의 주제가 타문화를 화성인(외부자)의 입장에서 관찰하는 것이었기에 연구 맥락은 같다. 과제 1에서는 미국의 육아 방식을 한국의 육아 방식과 비교하여 고찰하고 활용 방안으로는 한국의 육아 방식에 대한 한국 문화 수업 교안을 작성했다. 과제 2에서는 〈가설 1〉 프랑스 라니옹 일반 의료 서비스 시설은 한국보다 우월한가?하는 편견, 〈가설 2〉 프랑스 의사의 친절에 대한 문화 충격, 〈가설 3〉 불확실성 회피 높음 등에 대한 검증으로 이루어졌다.[133] 과제 3에서는 중국에 있는 한국 식당에서 〈가설 1〉 중국인들의 불확실성의 회피 성향, 〈가설 2〉 중국인들의 남성성 대 여성성에 대해 고찰했다. 이를 통해 중국인들의 개인주의 성향, 남성성 지향, 직업 의식보다 '돈벌이'에 집착함으로 불확실성 회피 정도의 높음, 장기적 지향성 낮음 등으로 분석했다. 과제 4에서는 일본인과 한국인 대상 인터뷰를 통해 한국인의 가족주의, 집단주의에 대해 분석했다. 과제 5에서는 카페에서 대화하는 일본인들의 대화 방식에 나타나는 표정, 응답 등을 통해 집단주의 문화를 고찰했다.

외국에 거주하는 학습자들은 한국 거주 경험이 있으므로 자연스럽게 자문화로서의 한국 문화와 타문화로서의 거주국 문화에 대한 비교가 이루어졌다. 또한 이들은 과제를 통해 자신이 속해 있는 거주국 문화를 새롭게 조명해 보는 기회를 가졌다. 이러한 체험 학습은 앞으로 학습자들이 거주국에서 한국 문화를 가르치게 될 때 거주국 문화와 한국 문화를 객관적으로 비교하며 양 문화를 편견 없이 다루게 되는 데 도움을 줄 것이라 생각한다.

나) 한국인의 인성/가치관/집단주의

6	한국인의 집단주의
7	한국 가정 내에서의 식습관으로 본 한국의 집단주의
8	연인들의 데이트 비용
9	외국인들이 바라 본 한국의 모습과 한국인들의 인성
10	고령화되는 농촌에서 노인들의 가치 체계 특징을 살핀다.
11	신도시 아파트촌에 사는 사람들의 생활양식
12	한국인의 직장 문화에 스며든 한국 문화에 대하여

〈표 82〉 한국인의 인성/가치관/집단주의

과제 6에서는 음식점에서 음식 값 지불 방식, 사생활에 대한 대화 방식, 음식을 먹는 방식 등을 통하여 한국인들의 집단주의를 분석했다. 과제 7에서는 일본에 거주하는 다문화 가정을 대상으로 한국 가정에서의 반찬 공유, 일본 가정에서의 개인 접시 사용, 다문화 가정에서의 혼합형 등을 통하여 한국인의 집단주의를 분석했다. 음식과 관련된 일련의 행동들은 집단의 특징을 집약적으로 보여준다. 두 과제 모두 일상적인 소재를 통해 집단주의의 양상을 밀도 있게 포착해냈다.

과제 8에서는 50명의 남녀를 대상으로 데이트 비용 지불 주체에 대해 설문하고, 강변역, 잠실역, 양재역 카페와 식당에 가서 지불 주체를 관찰하였다. 이 과제에서는 가설을 '1) 한국 남녀의 데이트 비용은 남성이 부담한다, 2) 인화를 중시하는 집단주의 문화와 관련이 있다, 3) 유교사상의 남녀 차별과 관련이 있다'로 세웠다. 설문을 통해 이 세 가설은 타당한 것으로 검증되었고, 학습자는 '한국 유교 사상의 유래 및 특징'에 대한 한국 문화 수업에서 한국 남녀의 데이트 비용을 예로 들어 수업을 준비했다.

과제 9는 베트남 학생이 외국인 입장에서, 한국인의 교육열, 근면성, 우월감 등을 분석했다. 과제 10은 교회에서 만나는 어르신들을 고찰했다. 이혼한 자녀의 아이들을 거두고 자녀들에게 농산물을 택배로 보내는 노인에게서 강력한 집단주의를, 낯선 음식을 거부하는 데서 불확실성 회피를, 성공에 집착하는 데서 남성성을 분석하였다. 과제 11에서는 아파트 문화를 집단주의(쓰레기 분리수거)와 개인주의(엘리베이터에서의 외면, 층간 소음에 예민)의 공존, 몰개성(따라하는 경향)과 개성('왕따' 등 개별화하는 문화)의 공존, 여성성 우세(여성 생활 편의 위주의 구조) 등으로 분석했다. 과제 12에서는 매일 30분 씩 시간을 정해 상사와 부하 직원이 서로 대하는 태도, 전체적인 분위기, 대화법과 존대법, 경어법 사용 등을 관찰했다. 이를 통해 집단주의, 남성성, 체면 중시, 고맥락 커뮤니케이션 등을 분석했다.

다) 한국의 음식 문화

13	한국의 음식 문화(외국인이 싫어하는 한국 음식)
14	다양한 음식 종류가 있는 푸드 코트에서 지구인들의 음식 문화에 대한 연구

〈표 83〉 한국의 음식 문화

과제 13에서는 경기도 고양 파주 일대에 근무하는 외국인 근로자 40명을 대상으로 한국 음식을 낯설게 보는 설문을 시도하여 외국인들의 혐오 음식을 조사했다. 이 과제는 조사자 본인이 아닌 외국인 근로자가 화성인의 입장에 서 있다고 볼 수 있다. 이를 통하여 삭힌 홍어, 번데기, 닭발, 산낙지 등 혐오 음식과 비빔밥, 불고기, 갈비, 삼계탕 등 선호 음식을 가려냈다. 또한 한국 음식에 대한 전체적인 인상으로 '향이 풍부하고 다양하고 신선한 계절음식 및 채식 위주의 건강식'이라는 긍정적 의견과 '강렬하고 자극적이며 시각적으로 매력적이지 않다' 등의 부정적 의견으로 정리했다.

과제 14에서는 '1. 지구인들은 한식을 좋아한다, 2. 다른 사람들이 시킨 음식을 먹는다, 3. 함께 온 사람들이 선택한 음식 종류를 선택한다' 등의 가설을 설정했다. 이 중 '가설 1 .3.' 은 가설에서 참으로 확인되었고, '가설 2'.는 푸드코트에서 한 가지 음식을 시켜서 먹기 때문에 각자 음식을 시켜 먹었다고 보고했다.[134]

라) 한국의 청소년 문화

15	청소년들의 대화를 통해 그들의 문화를 알아 본다.
16	한국 학생들의 집단화 경향과 스마트폰 사용

〈표 84〉 한국의 청소년 문화

과제 15에서는 한국 청소년들의 문화에서 '개인주의 성향, 권력 차이가 큼, 경쟁적이고 타인의 인정에 가치를 둠' 등의 문화적 특성을 조사했다. 청소년 집단은 자신들만의 강한 개성을 지닌 집단이므로 성인이 이들의 문화를 관찰하는 것은 자연스럽게 화성인의 입장을 견지하게 된다고 할 수 있다. 과제 16은 속초 소재 중학교 3개 반을 대상으로 쉬는 시간과 점심시간에 어울리는 그룹을 6~8개로 나누어 각각 혼자 있는지, 어느 그룹으로 이동하는지를 관찰한 의욕적인 연구다. 가설에서는 학생들이 집단화 경향을 보이지만, 스마트폰을 사용하면서 개인화 경향을 보일 것이라 예측했다. 그러나 결과에서는 학생들이 스마트폰을 사용하여 다른 상대와 문자, 카카오톡을 하면서도 그룹

134) 푸드코트에서 각자 음식을 시켜 먹는 경우라도, 필자의 경험에서 보면 가족이나 친구, 지인끼리는 공유해서 함께 먹는 경우를 목격하기도 한다. 그러나 조사자는 자신이 관찰한 기간 동안의 사실을 여과 없이 기록한 것이기에 이 또한 하나의 자료로서 의미가 있다고 판단된다. 만일 장소와 시간을 더욱 확대하여 객관성을 보강한다면 다른 결과가 나올 수도 있을 것이다.

을 이루고 있다고 보고했다. 이를 통해 학생들은 집단에 속하고자 하는 욕구가 무척 강하다는 결론을 내렸다. 이와 같은 결론은 한국인의 집단주의에 대한 실제적인 예라 할 수 있는데, 이러한 연구들이 좀 더 구체적으로 진행된다면 한국인의 문화적 특성을 파악하는 데 많은 통찰을 제공해 주리라 생각한다.

마) 한국의 가족 문화

17	주택가 놀이터에서 목격되는 아이들과 보호자(부모, 조부모, 기타 보호자)의 관계(가족 관계, 친밀도 등), 아이들의 놀이 방식과 보호자의 행동에 대한 연구
18	전통시장에서의 가족 관계 연구
19	식당에 가서 가족들의 식사 모습에 관해 연구하시오.

〈표 85〉 한국의 가족 문화

과제 17은 어린이 놀이터를 12회 방문 관찰한 의욕적인 연구이다. 이 연구에서는 '놀이터에서 한국 어른들의 비활동성, 유아들의 오전 방문, 중고등학생들의 늦은 오후 방문, 비슷한 옷차림을 통한 집단주의, 다문화 가정 아이들에 대한 특정 시선을 통한 집단주의, 엄마들의 대화에서 드러나는 불확실성 회피' 등을 보고했다. 과제 18은 촬영과 인터뷰를 통해 남대문 시장에서 상인들과 손님들을 대상으로 '어머니, 누나, 오빠, 이모, 삼촌' 등 가족 호칭을 사용할 때 손님들이 호의적 반응을 보인다는 사실을 조사했다. 과제 19는 가족들이 식사하는 모습을 통해서 '찌개 등을 공유하는 집단주의 문화, 음식 먹을 때 여성들이 주로 잔일을 담당하는 남성성' 등을 고찰했다.

바) 한국의 쇼핑 문화

20	패스트푸드점에 가서 소비 형태 살펴보기
21	쇼핑몰에서 한국 사람들의 소비 문화를 통해 한국 사람들이 좋아하는 여가 생활(레저스포츠)에 대해 조사하고 선호도와 유형을 조사한다.
22	대형 마트에 가서 여가 생활과 쇼핑 문화를 연구하시오.
23	대형 마트와 주변 시설 사용 시 보이는 행동에 대하여 연구한다.
24	동네 슈퍼에서의 쇼핑 행동과 인간 관계에 대해 관찰하기

〈표 86〉 한국의 쇼핑 문화

과제 20은 중국 베이징 KFC에서 중국 전통 음료를 파는 등의 현지화 정책 실시, 중산층 문화로서 개인주의 문화, 가족 단위의 문화 정착 등을 조사했다. 과제 21은 쇼핑몰에서 등산복 구매자들의 평균 지출 금액과 백화점과 대형 마트 직원들과의 인터뷰를 통하여 과다한 등산 용품 구매에는 한국인들의 집단주의적 정서가 녹아 있다고 분석했다. 과제 22는 대형 마트에서 층별로 손님들의 성별, 취향 등을 분석하였다. 과제 23은 대형 마트에서 한국인들의 행동을 관찰하여 한국인들이 획일성과 폐쇄성, 여자들이 연대를 이루는 경향, 권력 차이의 작음 등을 분석했다. 과제 24에서는 조사자는 매장에 근무하면서 고객들의 행동을 분석하여 무리지어 쇼핑하러 오는 습관, 단골을 배려하는 '정'이 넘치는 모습을 통해 집단주의적 성격을 분석했다.

사) 한국의 관습 및 생활 습관

25	지구인의 옷차림을 통해 직업과 생활 방식에 대해 알아본다.
26	한국의 대중교통 : 버스 정거장과 버스 안
27	한국의 결혼식 부조 문화 이해하기

28	지하철 안에서의 지구인들의 자리
29	대중 술집(pub)에서 나타난 음주 문화 문화 비교 연구
30	커피 전문점에서의 대화와 행동 방식에 대한 연구

〈표 87〉 한국의 관습 및 생활 습관

과제 25에서는 한국인들의 생활 양식 및 편견과 권력의 차이, 고정관념에 대한 연구를 통하여 직업에 따라 남을 의식하는 경향, 개성 표출과 사회적 시선 속에서의 모순된 의식, 옷차림에 내재된 권력의 낮고 높음 등을 분석했다. 과제 26에서는 수원 경희대 주변 버스 정류장에서 약 한 달 간 매일 사람들의 대화 방식과 갈등 해결 방식, 짐 들어주기나 자리 양보 등을 고찰하여 고맥락 커뮤니케이션, 불확실성 회피 높음, 집단주의적 경향 등을 분석했다. 과제 27에서는 결혼식장 세 곳 방문 조사, 하객 설문 조사를 통하여 부조금 내는 관습, 홀수 단위 선호, 친밀도에 따른 금액 결정 등을 분석했다. 과제 28에서는 오리역에서 모란역에 이르는 분당선 전철에서 고령, 중년, 장년, 어린이 등이 자리를 양보하는 관계를 통하여 집단주의와 개인주의 문화를 분석했다. 과제 29에서는 집단성, 접대의 경우 권력 차이의 존재, 테이블에서 이루어지는 정주성 등으로 음주 문화를 분석했다. 30에서는 손님과 직원 사이의 권력 차이, 지불에 있어서 체면을 중시하는 고맥락 문화, 다른 사람에게 자신의 주문을 위탁하는 집단주의적 성향 등을 분석했다.

마. 설문 조사 내용 분석

본 설문 분석은 설문의 공정성을 위해 과제 평가와 학기말 평가가 종료된 2013년 1월에 발송되어 3주 후에 회수하였다. 30명 중 개인 사정이 있는 4명을 제외한 26명이 회신하였다.

1) 한국어 교육에서 문화 전공 관련 과목을 수강한 경험이 있습니까?

2명을 제외한 24명의 학생들이 문화 관련 과목을 수강한 경험이 있었다. 또한 본 과제는 한국 문화 교육론을 기 수강한 상태에서 작성되었으므로, 설문 작성 시에 한국 문화 교육론의 기본적인 개념, 정의 등을 숙지한 상태라 할 수 있다.

2) 외국인들에게 한국어나 한국 문화를 가르쳐 본 경험이 있습니까?

20명의 응답자가 한국어나 한국 문화 교수 경험이 있었고, 6명의 응답자는 경험이 없었다. '9) 한국 문화 교수 시 본 과제의 영향'을 묻는 질문에서 교수 경험이 있는 응답자는 교수 경험이 없는 응답자에 비해 본 과제에 대해 긍정적인 반응을 보였다.

3) 본 활동이 선생님의 한국 문화 이해에 전반적으로 도움을 주었다고 생각하십니까?

'매우 그렇다'가 16명으로 53.3%, '그렇다'가 7명으로 23.3%, '조금 그렇다'가 3명으로 10.1%로 대체적으로 긍정적인 반응을 보였다.

4) '3)'의 항목에 긍정적으로 답한 경우 한국 문화 이해의 어떤 부분에 도움을 받았다고 생각하십니까?

한국 문화에 대한 새로운 시각에서의 이해 4명(1명은 문화 교수 전반과 중복 응답), 문화 교수 전반에 도움을 받았다는 응답자 총 5명, 문화 교수의 방법, 문화 교육 도구 모색의 새로운 시각, 교육적 지도 방법에 대한 아이디어 획득 등, 18명의 응답자가 답했다.

5) 본 활동이 선생님께서 외국인 대상 한국 문화 교육 시에 도움을 줄 것이라고 생각하십니까?

'매우 그렇다'가 13명으로 50.0%, '그렇다'가 13명으로 50.0%로 매우 긍정적인 반응을 보였다.

6) 본 활동이 한국 문화 교육의 어떤 부분에 도움을 줄 것이라 생각하십니까?

※ 해당 내용 중복 표시 가능

본 과제가 문화 교육에 미치는 구체적 성과를 분석하기 위한 본 문항에 대해 '목표 및 방향 설정'(22명, 73.3%), '교수 학습 설계'(24명, 80.0%), '문화 항목 설정'(16명, 53.3%) 등의 응답이 있었다.

7) 본 활동이 선생님의 상호 문화 능력 신장에 도움이 되었다고 생각하십니까?

이 문항은 한국 문화 교육론 강의 중 지속적으로 강조해 온 상호 문화 능력 신장에 대한 질문으로 '매우 그렇다'가 9명으로 30.0%, '그렇다'가 13명으로

43.3%, '조금 그렇다'가 4명으로 13.3%를 차지하였다. 학습자들은 본 활동을 통하여 상호 문화 능력 신장에 대하여 긍정적인 평가를 한 것으로 판단된다.

8) '7)'의 항목에서 긍정적으로 답한 경우 선생님의 상호 문화 능력 중 어떤 부분이 가장 많이 신장되었다고 생각하십니까?

이 연구의 목적은 '1. 서론'에서 밝힌 바와 같이 정의적 능력의 변화를 꾀하는 체험 중심의 문화 교육 방안 연구다. 이 문항에서 직접적으로 이러한 목적이 드러나게 되면 진정성 있는 답변을 방해할 수 있으므로, '상호 문화 능력' 신장이라는 넓은 범위로 제시하였다. 26명 중 무응답 2명을 제외한 24명이 이에 응답했는데, 구체적인 항목을 종합하면 '정의적 능력'의 변화라고 할 수 있다.

가장 많은 응답은 '차별이나 편견 없는 타문화 존중 및 차이의 인정'에 대한 시각의 변화에 대한 것으로 총 10명이 응답하였다. 예전보다 더 객관적인 입장으로 현상을 바라 볼 수 있게 되었다는 응답이 3명 있었다. 공감·열린 자세를 갖게 되었다는 응답이 2명, 문화 교육의 목표와 방향 설정에 도움이 되었다는 응답이 2명 있었다. 또한 한국 문화 교수에 대한 자신감을 획득했다는 응답이 2명 있었다.

이 외에 위의 항목을 중복 서술한 응답을 제시하면 다음과 같다.

문화 간에는 차이가 존재하고 이것은 극복이 가능하다는 것과 일방적으로 우월한 문화보다는 다르다는 시각으로 접근을 해야 하며 문화 간 공통분모가 존재한다는 것이다.   – 한국어문화학과 3학년, 여

타문화에 대한 이해도가 높아지고 문화 전달자로서의 마음가짐과 어떤 방식으

로 접근해야 하는지를 이론을 바탕으로 실제 수업에 응용할 수 있었다.

- 한국어문화학과 4학년, 여

당연하다고 여기며, "원래 그랬으니까……"라고 생각했던, 말 그대로 나에게는 지극히 일반적인 한국 문화였지만 이 활동을 통하여 다른 시각으로 한국 문화를 살펴보기 시작하면서부터 외국인으로서 바라본 한국 문화와 나의 시선의 차이에서 생길 수 있는 점들을 이해할 수 있게 되었다.

- 관광레저경영 4학년, 여

이로써 본 연구는 공감 능력을 기르며 서로 다른 문화의 가치와 형태를 인정하고 존중하려는 태도를 갖추고, 고정관념 및 자민족 중심주의를 극복하고, 성급한 판단 없이 타문화에 대한 관대함을 가지고 자문화와 타문화를 고찰하는 능력을 신장하는 정의적 능력의 상호문화 능력 신장에 기여했다고 본다.

9) 기타 본 활동이 선생님의 문화 교육 능력에 영향을 미친 점이 있다면 자유롭게 기술해 주세요.

문화 비교 방법론 습득, 이론이나 가설에 대한 이해, 우리 사회에 만연한 고정관념과 편견을 알게 됨, 실제 활용 가능한 교육 방안을 고민, 수업 진행에 대한 외국인들의 시선에서의 이해, 학습자들의 문화 충격을 줄이면서 접근할 수 있는 한국 문화 교수법

10) 기타 본 활동의 개선안이 있다면 자유롭게 기술해 주세요.

그룹 활동, 실제 예 제시, 공문 등 발송, 장소뿐만 아니라 더 다양한 활동 제시

바. 결론

본고에서는 예비 한국어 교사를 대상으로 문화 간 소통 훈련의 일환인 '화성인류학자'를 활용하여 정의적 차원의 상호 문화 능력 신장을 꾀하는 교수·학습의 실행 결과를 제시했다. 학습자들의 과제를 분석 대상으로 하여 문화 항목별로 분석했으며, 이에 대한 설문 내용을 연구의 결과로 삼았다.

학습자들이 선택한 주제는 한국 문화와 타문화 비교 5개, 한국인의 인성/가치관/집단주의 7개, 한국의 음식 문화 2개, 한국 청소년 문화 2개, 한국의 가족 문화 3개, 한국의 쇼핑 문화 5개, 한국의 관습 및 생활 습관 6개 등으로 일상문화, 현재적 문화가 주를 이루었다.

과제를 통해 학습자들은 '차별이나 편견 없는 타문화 존중 및 차이의 인정'에 대한 시각의 변화가 일어났으며, 상대방의 문화에 대해 존중할 줄 아는 마음을 갖게 되었다고 서술했다. 또한 문화에 대한 객관적 시각 획득, 공감하는 자세, 열린 자세를 갖게 되었다고 답해 본 연구의 목표인 정의적 능력의 상호 문화 능력 신장이 어느 정도 성취되었다고 본다.

세계가 한 마을처럼 좁아지는 다문화 사회에서 상호 문화 능력 신장의 중요성은 날로 그 비중을 더해가고 있다. 이에, 더욱 실제적이고 체험적인 적용 사례 축적을 통하여 예비 한국어 교사들이 준비된 다문화인으로 든든하게 설 수 있기를 희망한다.

참고문헌 r·e·f·e·r·e·n·c·e

저서

강인애, 『왜 구성주의인가?–정보화시대와 학습자중심의 교육환경』, 문음사, 1997.
강준만, 『한국 생활 문화 사전』, 인물과 사상사, 2006.
경기도 다문화센터편, 『다문화 교육의 이론과 실제』, 양서원, 2009.
구정화·박윤경·설규주, 『다문화 교육 이해』, 동문사, 2009.
국제한국어교육학회, 『한국 문화 교육론』, 형설출판사, 2010.
국제한국학회, 『한국 문화와 한국인』, 사계절, 1998.
권경근 외, 『언어와 사회, 그리고 문화』, 도서출판 박이정, 2009.
권순희 외, 『다문화 사회와 다문화 교육』, 교육과학사, 2010.
권영민 외, 『외국인을 위한 한국 문화 읽기』, 아름다운 한국어학교, 2009.
김대행 외, 『문학교육원론』, 서울대학교 출판문화원, 1999.
김대행, 『문학교육 틀짜기』, 도서출판 역락, 2000.
김문식 외, 『키워드 한국 문화 세트』, 문학동네, 2010.
김숙현 외, 『한국인과 문화 간 커뮤니케이션』, 커뮤니케이션북스, 2002.
김열규, 『상징으로 말하는 한국인, 한국 문화』, 일조각, 2013.
김열규, 『한국인의 신화 – 저 너머, 저 속, 저 심연으로』, 일조각, 2005.
김영숙, 『영어과 교육론 : 이론과 실제』, 한국 문화사, 1999.
김영순, 『미디어와 문화 교육–미디어 읽기를 위하여』, 한국 문화사, 2005.
김영순·백승국 지음, 『문화산업과 에듀테인먼트 콘텐츠』, 한국 문화사, 2008.
김은미, 『한국인의 겸손의 심리:문화심리학적 분석』, 한국학술정보, 2007.
김재범, 『문화산업의 이해』, 도서출판 서울경제경영, 2005.
김정은, 『한국인의 문화 간 의사소통』, 한국 문화사, 2011.
김중섭·방성원·김지형·이성희, 『한국어 고급1,2』, 경희대학교 출판부, 2003.
김진영·서유석, 『춘향전과 한국문화』, 도서출판 박이정, 2008.
김태곤·최운식·김진영, 『한국의 신화』, 시인사, 1991.
김평수·윤홍균·장규수, 『문화콘텐츠 산업론』, 커뮤니케이션북스, 2007.
김해옥, 『외국인을 위한 한국 문화 읽기』, 한국방송통신대학교 출판부, 2010.
네이션 글레이저, 『우리는 이제 모두 다문화인이다』, 미래를 소유한 사람들, 2009.
니컬러스 에번스(Nicolas Evans) 지음, 김기혁·호정은 옮김, 『아무도 모르는 사이에 죽다-사라지는 언어에 대한 가슴 아픈 탐사 보고서』, 글항아리, 2012.

더글라스 브라운(H. Douglas Brown), 이흥수 외 역,『외국어 학습 · 교수의 원리』, (주) 피어슨 에듀케이션코리아, 2010.

래리 사모바(Larry A. Samovar) 외 지음, 정현숙 외 옮김,『문화 간 커뮤니케이션』, 커뮤니케이션북스, 2007.

마달레나 카를로 지음, 장한업 옮김,『개념과 활용 상호 문화 이해하기』, 한울 아카데미, 2011.

마샬 맥루한 저, 김성기 역,『미디어의 이해』, 민음사, 2002.

문화관광부 정책자문위원회,『미래의 문화, 문화의 미래』, 2007.

뮤리엘 사빌 트로키(Muriel Saville-Troike) 지음, 왕한석 외 옮김,『언어와 사회 · 의사소통의 민족지학 입문』, 한국문화사, 2002.

박성창 · 안경화 · 양승국,『한국 문화 30강』, 박이정, 2014.

박장순,『문화콘텐츠학 개론』, 커뮤니케이션북스, 2006.

박한나,『통으로 읽는 한국 문화』, 박이정, 2008.

박흥순,『포스트콜로니얼 성서해석』, 예영 비앤피, 2006.

배규범,『외국인을 위한 한자와 한국 문화』, 한국 문화사, 2012.

백낙천 외,『외국인을 위한 한국 문화 길라잡이』, 박이정, 2009.

백봉자 외,『한국 언어 문화 듣기집』, 하우출판사, 2005.

뱅크스(Banks, J. A.) 저 · 모경환 외 역,『다문화 교육 입문』, 아카데미프레스, 2008.

사단법인 국경 없는 마을,『사단법인 국경 없는 마을 리플릿』, 2006.

서대석,『한국 신화의 연구』, 집문당, 2001.

소쉬르(Ferdinand de Saussure) 지음, 김현권 역,『일반 언어학 강의』, 지식을 만드는 지식, 2012.

손호민,『한국 문화의 이해 Essentials of Korean Culture』, 고려대학교 출판부, 2013.

수잔 로메인(Suzanne Romaine) 지음, 박용한 외 옮김,『언어와 사회-사회언어학으로의 초대』, 소통, 2009.

순천향대학교 한국어 교육원,『문화로 배우는 한국어 1,2』, 보고사, 2006.

스턴(H. H. Stern),『언어 교수의 기본 개념』3쇄, 도서출판 하우, 2002.

신재한 · 김재광 · 김현진 · 윤영식 공저,『다양성과 차이를 존중하는 다문화 수업 설계의 이론과 실제』, 교육과학사, 2014.

참고문헌 r·e·f·e·r·e·n·c·e

신호철,『한국 문화와 어휘』, 한국 문화사, 2014.

실천민속학회 편, 배영동 외,『민속문화가 외래문화를 만나다』, 집문당, 2003.

임재해 외,『민속문화의 전통과 외래문화』, 집문당, 2002.

아태국제이해교육원,『2007년도 제4차 국제이해교육포럼-다문화사회를 위한 협력』,
　　아태국제이해교육원, 2007.

야콥슨(Roman Jakobson) 지음, 신문수 옮김,『문학 속의 언어학』, 문학과 지성사,
　　1989.

야콥슨·모리스 할레(Roman Jakobson & Morris Halle)지음, 박여성 옮김,『언어의
　　토대-구조 기능주의 입문』, 문학과 지성사, 2009.

에드워드 홀(E. T. Hall), 최효선 옮김,『침묵의 언어 The Silent Language』, 한길사,
　　1959, 2000.

─────, 최효선 옮김,『문화를 넘어서』, 한길사, 1991.

오경석 외,『한국에서의 다문화주의』, 한울아카데미, 2007.

왕한석,『한국어, 한국 문화, 한국 사회』, 교문사, 2010.

월터 옹(Walter Ong)지음, 이기우·이명진옮김,『구술문화와 문자문화』, 문예출판사, 1995.

이은봉 엮음,『단군신화 연구』, 온누리, 1986.

유수연,『문화 간 의사소통의 이해』, 한국 문화사, 2008.

은숙 지엘펠더,『한국 사회와 다문화가족』, 양서원, 2008.

이갑희,『영어로 말하는 한국 문화』, 한국 문화사, 2014.

이규태,『한국인의 의식구조 1~3』, 신원문화사, 2011.

이미혜 외,『외국인을 위한 한국 문화』, 박이정, 2010.

이병욱,『정신분석으로 본 한국인과 한국 문화』, 소울메이트, 2013.

이상억,『한국어와 한국 문화』, 소통, 2011.

이선이,『외국인을 위한 살아 있는 한국 현대 문화』, 한국 문화사, 2011.

이성희,『다문화사회교수방법론』, 박영사, 2024.

이성희,『한국어교육자를 위한 문화교육의 방법과 실천』, 한국문화사, 2024.

이성희,『한국어교육자를 위한 문화교육의 이론과 쟁점』, 한국문화사, 2024.

이해영 외,『생활 속 한국 문화 77』, 한글파크, 2011.

일레인 볼드윈 외, 조애리 외 역,『문화 코드 어떻게 읽을 것인가?(Introducing

Cultural Studies)』, 한울 아카데미, 2009.

일연 지음, 리상호 옮김, 강운구 사진,『사진과 함께 읽는 삼국유사』, 까치, 1999.

일연(一然) 지음, 이민수 옮김,『삼국유사(三國遺事)』, 을유문화사, 1995.

장덕순,『한국설화문학연구』, 도서출판 박이정, 1995.

장덕순 외,『구비문학개설』, 일조각, 2009.

에드워드 홀(Edward T. Hall),『침묵의 언어』, 한길사, 2017.

장주근,『한국 신화의 민속학적 연구』, 집문당, 1995.

전경수,『문화의 이해』, 일지사, 1994.

전미순,『문화 속 한국어 1,2』, 랭기지 플러스, 2011.

정창권,『문화콘텐츠 스토리텔링』, 북코리아, 2008.

정창권,『정창권 교수의 문화콘텐츠학 강의(깊이 이해하기)』, 커뮤니케이션북스,
      2007.

제넥 쌀즈만 지음, 김형중 역,『언어, 문화, 사회』, 온누리, 2006.

제레미 리프킨, 안진환 역,『3차 산업혁명』, 민음사, 2012.

조셉 캠벨 저, 이윤기 옮김,『세계의 영웅 신화 – 아폴로, 신농 씨 그리고 개구리 왕자
      까지』, 대원사, 1991.

조정순 외,『이야기가 있는 한국어, 한국 문화』, 다락원, 2010.

조지프 S. 나이(Joseph S. Nye) 지음, 홍수원 옮김,『소프트파워』, 세종연구원, 2004.

조현용,『한국어 문화 교육 강의』, 하우출판사, 2013.

존 스토리(John, Story)지음, 박모 옮김,『문화 연구와 문화 이론』, 현실문화연구,
      1999.

주영하,『음식 전쟁 문화 전쟁』, 사계절, 2000.

주영하 외,『한국학의 즐거움』, 휴머니스트, 2011.

최남선,『육당 최남선집』V 5, 을유문화사, 1973,

최래옥,『한국전래동화집』11, 창작과 비평사, 1994.

최연희 외,『영어 읽기 교육론–원리와 적용』, 한국 문화사, 2006.

최운식,『한국설화연구』, 집문당, 1991.

최운식 · 김기창 외,『외국인을 위한 한국 · 한국인 그리고 한국 문화』, 보고사, 2009.

최윤희,『문화 간 커뮤니케이션』, 커뮤니케이션북스, 2013.

참고문헌 r·e·f·e·r·e·n·c·e

최정임 · 장경원 공저,『PBL로 수업하기』, 학지사, 2010.

최준식,『한국인에게 문화가 없다고?』, 사계절 출판사, 2003.

최준식,『한국인에게 문화는 있는가?』, 사계절 출판사, 2003.

최지현 외,『국어과 교수 학습 방법』, 도서출판 역락, 2007.

최혜실,『문자문화에서 전자 문화로, 매체는 진화하고 이야기는 태어난다』, 한길사, 2007.

최혜실,『문화산업과 스토리텔링』, 다홀미디어, 2007.

최혜실,『문화콘텐츠 스토리텔링을 만나다』, 삼성경제연구소, 2006.

캐서린 투미 포스낫(Catherine Twomey Fosnot)외 공저 · 조부경 외 역,『구성주의 이론, 관점, 그리고 실제』, 양서원, 2001.

클로드 레비스트로스(ClaudeLe'vi-Strauss) 저, 박옥줄 역,『신화학 1』, 한길사, 1935, 2005.

타가미 요코 지음,『요꼬 짱의 한국살이』, 작은 씨앗, 2008.

톰 마캄 외(Thom Markham & John Larmer & Jason Ravitz, Ph.D.)지음, 노선숙 · 김민경 · 임해미 공역,『프로젝트기반학습 입문서』, 교육과학사, 2006.

패트릭 모란(Patrick R. Moran)지음, 정동빈 외 옮김,『문화 교육』, 경문사, 2005.

한경구,『다문화사회의 이해』, 동녘, 2008.

한국 문화인류학회 편,『낯선 곳에서 나를 만나다』, 일조각, 1998.

한국국학진흥원,『한국인의 문화 유전자』, 아모르문디, 2012.

한국산업사회학회 엮음,『사회학』, 한울아카데미, 2004.

한상미,『한국어 학습자의 의사소통 문제 연구』, 커뮤니케이션북스, 2006.

한상미,『한국 문화 교육론, 한국어 교수법의 실제』, 연세대학교 출판부, 2007.

한상복 외,『문화인류학 개론』, 서울대출판부, 1985.

한재영 외,『한국어 교수법』, 태학사, 2005.

황인교, 문학 교육의 연구사와 변천사,『한국어 교육론』2, 국제한국어교육학회 편, 2005.

KBS 한국인의 밥상 제작팀,『한국인의 밥상』, 시드페이퍼, 2011.

Alice Omagio Hadley, *Teaching Language in Context*, Heinle & Heinle, 1993.

Barry Tomalin & Susan Stempleski, *Cultural Awareness*, Oxford University Press, 1994.

Byram, M., *Foreign Language Education*, Clevedon:Multilingual Matters, 1989.

Byram, M, *Teaching and Assessing Intercultural Communicative Competence.* Clevedon, Philadelphia:Multilingual Matters, 1997.

C. J. Brumfit & R. A. Carter, *Literature and Language Teaching*, Oxford University Press, 1984.

Carter, R. and Long. M. N. *Teaching Literature: Longman Handbooks for Language Teachers,* Harlow: Longman, 1990.

Carter, R. and Nunan, D.(ed.), *The Cambridge Guide to Teaching English to Speakers of Other Languages*, Cambridge University Press, 2004.

Coellho, *Teaching and Learning in Multicultural Schools*, UK:Multilingual Matters Ltd., 1998.

Collie, J. and Slater, S. *Literature in the Language Classroom: A Resource Book of Ideas and Activities*, Cambridge: Cambridge University Press, 1991.

Donald W. Klopf, *Intercultural Encounters-The Fundamentals of Intercultural Communication*, Morton Publishing Company, 2001.

Gillian Lazar, *Using Literature in the Language Classroom:The Issues, in Literature and Language Teaching - A Guide for Teachers and Trainers, Cambridge Teacher Training and Development*, 1993.

Hall, G., *Literature in Language Education*, N. Y.:Palgrave Macmillan. 2005.

Hinkel, E. (ed.), *Culture in Second Language Teaching and Learning*, Cambridge University Press, 1999.

J. B. Pride & J. Holmes(eds.), *Sociolinguistics*, Penguin, 1972.

Joanne Collie & Stephen Slater, *Literature in the Language Classroom*, Cambridge University Press, 2000.

Kees De Bot, Ralph B. Ginsberg, Claire Kramsch(Eds.), *Foreign Language Research in Cross-Cultural Perspective*, John Benjamins Publishing Company, 1991.

참고문헌 r·e·f·e·r·e·n·c·e

Klopf, *Intercultural Communication Encounters*, Pearson, 2007.

Kramsch, C., *Context and Culture in Language Teaching*, Oxford University Press, 1993.

Lazar, G., *Literature and Language Teaching:A Guide for Teachers and Trainers*, Cambridge: Cambridge University Press, 1993.

MLA Ad Hoc Committee on Foreign Languages, Foreign Languages and Higher Education: New Structures for a Changed World, Modern Language Association of America, 2007.

National Standards in Foreign Language Education Project, Standards for Foreign Language Learning in the 21st Century, National Standards in Foreign Language Education Project, 2006.

Nunan, D., *The Learner-Centered Curriculum*, Cambridge University Press, 1996.

Omaggio Hadley, *Teaching Language in Context*, Heinle & Heinle Publishers Inc, 1993.

Seelye, H. Ned. *Teaching Culture: Strategies for Intercultural Communication*, Lincolnwood, IL:National Textbook Company, 1993.

논문

강승혜,「재미교포 성인학습자 문화프로그램 개발을 위한 요구조사 분석연구」,『한국어교육』제13권 1호, 국제한국어교육학회, 2002.

권오경,「한국어교육에서의 한국 문화 교육의 방향」,『어문논총』제45호, 한국 문화언어학회, 2006.

권오현,「의사소통 중심 외국어교육에서의 '문화'-한국의 학교 외국어교육을 중심으로」,『국어교육연구』제12집, 서울대 국어교육연구소, 2003.

김광억,『문화의 다학문적 접근』, 서울대학교 출판부, 1998.

김대행,「한국어교육과 언어문화」,『국어교육연구』12권 0호, 서울대학교 국어교육연구소, 2003.

김명자,「세시풍속의 교육적 의의와 실천화」,『세시풍속 8』, 도서출판 우리마당 터,
    2005.
김미승,「독일어 수업에서의 이문화간 학습 – Stuttgarter 구상안을 중심으로」,『독어
    교육』제32집, 2005.
김미연,「이문화간 의사소통 교육 방안」,『독일어문학』제34집, 2006.
김민규,「패러다임의 변화와 게임의 미래」,『제3회 미래의 게임 포럼』, 한국 문화콘텐
    츠 진흥원(현 한국콘텐츠 진흥원), 2003.
김정우,「시를 통한 한국 문화 교육의 가능성과 방법」,『선청 어문』29권 0호, 서울대 국
    어교육과, 2001.
김정은,「문화 교육의 연구사와 변천사」,『한국어교육론2』, 한국 문화사, 2005.
김정학,「檀君神話와 토테미즘」, 이은봉 엮음,『檀君神話研究』, 온누리, 1986.
김중섭,「외국인을 위한 한국 문화 교육 연구의 현황 및 과제」,『이중언어학』27, 이중
    언어학회, 2005.
김현정,「K-콘텐츠에 대한 분석: 거대 OTT 서비스 플랫폼의 킬러콘텐츠로서의
    K-drama를 중심으로」,『한국과 세계』, 제4권 4호, 2022.
김헌선,「21세기 구비문학의 문화사적 위상」,『구비문학연구』, 한국구비문학회, 1998.
민춘기,「상호문화 소통능력 수업 모형 개발을 위한 기초 연구」,『독일어문학』제 46집,
    2009.
민현식,「(한)국어 문화 교육의 개념과 실천 방향」,『한국언어문화학』1-1, 국제한국
    언어문화 학회, 2004.
박영순,「한국어교육에서 문화 교육 현황 및 문제점」,『이중언어학』제23호, 이중언어
    학회, 2003.
배현숙,「한국어 교육에서 문화 교육 현황 및 문제점」,『이중언어학』제21호, 이중언어
    학회, 2002.
서 혁,「국어과 수업 설계와 교수·학습 모형 적용의 원리」,『국어 교육학 연구』제 26
    집, 국어교육학회, 2006.
성기철,「한국어 교육과 문화 교육」,『한국어교육』12권 2호, 국제한국어교육학회,
    2001.
양민정,「외국인을 위한 한국 문화 교육 방안 연구-한국 고전문학을 중심으로-」,『국

참고문헌 r·e·f·e·r·e·n·c·e

제 지역 연구』제 9권 제4호, 한국외국어대학교 외국학 종합연구센터, 2006.

양민정,「동아시아권 한국어 학습자를 위한 신화 활용의 문학교육 연구」,『국제 지역 연구』제11권 제 4호, 한국외국어대학교 외국학 종합연구센터, 2008.

양수영 · 이성민,「한류의 발전과정과 향후 전망」,『KOCCA FOCUS』, 통권 138호, 한국콘텐츠진흥원, 2022.

오세인,「시를 활용한 한국 문화 교육 방안 연구−1960년대에서 1980년대까지의 정치 · 사회에 대한 이해를 중심으로」,『한국어교육』15권 1호, 국제한국어교육학회, 2004.

오지혜,「문화 교육의 재개념화를 통한 한국어 문화 교육 내용 연구」,『한국 언어 문화학』제 10권 제 1호, 국제한국언어문화학회, 2013.

유수연 · 김순임,「문화간 의사소통 연구 동향과 나아갈 길 − 독일의 사례를 중심으로」,『독일어문학』제29집, 2005.

유영미,「미국의 한국 문학 교육」,『한국어교육론 2』, 국제한국어교육학회 편, 2005.

윤여탁,「문학교육과 한국어교육」,『한국어교육』제 14권 1호, 국제한국어교육학회, 2003.

윤여탁,「한국어 교육에서 문학 교육 방법−현대시를 중심으로」,『국어교육』111, 한국국어 교육학회, 2003.

이석주,「한국어 문화의 내용별 · 단계별 목록 작성 시고」,『이중언어학』21, 이중언어학회, 2002.

이선이,「문학을 활용한 한국 문화 교육 방법」,『한국어교육』14권 1호, 국제한국어교육학회, 2003.

이성희,「설화를 통한 한국어 문화 교육 방안」,『한국어교육』제10권 2호, 국제한국어교육학회, 1999.

———,「선녀와 나무꾼 다시 읽기」, 김진영 외,『여성 문화의 새로운 시각 2』, 도서출판 월인, 2000.

———,「한국어 · 문화 통합 교육의 원리와 방향」,『국어국문학』150, 국어국문학회, 2008.

———,「한국어 교육에서의 읽기 · 쓰기 통합 교육 연구」,『이중언어학』제 37호, 이중언어학회, 2008.

―――,「영어권 고급 학습자를 위한 한국 문학 교수·학습의 실제− '상호 문화 능력 신장'과 '개인성장'을 중심으로」,『한국어교육』제21권 4호, 국제한국어교육학회, 2010.

―――,「'단군신화'의 한국어 교재 수용 양상 고찰 및 수록 기준 모색−원전 수용 방식을 중심으로」,『정신문화연구』제33권 제4호(통권 121호), 한국학 중앙 연구원, 2010.

―――,「다문화사회에서 상호 문화 능력 신장을 위한 한국 민속 교육의 설계 −'같음'·'다름'의 이해와 수용을 위한 PBL적 접근」,『한국 민족 문화』43, 2012.

―――,「'화성인류학자'를 활용한 예비 한국어 교사의 상호 문화 능력 교육 방안−'정의적 능력'을 중심으로」,『한국언어문화학』10−2, 국제한국언어문화학회, 2013.

―――,「한국 문화 교육의 위계화 및 문화 항목의 영역 설정에 관한 연구」,『한국어문화연구』제2권 1호, 한국어문화연구센터, 2014.

―――,「'이야기 문법'을 활용한 이야기 비교 방안 연구−교재 구성 방안을 중심으로」,『리터러시연구』제12권 5호(통권 43호), 2021, 413~441쪽.

―――,「근대 초기 외국인 선교사의 한국어 교재 내 이야기 수록 양상 연구−〈조선어 교제문전 부주해(朝鮮語交際文典 附註解)〉를 중심으로−」,『이중언어학』제84호, 2021, 263~285쪽.

―――,「한국어교육에서 K−컬처 교육:'K−일상 문화교육'을 위한 제언」,『돈암어문학』제42집, 돈암어문학회, 2022, 89~115쪽.

―――,「K−드라마를 통한 'Big C·Little c' 통합 교수·학습 방안 −2022 세종문화 아카데미 심화 과정 '미스터 션샤인'과 익선동 콘텐츠를 중심으로」,『리터러시연구』제14권 4호(통권54호), 2023, 393~417쪽.

―――,「릴리어스 호튼 언더우드(Lillias Horton Underwood)의 서울 사람 되기: 언더우드 부인의 조선 견문록(Fifteen Years Among the Top−Knots, 1904)을 중심으로」,『문화교류와 다문화교육』제12권 제2호, 2023, 255~280쪽.

―――,「2022 세종문화 아카데미 심화과정 영화와 드라마 단원 구성 연구−'개인적 연관'과 '실제 세계 제시'를 중심으로」,『언어와 문화』20(2), 2024, 128~148쪽.

이성희 외,「K−컬처 콘텐츠를 활용한 교수·학습 설계 및 적용」,『문화교류와 다문화교육』제13권 제4호, 2024, 393~420쪽.

참고문헌 r·e·f·e·r·e·n·c·e

이은숙,「외국인을 위한 문화 체험 중심의 한국 문화 교육 방안 고찰」,『국어문학』, vol. 48, 국어문학회, 2010.

이정재,「단군신화 이본연구 Ⅱ−천상계와 지상계의 신을 중심으로−」,『한국 문화 연구』3집, 경희대 민속학연구소, 2000.

이정희,「영화를 통한 한국어 수업 방안 연구」,『한국어교육』10−1, 국제한국어교육학회, 1999.

이종문,『삼국유사』소재 단군신화의 원전에 관한 한 가지 의문」,『한문교육연구』제22집, 2003.

이지영,「상상된 K−컬처:K−컬처에 대한 인식론적 접근」,『영상문화』42호, 한국 영상문화학회, 2023.

이진숙,「외국어로서의 한국어교육에서 문화를 통합시키기 위한 교육적 방안」,『국어교육』제12집, 서울대학교 국어교육연구소, 2005.

임채훈,「한국어 문화 문법(ethno−grammar)의 설정 가능성에 대하여」,『한국어교육』22권 4호, 국제한국어교육학회, 2011.

임치균,「고전소설의 이해 확산을 위한 교육 방안」, 한국 고소설학회,『고전소설 교육의 과제와 방향』, 월인, 2005.

장명학,「지구화시대 한국의 공화민주주의」,『신자유주의적 세계화와 참여적 공화민주주의를 중심으로」, 사회과학 연구, 경희대학교 사회과학 연구원, 제 35권 제2호, 2009.

장미라 · 김지형,「문화 기반 초급 온라인 한국어교육 콘텐츠의 교수요목 설계 및 단원 구성 방안 연구」,『어문학』제116집, 한국어문학회, 2012.

장영희,「유아를 위한 다문화 교육의 개념 및 교수 방법에 대한 이론적 고찰」,『성신 연구논문집』제35집, 1997.

조항록 · 강승혜,「초급 단계 한국어 학습자를 위한 문화 교수 요목의 개발(1)」,『한국어교육』제 12권 2호, 국제한국어교육학회, 2001.

조항록,「한국어 교재 개발을 위한 기초적 논의 − 교재 유형론적 관점에서 본 교재 개발의 현황과 주요 쟁점」,『한국어 교육』14−1, 국제한국어교육학회, 2003.

조항록,「한국어 문화 교육론의 내용 구성 시론」,『한국언어문화학』1−1, 국제한국언어문화학회, 2004.

조항록,「한국어 교육학의 학문적 정체성 연구 방법론 소고」,『한국언어문화학』, 제2
　　권 1호, 2005.

조현용,「한국어 문화 교육 방안에 대한 연구」,『이중언어학』22, 이중언어학회, 2003.

증천부,「대만에서의 문화를 통한 한국어 교육의 실천과 개선방향」,『국어교육연구』
　　제12집, 서울대 국어교육연구소, 2003.

지현숙,「한국어교육학에서 제재를 중심으로 한 연구 동향과 향후 과제」,『시학과 언어
　　학』제 18호, 시학과 언어학회, 2010.

천호성·이경한,「다문화 사회 도래와 다문화 교육」,『다문화 사회와 다문화 교육』, 교
　　육과학사, 2010.

최광석,「〈홍길동전〉의 교과서 수용 양상과 목표 학습 활동의 재구성」,『어문학』제 108
　　집, 한국어문학회, 2010.

최운식,「단군신화의 교육적 성격과 의미」,『국어교육』79호, 한국어교육학회, 1992.

최은규,「신문을 활용한 한국어 교육 방법 연구」,『한국어교육』15권 1호, 국제한국어
　　교육 학회, 2004.

최정순,「한국어교육과 한국 문화 교육의 등가적 통합」,『언어와 문화』1권, 2004.

한경구,「다문화 사회란 무엇인가?」,『다문화사회의 이해』, 동녘, 2008.

허영식, 정창화,「다문화사회에서 간문화 교육의 현장 착근 방향-유럽과 독일의 동향
　　을 중심으로-」,『한독사회과학논총』, 제 19권 제3호, 2009.

황인교,「외국인을 위한 한국 문학 교육 - 기초 단계의 문학 작품 읽기를 중심으로-」,
　　『이화어문논집』16, 이화어문학회, 1998.

황인교,「문학 교육의 연구사와 변천사」,『한국어 교육론 2』, 국제한국어교육학회 편,
　　2005.

황인교,「한국어 교육과 문화 교육」,『외국어로서의 한국어 교육』31, 연세대학교 한국
　　어학당, 2006.

APCEIU,「바팔라 파에를 선물하고 전통의상을 입으면 어엿한 성인」,『국제이해교육』
　　가을·겨울 통권 17호, 2006.

Anderson, L. W. & Sosniak, L. A.(Eds.), Bloom's taxonomy: A forty-year
　　perspective. Chicago: University of Chicago Press,1994.

Kramsch, C., The Cultural Components of Language Teaching, Language, *Culture
　　and Curriculum* 8(2), 1995.

Sandra MacKay, Literature in the ESL Classroom, *TESOL Quarterly*, Vol. 16, No. 4, Dec., 1986.

Savoie, J. M., and Hughes, A. S., Problem-Based Learning as Classroom Solution, *Educational Leadership*, 52(3), 1994.

Scott, V. M., & Huntington, J. A. Reading Culture; Using Literature to Develop C2 Competence. in *Foreign Language Annals*, 35(6), 2000.

Stern, H. H., Issues and options in language teaching; Oxford; Oxford University Press, 1992.

학위 논문

김경지, 『중급 학습자를 위한 한국어교육 연구-영화와 노래를 중심으로 한 수업 활동』, 경희대학교 대학원 석사학위논문, 2001.

김민희, 『설화를 활용한 한국 언어·문화 교육 방안 연구』, 한국 외국어대학교 대학원 석사학위논문, 2007.

김현정, 『속담을 통한 한국어 문화 교육 연구』, 서울대학교 대학원 석사학위논문, 2002.

문은주, 『한국어교육에서 문화 체험 수업 방안 연구』, 한양대학교 대학원 석사학위논문, 2004.

박선영, 「다문화 교육 활동이 유아의 정서 지능에 미치는 영향-문학과 음악의 통합적인 접근을 중심으로」, 신라대학교 대학원 석사학위논문, 2005.

박정문, 「초등학생의 다문화 학습활동에 관한 반성적 실천 연구」, 경남대학교 대학원 박사학위논문, 2006.

신영민, 「문화인류학적 접근을 중심으로 한 다문화 미술교육 방안 연구」, 한국교원대학교 대학원 석사학위논문, 2005.

윤상철, 『현장 학습을 통한 한국어 문화 교육 방법 연구』, 경희대학교 교육대학원 석사학위논문, 2004.

윤 영, 『외국인을 위한 한국소설교육 방안』, 이화여대 대학원 한국학과 석사학위논문. 1999.

장경은, 『한국어 교육을 위한 단계별 문화 교수 내용과 교수 방법』, 전남대학교 대학원

국어국문학과 석사학위논문, 2001.

정흥조, 블룸(Bloom)의 인지적 영역의 교육 목표 위계에 따른 수업 목표 설정과 진술
    방법에 관한 연구, 2005.

조정호, 『강신무의 교육 과정에 관한 교육학적 연구』, 한국 정신문화 연구원 박사학위
    논문, 1999.

자료

국회입법조사처, 「다문화정책의 추진실태와 개선방향」, 『정책보고서』Vol.2. 2010.
    1. 5.

김민규, 패러다임의 변화와 게임의 미래, 『제3회 미래의 게임 포럼』, 한국 문화콘텐츠
    진흥원(현 한국콘텐츠 진흥원), 2003.

법무부 출입국 외국인 정책 본부, 「국적별 외국인 유학생 체류 현황」·「외국인 유학생
    국적별 구성 현황」, www.immigration.go.kr. 2011. 6. 30.

법무부 출입국 외국인 정책 본부, 「연도별 외국인 유학생 체류현황」, www.
    immigration.go.kr. 2011. 6. 30.

법무부 출입국 외국인 정책본부, 「국적별 결혼 이민자(국민의 배우자) 체류현황」,
    www.immigration.go.kr. 2011. 6. 30.

아태국제이해교육원, 2007년도 제4차 국제이해교육포럼－다문화사회를 위한 협력,
    아태국제이해교육원, 2007.

오은순 · 강창동 · 진의남 · 김선혜 · 정진웅, 「다문화 교육을 위한 교수학습 지원 방
    안 연구(1)」, 『한국교육 과정평가원 연구보고 RRI 2007－2』, 2007.

오은순 · 홍선주 · 김민정 · 모경환 · 김선혜, 「다문화 교육을 위한 교수학습 지원 방
    안 연구(2) －사회과 교수 · 학습 프로그램 개발을 중심으로」, 『한국교육 과정평가
    원 연구보고 RRI 2008－5』, 2008.

오은순 · 김정숙 외, 「다문화 교육을 위한 교수학습 지원 방안 연구(3) － 한국어 교육 」,
    『한국교육 과정평가원 연구보고 RRI 2008－2』, 2008.

조영달 · 윤희원 · 권순희 · 박상철 · 박성혁, 「다문화 가정 교육 지원을 위한 자료 개
    발 연구」, 『교육인적자원부 정책연구과제 2006－지정－21』, 2006.

출입국 외국인 정책 통계 월보 2024년 12월호

한국 문화관광연구원, 『2010 이주민 문화향수실태조사』, 한국 문화관광연구원,
    2010.

여성가족부 홈페이지 http://liveinkorea.kr
http://www.kocca.kr/cop/bbs/view/B0000150/1276572.do?menuNo=200909
https://coerll.utexas.edu/methods/modules/culture/01/which.php,
https://erasmusmyway.wordpress
https://www.moj.go.kr/moj/2412/subview.do,
https://bccie.bc.ca/wp-content/uploads/2020/09/cultural-iceberg.pdf;
https://ecampusontario.pressbooks.pub/intercultural/part/main-body/;
https://www.batestech.edu/wp-content/uploads/2024/03/Jan-18-
    Cultural-Iceberg-Bates-AAW.pdf